大学赤本シリーズ

346

東京薬科大学

薬学部

JN045573

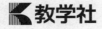教学社

は　し　が　き

　おかげさまで，大学入試の「赤本」は，今年で創刊70周年を迎えました。
　これまで，入試問題や資料をご提供いただいた大学関係者各位，掲載許可をいただいた著作権者の皆様，各科目の解答や対策の執筆にあたられた先生方，そして，赤本を使用してくださったすべての読者の皆様に，厚く御礼を申し上げます。
　以下に，創刊初期の「赤本」のはしがきを引用します。これからも引き続き，受験生の目標の達成や，夢の実現を応援してまいります。
　本書を活用して，入試本番では持てる力を存分に発揮されることを心より願っています。

編者しるす

＊　　　＊　　　＊

　学問の塔にあこがれのまなざしをもって，それぞれの志望する大学の門をたたかんとしている受験生諸君！　人間として生まれてきた私たちは，自己の欲するままに，美しく，強く，そして何よりも人間らしく生きることをねがっている。しかし，一朝一夕にして，この純粋なのぞみが達せられることはない。私たちの行く手には，絶えずさまざまな試練がまちかまえている。この試練を克服していくところに，私たちのねがう真に人間的な世界がはじめて開かれてくるのである。
　人生最初の最大の試練として，諸君の眼前に大学入試がある。この大学入試は，精神的にも身体的にも，大きな苦痛を感ぜしめるであろう。あるスポーツに熟達するには，たゆみなき，はげしい練習を積み重ねることが必要であるように，私たちは，計画的・持続的な努力を払うことによって，この試練を克服し，次の一歩を踏みだすことができる。厳しい試練を経たのちに，はじめて満足すべき成果を獲得できるのである。
　本書は最近の入学試験の問題に，それぞれ解答を付し，さらに問題をふかく分析することによって，その大学独特の傾向や対策をさぐろうとした。本書を一般の参考書とあわせて使用し，まとはずれのない，効果的な受験勉強をされるよう期待したい。

（昭和35年版「赤本」はしがきより）

挑む人の、いちばんの味方

赤本創刊70周年

1954 年に大学入試の過去問題集を刊行してから 70 年。赤本は大学に入りたいと思う受験生を応援しつづけてきました。これからも，苦しいとき落ち込むときにそばで支える存在でいたいと思います。

そして，勉強をすること，自分で道を決めること，努力が実ること，これらの喜びを読者の皆さんが感じることができるよう，伴走をつづけます。

そもそも赤本とは…

受験生のための大学入試の過去問題集！

70年の歴史を誇る赤本は，500点を超える刊行点数で全都道府県の370大学以上を網羅しており，過去問の代名詞として受験生の必須アイテムとなっています。

………… なぜ受験に過去問が必要なのか？ …………

大学入試は大学によって問題形式や頻出分野が大きく異なるからです。

記述式?
マーク式?
問題のレベルは?
時間配分は?
自分に足りないのは?
頻出分野は?
どんな対策が必要?
どんな問題が出るの?

みんなの疑問に答える赤本!

赤本で志望校を研究しよう!

赤本の掲載内容

傾向と対策

これまでの出題内容から，問題の「**傾向**」を分析し，来年度の入試に向けて具体的な「**対策**」の方法を紹介しています。

問題編・解答編

- 年度ごとに問題とその解答を掲載しています。
- 「**問題編**」ではその年度の試験概要を確認したうえで，実際に出題された過去問に取り組むことができます。
- 「**解答編**」には高校・予備校の先生方による解答が載っています。

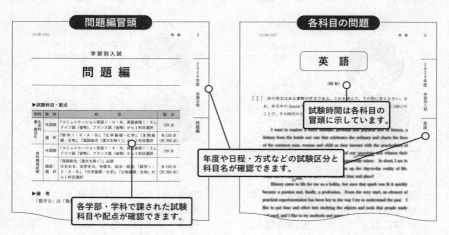

他にも，大学の基本情報や，先輩受験生の合格体験記，在学生からのメッセージなどが載っていることがあります。

2024年度から
見やすい
デザインに！
NEW

受験勉強は
過去問に始まり，

STEP 1 （なにはともあれ）

まずは解いてみる

しずかに…
今，自分の心と
向き合ってるんだから

ムーン

それは
問題を解いて
からだホン！

過去問は，**できるだけ早いうちに解くのがオススメ！**
実際に解くことで，**出題の傾向，問題のレベル，今の自分の実力**がつかめます。

STEP 2 （じっくり具体的に）

弱点を分析する

分析の結果だけど
英・数・国が苦手みたい

スリー

必須科目だホン
頑張るホン

間違いは自分の弱点を教えてくれる**貴重な情報源。**
弱点から自己分析することで，**今の自分に足りない力や苦手な分野**が見えてくるはず！

合格者があかす
赤本の使い方

傾向と対策を熟読
（Fさん／国立大合格）

大学の出題傾向を調べるために，赤本に載っている「傾向と対策」を熟読しました。

繰り返し解く
（Tさん／国立大合格）

1周目は問題のレベル確認，2周目は苦手や頻出分野の確認に，3周目は合格点を目指して，と過去問は繰り返し解くことが大切です。

過去問に終わる。

STEP 3
志望校に
あわせて

苦手分野の
重点対策

参考書や問題集を活用して，苦手
分野の**重点対策**をしていきます。
過去問を指針に，合格へ向けた具
体的な学習計画を立てましょう！

STEP 1 ▶ 2 ▶ 3
サイクル
が大事！

実践を
繰り返す

STEP 1
STEP 2
STEP 3

STEP 1～3を繰り返し，実力ア
ップにつなげましょう！
出題形式に慣れることや，**時間配
分を考える**ことも大切です。

目標点を決める
（Yさん／私立大合格）

赤本によっては合格者最低
点が載っているので，それ
を見て目標点を決めるのも
よいです。

時間配分を確認
（Kさん／私立大学合格）

赤本は時間配分や解く
順番を決めるために使
いました。

添削してもらう
（Sさん／私立大学合格）

記述式の問題は先生に添削し
てもらうことで自分の弱点に
気づけると思います。

新課程入試 Q&A

2022年度から新しい学習指導要領（新課程）での授業が始まり，2025年度の入試は，新課程に基づいて行われる最初の入試となります。ここでは，赤本での新課程入試の対策について，よくある疑問にお答えします。

Q1. 赤本は新課程入試の対策に使えますか？

A. もちろん使えます！

旧課程入試の過去問が新課程入試の対策に役に立つのか疑問に思う人もいるかもしれませんが，心配することはありません。旧課程入試の過去問が役立つのには次のような理由があります。

● 学習する内容はそれほど変わらない

新課程は旧課程と比べて科目名を中心とした変更はありますが，学習する内容そのものはそれほど大きく変わっていません。また，多くの大学で，既卒生が不利にならないよう「経過措置」がとられます（Q3参照）。したがって，出題内容が大きく変更されることは少ないとみられます。

● 大学ごとに出題の特徴がある

これまでに課程が変わったときも，各大学の出題の特徴は大きく変わらないことがほとんどでした。入試問題は各大学のアドミッション・ポリシーに沿って出題されており，過去問にはその特徴がよく表れています。過去問を研究してその大学に特有の傾向をつかめば，最適な対策をとることができます。

出題の特徴の例	・英作文問題の出題の有無
	・論述問題の出題（字数制限の有無や長さ）
	・計算過程の記述の有無

新課程入試の対策も，赤本で過去問に取り組むところから始めましょう。

Q2. 赤本を使う上での注意点はありますか？

A. 志望大学の入試科目を確認しましょう。

　過去問を解く前に，過去の出題科目（問題編冒頭の表）と 2025 年度の募集要項とを比べて，課される内容に変更がないかを確認しましょう。ポイントは以下のとおりです。科目名が変わっていても，実際は旧課程の内容とほとんど同様のものもあります。

英語・国語	科目名は変更されているが，実質的には変更なし。 ▶▶ **ただし，リスニングや古文・漢文の有無は要確認。**
地歴	科目名が変更され，「歴史総合」「地理総合」が新設。 ▶▶ **新設科目の有無に注意。ただし，「経過措置」（Q3参照）により内容は大きく変わらないことも多い。**
公民	「現代社会」が廃止され，「公共」が新設。 ▶▶ **「公共」は実質的には「現代社会」と大きく変わらない。**
数学	科目が再編され，「数学 C」が新設。 ▶▶ **「数学」全体としての内容は大きく変わらないが，出題科目と単元の変更に注意。**
理科	科目名も学習内容も大きな変更なし。

　数学については，科目名だけでなく，どの単元が含まれているかも確認が必要です。例えば，出題科目が次のように変わったとします。

旧課程	「数学Ⅰ・数学Ⅱ・数学 A・数学 B（数列・ベクトル）」
新課程	「数学Ⅰ・数学Ⅱ・数学 A・**数学 B（数列）・数学 C（ベクトル）**」

　この場合，新課程では「数学C」が増えていますが，単元は「ベクトル」のみのため，実質的には旧課程とほぼ同じであり，過去問をそのまま役立てることができます。

Q3. 「経過措置」とは何ですか？

A. 既卒の旧課程履修者への対応です。

多くの大学では，既卒の旧課程履修者が不利にならないように，出題において「経過措置」が実施されます。措置の有無や内容は大学によって異なるので，募集要項や大学のウェブサイトなどで確認しておきましょう。

○旧課程履修者への経過措置の例

- 旧課程履修者にも配慮した出題を行う。
- 新・旧課程の共通の範囲から出題する。
- 新課程と旧課程の共通の内容を出題し，共通範囲のみでの出題が困難な場合は，旧課程の範囲からの問題を用意し，選択解答とする。

例えば，地歴の出題科目が次のように変わったとします。

旧課程	「日本史 B」「世界史 B」から 1 科目選択
新課程	「**歴史総合，日本史探究**」「**歴史総合，世界史探究**」から 1 科目選択※ ※旧課程履修者に不利益が生じることのないように配慮する。

「歴史総合」は新課程で新設された科目で，旧課程履修者には見慣れないものですが，上記のような経過措置がとられた場合，新課程入試でも旧課程と同様の学習内容で受験することができます。

要チェックだホン

新課程の情報は WEB もチェック！
より詳しい解説が赤本ウェブサイトで見られます。
https://akahon.net/shinkatei/

科目名が変更される教科・科目

	旧 課 程	新 課 程
国語	国語総合 国語表現 現代文A 現代文B 古典A 古典B	現代の国語 言語文化 論理国語 文学国語 国語表現 古典探究
地歴	日本史A 日本史B 世界史A 世界史B 地理A 地理B	歴史総合 日本史探究 世界史探究 地理総合 地理探究
公民	現代社会 倫理 政治・経済	公共 倫理 政治・経済
数学	数学Ⅰ 数学Ⅱ 数学Ⅲ 数学A 数学B 数学活用	数学Ⅰ 数学Ⅱ 数学Ⅲ 数学A 数学B 数学C
外国語	コミュニケーション英語基礎 コミュニケーション英語Ⅰ コミュニケーション英語Ⅱ コミュニケーション英語Ⅲ 英語表現Ⅰ 英語表現Ⅱ 英語会話	英語コミュニケーションⅠ 英語コミュニケーションⅡ 英語コミュニケーションⅢ 論理・表現Ⅰ 論理・表現Ⅱ 論理・表現Ⅲ
情報	社会と情報 情報の科学	情報Ⅰ 情報Ⅱ

大学のサイトも見よう

目　次

基 本 情 報

 ## 学部・学科の構成

大　学

● **薬学部** ［6 年制］
　薬学科
● **生命科学部**
　分子生命科学科
　応用生命科学科
　生命医科学科

大学院

薬学研究科 / 生命科学研究科

📍 大学所在地

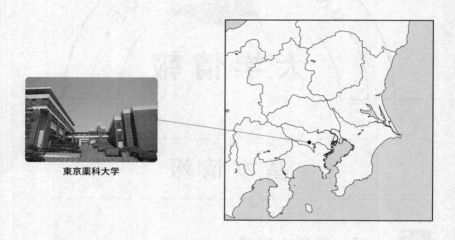

東京薬科大学

〒192-0392　東京都八王子市堀之内 1432-1

入 試 デ ー タ

📊 入試状況

○競争率は受験者数÷合格者数で算出。
○個別学力試験を課さない大学入学共通テスト利用入試は1カ年分のみ掲載。
○2024年度より，男子部・女子部は廃止となった。
○T方式は2024年度より実施。

薬学部

●学校推薦型選抜（一般公募制）　　　　　　　　　　　（　）内は女子内数

年度	区　　分	募集人員	志願者数	受験者数	合格者数	競争率
2024		50	271(204)	264(200)	181(145)	1.5
2023	男　子　部	25	83	81	60	1.4
	女　子　部	25	174	173	98	1.8
2022	男　子　部	25	88	87	42	2.1
	女　子　部	25	173	173	76	2.3
2021	男　子　部	25	69	69	41	1.7
	女　子　部	25	167	167	65	2.6

●一般選抜B方式（本学個別試験）　　　　　　　　　　（　）内は女子内数

年度	区　　分		募集人員	志願者数	受験者数	合格者数	競争率	合格者最低点／満点
2024			130	907(525)	866(508)	177(107)	4.9	245／350
2023	男子部	Ⅰ期	65	396	375	173	2.2	212／350
		Ⅱ期	20	222	141	66	2.1	151／300
	女子部	Ⅰ期	65	538	525	139	3.8	255／350
		Ⅱ期	20	265	188	80	2.4	168／300

（表つづく）

年度	区　　分	募集人員	志願者数	受験者数	合格者数	競争率	合格者最低点／満点
2022	男　子　部	65	499	477	166	2.9	211／350
	女　子　部	65	480	455	134	3.4	228／350
2021	男　子　部	65	472	446	167	2.7	197／350
	女　子　部	65	551	526	130	4.0	223／350

●一般選抜Ｔ方式（薬・生命統一選抜）　　　　　　　（　）内は女子内数

年度	募集人員	志願者数	受験者数	合格者数	競争率	合格者最低点／満点
2024	40	390(217)	313(176)	89(48)	3.5	168／300

●一般選抜Ａ方式（大学入学共通テスト利用）　　　　　（　）内は女子内数

年度	募集人員	志願者数	受験者数	合格者数	競争率	合格者最低点／満点
2024	30	783(473)	782(472)	303(182)	2.6	390／600

生命科学部

●学校推薦型選抜（一般公募制）

年度	区　分	学　科	募集人員	志願者数	受験者数	合格者数	競争率
2024	専願制	分子生命科	8	5	5	4	1.3
		応用生命科	6	4	4	3	1.3
		生命医科	10	11	11	9	1.2
	併願制	分子生命科	10	23	23	18	1.3
		応用生命科	9	21	21	15	1.4
		生命医科	13	36	36	28	1.3
2023	専願制	分子生命科	8	13	13	9	1.4
		応用生命科	6	1	1	1	1.0
		生命医科	10	12	12	9	1.3
	併願制	分子生命科	10	26	26	22	1.2
		応用生命科	9	15	15	14	1.1
		生命医科	13	34	33	24	1.4

（表つづく）

年度	区　分	学　　科	募集人員	志願者数	受験者数	合格者数	競争率
2022	専願制	分子生命科	8	11	10	10	1.0
		応用生命科	6	6	6	5	1.2
		生命医科	10	10	10	9	1.1
	併願制	分子生命科	10	26	25	21	1.2
		応用生命科	9	21	20	17	1.2
		生命医科	13	31	30	28	1.1
2021	専願制	分子生命科	8	8	8	8	1.0
		応用生命科	6	4	4	4	1.0
		生命医科	10	14	14	13	1.1
	併願制	分子生命科	10	31	31	25	1.2
		応用生命科	9	29	28	22	1.3
		生命医科	13	33	33	26	1.3

（備考）上記合格者には，第2志望の合格者は含まない。

●一般選抜Ｂ方式（本学個別試験）

年度	区分	学　　科	募集人員	志願者数	受験者数	合格者数	競争率	合格者最低点／満点
2024		分子生命科	13	136	134	34	3.9	182／300
		応用生命科	12	131	121	33	3.7	183／300
		生命医科	17	133	127	35	3.6	186／300
2023	Ⅰ期	分子生命科	13	123	117	33	3.5	186／300
		応用生命科	12	131	122	41	3.0	177／300
		生命医科	17	141	128	38	3.4	191／300
	Ⅱ期	分子生命科	8	120	113	32	3.5	123／200
		応用生命科	7	118	111	39	2.8	113／200
		生命医科	10	128	119	28	4.3	123／200
2022	Ⅰ期	分子生命科	13	142	130	35	3.7	174／300
		応用生命科	12	137	123	47	2.6	172／300
		生命医科	17	144	130	38	3.4	185／300
	Ⅱ期	分子生命科	8	113	107	31	3.5	121／200
		応用生命科	7	128	115	42	2.7	115／200
		生命医科	10	127	114	29	3.9	123／200

（表つづく）

年度	区分	学　科	募集人員	志願者数	受験者数	合格者数	競争率	合格者最低点／満点
2021	Ⅰ期	分子生命科	13	144	138	39	3.5	179／300
		応用生命科	12	157	144	44	3.3	165／300
		生命医科	17	139	131	33	4.0	192／300
	Ⅱ期	分子生命科	8	100	94	28	3.4	128／200
		応用生命科	7	92	87	31	2.8	109／200
		生命医科	10	94	90	32	2.8	122／200

（備考）合格者最低点は，参考値で表示されているが，実際の合否判定は，科目ごとの平均点で差がつかないように素点を補正して行っている。

●一般選抜C方式 （本学個別試験）

年度	学　　科	募集人員	志願者数	受験者数	合格者数	競争率	合格者最低点／満点
2024	分子生命科	5	36	27	19	1.4	99／200
	応用生命科	3	15	10	7	1.4	100／200
	生命医科	7	32	26	19	1.4	105／200
2023	分子生命科	5	28	20	10	2.0	116／200
	応用生命科	3	23	16	4	4.0	128／200
	生命医科	7	46	34	9	3.8	142／200
2022	分子生命科	5	13	11	5	2.2	86／200
	応用生命科	3	11	8	6	1.3	95／200
	生命医科	7	34	26	14	1.9	93／200
2021	分子生命科	5	30	22	6	3.7	116／200
	応用生命科	3	17	12	4	3.0	102／200
	生命医科	7	29	24	9	2.7	109／200

（備考）
• 上記合格者には，第2，第3志望の合格者は含まない。

●一般選抜T方式 （薬・生命統一選抜）

年度	学　科	募集人員	志願者数	受験者数	合格者数	競争率	合格者最低点／満点
2024	分子生命科	8	152	132	31	4.3	174／300
	応用生命科	7	158	135	29	4.7	188／300
	生命医科	10	154	133	32	4.2	183／300

（備考）合格者最低点は，参考値で表示されているが，実際の合否判定は，科目ごとの平均点で差がつかないように素点を補正して行っている。

●一般選抜A方式（大学入学共通テスト利用）

年度	区分	学　　科	募集人員	志願者数	受験者数	合格者数	競争率	合格者最低点／満点
2024	I期	分子生命科	7	129	129	78	1.7	361／600
		応用生命科	5	198	198	127	1.6	353／600
		生命医科	8	210	210	132	1.6	376／600
	II期	分子生命科	4	8	8	6	1.3	183／300
		応用生命科	3	11	11	9	1.2	195／300
		生命医科	6	22	22	17	1.3	193／300

募集要項（出願書類）の入手方法

　すべての入試で，インターネット出願が導入されています。詳細は，大学ホームページをご確認ください。

問い合わせ先

　東京薬科大学　入試・広報センター

　　〒192-0392　東京都八王子市堀之内 1432-1

　　☎ 0120-50-1089（直通）

　　ホームページアドレス　https://www.toyaku.ac.jp/

　　入試・広報センターお問い合わせフォーム
　　https://www.toyaku.ac.jp/inquiry/mail/form01.html

 東京薬科大学のテレメールによる資料請求方法

| スマートフォンから | QRコードからアクセスしガイダンスに従ってご請求ください。 |
| パソコンから | 教学社　赤本ウェブサイト(akahon.net)から請求できます。 |

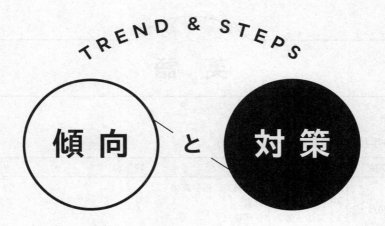

TREND & STEPS

傾向 と 対策

　科目ごとに問題の「傾向」を分析し，具体的にどのような「対策」をすればよいか紹介しています。まずは出題内容をまとめた分析表を見て，試験の概要を把握しましょう。

── 注　意 ──

　「傾向と対策」で示している，出題科目・出題範囲・試験時間等については，2024 年度までに実施された入試の内容に基づいています。2025 年度入試の選抜方法については，各大学が発表する学生募集要項を必ずご確認ください。

── 掲載日程・方式・学部 ──

　一般選抜は，以下のようになっている。

2024 年度：B方式・T方式…B方式Ⅱ期が実施されなくなり，代わってT方式が実施された。

2023 年度：B方式Ⅰ期・B方式Ⅱ期…S方式が実施されなくなり，代わってB方式Ⅱ期が実施された。

2022・2021 年度：B方式・S方式

英　語

▶学校推薦型選抜（一般公募制）

年度	番号	項　目	内　容
2024	〔1〕	読　　解	空所補充，内容真偽
	〔2〕	発　　音	発音
	〔3〕	文法・語彙	空所補充
	〔4〕	文法・語彙	語句整序
2023	〔1〕	読　　解	空所補充，内容真偽
	〔2〕	発　　音	発音
	〔3〕	文法・語彙	空所補充
	〔4〕	文法・語彙	語句整序
2022	〔1〕	読　　解	空所補充，内容説明，内容真偽
	〔2〕	発　　音	発音
	〔3〕	文法・語彙	空所補充
	〔4〕	文法・語彙	語句整序
2021	〔1〕	読　　解	空所補充，共通語による空所補充，同意表現，内容説明，内容真偽
	〔2〕	発　　音	発音
	〔3〕	文法・語彙	空所補充
	〔4〕	文法・語彙	語句整序

読解英文の主題

年度	番号	主　題
2024	〔1〕	よみがえるベトナム戦争のトラウマ
2023	〔1〕	人間と真菌の相互共存の崩壊
2022	〔1〕	高体重と疾患の関係をめぐる議論
2021	〔1〕	予測的遺伝子検査で進む遺伝子差別

▶一般選抜Ｂ方式

年度	番号	項　目	内　容
2024 ●	〔1〕	読　　解	空所補充
	〔2〕	発　　音	発音
	〔3〕	文法・語彙	空所補充
	〔4〕	文法・語彙	語句整序
	〔5〕	読　　解	欠文挿入箇所，空所補充，内容真偽
2023 ●	〔1〕	読　　解	空所補充，不要語指摘，内容説明
	〔2〕	発　　音	発音
	〔3〕	文法・語彙	空所補充
	〔4〕	文法・語彙	語句整序
	〔5〕	読　　解	空所補充，不要文指摘，内容真偽
2022 ●	〔1〕	読　　解	空所補充，内容説明
	〔2〕	発　　音	発音
	〔3〕	文法・語彙	空所補充
	〔4〕	文法・語彙	語句整序
	〔5〕	読　　解	空所補充，単語挿入箇所，内容真偽
2021 ●	〔1〕	読　　解	内容説明，空所補充
	〔2〕	発　　音	発音
	〔3〕	文法・語彙	空所補充
	〔4〕	文法・語彙	語句整序
	〔5〕	読　　解	不要文指摘，欠文挿入箇所，空所補充，内容真偽

（注）　●印は全問，◑印は一部マークセンス方式採用であることを表す。

読解英文の主題

年度	番号	主　題
2024	〔1〕	RBD（レム睡眠行動障害）
	〔5〕	プライミング効果とは何か
2023	〔1〕	ナイチンゲールの衛生改革
	〔5〕	視点の切り替えがイノベーションを生む
2022	〔1〕	グローバル化で不可避になった感染症の蔓延
	〔5〕	才能の多次元性
2021	〔1〕	顔面の全面移植の試み
	〔5〕	世界を理解するのにふさわしい方法とは

読解力を中心に英語の総合力を試す

01 出題形式は？

〔学校推薦型選抜（一般公募制）〕

　読解1題，発音1題，文法・語彙2題の計4題の出題が続いている。全問選択式だがマークセンス方式ではない。試験時間は50分。

〔一般選抜B方式〕

　読解2題，発音1題，文法・語彙2題の計5題の出題が続いている。全問マークセンス方式による選択式である。試験時間は60分。

02 出題内容はどうか？

　読解問題では，内容を速やかに読み取る能力をみようという出題意図がうかがわれる。英文は環境や医療などの分野からの出題が多い。推薦・一般B方式とも，空所補充，内容真偽が毎年出題されているが，そのほかに年度によって，不要語・文指摘，欠文・単語挿入箇所，内容説明なども出題されている。内容真偽は，日本語の選択肢から，正しいものを1つ選ぶ形式である。

　そのほかの大問では，発音問題，空所補充と語句整序による文法・語彙問題が出題されている。

03 難易度は？

　読解問題は，専門用語などには語注があり，本文の内容は比較的読み取りやすい。設問の中にはわかりづらいものが含まれることがあり，文脈から設問の意図を読み取ることが要求されている。問題量に対して試験時間が短いので，速解力が合否の決め手になる。文法・語彙と発音の各問題は標準レベルである。

01 読解問題対策

　読解問題は大別して，自然科学（特に生物学・医学の分野）に関する論文とビジネスなどに関するエッセーが出題されている。したがって，環境や医療に関する標準的な英文を用いて，まず正確に読む力を養い，次に段落ごとの論旨を速読によって把握する練習へと移行していくことが望ましい。専門用語に関しては，語注があるので無理に覚える必要はないだろう。エッセーに関しては，段落ごとのストーリーを追えば解答が得られるはずである。

02 文法・語彙問題対策

　英文の正確な内容把握のためにも，文法の知識が必須である。まず過去問の文法・語彙問題を整理して苦手な項目がないか確認し，必要に応じて文法書を参照しながら，文法頻出問題を解いておくことが望ましい。『大学入試 すぐわかる英文法』（教学社）のような網羅的な英文法書を座右に置いて，参照しながら学習を進めるとよい。

数　学

▶一般選抜

年　度	番号		項　　目	内　　容
2024 ●	B方式	〔1〕	小　問　4　問	(1)円が x 軸から切り取る線分　(2)三角関数を含む不等式　(3)等差数列　(4)対数方程式
		〔2〕	小　問　2　問	(1)整数と既約分数の個数　(2)数直線上の動点に関する確率
		〔3〕	微・積分法	2直線の距離，放物線と接線で囲まれた部分の面積
		〔4〕	ベクトル	平面ベクトルの内積計算，円に内接する三角形の面積
		〔5〕	指　数　関　数	3次方程式の実数解の個数
	T方式	〔1〕	小　問　3　問	(1)条件と集合　(2)漸化式　(3)指数・対数関数
		〔2〕	小　問　2　問	(1)三角関数，ベクトルの内積　(2)円の方程式
		〔3〕	微・積分法	3次関数の極値，三角方程式，三角関数を含む不等式
		〔4〕	確　　　率	点の移動の確率，条件付き確率
2023 ●	B方式I期	〔1〕	小　問　4　問	(1)確率　(2)2円の配置　(3)整式の割り算　(4)整数問題
		〔2〕	小　問　2　問	(1)正弦定理，余弦定理　(2)三角方程式
		〔3〕	対　数　関　数	常用対数の計算，整数部分の桁数と最高位の数
		〔4〕	微・積分法	3次関数の微・積分，2直線のなす角の条件
		〔5〕	ベクトル	座標空間における球面，球面と平面の交わりの円
	B方式II期	〔1〕	小　問　3　問	(1)確率　(2)必要条件・十分条件　(3)円の方程式
		〔2〕	小　問　3　問	(1)常用対数　(2)数列の和　(3)整数問題
		〔3〕	微・積分法	3次関数の微・積分，最大値
		〔4〕	ベクトル	平面ベクトル
2022 ●	B方式	〔1〕	小　問　4　問	(1)解と係数の関係　(2)円の接線　(3)対数の計算　(4)指数不等式
		〔2〕	小　問　2　問	(1)三角方程式，加法定理　(2)数列の和の応用
		〔3〕	微・積分法	絶対値で表された関数，定積分で表された関数
		〔4〕	確　　　率	3桁の整数に関する場合の数・確率
		〔5〕	空　間　図　形	座標空間における球面・平面

2021 ●	B方式	〔1〕	小 問 4 問	(1)対数を含む方程式　(2)等差数列の和　(3)三角関数の最小値　(4)等差数列（等差中項）
		〔2〕	小 問 2 問	(1)ベクトルの直交，ベクトルの大きさの最小値　(2)関数のグラフが接する条件
		〔3〕	図形と方程式	点と直線の距離，軌跡
		〔4〕	微・積分法	直線と曲線の共有点，直線と曲線で囲まれた部分の面積
		〔5〕	確　　率	条件付き確率

（注）　●印は全問，◑印は一部マークセンス方式採用であることを表す。

出題範囲の変更

　2025 年度入試より，数学は新教育課程での実施となります。詳細については，大学から発表される募集要項等で必ずご確認ください（以下は本書編集時点の情報）。

	2024 年度（旧教育課程）	2025 年度（新教育課程）
一般選抜B方式・T方式	数学 I・II・A・B（数列, ベクトル）	数学 I・II・A・B（数列）・C（ベクトル）

 基本〜標準問題を偏りなく広範囲から出題

01　出題形式は？

　2024 年度の一般 B 方式は，大問 5 題の出題で試験時間は 80 分。〔1〕は小問 4 問，〔2〕は小問 2 問が出題されたのも例年通りであった。2024 年度の一般 T 方式，2023 年度の一般 B 方式 II 期は大問 4 題の出題で，試験時間は 60 分。〔1〕〔2〕は小問が 2 問または 3 問出題されている。両方式とも，例年通り全問マークセンス方式による空所補充形式であった。

02　出題内容はどうか？

　微・積分法，確率，数列，ベクトルなどが頻出であるが，小問集合形式の問題によって，偏りなく広範囲から出題しようという意図がうかがえる。また，複数分野が融合された問題も多数出題されており，幅広い実力が必要である。

03　難易度は？

　ほとんどが基本ないし標準の問題である。教科書やその傍用問題集中心の学習で基礎を固め，それよりやや難しい問題集などで，できるだけ多くの問題にあたることにより，幅広い応用力をつけておきたい。

対　策

01　基本事項の完全理解と解法パターンの習得

　基本的な概念・定理・公式などを完全に理解し，確実に使えるようにしておく必要がある。定理はその証明や使い方を，公式はその導かれる過程や使い方を含めて理解しておくこと。そのうえで，できるだけ多くの問題を解き，代表的な解法パターンを身につけておこう。

02　広範囲に及ぶ確実な実力の養成

　比較的偏りなく広範囲から出題されていることや，複数分野の融合問題が出題されていることから，幅広い確実な学力が求められている。基本ないし標準程度の入試問題を数多く解くことで，多くの解法パターンを身につけ，実戦力をつけるとともに，不得意分野を解消しておきたい。

03　解答形式に慣れる

　全問がマークセンス方式であることから，「解答上の注意」をよく読み，この形式に慣れるとともに，対策を立てておくことが必要である。解答の形式から正答を予想する直観力，途中の正確な式変形や，論理展開を省いて正答を導き出す技術などを身につけておくと簡単に解ける場合もある。マーク式の問題に数多くあたり，こうした直観力や技術を身につけておきたい。

04　正確な計算力と細心の注意力の養成

　全問がマークセンス方式で結果のみが求められているので，計算ミス・転記ミス・マークミスなどが大きな失点につながる。また，問題数に比べて試験時間が十分にあるとはいえないので，見直す時間もほとんどないと考えられる。正確な計算力と細心の注意力により，ケアレスミスをしないようにしたい。

化　学

▶学校推薦型選抜（一般公募制）

年度	番号	項　目	内　容
2024	〔1〕	構造・無機	物質の性質，電子配置，化学式，分子の極性，同素体，酸化数，亜鉛の性質と反応，気体発生
	〔2〕	変　化	中和滴定，電気分解，溶解度積　　　　　　　　⊘計算
	〔3〕	構造・変化	ルシャトリエの原理，体心立方格子，蒸気圧　　⊘計算
	〔4〕	有　機	有機化合物の性質，元素分析と異性体，合成と収率 ⊘計算
2023	〔1〕	理論・無機	物質の分類，イオン半径の大小関係，電子式，結晶の分類，鉄の化合物，窒素酸化物の性質，酸化還元反応，水和物の組成式決定　　　　　　　　　　　　　　　　⊘計算
	〔2〕	変　化	アンモニアの電離平衡，電気分解　　　　　　　⊘計算
	〔3〕	変化・状態	ボイルの法則，シャルルの法則，ルシャトリエの原理，プロパンの燃焼熱　　　　　　　　　　　　　　　⊘計算
	〔4〕	有　機	構造異性体，元素分析，有機化合物の性質，セッケンの性質，構造推定　　　　　　　　　　　　　　　⊘計算
2022	〔1〕	理論・無機	原子の構造，三原子分子，無極性分子，非晶質，酸化数，塩素，金属の性質，身のまわりの物質　　　⊘計算
	〔2〕	変化・状態	固体の溶解度，pH，酸化還元反応と滴定　　　　⊘計算
	〔3〕	理　論	反応量，熱量，ボイル・シャルルの法則，ルシャトリエの原理　　　　　　　　　　　　　　　　　　⊘計算
	〔4〕	有機・構造	構造異性体，元素分析，有機化合物の性質，鏡像異性体，油脂，構造決定　　　　　　　　　　　　　⊘計算
2021	〔1〕	無機・構造	無機物質の性質と反応，分子の構造，化学反応の量的関係 ⊘計算
	〔2〕	変　化	濃度，電離平衡，溶解平衡，電気分解　　　　　⊘計算
	〔3〕	変　化	化学反応の量的関係，化学反応と熱，反応速度，化学平衡 ⊘計算
	〔4〕	有　機	異性体，有機化合物の元素分析，有機化合物の性質と反応 ⊘計算

▶一般選抜

年　度	番号	項　目	内　容
2024 ◑	B方式〔1〕	構造・無機	物質の分類，イオン半径，電子式，酸化物の分類，気体発生，窒素化合物，金属イオンの反応と沈殿
	〔2〕	変　化	アンモニアの電離定数と緩衝液，ヨウ素滴定，燃料電池　⊘計算
	〔3〕	変化・状態	化学平衡と平衡定数，プロパンの燃焼と圧力変化　⊘計算
	〔4〕	有　機	分子式と構造異性体，有機化合物の性質，付加反応の量的関係，$C_{22}H_{19}NO_3$ の構造推定，医薬品の構造　⊘計算
	〔5〕	高分子	陽イオン交換樹脂，熱硬化性樹脂　⊘計算
	T方式〔1〕	変化・無機	元素と単体，原子の構造，物質量，イオン結晶の性質，塩の加水分解，アンモニアの性質，アルミニウムの性質と反応，金属イオンの反応　⊘計算
	〔2〕	変　化	中和滴定と緩衝液，AgCl の溶解度積，電気分解　⊘計算
	〔3〕	変化・状態	気体の反応と量的関係，化学平衡，ヘンリーの法則　⊘計算
	〔4〕	有　機	C_7H_8O の構造異性体，付加反応と量的関係，有機化合物の反応と性質，$C_9H_{14}O_4$ の構造推定，マルコフニコフ則　⊘計算
	〔5〕	有機・高分子	二糖類，アミノ酸，油脂のけん化価とヨウ素価　⊘計算
2023 ◑	B方式I期〔1〕	理論・無機	電子式，極性分子，酸化数，水の性質，同位体の性質，ハロゲンの性質，金属イオンの反応，合金の性質
	〔2〕	変　化	濃度，混合溶液の pH，共通イオン効果，H_2S の電離平衡，溶解度積　⊘計算
	〔3〕	変　化	水素，ヨウ素，ヨウ化水素の化学平衡　⊘計算
	〔4〕	有　機	有機化合物の反応と性質，$C_8H_{10}O$ の構造推定
	〔5〕	高分子	ヘキサペプチドの推定と窒素含有量，アミノ酸の等電点，合成繊維　⊘計算
	B方式II期〔1〕	理論・無機	周期律と元素の性質，アボガドロ数，分子とイオンの形，気体の性質，金属結晶の性質，リン，酸化還元反応，金属酸化物の性質　⊘計算
	〔2〕	変　化	酢酸の電離と緩衝液，電気分解，溶解度積　⊘計算
	〔3〕	状態・変化	気体の法則，溶解熱，凝固点降下度　⊘計算
	〔4〕	有　機	C_4H_8O の構造異性体，異性体の関係，脂肪族炭化水素の反応と性質，芳香族化合物の合成，C_5H_{12} の構造異性体，芳香族化合物の性質と分離操作
	〔5〕	高分子	糖の性質，核酸の構造，陽イオン交換樹脂

2022 ●	B 方 式	〔1〕	無機・構造	身のまわりの化学反応，周期律，体心立方格子，ケイ素・リン・硫黄，両性酸化物，実験操作と気体の捕集方法，アンモニアソーダ法
		〔2〕	変　化	電離平衡，鉛蓄電池，陽イオン交換樹脂，溶解度積 ⊘計算
		〔3〕	構造・状態	カルシウムの化合物の反応量，気体の状態方程式 ⊘計算
		〔4〕	有　機	構造決定と異性体，元素分析，有機化合物の性質と見分け方 ⊘計算
		〔5〕	高分子・構造	糖類の性質と構造，ポリ乳酸 ⊘計算
	S 方 式	〔1〕	構造・無機	物質の状態，電子の数，結晶，物質量，物質の反応，COとCO₂，錯イオン，硫化物の沈殿 ⊘計算
		〔2〕	変　化	電離平衡とpH，中和滴定，酸化剤と還元剤，酸化還元滴定 ⊘計算
		〔3〕	状態・変化	蒸留装置，活性化エネルギー，ヘンリーの法則，化学平衡のグラフ，蒸気圧，凝固点降下と沸点上昇 ⊘計算
		〔4〕	有　機	C₄H₆O₂の異性体，有機化合物の性質，エステルの異性体，アセチルサリチル酸の製法，構造決定
		〔5〕	高分子・構造	糖類の構造と性質，トリペプチドの構造，ナイロン66のアミド結合 ⊘計算
2021 ●	B 方 式	〔1〕	理論・無機	元素の周期表，同位体，イオン，化学結合，塩の加水分解，マグネシウムとカルシウムの性質，イオン化傾向，日常生活と化学
		〔2〕	変　化	電池，化学反応の量的関係，中和滴定，pH，電気分解 ⊘計算
		〔3〕	状態・変化	ヘスの法則，物質の状態変化，凝固点降下，浸透圧 ⊘計算
		〔4〕	有　機	異性体，有機化合物の構造決定，有機化合物の性質と反応 ⊘計算
		〔5〕	高 分 子	多糖類の性質と反応，タンパク質の性質と反応
	S 方 式	〔1〕	理論・無機	化学結合，元素の周期表，酸化還元反応，金属の反応，混合気体 ⊘計算
		〔2〕	変　化	電離平衡，pH，中和滴定，電気分解 ⊘計算
		〔3〕	状態・変化	化学平衡，気体の性質 ⊘計算
		〔4〕	有　機	異性体，有機化合物の成分元素の検出，有機化合物の性質と反応
		〔5〕	高分子・構造	アミノ酸とタンパク質の性質，合成高分子化合物の性質と製法 ⊘計算

（注）　●印は全問，◐印は一部マークセンス方式採用であることを表す。

$C_4H_6O_2$ の異性体（※上記〔4〕参照）

理論の出題が多め
有機化合物の構造決定と異性体が頻出

01 出題形式は？

〔学校推薦型選抜（一般公募制）〕

　全問選択式で，大問 4 題の出題。試験時間は 60 分。

〔一般選抜〕

　2022 年度までは全問マークセンス方式による選択式であったが，2023 年度以降は一部記述式が出題されている。記述式はいずれも有機分野で，構造式を書くものであった。大問数は，いずれも 5 題の出題。試験時間は，2024 年度は B 方式が 70 分，T 方式が 90 分である。

02 出題内容はどうか？

　出題範囲は，推薦・一般ともに「化学基礎・化学」（推薦のみ「高分子化合物の性質と利用」の範囲は除く）である。

　なお，2025 年度は，推薦の出題範囲が「化学基礎・化学（「高分子化合物，化学が果たす役割」の範囲は除く）」になる予定である（本書編集時点）。

　出題分野は，理論，無機，有機全般にわたっているが，理論の割合が比較的多い。**理論**では，酸・塩基，酸化還元滴定，電気分解，化学平衡，熱化学，反応速度がよく出題されている。**無機**は，理論や有機分野に比べて出題は少ないが，金属イオンの沈殿，気体発生に関する問題がよく出題されている。**有機**では，構造異性体，光学異性体に関する問題が毎年必ずといってよいほど出題されている。一般選抜では，アミノ酸，糖類，油脂，高分子化合物の計算問題にも注意しておきたい。有機化合物の構造決定もよく出題されている。また，特に薬学部の特性から，医薬品として用いられている物質に関する性質などが出題されやすい傾向にある。

03　難易度は？

　標準的な問題が多いが，中にはやや難しい問題も1，2問含まれている。2022年度一般S方式〔4〕問1と問5の「異性体の個数」，2021年度一般S方式〔3〕問2の「温度の異なるフラスコを連結したときの気体の圧力」，〔4〕問5の「ベンゾカインの合成」が比較的難しい問題であった。難問に手こずって時間不足にならないよう，解ける問題からどんどん解いていくようにしたい。過去問演習で感覚をつかんでおこう。

対　策

01　理　論

　理論では標準的な問題が多いので，『実戦 化学重要問題集 化学基礎・化学』（数研出版）のような標準レベルの問題集を活用して数多く演習を重ねておくこと。理論の問題は全範囲にわたって出題されているが，特に酸・塩基，電気分解，酸化還元滴定に関しては重点的に勉強しておきたい。反応速度と化学平衡の出題も多いので，過去問を中心に十分な演習が必要である。

02　無　機

　無機分野の出題は少ないが，出題される場合は基本問題が多いので，教科書レベルの学習を充実させておきたい。特に，気体発生と金属イオンの沈殿については，十分に演習をしておくことが大事である。

03　有　機

　構造異性体や光学異性体の構造式についての問題がよく出題されている。分子式から10種類以上の異性体が考えられる場合もあるので，しっかり学習しておこう。有機化合物の構造決定もよく出題されている。元素分析，

有機化合物の性質と反応に関連した問題を数多く演習しておくこと。医薬品に関する内容も出題されるため，教科書や資料集に載っている医薬品の名称や構造，用途，作用に関する知識を整理しておくとよい。

　また，一般選抜では，油脂，アミノ酸，ポリペプチドの構造，分子量に関する問題もよく出題されている。過去問を中心に対策を立てておきたい。

04　過去問の研究

　理論だけでなく，無機や有機の問題についても，形式や内容の類似した問題が過年度に出題されている。したがって，本書を利用し，収載されている問題を1題でも多く解いておくこと。また，1回目でできなかった問題は，少し日をおいてから必ず見直しておくことが大事である。

2024
年度

問題と解答

学校推薦型選抜（一般公募制）

問 題 編

▶試験科目

	教　科	科　　　　　　　目	配　点
適性能力検　査	外国語	英語（英語の基礎力を問うもの）	80 点
	理　科	化学基礎・化学（「高分子化合物の性質と利用」を除く）	120 点

▶備　考

　適性能力検査，面接（最大5名のグループ面接を20分間），推薦書および調査書を総合的に評価し，合格者を決定する（面接および書類審査の配点は合計40点）。

英　語

（50分）

1　次の英文を読み，設問に答えなさい。この英文は，ベトナム戦争（1960–75年）
の復員軍人である患者について，精神科医が述べた文章です。なお，*印をつけ
た語には注があります。

　　The Tuesday after the Fourth of July weekend, 1978, was my first day
（　a-1　）a staff psychiatrist* at the Boston Veterans* Administration Clinic. As
I was hanging a reproduction of my favorite Breughel painting, 'The Blind
Leading the Blind,' on the wall of my new office, I heard a commotion* in the
reception area down the hall. A moment later a large, disheveled* man in a
stained three-piece suit, carrying a copy of *Soldier of Fortune* magazine（　a-2　）
his arm, burst through my door. He was so agitated and so clearly hungover*
that I wondered how I could possibly help this hulking* man. I asked him to take
a seat, and tell me what I could（　b　）for him.

　　His name was Tom. Ten years earlier he had been in the Marines*, doing his
service in Vietnam*. He had spent the holiday weekend holed up* in his
downtown-Boston law office, drinking and looking at old photographs, rather
than with his family. He knew from previous years' experience that the noise, the
fireworks, the heat, and the picnic in his sister's backyard against the backdrop*
of dense early-summer foliage*, all of which reminded him of Vietnam, would
drive him（　c　）. When he got upset he was afraid to be around his family
because he behaved like a monster with his wife and two young boys. The noise
of his kids made him so agitated that he would storm out of* the house to keep
（　d　）from hurting them. Only drinking himself into oblivion* or riding his
Harley-Davidson* at dangerously high speeds helped him to calm down.

　　Nighttime offered（　e　）relief — his sleep was constantly interrupted by
nightmares about an ambush* in a rice paddy* back in 'Nam*, in which all the
members of his platoon* were killed or wounded. He also had terrifying
flashbacks* in which he saw dead Vietnamese children. The nightmares were so
horrible that he dreaded falling asleep and he often（　f　）for most of the night,

drinking. In the morning his wife would find him passed out* on the living room couch, and she and the boys had to tiptoe* around him while she made them breakfast before taking them to school.

Filling me in on his background, Tom said that he had graduated from high school in 1965, the valedictorian* of his class. In line with his family tradition of military service he enlisted* in the Marine Corps* immediately after graduation. His father had served in World War II in General Patton's army, and Tom never (g) his father's expectations. Athletic, intelligent, and an obvious leader, Tom felt powerful and effective after finishing basic training, a member of a team that was prepared for just about anything. In Vietnam he quickly became a platoon leader, in (h) of eight other Marines*. Surviving slogging through the mud while being strafed* by machine-gun fire can leave people feeling pretty good about themselves — and their comrades.

At the end of his tour of duty Tom was honorably discharged*, and all he wanted was to put Vietnam behind him. Outwardly that's exactly what he did. He attended college on the GI Bill*, graduated from law school, married his high school sweetheart, and had two sons. Tom was (i) by how difficult it was to feel any real affection for his wife, even though her letters had kept him alive in the madness of the jungle. Tom went through the motions of* living a normal life, hoping that by faking it he would learn to become his old self again. He now had a thriving law practice and a picture-perfect family, (j) he sensed he wasn't normal; he felt dead inside.

(Adapted from van der Kolk, Bessel. *The Body Keeps the Score: Mind, Brain and Body in the Transformation of Trauma*, Penguin Books, 2015, pp.7-9.)

(注) psychiatrist: 精神科医　　　　veteran: 復員軍人
　　commotion: 騒ぎ　　　　　　disheveled: 髪が乱れた
　　hungover: 二日酔いで　　　　hulking: ずうたいの大きい
　　the Marines: 海兵隊　　　　　Vietnam: ベトナム
　　holed up: 閉じこもって　　　backdrop: 背景
　　foliage: 群葉　　　　　　　　storm out of: ～から飛び出す
　　oblivion: 忘却
　　Harley-Davidson: ハーレーダビッドソン（米国製の大型オートバイ）
　　ambush: 待ち伏せ，奇襲　　　rice paddy: 水田

'Nam: Vietnam を指す口語的表現

platoon: 小隊

flashback: 過去の記憶の鮮明なよみがえり

passed out: 意識を失って　　　　tiptoe: つま先で歩く

valedictorian: 卒業生総代　　　　enlist: 入隊する

the Marine Corps: 海兵隊　　　　Marine: 海兵隊員

strafe: 〜を機銃掃射する　　　　be discharged: 兵役を解除される

GI Bill: 復員兵援護法（復員兵に対する大学教育資金の給付などを定めたもの）

go through the motions of : 形だけ〜する

問 1

a　空所 (a-1) と (a-2) に補うのに最も適当な組み合わせを 1 つ選び，その番号を記入しなさい。

1　(a-1)　as　　　　(a-2)　under

2　(a-1)　as　　　　(a-2)　for

3　(a-1)　in　　　　(a-2)　under

4　(a-1)　in　　　　(a-2)　for

b　空所 (b) に補うのに最も適当なものを 1 つ選び，その番号を記入しなさい。

1　ask　　　　　2　do　　　　　3　play　　　　　4　run

c　空所 (c) に補うのに最も適当なものを 1 つ選び，その番号を記入しなさい。

1　a car　　　　2　calm　　　　3　crazy　　　　4　healthy

d　空所 (d) に補うのに最も適当なものを 1 つ選び，その番号を記入しなさい。

1　himself　　　2　oneself　　　3　them　　　　4　themselves

e　空所 (e) に補うのに最も適当なものを 1 つ選び，その番号を記入しなさい。

1　actual　　　　2　more　　　　3　much　　　　4　no

f　空所 (f) に補うのに最も適当なものを 1 つ選び，その番号を記入しなさい。

1　drank　　　　　　　　　2　had a good time

3　slept　　　　　　　　　4　stayed up

g　空所（g）に補うのに最も適当なものを1つ選び，その番号を記入しなさい。
　　1　liked　　　　　2　met　　　　　3　questioned　　　4　realized

h　空所（h）に補うのに最も適当なものを1つ選び，その番号を記入しなさい。
　　1　case　　　　　2　charge　　　　3　danger　　　　4　terms

i　空所（i）に補うのに最も適当なものを1つ選び，その番号を記入しなさい。
　　1　comfortable　　2　satisfied　　3　scolded　　　　4　upset

j　空所（j）に補うのに最も適当なものを1つ選び，その番号を記入しなさい。
　　1　because　　　　2　but　　　　　3　if　　　　　　4　whenever

問2　本文の内容と一致するものを1つ選び，その番号を記入しなさい。
1　Tom は戦争の頃を思い出すのが嫌なので，古い写真を見ることはせず，一人でなく家族と共に過ごすようにしている。
2　Tom は戦争の頃のショックで仕事ができなくなったので，その代わりに，朝食の準備と子供を学校に送るのを毎朝の日課にしている。
3　高校を卒業後に入隊した Tom は，強健かつ知的で，リーダーとしての資質にも恵まれていた。
4　兵役を解除されて故国に戻った Tom は，帰国後に初めて会った女性と親しくなり結婚した。

2 　次の a~e の各組の 4 語の中から，下線部の発音が他の 3 語と異なるものを，
それぞれ 1~4 の中から 1 つずつ選びなさい。

a 　1 　f<u>a</u>vor 　　　　2 　ins<u>a</u>ne 　　　3 　p<u>a</u>vement 　　4 　s<u>a</u>vage

b 　1 　descr<u>i</u>be 　　　2 　<u>i</u>nfant 　　　　3 　<u>i</u>ntimate 　　　4 　sign<u>i</u>ficant

c 　1 　d<u>ea</u>f 　　　　　2 　f<u>ea</u>ture 　　　3 　m<u>ea</u>dow 　　　4 　r<u>ea</u>lm

d 　1 　a<u>ss</u>emble 　　　2 　fo<u>ss</u>il 　　　　3 　me<u>ss</u>y 　　　　4 　po<u>ss</u>ess

e 　1 　artifi<u>c</u>ial 　　　2 　<u>c</u>ertificate 　　3 　<u>c</u>ivilization 　4 　re<u>c</u>eive

3 　次の各文の空所に補うのに最も適当なものを，それぞれ 1~4 の中から 1 つずつ
選びなさい。

a 　The relationship between patients and their doctors has been changed by the
fact (　　　) individuals now have easy access to medical information.

　　　　1 　about 　　　　2 　including 　　3 　that 　　　　4 　which

b 　He wanted to be sure no one could possibly catch him making a mistake. He
also seemed to like keeping his bold, exciting ideas all (　　　) himself.

　　　　1 　at 　　　　　2 　off 　　　　　3 　to 　　　　　4 　without

c 　He sent the fellows of the Royal Society a paper about the research on light he
(　　　) five years earlier.

　　　　1 　does 　　　　2 　had done 　　　3 　has done 　　4 　would be done

d 　A: It has been so hot recently! (　　　　　)
　　B: I know! I want to crawl inside my refrigerator!

　　　　1 　I can't stand it. 　　　　　2 　I wish I'd said that.
　　　　3 　I won't be long. 　　　　　4 　It's on me this time.

e 　A: You don't seem as interested in the class, lately.
　　B: (　　　)
　　A: You come late. And you've dozed off in class.
　　B: I'm sorry. It's because I've been busy recently.

　　　　1 　How do you like school?
　　　　2 　What makes you say that?

3　What subject is the most interesting for you?

4　Why did you choose this university?

4 次の各文が文意の通る英文になるように，括弧内の **1~6** を並べ替えて，その **2番目**と **5番目**に来るものの番号を答えなさい。

a　When Nikola traveled on business, he always left Drana enough (1 of / 2 care / 3 money / 4 take / 5 anyone / 6 to) who came to her for help.

b　Since Bill loves surfing, it (1 retire / 2 makes / 3 for / 4 to / 5 perfect sense / 6 him) in Hawaii.

c　Using (1 more difficult / 2 is / 3 making / 4 the Internet / 5 than / 6 no) a telephone call.

化　学

（60分）

1　問1〜問8に記号で答えなさい。

問1　物質a〜eのうち，常温・常圧で液体であり，水と任意の割合で混じり合うものを1
　　　つ選びなさい。

　　a　アンモニア　　　　　b　アセトン　　　　　c　フッ素
　　d　塩化水素　　　　　　e　ジエチルエーテル

問2　原子やイオンの組合せ a〜e のうち，互いの電子配置が**異なるもの**を1つ選びなさ
　　　い。

　　a　S^{2-} と Ne　　　　b　Na^+ と F^-　　　c　O^{2-} と Mg^{2+}
　　d　Ca^{2+} と K^+　　　e　Cl^- と Ar

問3　物質a〜eのうち，分子からなるものを1つ選びなさい。

　　a　二酸化硫黄　　　　　b　硫化鉄（II）　　　c　アルミニウム
　　d　酸化マグネシウム　　e　塩化アンモニウム

問4　分子a〜eのうち，無極性分子であるものを1つ選びなさい。

　　a　ベンゼン　　　　　　b　アンモニア　　　　c　クロロホルム
　　d　マレイン酸　　　　　e　フッ化水素

問5　物質の組合せa〜eのうち，互いに同素体であるものを1つ選びなさい。

　　a　ネオン と アルゴン　　　　　b　水ガラス と 石英
　　c　酸素 と オゾン　　　　　　　d　水 と 氷
　　e　一酸化窒素 と 二酸化窒素

問6　化合物 a 〜 e のうち，下線部の原子の酸化数が **NO** の窒素原子の酸化数と同じもの
　　を１つ選びなさい。

a　H$_2$<u>S</u>　　　　　　　b　<u>N</u>H$_3$　　　　　　c　H$_2$<u>O</u>$_2$
d　<u>Al</u>$_2$O$_3$　　　　　　e　<u>C</u>aCO$_3$

問7　亜鉛に関する記述 a 〜 e のうち，正しいものを１つ選びなさい。

a　単体の亜鉛を希塩酸に入れると，塩素が発生する。
b　Zn^{2+} を含む水溶液に鉛の金属片を浸すと，亜鉛が析出する。
c　Zn^{2+} を含む水溶液に塩基性下で硫化水素を通じると，白色の沈殿を生じる。
d　Zn^{2+} を含む水溶液に少量の水酸化ナトリウム水溶液を加えると沈殿を生じるが，
　　さらに水酸化ナトリウム水溶液を過剰に加えても沈殿は溶けない。
e　ZnO は水酸化ナトリウム水溶液には溶けるが，塩酸には溶けない。

問8　気体の発生に関する記述 a 〜 e のうち，**誤っているもの**を１つ選びなさい。

a　炭酸ナトリウムに希塩酸を加えると，二酸化炭素が発生する。
b　塩化アンモニウムと水酸化カルシウムの混合物を加熱すると，アンモニアが発生
　　する。
c　硫化鉄(Ⅱ)に希硫酸を加えると，二酸化硫黄が発生する。
d　塩素酸カリウムに酸化マンガン(Ⅳ)を触媒として加えて加熱すると，酸素が発生
　　する。
e　水酸化ナトリウム水溶液にアルミニウムを加えると，水素が発生する。

2　　問1～問3に記号で答えなさい。

問1　実験ⅠとⅡに関する (1)～(4) に答えなさい。ただし，硫酸の分子量は 98.0 とする。

　実験Ⅰ：　水 400 mL に ア質量パーセント濃度 96.0%, 密度 1.84 g/cm³ の濃硫酸 | イ | mL
　　　　　を少しずつ加えたのち，さらに水でうすめて 0.100 mol/L の希硫酸 450 mL をつ
　　　　　くった (A液)。

　実験Ⅱ：　ウ濃度のわからない水酸化ナトリウム水溶液 25.0 mL にメチルオレンジを指示
　　　　　薬として加え，A液で中和滴定を行った。 A液を 40.0 mL 滴下したところで中
　　　　　和点に達し，溶液が | エ | 色から | オ | 色に変化した。

(1)　下線部 ア の濃硫酸のモル濃度〔mol/L〕はいくらか。最も近い数値を a～f から選び
　　なさい。

　　a　　8.15　　　　　　　b　　10.2　　　　　　　c　　13.8
　　d　　16.3　　　　　　　e　　18.0　　　　　　　f　　19.7

(2)　| イ | はいくらか。最も近い数値を a～f から選びなさい。

　　a　　1.50　　　　　　　b　　2.30　　　　　　　c　　2.50
　　d　　3.00　　　　　　　e　　4.60　　　　　　　f　　5.00

(3)　下線部 ウ の水酸化ナトリウム水溶液のモル濃度〔mol/L〕はいくらか。最も近い数
　　値を a～f から選びなさい。

　　a　　0.125　　　　　　b　　0.160　　　　　　c　　0.200
　　d　　0.250　　　　　　e　　0.320　　　　　　f　　0.500

(4) **エ** と **オ** にあてはまる色の組合せとして，正しいものを a ～ f から選びなさい。

	エ	オ
a	赤	無
b	赤	黄
c	無	赤
d	無	黄
e	黄	赤
f	黄	無

問2 希硫酸を入れた電解槽に2枚の白金電極を浸し，図のようにそれぞれを電源につないで，0.200 A の一定電流を 579 秒間通じて電気分解を行った。この電気分解に関する (1) と (2) に答えなさい。ただし，ファラデー定数 F は 9.65×10^4 C/mol とし，電気エネルギーはすべて電気分解に使われたものとする。また，電解槽の希硫酸には，電気分解を行うのに十分な量の硫酸が溶けていたものとする。

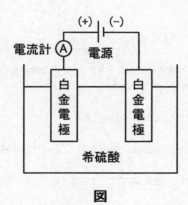

図

(1) 流れた電子の物質量〔mol〕はいくらか。最も近い数値を a ～ f から選びなさい。

a 7.20×10^{-4}	b 1.00×10^{-3}	c 1.20×10^{-3}
d 1.50×10^{-3}	e 2.40×10^{-3}	f 3.00×10^{-3}

(2) 陽極で生成した気体の物質量〔mol〕はいくらか。最も近い数値を a 〜 f から選びなさい。

a 2.50×10^{-4} b 3.00×10^{-4} c 3.75×10^{-4}
d 5.00×10^{-4} e 6.00×10^{-4} f 7.50×10^{-4}

問3 ヨウ化銀 AgI の飽和水溶液中では，次式で示した溶解平衡が成り立つ。

$$AgI（固）\rightleftharpoons Ag^+ + I^-$$

ある温度における AgI の飽和水溶液のモル濃度は 1.45×10^{-7} mol/L であった。この水溶液における AgI の溶解度積 K_{sp}〔$(mol/L)^2$〕はいくらか。最も近い数値を a 〜 f から選びなさい。

a 2.10×10^{-14} b 4.20×10^{-14} c 8.41×10^{-14}
d 7.25×10^{-8} e 1.45×10^{-7} f 2.90×10^{-7}

③ 問1〜問3に記号で答えなさい。

問1 (1)〜(5)の反応が平衡状態にあるとき，〈 〉内の操作を行うと平衡はどうなるか。a〜c からそれぞれ1つずつ選びなさい。

(1) H_2（気）+ I_2（気）$\rightleftharpoons$ 2HI（気）   〈HI を加える〉

(2) H_2（気）+ I_2（気）$\rightleftharpoons$ 2HI（気）   〈反応容器の容積を小さくする〉

(3) $2SO_2$（気）+ O_2（気）$\rightleftharpoons$ $2SO_3$（気）   〈触媒を加える〉

(4)   C（固）+ CO_2（気）$\rightleftharpoons$ 2CO（気）   〈C（固）を加える〉

(5) N_2（気）+ $3H_2$（気）$\rightleftharpoons$ $2NH_3$（気）   〈全圧一定で Ar を加える〉

a   右の方に移動する
b   左の方に移動する
c   移動しない

問2 ある金属 X の単体は**図ア**に示したように，体心立方格子の結晶構造をとり，X の結晶の単位格子の一辺の長さは 2.9×10^{-8} cm である。**図イ**は，**図ア**の単位格子の点 A，C，E，G を含む面で切断したときの断面を表している。(1) と (2) に答えなさい。ただし，$\sqrt{3} = 1.7$ とする。

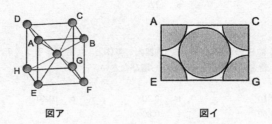

図ア   図イ

(1) X の原子の半径は何 cm か。最も近い数値を a 〜 e から選びなさい。

    a 4.0×10^{-9} b 8.0×10^{-9} c 1.2×10^{-8}
    d 1.6×10^{-8} e 2.0×10^{-8}

(2) X の原子量を 56，アボガドロ定数を 6.0×10^{23} /mol とするとき，X の結晶の密度は何 g/cm³ か。最も近い数値を a 〜 e から選びなさい。ただし，$(2.9)^3 = 24$ とする。

    a   4.5   b   7.8   c   12
    d   14   e   22

問3 ジエチルエーテル 0.80 mol とアルゴン 1.2 mol を容積が自由に変えられる真空の密閉容器に封入し，_A容器内の温度を 40 ℃，圧力を 1.0×10^5 Pa に保った。次に，_B容器内の圧力を 1.0×10^5 Pa に保った状態で，温度を下げて 0 ℃に保持した。
(1) 〜 (3) に答えなさい。ただし，ジエチルエーテルの 0 ℃における飽和蒸気圧は 2.5×10^4 Pa，標準大気圧（1.013×10^5 Pa）における沸点は 34 ℃であり，気体定数は 8.3×10^3 Pa・L/(K・mol)とする。また，アルゴンは液体のジエチルエーテルに溶解せず，容器内に液体として存在するジエチルエーテルの体積は無視できるものとする。

(1) 下線部 A の状態において，容器内の気体が占める体積は何 L か。最も近い数値を a 〜 e から選びなさい。

    a   17   b   21   c   36
    d   52   e   72

(2)　下線部 B の状態において，容器内の気体が占める体積は何 L か。最も近い数値を
　　 a〜e から選びなさい。

　　 a　17　　　　　　　　　 b　21　　　　　　　　　 c　36
　　 d　52　　　　　　　　　 e　72

(3)　下線部 B の状態において，容器内で気体として存在するジエチルエーテルは何 mol
　　 か。最も近い数値を a〜e から選びなさい。

　　 a　0.10　　　　　　　　 b　0.20　　　　　　　　 c　0.40
　　 d　0.60　　　　　　　　 e　0.80

4　問 1〜問 7 に記号で答えなさい。

問 1　分子式 C_3H_6BrCl の化合物に関する (1) と (2) に答えなさい。

(1)　何種類の構造異性体があるか。a〜f から選びなさい。ただし，立体異性体について
　　 は考えないものとする。

　　 a　3　　　　　　　　　　 b　4　　　　　　　　　 c　5
　　 d　6　　　　　　　　　　 e　7　　　　　　　　　 f　8

(2)　(1) の構造異性体のうち，不斉炭素原子をもつものは何種類あるか。a〜f から選び
　　 なさい。

　　 a　1　　　　　　　　　　 b　2　　　　　　　　　 c　3
　　 d　4　　　　　　　　　　 e　5　　　　　　　　　 f　6

問 2　分子量 176 の炭素，水素，酸素からなる有機化合物の元素分析を行ったところ，成分
　　 元素の質量百分率は，炭素 54.5%，水素 9.2%，酸素 36.3% であった。この有機化合
　　 物の分子式として適切なものを a〜f から選びなさい。ただし，原子量は H=1.0，
　　 C=12，O=16 とする。

　　 a　$C_6H_8O_6$　　　　　　　 b　$C_7H_{12}O_5$　　　　　　 c　$C_8H_{16}O_4$
　　 d　$C_9H_{20}O_3$　　　　　　 e　$C_{11}H_{12}O_2$　　　　　 f　$C_{12}H_{16}O$

問3　記述a〜eのうち，ギ酸にはあてはまるが，酢酸にはあてはまらないものを1つ選びなさい。

a　水によく溶ける。
b　水溶液は酸性を示す。
c　炭酸水素ナトリウムと反応して，二酸化炭素が発生する。
d　銀鏡反応を示す。
e　ヨードホルム反応を示す。

問4　エステルに関する記述a〜eのうち，**誤っているもの**を1つ選びなさい。

a　酢酸エチルは芳香をもつ無色の液体である。
b　酢酸エチルに水を加えると，酢酸エチルは下層，水は上層になる。
c　カルボン酸とアルコールの混合物に触媒として濃硫酸を加えて加熱すると，エステルと水が生じる。
d　カルボン酸のエステルに水酸化ナトリウム水溶液を加えて加熱すると，カルボン酸の塩とアルコールが生じる。
e　ニトログリセリンはグリセリンと硝酸とのエステルである。

問5　フェノールに関する記述a〜eのうち，**誤っているもの**を1つ選びなさい。

a　融解したフェノールは，ナトリウムと反応して，水素を発生する。
b　水溶液中でわずかに電離して，弱い酸性を示すが，炭酸よりも強い酸である。
c　水酸化ナトリウム水溶液と反応し，水溶性の塩を生じる。
d　濃硝酸と濃硫酸の混合物（混酸）を加えて加熱すると，$o-$位と$p-$位がニトロ化され，最終的に2,4,6-トリニトロフェノール（ピクリン酸）を生じる。
e　水溶液に臭素水を十分に加えると，2,4,6-トリブロモフェノールの白色沈殿を生じる。

問6　化合物a〜eのうち，臭素を付加させると，不斉炭素原子を2つもつ化合物が生成するものを1つ選びなさい。

a　エチレン　　　　　　　b　プロペン　　　　　　　c　1-ブテン
d　トランス-2-ブテン　　　e　2-メチルプロペン

問７　実験に関する次の記述を読み，(1) と (2) に答えなさい。

実験：　乾いた試験管にサリチル酸 2.07 g をとり，無水酢酸 3.00 mL を加えた。よく振り混ぜながら，濃硫酸を数滴加えたのち，試験管を 60 ℃で温めたところ，下に示す反応が進行した。その後，試験管の内容物を冷水に加え，沈殿物をろ過した。沈殿物から純粋なアセチルサリチル酸を得るため，再結晶を数回行い，アセチルサリチル酸の結晶 1.62 g を得た。

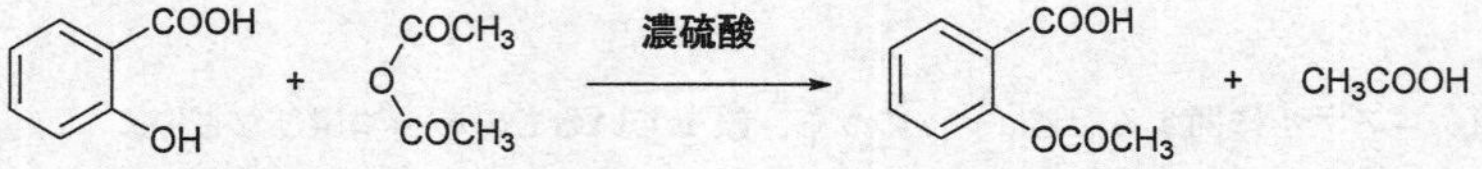

サリチル酸　**無水酢酸**　**アセチルサリチル酸**　**酢酸**

(1)　この実験で得られたアセチルサリチル酸の収率は何 % か。最も近い数値を a ～ f から選びなさい。ただし，原子量は H＝1.0，C＝12，O＝16 とする。また，収率とは下に示すように，反応式から計算した生成物の量に対する，実験で得られた生成物の量の割合を百分率で表したものである。

$$\text{収率}(\%) = \frac{\text{実験で得られた生成物の量}}{\text{反応式から計算した生成物の量}} \times 100$$

a	51	b	60	c	69
d	78	e	87	f	96

(2)　サリチル酸とアセチルサリチル酸を区別するために用いる溶液として適当なものを a ～ e から１つ選びなさい。

a　塩化ナトリウム水溶液
b　炭酸水素ナトリウム水溶液
c　アンモニア性硝酸銀水溶液
d　塩化鉄(Ⅲ)水溶液
e　フェノールフタレイン溶液

解 答 編

英 語

問1．a－1　b－2　c－3　d－1　e－4
　　　f－4　g－3　h－2　i－4　j－2

問2．3

·············· 全訳 ··············

《よみがえるベトナム戦争のトラウマ》

① 1978 年 7 月 4 日の週末明けの火曜日は，ボストン復員軍人援護局診療
所での精神科医職員としての私の初日だった。私がお気に入りのブリュー
ゲルの複製画『盲人を導く盲人』を新しいオフィスの壁に掛けていると，
廊下の先の受付で騒ぎが聞こえた。少しして，染みつきの三つ揃いのスー
ツを着た大柄の髪が乱れた男が，『ソルジャー・オブ・フォーチュン』誌
を脇に抱えて，私の部屋のドアからバーンと入ってきた。彼はあまりにも
興奮しており，あまりにも明らかに二日酔いだったので，私はこのずうた
いの大きい男をどうやって助けたものかと思った。私は彼に，座って，彼
のために私に何ができるか教えてほしいと言った。

② 彼の名前はトムといった。10 年前，海兵隊に所属しており，ベトナム
で兵役に就いていた。彼はこの連休を家族と過ごすのではなく，ボストン
のダウンタウンにある法律事務所に閉じこもって，酒を飲んだり古い写真
を眺めたりして過ごしていた。彼は前年の経験からわかっていたが，騒音，
花火，暑さ，初夏のうっそうとした群葉を背景にした姉の家の裏庭でのピ
クニック，それらすべては彼にベトナムを思い出させ，気が狂いそうにな
るのだった。彼は動揺すると，家族のそばにいるのが怖くなった。妻と小
さな 2 人の息子の前で怪物のように振る舞ってしまうからだ。子どもたち
が騒ぐと彼はあまりにも興奮してしまうので，彼は家から飛び出して，自

分が子どもたちを傷つけないようにした。酒を飲んで自分を忘却の中に追いやることや，ハーレーダビッドソンを危険なほど高速で走らせることしか，彼を落ち着かせるのには役立たなかった。

③　夜は全く安堵をもたらさなかった。彼の眠りを絶えず妨げるのは，当時のベトナムでの水田での待ち伏せの悪夢であり，その悪夢の中では，彼の小隊全員が死んだり負傷したりするのだった。彼はまた，恐ろしくも過去の記憶が鮮明によみがえることがあり，死んだベトナムの子どもたちを目にするのだった。悪夢があまりにも恐ろしかったので，彼は眠るのが怖くなり，しばしば夜の大半，起きたままで，酒を飲んでいた。朝になると，彼の妻は，彼がリビングのソファで意識を失っているのに気づき，妻が子どもたちを学校に送る前に朝食を作っている間，妻と子どもたちは彼の周りをつま先で歩かねばならなかった。

④　トムが私に経歴を補足説明してくれたところでは，彼は1965年に高校を卒業し，彼の学年の卒業生総代だった。兵役という家族の伝統に従って，彼は卒業後ただちに海兵隊に入隊した。彼の父親は第二次世界大戦でパットン将軍の軍隊に従軍しており，トムは父親の期待を一度も疑わなかった。トムは運動能力が高く，知的で，明らかにリーダー気質であり，基礎訓練終了後には強力で有能な感じがして，ほとんど何に対しても備えのできているチームの一員だった。ベトナムで彼はすぐに小隊長になり，8人の海兵隊員を指揮した。機銃掃射されながら，ぬかるみの中を重い足取りで進みつつ，生き延びると，人は自分と仲間をずいぶん立派だと思うことがある。

⑤　外地での服務期間が終わり，トムは名誉除隊となり，彼がただ望んでいたことはベトナムを忘れることだった。外見上は，それがまさに彼のやったことだ。彼は復員兵援護法で大学に通い，ロースクールを卒業し，高校時代の恋人と結婚し，2人の息子をもうけた。トムを動揺させたのは，妻に対して本当の愛情を感じることがいかに難しいかだった。妻の手紙のおかげでジャングルの狂気の中で生き延びられたにもかかわらず，である。トムは形だけ普通の生活を送り，偽ることによって，昔の自分に戻れると期待していた。現在，彼の法律事務所は繁盛しており，絵に描いたように完璧な家庭を持っているが，彼は自分が正常ではないと感じていた。心の中は死んでいる感じがしていた。

━━━━━━━━━━━━━━━━━ **解　説** ━━━━━━━━━━━━━━━━━

問 1．a．（a‐1）　as「としての」

（a‐2）　carry ～ under *one's* arm「～を腕の下に抱えて運ぶ」＝「～を脇に抱える」

c．drive *A* crazy〔mad〕「*A* を気が狂いそうにする」　2．calm「落ち着いて」

d．keep *A* from *doing*「*A* が～するのを妨げる，*A* に～させない」≒ stop〔prevent／hinder〕*A* from *doing*　he … keep himself from hurting them「彼は自分が子どもたちを傷つけないようにした」という関係になる（them＝his kids）。主語＝目的語のときには，目的語に再帰代名詞（*oneself*）を用いる。*oneself* はもちろん主語に合わせて適切に活用する必要がある。

e．直後に his sleep was constantly interrupted by …「眠りは…によって絶えず妨げられていた」とあるので，relief「安堵」はなかった。relief は relieve「～を安心させる」の名詞形。1．actual「実際の」

g．2 は，meet *one's* expectations「～の期待に応える」（≒live up to *one's* expectations）は有名な表現だが，直前に否定語の never があるので，ここでは文意に合わない。3 が適切。question「～を疑う」≒doubt　4．realize「～に気づく，～を実現する」

h．in charge of ～「～を担当する，～を指揮する」　4．in terms of ～「～の観点から」

i．upset「～を動揺させる」活用は upset － upset － upset。1．comfortable「快適な」　2．satisfied「満足した」　3．scolded「叱られた」

問 2．1．第 2 段第 3 文（He had spent …）に矛盾。古い写真は見ている。

2．「ショックで仕事ができなくなった」という記述はない。また，第 3 段最終文（In the morning …）にあるように，朝食の準備と子どもを学校に送るのは，トムではなく妻の日課である。

3．第 4 段第 4 文（Athletic, intelligent, and …）に一致。athletic「運動能力が高い，強健な」　intelligent「知的な」

4．第 5 段第 3 文（He attended …）に矛盾。結婚相手は「帰国後に初め

て会った女性」ではなく，his high school sweetheart「高校時代の恋人」である。

② 解答　a－4　b－1　c－2　d－4　e－1

③ 解答　a－3　b－3　c－2　d－1　e－2

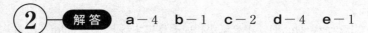

═══════════════════ 解説 ═══════════════════

a.「患者と医師の関係は，個人が今では医療情報に簡単にアクセスできるという事実によって，変わってきている」

　the fact that S V「S が V するという事実」 同格 that 節である（この that は接続詞）。

b.「彼は誰にも自分がミスをしているところを見つけられないようにしたかった。さらに，自分の大胆で刺激的なアイデアを独占するのを好んでいるようだった」

　keep 〜 (all) to *oneself*「〜を自分だけのものにする，〜を独占する」≒ monopolize

c.「彼は王立協会の仲間たちに，自分が 5 年前に行った光に関する研究論文を送付した」

　send O₁ O₂「O₁ に O₂ を送る」は第 4 文型で，light と he の間に関係詞目的格の省略がある。sent（過去形）よりも five years earlier「5 年前」なので，いわゆる大過去を表す過去完了形（had *done*）の形になる。

d. A：最近とても暑いですね！　耐えられないよ。

B：わかるよ！　冷蔵庫の中にもぐりこみたいよ！

　I can't stand it.「私はそれを我慢できない」≒ I can't bear〔put up with〕it.　　stand は否定文・疑問文では「〜を我慢する」という意味にもなる。2.「そう言っておけばよかった」　3.「長くはかからないよ」　4.「今回は私のおごりだよ」

e. A：最近，授業にあまり興味がなさそうだね。

B：なぜそんなことを言うの？

A：来るのが遅いし，授業中居眠りしてるし。

Ｂ：ごめん。最近忙しかったんだ。

　What makes you say that? の直訳は「何があなたにそれを言わせているのですか？」 make *A* *do*「*A* に～させる」 Why do you say that? とほぼ同じ意味である。１．「学校はどうですか？」　３．「どの科目があなたにとって一番面白いですか？」　４．「なぜこの大学を選びましたか？」

 **解答**　（２番目・５番目の順に）**a**－6・1　**b**－5・4
c－2・5

=== **解説** ===

a. (When Nikola traveled on business, he always left Drana enough) money to take care of anyone (who came to her for help.) 「ニコラは出張するとき，いつもドラーナに，彼女に助けを求めに来た人の面倒を見るのに十分なお金を残していった」

　take care of ～「～の面倒を見る」

b. (Since Bill loves surfing, it) makes perfect sense for him to retire (in Hawaii.) 「ビルはサーフィンが大好きだから，彼が引退してハワイにいるのは全くもって理にかなっている」

　make sense「意味をなす，理にかなう」

c. (Using) the Internet is no more difficult than making (a telephone call.) 「インターネットを使うのは，電話をかけるのと同じくらい，難しくない」

　no more＋形容詞＋than …「…と同じくらい～ない」

化　学

① **解答** 問１．b　問２．a　問３．a　問４．a　問５．c
問６．e　問７．c　問８．c

────── 解説 ──────

《小問8問》

問1． 常温・常圧で液体である物質はアセトンとジエチルエーテルである。ジエチルエーテルは無極性分子で水とは混じり合わないが，アセトンはカルボニル基の極性により水と任意の割合で混ざり合う。

問7． b．誤り。イオン化傾向は Zn>Pb なので，Zn^{2+} を含む水溶液に鉛を入れても亜鉛は析出しない。

c．正しい。ZnS は酸性下では沈殿しないが，中性・塩基性下では白色の沈殿となる。

d．誤り。亜鉛は両性元素であるため，水酸化ナトリウム水溶液を過剰に加えると錯イオン $[Zn(OH)_4]^{2-}$ を形成し溶解する。

e．誤り。ZnO は両性酸化物であるため，塩酸にも過剰の水酸化ナトリウム水溶液にも溶解する。

問8． c．誤り。硫化鉄(Ⅱ)に希硫酸を加えると，硫化水素が発生する。

$$FeS+H_2SO_4 \longrightarrow FeSO_4+H_2S$$

なお，c以外の化学反応式はそれぞれ次のとおりである。

a．$Na_2CO_3+2HCl \longrightarrow 2NaCl+H_2O+CO_2$

b．$2NH_4Cl+Ca(OH)_2 \longrightarrow CaCl_2+2H_2O+2NH_3$

d．$2KClO_3 \longrightarrow 2KCl+3O_2$

e．$2Al+2NaOH+6H_2O \longrightarrow 2Na[Al(OH)_4]+3H_2$

② **解答** 問１．⑴—e　⑵—c　⑶—e　⑷—e
問２．⑴—c　⑵—b　問３．a

────── 解説 ──────

《中和滴定，電気分解，溶解度積》

問1． ⑴　モル濃度に換算するときは，溶液 1000 mL に含まれる溶質

H_2SO_4 の物質量〔mol〕を求めればよい。濃硫酸のモル濃度を C〔mol/L〕
とおくと

$$C = 1000 \times 1.84 \times \frac{96.0}{100} \times \frac{1}{98.0} = 18.02 \fallingdotseq 18.0 \text{〔mol/L〕}$$

(2)　希釈前後で溶質の物質量は変化しない。必要な濃硫酸の体積を
v〔mL〕とおくと

$$v \times 1.84 \times \frac{96.0}{100} \times \frac{1}{98.0} = 0.100 \times \frac{450}{1000}$$

　∴　$v = 2.50$〔mL〕

(3)　水酸化ナトリウム水溶液のモル濃度を x〔mol/L〕とおくと，中和の
量的関係から

$$x \times \frac{25.0}{1000} \times 1 = 0.100 \times \frac{40.0}{1000} \times 2$$

　∴　$x = 0.320$〔mol/L〕

問2.　(1)　0.200 A の電流を 579 秒間通じたので，流れた電子の物質量
〔mol〕は

$$\frac{0.200 \times 579}{9.65 \times 10^4} = 1.20 \times 10^{-3} \text{〔mol〕}$$

(2)　陽極では次の反応によって酸素が発生する。

　　　$2H_2O \longrightarrow O_2 + 4H^+ + 4e^-$

　発生した酸素の物質量を x〔mol〕とおくと

$$x = 1.20 \times 10^{-3} \times \frac{1}{4} = 3.00 \times 10^{-4} \text{〔mol〕}$$

問3.　ヨウ化銀の飽和溶液のモル濃度が 1.45×10^{-7} mol/L なので，溶液
中における銀イオンとヨウ化物イオンのモル濃度について $[Ag^+] = [I^-]$
$= 1.45 \times 10^{-7}$〔mol/L〕となる。よって，ヨウ化銀の溶解度積 K_{sp} は

$$K_{sp} = [Ag^+][I^-] = (1.45 \times 10^{-7})^2 = 2.102 \times 10^{-14}$$
$$\fallingdotseq 2.10 \times 10^{-14} \text{〔(mol/L)}^2\text{〕}$$

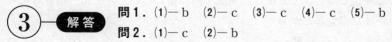

③ **解答**　**問1.** (1)— b　(2)— c　(3)— c　(4)— c　(5)— b
　　　　　　　問2. (1)— c　(2)— b
問3. (1)— d　(2)— c　(3)— c

━━━━━━━━━━━━━　解　説　━━━━━━━━━━━━━

《ルシャトリエの原理，体心立方格子，蒸気圧》

問1．(2)　容積を小さくすると圧力は高くなり，平衡は気体分子を減少させる方向に移動するが，反応物と生成物の気体分子の数が等しいので平衡の移動は起こらない。

(4)　固体は気体や溶液に均一に混じり合わないため，固体の量を増やしても化学平衡に関与しない。

(5)　全圧一定で Ar を加えると，N_2 や H_2，NH_3 の分圧が小さくなるため，平衡は気体分子を増加させる方向に移動する。

問2．(1)　単位格子の一辺の長さを l，原子半径を r とおくと，体心立方格子において

$$4r = \sqrt{3}\,l$$

の関係が成り立つ。**X** の原子半径 r は

$$r = \frac{\sqrt{3}}{4} \times 2.9 \times 10^{-8} = \frac{1.7}{4} \times 2.9 \times 10^{-8}$$

$$= 1.23 \times 10^{-8}$$

$$\fallingdotseq 1.2 \times 10^{-8}\,\text{(cm)}$$

(2)　体心立方格子中に **X** の原子は 2 個含まれる。密度を d(g/cm³) とおくと

$$d = \frac{\dfrac{56}{6.0 \times 10^{23}} \times 2}{(2.9 \times 10^{-8})^3} = 7.77 \fallingdotseq 7.8\,\text{(g/cm}^3\text{)}$$

問3．(1)　ジエチルエーテルの沸点が 34℃ なので，40℃ に保ったときジエチルエーテルはすべて気体になっていると考えられる。気体の総物質量は 2.00 mol なので，$PV = nRT$ より

$$V = \frac{2.00 \times 8.3 \times 10^3 \times 313}{1.0 \times 10^5} = 51.9 \fallingdotseq 52\,\text{(L)}$$

(2)　圧力が 1.0×10^5 Pa なので，ジエチルエーテルがすべて気体になっていると仮定したときの分圧は，同温・同体積において分圧比＝物質量比の関係が成り立つことから

$$1.0 \times 10^5 \times \frac{0.80}{2.00} = 4.0 \times 10^4\,\text{(Pa)}$$

　これは 0°C における飽和蒸気圧を超えるため，ジエチルエーテルは一部が液体に凝縮しており，その分圧は飽和蒸気圧の $2.5×10^4$ Pa となる。よって，アルゴンの分圧は

$$1.0×10^5-2.5×10^4=7.5×10^4 \text{[Pa]}$$

　アルゴンはすべて気体として存在するので，容器の体積を V'[L] とおくと $PV=nRT$ より

$$V'=\frac{1.2×8.3×10^3×273}{7.5×10^4}=36.2≒36 \text{[L]}$$

(3)　アルゴン 1.2 mol が示す圧力が $7.5×10^4$ Pa なので，$2.5×10^4$ Pa の圧力を示す気体のジエチルエーテルの物質量 [mol] は

$$1.2×\frac{2.5×10^4}{7.5×10^4}=0.40 \text{[mol]}$$

別解　(2)から容器の体積が 36.2 L であることを用いて，$PV=nRT$ より

$$n=\frac{2.5×10^4×36.2}{8.3×10^3×273}=0.399≒0.40 \text{[mol]}$$

のように求めてもよい。

④　**解答**　問1．(1)— c　(2)— c　問2．c　問3．d
問4．b　問5．b　問6．d
問7．(1)— b　(2)— d

=========== 解　説 ===========

《有機化合物の性質，元素分析と異性体，合成と収率》

問1．分子式 C_3H_6BrCl で表される化合物の構造異性体は次の 5 種類があり，そのうち 3 種類に不斉炭素原子が存在する（*は不斉炭素原子を表す）。

$$\overset{\quad\;\; Br}{CH_3-CH_2-{}^*CH-Cl} \qquad \overset{}{\underset{\;\;\; Br}{CH_3-{}^*CH-CH_2-Cl}}$$

$$Br-CH_2-CH_2-CH_2-Cl \qquad \underset{\;\;\;\; Cl}{CH_3-{}^*CH-CH_2-Br}$$

$$\underset{\;\;\; Br}{\overset{\;\;\; Cl}{CH_3-C-CH_3}}$$

問2．各原子の数の比は

$$C : H : O = \frac{54.5}{12} : \frac{9.2}{1.0} : \frac{36.3}{16} = 4.54 : 9.2 : 2.26$$

$$= 2.00 : 4.07 : 1 \fallingdotseq 2 : 4 : 1$$

よって，組成式は C_2H_4O と決まる。分子量が 176 なので

$$(C_2H_4O)_n = 44n = 176 \qquad \therefore \quad n = 4$$

以上により，分子式は $C_8H_{16}O_4$ と決まる。

問4．b．誤り。酢酸エチルは水よりも密度が小さいため，酢酸エチルが上層，水が下層となる。

e．正しい。アルコールとオキソ酸が縮合して生じる化合物も広くエステルと定義される。グリセリンはアルコールに分類され，オキソ酸である硝酸と反応させて生じるニトログリセリンはニトロ化合物ではなくエステルに分類される。

問6．a～eに臭素 Br_2 を付加させたときに生じる化合物はそれぞれ次のとおり（＊は不斉炭素原子を表す）。

a．$CH_2=CH_2 \xrightarrow{Br_2} Br-CH_2-CH_2-Br$

b．$CH_2=CH-CH_3 \xrightarrow{Br_2} Br-CH_2-\overset{*}{C}H-CH_3$
　　　　　　　　　　　　　　　　　$\underset{Br}{|}$

c．$CH_2=CH-CH_2-CH_3 \xrightarrow{Br_2} Br-CH_2-\overset{*}{C}H-CH_2-CH_3$
　　　　　　　　　　　　　　　　　　　　　　$\underset{Br}{|}$

d．$CH_3-CH=CH-CH_3 \xrightarrow{Br_2} CH_3-\overset{*}{C}H-\overset{*}{C}H-CH_3$
　　　　　　　　　　　　　　　　　　　　$\underset{Br}{|}\;\;\underset{Br}{|}$

e．$\underset{\displaystyle CH_2=\overset{\overset{\textstyle CH_3}{|}}{C}-CH_3}{} \xrightarrow{Br_2} Br-CH_2-\overset{\overset{\textstyle CH_3}{|}}{\underset{\underset{\textstyle Br}{|}}{C}}-CH_3$

問7．(1)　サリチル酸とアセチルサリチル酸の分子式はそれぞれ $C_7H_6O_3$（分子量 138），$C_9H_8O_4$（分子量 180）なので，収率〔％〕は

$$\frac{\dfrac{1.62}{180}}{\dfrac{2.07}{138}} \times 100 = 60 〔\%〕$$

(2) アセチルサリチル酸にはフェノール性ヒドロキシ基がないため，塩化鉄(Ⅲ)水溶液を加えても呈色せず，サリチル酸と区別することができる。

一 般 選 抜 （ B 方 式 ）

問 題 編

▶試験科目・配点

教　科	科　　　　目	配　点
外国語	コミュニケーション英語Ⅰ・Ⅱ・Ⅲ，英語表現Ⅰ・Ⅱ	100 点
数　学	数学Ⅰ・Ⅱ・Ａ・Ｂ（数列・ベクトル）	100 点
理　科	化学基礎・化学	150 点

▶備　考

　「化学基礎・化学」には，理数系の基礎的な思考能力や技能を判断するため，一部記述問題がある。

英　語

(60 分)

1 次の英文を読み，設問に答えなさい。この英文は，俳優のアラン・アルダが見た夢についての記述から始まります。なお，*印をつけた語には注があります。

Alan Alda was running for his life. The actor, best known for his role on the television series *M★A★S★H*, wasn't on a set*. This threat was real—or at least it felt (a). So when he saw a bag of potatoes in front of him, he grabbed it and threw it at his attacker. Suddenly, the scene shifted. He was in his bedroom, having lurched* out of sleep, and the sack of potatoes was a pillow he'd just chucked* at his wife.

(b) marks a disorder that occurs during the rapid eye movement (REM) phase of sleep. Called RBD, for REM sleep behavior disorder, it affects an estimated 0.5 to 1.25 percent of the general population and is more commonly reported in older adults, particularly men. (c) being hazardous to dreamers and their partners, RBD may foreshadow* neurodegenerative* disease, primarily synucleinopathies*—conditions in which the protein a-synuclein (or alpha-synuclein) forms toxic clumps* in the brain.

Not all nocturnal* behaviors are RBD. Sleepwalking and sleep talking, which occur more often during childhood and adolescence, take place during non-REM sleep. This difference is clearly distinguishable in a sleep laboratory, (d) clinicians can monitor stages of sleep to see when a person moves. Nor is RBD always associated with a synucleinopathy: it can also be triggered by certain drugs such as antidepressants* or caused by other underlying conditions such as narcolepsy* or a brain stem tumor.

When RBD occurs in the (e) of these alternative explanations, the chance of future disease is high. Some epidemiological* studies suggest that enacted dreaming predicts a more than 80 percent chance of developing a neurodegenerative disease within the patient's lifetime. It may also be the first sign of neurodegenerative disease, which on average shows up within 10 to 15 years after onset of the dream disorder.

One of the most common RBD-linked ailments is Parkinson's disease*, characterized mainly by progressive loss of motor control*. (f) is Lewy body dementia*, in which small clusters of *a*-synuclein called Lewy bodies build up in the brain, disrupting movement and cognition. A third type of synucleinopathy, multiple system atrophy*, interferes with both movement and involuntary functions such as digestion. RBD is one of the strongest harbingers* of future synucleinopathy, more predictive than other early markers such as chronic constipation* and a diminished sense of smell.

Descriptions of dream enactment by people with Parkinson's are as old as recognition of the disease itself. In James Parkinson's original description, "An Essay on the Shaking Palsy*," published in 1817, he wrote: "Tremulous* motions of the limbs occur during sleep, and augment* until they awaken the patient, and frequently with much agitation and alarm." But despite similar reports over the next two centuries, the connection between dreams and disease remained (g)—so much so that Alda had to convince his neurologist* to do a brain scan for Parkinson's after he read about the link in a 2015 news article.

Those scans confirmed Alda's (h): he had Parkinson's. He shared his experience with the public "because I thought anybody who has any symptom, even if it's not one of the usual ones, could get a head start on dealing with the progressive nature of the disease," he says. "(i) you attack it, I think, the better chance you have to hold off* the symptoms."

In recent years awareness of RBD and an understanding of how it relates to synucleinopathies have grown. Studying this (j) is giving researchers ideas for early intervention. These advances contribute to a growing appreciation of the so-called prodromal phase* of Parkinson's and other neurodegenerative disorders—when preliminary signs appear, but a definitive diagnosis has not yet been made.

(Adapted from Kwon, Diana. "When Dreams Foreshadow Brain Disease." *Scientific American*, February 2023, pp. 54-55.)

(注)　set: 撮影現場　　　　　　　　　lurch: よろめく
　　　chuck: ～を投げる　　　　　　foreshadow: ～の前兆となる

neurodegenerative：神経変性の　　　　synucleinopathy：シヌクレイン病

clump：凝集塊　　　　　　　　　　　　nocturnal：夜間の

antidepressant：抗うつ剤

narcolepsy：ナルコレプシー（強い眠気の発作を起こす睡眠障害）

epidemiological：疫学の　　　　　　　Parkinson's disease：パーキンソン病

motor control：運動制御

Lewy body dementia：レビー小体型認知症

multiple system atrophy：多系統萎縮症

harbinger：前兆　　　　　　　　　　　constipation：便秘

palsy：麻痺　　　　　　　　　　　　　tremulous：震える

augment：増大する　　　　　　　　　　neurologist：神経科医

hold off：～を遅らせる　　　　　　　　prodromal phase：前駆期

a　空所(a)に補うのに最も適当なものを，次の1〜4の中から1つ選びなさい。

1　at ease　　　　　　　　　　　　　2　by the way

3　imaginary　　　　　　　　　　　　4　that way

b　空所(b)に補うのに最も適当なものを，次の1〜4の中から1つ選びなさい。

1　Acting out dreams　　　　　　　　2　Analyzing dreams

3　Giving up dreams　　　　　　　　　4　Talking about dreams

c　空所(c)に補うのに最も適当なものを，次の1〜4の中から1つ選びなさい。

1　Apart from　　　　　　　　　　　2　Far from

3　For lack of　　　　　　　　　　　4　In search of

d　空所(d)に補うのに最も適当なものを，次の1〜4の中から1つ選びなさい。

1　how　　　　　2　where　　　　　3　which　　　　　4　why

e　空所(e)に補うのに最も適当なものを，次の1〜4の中から1つ選びなさい。

1　absence　　　2　light　　　　　3　middle　　　　4　region

f　空所(f)に補うのに最も適当なものを，次の1〜4の中から1つ選びなさい。

1　All　　　　　2　Another　　　　3　Each　　　　　4　None

g　空所(g)に補うのに最も適当なものを，次の1〜4の中から1つ選びなさい。

1　active　　　　2　dangerous　　　3　faithful　　　4　obscure

h　空所(h)に補うのに最も適当なものを，次の1〜4の中から1つ選びなさい。

1　invitation　　2　reservation　　3　reputation　　4　suspicion

i　空所(i)に補うのに最も適当なものを，次の1〜4の中から1つ選びなさい。

1　At the latest　　　　　　　　2　Sooner or later
3　The latter　　　　　　　　　 4　The sooner

j　空所(j)に補うのに最も適当なものを，次の1〜4の中から1つ選びなさい。

1　brain　　　　2　drug　　　　　3　link　　　　　4　motion

2　次のa〜eの各組の4語の中から，下線部の発音が他の3語と異なるものを，
それぞれ1〜4の中から1つずつ選びなさい。

a　1　burial　　　2　funeral　　　3　humor　　　4　universe
b　1　ceiling　　　2　conceit　　　3　reign　　　4　seize
c　1　cow　　　　2　crow　　　　3　crown　　　4　town
d　1　fixed　　　　2　naked　　　　3　wanted　　　4　wounded
e　1　depth　　　2　length　　　3　smooth　　　4　tooth

3 次の各文の空所に補うのに最も適当なものを，それぞれ1〜4の中から1つずつ選びなさい。

a　She knocked on the doors of drugstores all over town, asking for help. Sometimes the doors were closed in her face, but more (　　　) than not, people came to her aid.

　　　1　help　　　　　　2　often　　　　　3　seldom　　　　　4　time

b　Staying clean was an important way (　　　) children in the slums to keep from getting sick.

　　　1　along　　　　　　2　for　　　　　　3　how　　　　　　4　that

c　Soon it was New Year's Day 1929, and Agnes was getting closer (　　　) her new life in India.

　　　1　start　　　　　　　　　　　　　2　started
　　　3　to be started　　　　　　　　　4　to starting

d　A: I love the outdoors. Camping, fishing, hiking. Anything having to do with nature.
　　B: Me too! I love to go hiking. How often do you usually go?
　　A: In the summertime I try to go every weekend, but it (　　　) the weather, of course.

　　　1　comes by　　　　　　　　　　2　depends on
　　　3　goes without　　　　　　　　　4　runs across

e　A: Professor, I need to talk to you about making up the final exam.
　　B: Why? Can't you come on that day?
　　A: (　　　) Is there any way I can reschedule it?

　　　1　I hope you pass the exam.
　　　2　I'm afraid I can't.
　　　3　I'm afraid to look at my test results.
　　　4　Of course I can.

4 次の各文が文意の通る英文になるように，括弧内の1〜6を並べ替えて，その
2番目と5番目に来るものの番号を答えなさい。

a　It's not surprising (1 up / 2 that / 3 to / 4 Charlie / 5 be / 6 grew)
an actor.

b　To receive his special Oscar, Charlie flew to America. It (1 time / 2 been /
3 the first / 4 was / 5 in / 6 he'd) the United States in twenty years.

c　Mother Teresa stared out the window of the train as (1 way / 2 its /
3 it / 4 from / 5 the crowded city / 6 made) of Calcutta, India, to the
mountain resort town of Darjeeling in September 1946.

5 次の英文を読み，設問に答えなさい。なお，*印をつけた語には注があります。

As is common in science, the first big breakthrough* in our understanding of
the mechanism of association* was an improvement in a method of measurement.
Until a few decades ago, the only way to study associations was to ask many
people questions such as, "What is the first word that comes to your mind when
you hear the word DAY?" The researchers tallied* the frequency of responses,
such as "night," "sunny," or "long." 〔 a-1 〕 In the 1980s, psychologists discovered
that exposure to* a word causes immediate and measurable changes in the ease
with which many related words can be evoked*. 〔 a-2 〕 If you have recently
seen or heard the word EAT, you are temporarily more likely to complete the
word fragment SO_P as SOUP than as SOAP. 〔 a-3 〕 We call this a *priming
effect* and say that the idea of EAT primes* the idea of SOUP, and that WASH
primes SOAP. 〔 a-4 〕

Priming effects take many forms. If the idea of EAT is currently on your
mind (whether or not you are conscious of it), you will be (b-1) than usual
to recognize the word SOUP when it is spoken in a whisper or presented in a
blurry font*. And of course you are primed not only for the idea of soup but also
for a multitude of* food-related ideas, including fork, hungry, fat, diet, and cookie.
If for your most recent meal you sat at a wobbly* restaurant table, you will be
primed for wobbly as well. Furthermore, the primed ideas have some ability to

prime other ideas, although more (　b-2　). Like ripples* on a pond, activation spreads through a small part of the vast network of associated ideas. The mapping of these ripples is now one of the most exciting pursuits in psychological research.

Another major advance in our understanding of memory was the discovery that priming is not restricted to concepts and words. You cannot know this from conscious experience, of course, (　c-1　) you must accept the alien idea that your actions and your emotions can be primed by events of which you are not even aware. In an experiment that became an instant classic, the psychologist John Bargh and his collaborators* asked students at New York University—most aged eighteen to twenty-two—to assemble four-word sentences from a set of five words (for example, "finds he it yellow instantly"). For one group of students, half the scrambled* sentences contained words associated with the elderly, such as *Florida*, *forgetful*, *bald*, *gray*, or *wrinkle*. When they had completed that task, the young participants were sent out to do another experiment in an office down the hall. That short walk was what the experiment was about. The researchers unobtrusively* measured the time it took people to get from one end of the corridor to the other. As Bargh had (　c-2　), the young people who had fashioned* a sentence from words with an elderly theme walked down the hallway significantly more slowly than the others.

The "Florida effect" involves two stages of priming. First, the set of words primes thoughts of old age, though the word *old* is never mentioned; second, these thoughts prime a behavior, walking slowly, which is associated with old age. (　d　) When they were questioned afterward, none of the students reported noticing that the words had had a common theme, and they all insisted that nothing they did after the first experiment could have been influenced by the words they had encountered. The idea of old age had not come to their conscious awareness, but their actions had changed nevertheless. This remarkable priming phenomenon—the influencing of an action by the idea—is known as the ideomotor* effect.

(Adapted from Kahneman, Daniel. *Thinking, Fast and Slow*, Penguin Books, 2012, pp.52-53.)

(注) breakthrough: 飛躍的な進歩　　　　association: 連想
　　　tally: 〜を集計する　　　　　　　exposure to: 〜に接すること
　　　evoke: 〜を喚起する
　　　prime: 〜を準備する，〜を前もって教え込む
　　　blurry font: ぼやけた活字　　　　a multitude of: 多くの〜
　　　wobbly: ぐらつく　　　　　　　　ripple: さざ波
　　　collaborator: 共同研究者　　　　　scramble: (順序など)を入れ替える
　　　Florida: アメリカ合衆国南東部にある州(観光・保養地として発展)
　　　unobtrusively: 目立たないように　fashion: 〜を創り出す
　　　ideomotor: 観念運動性の

a　空所〔a-1〕〔a-2〕〔a-3〕〔a-4〕のいずれか1箇所に，下記の英文が入ります。
　　入れるべき箇所として最も適当なものを1つ選びなさい。〔a-1〕の場合は1を，
　　〔a-2〕の場合は2を，〔a-3〕の場合は3を，〔a-4〕の場合は4をマークしなさい。
　　入れるべき英文: The opposite would happen, of course, if you had just
　　　　　　　　　　 seen WASH.

b　英文の論旨に沿って，空所 (b-1) と (b-2) に入れるのに最も適当な組み合わ
　　せを，次の1〜4の中から1つ選びなさい。
　　　1　(b-1) quicker　　　(b-2) strongly
　　　2　(b-1) quicker　　　(b-2) weakly
　　　3　(b-1) slower　　　 (b-2) strongly
　　　4　(b-1) slower　　　 (b-2) weakly

c　英文の論旨に沿って，空所 (c-1) と (c-2) に入れるのに最も適当な組み合わ
　　せを，次の1〜4の中から1つ選びなさい。
　　　1　(c-1) but　　　　(c-2) disappointed
　　　2　(c-1) but　　　　(c-2) predicted
　　　3　(c-1) what　　　 (c-2) disappointed
　　　4　(c-1) what　　　 (c-2) predicted

d　英文の論旨に沿って，空所 (d) に入れるのに最も適当なものを，次の１〜４の
　　中から１つ選びなさい。

1　Everybody should be made aware of the risks involved.

2　As you're aware, this is not a new problem.

3　All this happens without any awareness.

4　There has been an increasing awareness that many people are
　　affected by crime.

e　本文で述べられている内容と一致するものとして最も適当なものを，
　　次の１〜４の中から１つ選びなさい。

1　連想の仕組みは心の問題に関わるので，測定の方法を用いて研究するのは
　　科学的ではない。

2　primingの効果は概念や単語に限定されていて，行動には影響しないこと
　　が判明した。

3　John Barghたちの実験で，被験者たちは廊下を歩くのにかかる時間を測定
　　されていた。

4　John Barghたちの実験の被験者たちは，老年という観念を意識することで，
　　行動に影響が出た。

数 学

（80分）

解答上の注意

1. 問題の文中 ***アイウ** などの * にはプラス，マイナスの符号が1つ対応し，
ア，イ，あ，い，…などの文字にはそれぞれ0～9の数字が1つずつ対
応する。

例1 ***アイウ** に235と答えるときは，＋235としてマークしなさい。

ア	⊕	⊖	⓪	①	❷	③	④	⑤	⑥	⑦	⑧	⑨
イ			⓪	①	②	❸	④	⑤	⑥	⑦	⑧	⑨
ウ			⓪	①	②	③	④	❺	⑥	⑦	⑧	⑨

2. 答が0のときは，以下の例に従ってマークしなさい。
問題文中に ***エ** と **エ** の**2通りの場合**がある。

例2.1 ***エ** に0と答えるときは，＋0としてマークしなさい。

エ	⊕	⊖	❶	①	②	③	④	⑤	⑥	⑦	⑧	⑨

例2.2 **エ** に0と答えるときは，0のみにマークしなさい。

エ		❶	①	②	③	④	⑤	⑥	⑦	⑧	⑨

3. 分数形で解答するときは，既約分数（それ以上約分ができない分数）で答え
なさい。整数を答えるときは，分母に1をマークしなさい。

例3 $\dfrac{\text{*オ}}{\text{カ}}$ に－5と答えるときは，$\dfrac{-5}{1}$ であるから，以下のように
マークしなさい。

オ	⊕	❶	⓪	①	②	③	④	❺	⑥	⑦	⑧	⑨
カ			⓪	❶	②	③	④	⑤	⑥	⑦	⑧	⑨

4. 根号を含む形で解答するときは，根号の中の自然数が最小となる形で答え
なさい。たとえば，$\boxed{キ}\sqrt{\boxed{ク}}$，$\dfrac{\sqrt{\boxed{ケ}}}{\boxed{コ}}$ に $4\sqrt{2}$，$\dfrac{\sqrt{2}}{2}$ と答えるところを，
$2\sqrt{8}$，$\dfrac{\sqrt{8}}{4}$ のように答えてはならない。

問題1

(1)　r を自然数とする。円 $(x-2)^2 + (y-1)^2 = r^2$ が x 軸から切り取る線分（両端を
含める）の中に，x 座標が整数であるような点がちょうど5個だけあるような r の値
は $\boxed{ア}$ である。

(2)　$0 \leqq \theta < 2\pi$ とする。不等式
$$7\cos 2\theta - 46\cos\theta + 19 \leqq 0$$
が成り立つとき，$\sin\theta$ の最大値は $\dfrac{\boxed{イ}\sqrt{\boxed{ウ}}}{\boxed{エ}}$ である。

(3)　初項が -18 であるような等差数列 $\{a_n\}$ の初項から第 n 項までの和を S_n で
表す。$S_4 = S_9$ が成立するとき，$S_n = 0$ となるような n の値は $\boxed{オカ}$ である。

(4)　連立方程式
$$\begin{cases} \log_{xy}(x-y) = 1 \\ \log_{xy}(x+y) = 0 \end{cases}$$
の解は $x = \dfrac{-\boxed{キ}+\sqrt{\boxed{ク}}}{\boxed{ケ}}$，$y = \dfrac{\boxed{コ}-\sqrt{\boxed{サ}}}{\boxed{シ}}$ である。

問題 2

(1) $x + y = 24$ を満たしている互いに素な正の整数 x, y の組 (x, y) は全部で $\boxed{\text{ス}}$ 組ある。分母と分子の和が 1000 であるような既約分数（これ以上約分できない分数）のうち，0.2 より大きく 0.25 より小さいものは全部で $\boxed{\text{セソ}}$ 個ある。

(2) 原点を出発し，数直線上の正の部分を動く点 P がある。P は，ひとつのサイコロを振り，1 または 2 の目が出たら正の向きに 3 だけ進み，それ以外の目が出たら正の向きに 1 だけ進む。サイコロを 2 回振って P の座標が 2 である確率は $\dfrac{\boxed{\text{タ}}}{\boxed{\text{チ}}}$，サイコロを 3 回振って P の座標が 7 である確率は $\dfrac{\boxed{\text{ツ}}}{\boxed{\text{テ}}}$ である。

問題 3

座標平面上に放物線 $C : y = x^2$ と直線 $\ell : y = ax$ がある。a は正の実数である。また，ℓ と平行で C と接する直線を m とし，ℓ と m の距離を d とする。以下の各問に答えよ。

(1) m の方程式は

$$y = ax - \frac{a^{\boxed{\text{ト}}}}{\boxed{\text{ナ}}}$$

である。

(2) d を a の式で表すと

$$d = \frac{a^2}{\boxed{\text{ニ}}\sqrt{a^2 + \boxed{\text{ヌ}}}}$$

となる。

(3)　C と m, および 2 直線 $x=0$, $x=a$ で囲まれた部分の面積を S とすると,

$$S = \frac{a^{\boxed{\text{ネ}}}}{\boxed{\text{ノハ}}}$$

である。

(4)　(3) の S について, $\dfrac{S}{d^2}$ の値が最小になるのは $a = \boxed{\text{ヒ}}$ のときで, その最小値は $\dfrac{\boxed{\text{フ}}}{\boxed{\text{ヘ}}}$ である。

問題 4

x を実数とする。座標平面上の原点 O を中心とする半径 1 の円周上に 3 点 A, B, C があり,

$$3\overrightarrow{\text{OA}} + 4\overrightarrow{\text{OB}} + (x+2)\overrightarrow{\text{OC}} = \overrightarrow{0}$$

を満たしている。ただし, A, B, C は異なるとは限らない。以下の問に答えよ。

(1)　$\overrightarrow{\text{OA}}$, $\overrightarrow{\text{OB}}$ の向きが同じであるとき, $x = -\boxed{\text{ホ}}$, $\boxed{\text{マ}}$ である。

(2)　内積 $\overrightarrow{\text{OA}} \cdot \overrightarrow{\text{OB}}$ を x の式で表すと,

$$\overrightarrow{\text{OA}} \cdot \overrightarrow{\text{OB}} = \frac{\boxed{\text{ミ}}}{\boxed{\text{ムメ}}}\left(x^2 + \boxed{\text{モ}}x - \boxed{\text{ヤユ}}\right)$$

である。

(3)　$x > 0$ で $\overrightarrow{\text{OA}} \perp \overrightarrow{\text{OB}}$ のとき,

$$\overrightarrow{\text{OA}} \cdot \overrightarrow{\text{OC}} = \frac{\boxed{*\text{ヨ}}}{\boxed{\text{ラ}}}, \quad \overrightarrow{\text{OB}} \cdot \overrightarrow{\text{OC}} = \frac{\boxed{*\text{リ}}}{\boxed{\text{ル}}}$$

である。

(4)   (3) のとき, △ABC の面積は $\dfrac{\boxed{レ}}{\boxed{ロ}}$ である。

問題 5

x の関数 $f(x) = 8^x - 7 \cdot 4^x + 2^{x+3}$ を考える。以下の各問に答えよ。

(1) $t = 2^x$ とおいて $f(x)$ を t の関数として表すと

$$\boxed{ワ}\, t^3 - \boxed{ヲ}\, t^2 + \boxed{ン}\, t$$

となる。

(2) x の方程式 $f(x) = -16$ を解くと, $x = \boxed{あ}$ である。

(3) k を実数の定数として, 方程式 $f(x) = k$ が異なる 3 つの実数解をもつための k の

とり得る値の範囲は

$$\boxed{い} < k < \dfrac{\boxed{うえ}}{\boxed{おか}}$$

である。

(4)   (3) の 3 つの実数解のうち, 最も小さいものを α とするとき, α がとり得る値の範

囲は

$$\alpha < \boxed{き} - \log_2 \boxed{く}$$

である。ただし, $\boxed{き}$ と $\boxed{く}$ の最大公約数は 1 であるものとする。

化　学

（70 分）

1 問1〜問8に答えなさい。

問1　物質の組合せ a〜e のうち，いずれも純物質であるものを1つ選びなさい。

a　エタノール と 石油　　　　b　石灰水 と 消石灰
c　ドライアイス と 水　　　　d　塩化ナトリウム と 塩酸
e　一円硬貨 と 十円硬貨

問2　イオン a〜e のうち，イオン半径が最も小さいものを1つ選びなさい。

a　O^{2-}　　　　　　　b　F^-　　　　　　　c　Na^+
d　Mg^{2+}　　　　　　e　Al^{3+}

問3　分子またはイオン a〜e のうち，共有電子対の組数と非共有電子対の組数が同じものを1つ選びなさい。

a　N_2　　　　　　　　b　CO_2　　　　　　　c　HF
d　NH_4^+　　　　　　e　H_3O^+

問4　記述 a〜e のうち，正しいものを1つ選びなさい。

a　塩化水素 HCl はイオン結合からなる化合物である。
b　カルシウムイオン Ca^{2+} の電子数とネオン原子 Ne の電子数は等しい。
c　ナトリウム原子 Na は塩素原子 Cl よりも第一イオン化エネルギーが大きい。
d　^{16}O と ^{18}O は互いに同素体の関係にある。
e　^1H と ^{16}O からなる水1分子に含まれる中性子の数は8である。

問5　酸化物の組合せ a～e のうち，その分類が正しいものを1つ選びなさい。

	酸性酸化物	両性酸化物	塩基性酸化物
a	CaO	ZnO	Na_2O
b	Na_2O	MgO	NO_2
c	Al_2O_3	NO_2	P_4O_{10}
d	NO_2	Al_2O_3	CaO
e	P_4O_{10}	ZnO	Al_2O_3

問6　記述 a～e のうち，下線部 **ア** の化合物 1 mol がすべて反応したとき，生成する
　　　下線部 **イ** の気体の物質量が最も少ないものを1つ選びなさい。

a　ア炭酸水素ナトリウムに希塩酸を加えると，イ二酸化炭素が生成する。

b　ア過酸化水素水に酸化マンガン(Ⅳ)を加えると，イ酸素が生成する。

c　ア塩素酸カリウムに酸化マンガン (Ⅳ) を加えて加熱すると，イ酸素が生成
　　する。

d　ア硫化鉄(Ⅱ)に希硫酸を加えると，イ硫化水素が生成する。

e　ア亜硫酸水素ナトリウムに希硫酸を加えると，イ二酸化硫黄が生成する。

問7　窒素を含む化合物に関する記述 a～e のうち，**誤っているもの**を1つ選びなさい。

a　硝酸は，揮発性のある無色の液体で水に溶けやすい。

b　二酸化窒素は，水への溶解性が低いため，水上置換で捕集することができる。

c　二酸化窒素は，常温では一部が四酸化二窒素に変化する。

d　一酸化窒素は，空気に触れると次第に赤褐色を帯びた気体へと変化する。

e　一酸化窒素は，銅の単体に希硝酸を加えると発生する。

問8　次の記述Ⅰ～Ⅲの空欄　$\boxed{ア}$　～　$\boxed{ウ}$　にあてはまる陽イオンの組合せa～fの
　　　うち，正しいものを1つ選びなさい。

Ⅰ：　$\boxed{ア}$　を含む水溶液にクロム酸カリウム水溶液を加えると，黄色の沈殿が
　　　生じた。

Ⅱ：　$\boxed{イ}$　を含む水溶液にアンモニア水を少量加えると沈殿が生じたが，
　　　その沈殿はさらに過剰にアンモニア水を加えると溶けた。

Ⅲ：　$\boxed{ウ}$　を含む酸性水溶液に硫化水素を通じると，黒色の沈殿が生じた。

	ア	イ	ウ
a	Pb^{2+}	Zn^{2+}	Cu^{2+}
b	Ba^{2+}	Al^{3+}	Cu^{2+}
c	Ag^{+}	Pb^{2+}	Fe^{2+}
d	Pb^{2+}	Zn^{2+}	Fe^{2+}
e	Ba^{2+}	Al^{3+}	Zn^{2+}
f	Ag^{+}	Pb^{2+}	Zn^{2+}

$\boxed{2}$　問1～問3に答えなさい。

問1　5.0×10^{-2} mol/L のアンモニア水の pH が 11.0 であった。(1) ～ (3)に答えな
　　　さい。ただし，水のイオン積 K_w は 1.0×10^{-14} (mol/L)^2 とする。

(1)　アンモニアの電離定数 K_b (mol/L)はいくらか。最も近い数値をa～fから選び
　　　なさい。

　　　a　1.0×10^{-5}　　　　b　2.0×10^{-5}　　　　c　2.5×10^{-5}
　　　d　3.0×10^{-5}　　　　e　4.0×10^{-5}　　　　f　5.0×10^{-5}

(2)　5.0×10^{-2} mol/Lのアンモニア水150 mL に塩化アンモニウム $\boxed{ア}$ gを加えて
　　　よく混ぜ，さらに水を加えて全量を500 mLにしたところ，この水溶液のpH
　　　は10.0であった。　$\boxed{ア}$　はいくらか。最も近い数値をa～fから選びなさい。
　　　ただし，塩化アンモニウムの式量は53.5とする。

a 1.8×10^{-2}　　　　b 2.7×10^{-2}　　　　c 5.4×10^{-2}
d 6.0×10^{-2}　　　　e 7.5×10^{-2}　　　　f 8.0×10^{-2}

(3)　5.0×10^{-2} mol/L のアンモニア水 300 mL に 1.0×10^{-1} mol/L の希塩酸 100 mL
　　を加えてよく混ぜ，さらに水を加えて全量を 500 mL にした。この水溶液の
　　pH はいくらか。最も近い数値を a〜f から選びなさい。

a 5.0　　　　　　　b 6.0　　　　　　　c 7.0
d 8.0　　　　　　　e 9.0　　　　　　　f 10.0

問2　実験 I と II に関する(1)〜(4)に答えなさい。

実験 I：チオ硫酸ナトリウム五水和物 $Na_2S_2O_3 \cdot 5H_2O$ 　イ　 g を水に溶かし，
　　　　1.00×10^{-1} mol/L のチオ硫酸ナトリウム水溶液 500 mL をつくった(A 液)。

実験 II：濃度のわからないヨウ素溶液 (ヨウ化カリウムを含む) 25.0 mL をコニカル
　　　　ビーカーに入れ，これに A 液を 　ウ　 から滴下して酸化還元滴定を行った。
　　　　終点間近で溶液の褐色がうすくなったのちに指示薬として 　エ　 を加えると
　　　　溶液が 　オ　 色になった。さらに A 液を滴下し，滴定を開始してからの
　　　　A 液の滴下量が 20.0 mL に達したときに溶液中のヨウ素 I_2 がすべて反応し，
　　　　溶液が 　カ　 色になった。

(1)　 　イ　 はいくらか。最も近い数値を a〜f から選びなさい。ただし，$Na_2S_2O_3$
　　の式量は 158，H_2O の分子量は 18 とする。

a 3.95　　　　　　b 6.20　　　　　　c 7.90
d 12.4　　　　　　e 15.8　　　　　　f 24.8

(2)　 　ウ　 にあてはまるガラス器具を a〜f から選びなさい。

a ホールピペット　　b 駒込ピペット　　c 分液ろうと
d メスフラスコ　　　e ビュレット　　　f メスシリンダー

(3) $\boxed{\text{エ}}$ ～ $\boxed{\text{カ}}$ にあてはまる語の組合せとして，正しいものをa～fから選びなさい。

	エ	オ	カ
a	ブロモチモールブルー液	黄	無
b	ブロモチモールブルー液	無	青紫
c	ブロモチモールブルー液	青紫	無
d	デンプン水溶液	青紫	無
e	デンプン水溶液	黄	青紫
f	デンプン水溶液	無	青紫

(4) 実験Ⅱにおいてコニカルビーカーへ滴下したA液 20.0 mL と反応した I_2 の物質量〔mol〕はいくらか。最も近い数値をa～fから選びなさい。ただし，$Na_2S_2O_3$ と I_2 は次のように反応するものとする。

$$2Na_2S_2O_3 \ + \ I_2 \ \longrightarrow \ Na_2S_4O_6 \ + \ 2NaI$$

a 2.50×10^{-4} b 5.00×10^{-4} c 6.25×10^{-4}

d 1.00×10^{-3} e 2.00×10^{-3} f 4.00×10^{-3}

問3 多孔質の白金電極を負極と正極に用い，水素と酸素の反応を利用して電流をとり出す電池を燃料電池という。負極活物質に水素，正極活物質に酸素，電解液にリン酸水溶液を用いた燃料電池から，2.0 A の一定電流を 2895 秒間とり出した。このとき，負極で消費した水素の物質量〔mol〕はいくらか。最も近い数値をa～fから選びなさい。ただし，ファラデー定数 F は 9.65×10^4 C/mol とする。また，消費した水素が放出した電子は，すべて電流をとり出すことに使われたものとする。

a 1.5×10^{-2} b 2.0×10^{-2} c 3.0×10^{-2}

d 4.5×10^{-2} e 6.0×10^{-2} f 7.5×10^{-2}

$\boxed{3}$　　問1と問2に答えなさい。

問1　　(1)〜(4)に答えなさい。

(1)　　水素 H_2 とヨウ素 I_2 を密閉容器に封入して高温に保つと，H_2 と I_2 が反応して
　　　ヨウ化水素 HI ができる。HI の生成反応の熱化学方程式は次式で表される。

$$\frac{1}{2}H_2(\text{気}) + \frac{1}{2}I_2(\text{気}) = HI(\text{気}) + Q \ [\text{kJ}]$$

　　　生成熱 Q 〔kJ/mol〕はいくらか。最も近い数値を a 〜 f から選びなさい。ただし，
　　　H−H，I−I，H−I のそれぞれの結合エネルギーは以下の熱化学方程式で表さ
　　　れる。

　　　$H_2(\text{気}) = 2H(\text{気}) - 436 \ \text{kJ}$
　　　$I_2(\text{気}) = 2I(\text{気}) - 153 \ \text{kJ}$
　　　$HI(\text{気}) = H(\text{気}) + I(\text{気}) - 299 \ \text{kJ}$

　　　a　− 888　　　　　　　b　− 440　　　　　　　c　− 4.5
　　　d　4.5　　　　　　　　e　440　　　　　　　　f　888

(2)　　H_2 と I_2 が反応して HI ができる反応は，①式で示される可逆反応である。

$$H_2 \ + \ I_2 \ \rightleftharpoons \ 2HI \qquad \cdots \ ①$$

　　　この可逆反応に関する実験1を行った。

実験1：容積 V 〔L〕の真空の密閉容器A内に，0.50 mol の H_2 と 0.50 mol の I_2 を封入し，
　　　　容器内を T_1〔℃〕に保ち，十分な時間の後，①式に表される平衡状態に達した
　　　　ことを確認した。このとき，容器内には 0.80 mol の HI が生成していた。

　　　実験1における平衡定数 K_1 はいくらか。最も近い数値を a 〜 f から選びなさい。
　　　ただし，H_2, I_2, HI はすべて気体であるものとする。

　　　a　2.6　　　　　　　　b　7.1　　　　　　　　c　10
　　　d　16　　　　　　　　e　64　　　　　　　　f　260

(3)　実験1を行ったあと，引き続き実験2を行った。

実験2：容器A内の温度を T_1〔℃〕から T_2〔℃〕に上げ（$T_1 < T_2$），十分な時間の後，平衡状態に達したことを確認した。

　　　実験2における平衡定数を K_2 としたとき，K_1 と K_2 の大小関係を正しく表したものはどれか。a〜cから1つ選びなさい。

　　　a　$K_1 < K_2$　　　　　　　b　$K_1 = K_2$　　　　　　　c　$K_1 > K_2$

(4)　実験1を行ったあと，引き続き実験3を行った。

実験3：容器A内の温度を T_1〔℃〕に保ったまま，容器Aに 1.5 mol の HI を追加して封入し，十分な時間の後，平衡状態に達したことを確認した。

　　　実験3における平衡定数を K_3 としたとき，K_1 と K_3 の大小関係を正しく表したものはどれか。a〜cから1つ選びなさい。

　　　a　$K_1 < K_3$　　　　　　　b　$K_1 = K_3$　　　　　　　c　$K_1 > K_3$

問2　図に示すように，真空の容器Aと容器Bがコックを取りつけた細管で接続されており，その容積はそれぞれ 1.5 L である。細管のコックを閉じた状態で容器Aに 9.0×10^{-2} mol の酸素を充填し，容器Bに X〔mol〕のプロパンを充填した。(1)〜(3)に答えなさい。ただし，細管とコックの容積は無視できるものとする。

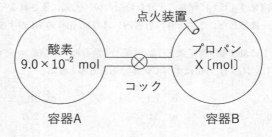

図

2024年度 一般B方式

化学

(1) 容器Aと容器B内の温度を27℃に保った状態で,細管のコックを開くと,容器A
と容器B内の圧力が等しくなるまで酸素とプロパンが移動し,反応すること
なく2つの気体が均一に混合した。このときの両容器内の全圧は 8.3×10^4 Pa
であった。容器Bに充填したプロパンの物質量X〔mol〕はいくらか。最も近い数
値を a～f から選びなさい。ただし,気体定数 R は 8.3×10^3 Pa・L/(K・mol)
とする。

a 1.0×10^{-2} b 2.5×10^{-2} c 3.3×10^{-2}
d 5.7×10^{-2} e 7.9×10^{-2} f 1.0×10^{-1}

(2) (1)で気体が混合した後の容器内の酸素の分圧〔Pa〕はいくらか。最も近い数値
を a～f から選びなさい。

a 8.3×10^3 b 1.7×10^4 c 2.5×10^4
d 4.2×10^4 e 5.8×10^4 f 7.5×10^4

(3) (1)で生じた酸素とプロパンの混合気体に点火し,容器内のプロパンを完全燃
焼させた後,容器内を27℃に保った。このときの容器内の全圧〔Pa〕はいくらか。
最も近い数値を a～f から選びなさい。ただし,27℃における水の飽和蒸気圧
は 3.6×10^3 Pa とする。また,生じた液体の体積は無視できるものとし,気体
は液体に溶解しないものとする。

a 2.5×10^4 b 2.9×10^4 c 3.3×10^4
d 3.7×10^4 e 5.8×10^4 f 6.2×10^4

4　問1〜問6に答えなさい。

問1　化合物Aはカルボキシ基を2つもつヒドロキシ酸で，分子量は200以下である。A 67 mg を完全燃焼させると，二酸化炭素 88 mg と水 27 mg のみが生じた。(1)と(2)に答えなさい。

(1)　Aの分子式をa〜eから選びなさい。ただし，原子量は H = 1.0, C = 12, O = 16 とする。

a　$C_3H_4O_5$　　　　b　$C_3H_6O_5$　　　　c　$C_4H_6O_5$
d　$C_4H_6O_6$　　　　e　$C_5H_6O_6$

(2)　Aとして考えられる構造式はいくつあるか。a〜eから選びなさい。ただし，立体異性体は考えないものとする。

a　1　　　　　　　b　2　　　　　　　c　3
d　4　　　　　　　e　5

問2　アルデヒドに関する記述a〜eのうち，正しいものを1つ選びなさい。

a　アセトアルデヒドは，リン酸を触媒としてエチレンに水を付加させると得られる。
b　アセトアルデヒドを約37％含む水溶液は，ホルマリンと呼ばれる。
c　プロピオンアルデヒドは，ヨードホルム反応を示す。
d　プロピオンアルデヒドは，2-プロパノールを硫酸酸性の二クロム酸カリウム水溶液により酸化すると得られる。
e　ベンズアルデヒドは，空気中で徐々に酸化されて安息香酸に変化する。

問3　次の芳香族化合物A〜Eに関する記述a〜eのうち，正しいものを1つ選びなさい。

A　ニトロベンゼン　　　B　アニリン　　　C　フェノール
D　ベンゼンスルホン酸　　E　安息香酸

a　AとBは希塩酸によく溶ける。

b　A～Eのうち，炭酸水素ナトリウム水溶液によく溶けるものは，3つ存在する。

c　CとDとEの酸の強さを比べると，C＜E＜Dの順に強くなる。

d　A～Eのうち，常温で液体であるのはAとBとCである。

e　A～Eはすべて水に溶けにくい。

問4　細菌がつくる図の化合物 0.20 mol を，触媒を用いて水素と完全に反応させた。このとき，炭素—炭素間の不飽和結合と反応した水素は何 mol か。最も近い数値をa～eから選びなさい。

H—C≡C—C≡C—C≡C—C≡C—CH=CH—CH$_2$—(CH$_2$)$_5$—CH$_2$—C(=O)—OH

図

a　0.90　　　　b　1.0　　　　c　1.6　　　　d　1.8　　　　e　2.0

問5　ベンゼン環を3つもつ化合物A（分子式 C$_{22}$H$_{19}$NO$_3$）を完全に加水分解すると，ベンゼンの二置換体である化合物BとCおよびベンゼンの一置換体である化合物Dが得られる。Bは，加熱すると分子内で脱水が起こり，酸無水物が得られる。Cはアルコールであり，Cを触媒を用いて酸化することにより，ペットボトルの製造原料の1つとなる化合物が得られる。Dは，希塩酸に溶ける油状物質であり，さらし粉水溶液を加えると酸化されて赤紫色を呈する。

化合物B，C，Dの構造式を書きなさい。ただし，構造式は，例に示したようにすべての原子および価標（共有結合を表す線）を略さず書きなさい。なお，ベンゼン環を構成する炭素原子およびそれに結合した水素原子は省略してよい。

例：

H—O—⟨benzene⟩—C(H)(OH)—C(H)(OH)—C(=O)—N(H)—C(H)=C(H)—H

問6　医薬品に関する次の文章を読み，化合物 **ア** と **イ** の構造式として正しい組合せを a 〜 e から1つ選びなさい。

化合物 **ア** は解熱鎮痛作用のある内服薬として用いられる医薬品である。化合物 **イ** はスルファニルアミドとよばれ，このスルファニルアミドのような部分構造をもつ抗菌物質をサルファ剤という。サルファ剤はサルモネラ菌などの細菌の増殖を妨げる医薬品として使われる。

	アの構造式	イの構造式
a	2-ヒドロキシ安息香酸メチル（OH, COOCH$_3$）	$C_{12}H_{25}$—⟨ベンゼン環⟩—SO_3Na
b	（OCOCH$_3$, COOH）	H_2N—⟨ベンゼン環⟩—SO_2NH_2
c	（OCOCH$_3$, COOH）	$C_{12}H_{25}$—⟨ベンゼン環⟩—SO_3Na
d	（OH, COOCH$_3$）	H_2N—⟨ベンゼン環⟩—SO_2NH_2
e	HO—⟨ベンゼン環⟩—$NHCOCH_3$	$C_{12}H_{25}$—⟨ベンゼン環⟩—SO_3Na

5　問1と問2に答えなさい。

問1　アミノ酸と陽イオン交換樹脂に関する次の文を読み，(1)と(2)に答えなさい。

アミノ酸は，それぞれ特定の pH において，正の電荷と負の電荷がつりあい，電荷の総和が 0 となる。このときの pH の値をそのアミノ酸の等電点という。イオン交換樹脂を用いると，等電点の違いによってアミノ酸を分離することができる。以下の5種類のアミノ酸を分離するために実験 I および II を行った。

アスパラギン酸〈2.8〉，アラニン〈6.0〉，システイン〈5.1〉，
フェニルアラニン〈5.5〉，リシン〈9.7〉　　　〈　　〉内の数字は等電点

実験 I：スチレン（分子量 104）20.8 g を付加重合させて，図のポリスチレンを合成した。次に濃硫酸 HO−SO₃H を用いてポリスチレンをスルホン化することによって，フェニル基の 40.0％にスルホ基が1つ導入された陽イオン交換樹脂を得た。

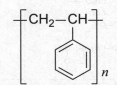

図　ポリスチレンの構造式

実験 II：陽イオン交換樹脂をカラム（円筒型容器）につめ，5種類のアミノ酸の混合水溶液(pH 1)をカラムの上から流して，すべてのアミノ酸を樹脂に吸着させた。これに pH 1 から pH 11 まで徐々に pH を大きくしながら緩衝液をカラムの上から流していき，カラムから順次，溶出してくるアミノ酸の種類を確認した。

(1)　実験 I において，ポリスチレンをスルホン化して得られた陽イオン交換樹脂は，スルホン化される前のポリスチレンより質量が何 g 増えたか。最も近い数値を a 〜 e から選びなさい。ただし，原子量は H = 1.0, O = 16, S = 32 とする。

a　2.13　　　　b　3.20　　　　c　4.80　　　　d　6.40　　　　e　9.65

(2)　実験Ⅱにおいて，5種類のアミノ酸のうち，最後に溶出するアミノ酸はどれか。
a～eから1つ選びなさい。

a　アスパラギン酸　　　　b　アラニン　　　c　システイン
d　フェニルアラニン　　　e　リシン

問2　原料となる2種類の単量体を重合させると熱硬化性樹脂が合成できる。熱硬化
性樹脂と原料となる単量体の組合せa～dのうち，単量体の構造式が**誤ってい
るもの**を1つ選びなさい。

	熱硬化性樹脂	単量体
a	メラミン樹脂 	
b	アルキド樹脂 	
c	フェノール樹脂 	
d	尿素樹脂 	

── 解 答 編 ──

英 語

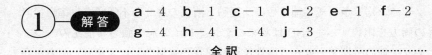

① 解答 a-4　b-1　c-1　d-2　e-1　f-2
g-4　h-4　i-4　j-3

·· 全訳 ··

《RBD（レム睡眠行動障害）》

① 　アラン＝アルダは必死で走っていた。この俳優は TV シリーズ『マッシュ』での演技で最も有名だが，撮影現場にいたのではない。この恐怖は本物，少なくとも彼にはそのように感じられた。そして，アルダは目の前のジャガイモ袋が目に入ると，それをつかんで，敵に投げつけた。突然，場面が変わった。彼は寝室でよろめきながら目覚め，ジャガイモ袋は枕で，彼はそれをちょうど妻に投げつけていたのだ。

② 　夢の行動化は，急速眼球運動（レム睡眠）の段階で発生する行動障害の特徴である。これは RBD といって，レム睡眠行動障害のことだが，一般人口の推定で0.5〜1.25％が罹患し，高齢者，特に男性の方が多く報告されている。RBD は夢を見ている本人やパートナーにとって危険であることとは別に，神経変性疾患，主にシヌクレイン病——αシヌクレインというタンパク質（またはアルファ‐シヌクレイン）が有害な凝集塊を脳内で形成している病状——の前兆となっている場合がある。

③ 　睡眠時の全ての行動が RBD なのではない。夢遊や寝言は幼児期や思春期の方が発生頻度が高く，ノンレム睡眠時に起こる。この違いは，臨床医が睡眠段階をモニタリングして，いつ患者が動くかを確認する睡眠検査室では，明確に区別できる。RBD は必ずしもシヌクレイン病とは関連していない。抗うつ薬などの特定の薬剤によって引き起こされたり，他の基礎疾患（ナルコレプシーや脳幹腫瘍など）が原因の場合もある。

④　RBD がこういった他の説明を欠いた状態で発生している場合，将来，疾患が生じる可能性が高い。いくつかの疫学研究によれば，夢が行動化していると，患者の生涯において神経変性疾患が発症する可能性は 80％以上と予測される。神経変性疾患は，夢の行動化の発現後，平均で 10〜15 年で発症するが，これはその最初の兆候の可能性もある。

⑤　RBD 関連疾患で最も一般的なものの一つはパーキンソン病であり，その主な特徴は進行性の運動制御の消失である。もう一つの疾患はレビー小体型認知症であり，これは，レビー小体と呼ばれる α シヌクレインの小さな塊が脳内に蓄積し，運動と認知力を阻害する。第三の疾患であるシヌクレイン病（多系統萎縮症）は，運動と消化のような不随意（自律）機能の両方を阻害する。RBD は将来のシヌクレイン病の強力な前兆の一つであり，他の早期マーカー（慢性便秘や嗅覚の減退など）よりも予測力が高い。

⑥　パーキンソン病患者による夢の行動化の記述は，この病気自体が認識されたのと同じくらい昔から存在している。こうした記述の最初のものとなる『振戦麻痺に関するエッセイ』（1817 年発表）でジェームズ゠パーキンソンはこう記した。「手足の震えるような運動は睡眠中に生じ，患者が目覚めるまで増大し，しばしば多くの興奮と警戒を伴う」　しかし，その後 2 世紀にわたる同様の報告にもかかわらず，夢と病気の関連性は依然として不明であり，アルダは 2015 年のニュース記事でその関連性について読んだ後に，神経科医を説得して，パーキンソン病の脳スキャンをしなければならなかったほどだ。

⑦　そのスキャンはアルダの疑惑を確かなものにした。彼はパーキンソン病だったのだ。彼は自分の経験を人々と共有して，こう言う。「（その理由は）何らかの症状を持つ人なら誰でも，たとえそれが通常の症状でなくても，この病気の進行的性質に先んじて対処できると思ったからです。早く対処すればするほど，症状を遅らせる可能性は上がると思います」

⑧　近年，RBD への認識や，RBD とシヌクレイン病の関連性への理解が高まっている。この関連性の研究は，研究者たちに早期介入のアイデアを与えている。こうした進歩の結果，パーキンソン病や他の神経変性疾患のいわゆる前駆期——前兆が現れているが，まだ確定的診断がなされていない時期——に対する理解が高まっている。

２０２４年度　一般Ｂ方式　英語

解　説

a. feel (in) that way「そんなふうに感じる」 <u>This threat</u> was <u>real</u>＝it felt <u>that way</u> という関係である。1．feel at ease「快適に感じる」≒feel comfortable　2．by the way「ところで」　3．imaginary「想像上の，架空の」

b. Acting out dreams「夢を行動に出すこと，夢の行動化」が本文のキーワードであり，第1段がその具体例。第4段第2文（Some epidemiological …）の enacted dreaming，第4段第3文（It may also …）の the dream disorder「夢の障害」も同義。2．analyze「～を分析する」

c. apart from ～「～を離れて，～とは別に」≒aside from ～　2．far from ～「～からほど遠い，全く～ではない」　3．for lack of ～「～の欠如のために」　4．in search of ～「～を探して」

e. 空所直後の these alternative explanations とは，前段で述べられている RBD でない症状やシヌクレイン病とは関係ない症状ですでに説明がつくものを指している。それに対して，第4段では，神経変性疾患の発症について述べている。このつながりを満たすものは，「こういった説明がつかない場合に RBD が起きると」とする in the absence of ～「～を欠いた状態で」となる1が適切。⇔in the presence of ～「～がある状態で」　2．in (the) light of ～「～に照らして，～を考慮して」　3．in the middle of ～「～のさなかに」　4．region「地域，部位」

f. <u>One</u> of the most common RBD-linked ailments is …. → <u>Another</u> is …. → A <u>third</u> type of … で関連疾患の名称を順に挙げている。この another は second に近い。

g. ダッシュ（―）以下にあるように，夢と疾患の関連性を調べるためには神経科医を説得しないといけなかったことから，両者の関係性についてはナンセンス，あるいは怪しいものだと思われていたことが推測できる。よって obscure「曖昧な，無名な，（病気が）原因不明の」が正解。1．active「活発な」　3．faithful「忠実な」

h. confirm *one's* suspicion「疑惑を確かなものにする〔裏づける〕」suspicion は suspect「～ではないかと思う」（≒think）の名詞形。1．invitation「招待」　2．reservation「予約」　3．reputation「評判」

②　**解答**　a−1　b−3　c−2　d−1　e−3

③　**解答**　a−2　b−2　c−4　d−2　e−2

━━━━━━━━━ 解説 ━━━━━━━━━

a.「彼女は町中のドラッグストアのドアをたたいて，助けを求めた。ドアは彼女の目の前で閉められることもあったが，多くの場合，人々は彼女を助けてくれた」

　more often than not「多くの場合」≒often, frequently

b.「清潔に保つことは，スラム街の子どもたちが病気にならないための大切な方法だった」

　a way for S to V「SがVする（ための）方法」≒a way〔that / in which〕S V≒how S V

c.「すぐに1929年の元旦になり，アグネスはインドでの新生活を始めようとしていた」

　get〔come〕close to *doing*「～することに近づく」≒「～しそうになる，もう少しで～する」　このtoは前置詞。

d.　A：私は野外が大好きです。キャンプ，釣り，ハイキング。自然に関することなら何でも。

　B：私もです！　ハイキングに行くのが大好きです。普段はどれくらいの頻度で行きますか？

　A：夏は毎週末行くようにしていますけど，もちろん天気次第ですね。

　depend on ～「～次第である」　1. come by ～「～を入手する」　4. run across ～「～に偶然出会う，～を偶然見つける」

e.　A：教授，期末試験の追試についてお話ししなくてはならないのですが。

　B：どうしてですか？　その日に来ることができないんですか？

　A：残念ながらできません。予定を変更する何らかの方法はありますか？

　I'm afraid（that）S V「残念ながらSはVする」は言い出しにくいことを切り出すときの決まり文句。Can't you come on that day? という質問に対して，I'm afraid I can't（go on that day）. と答えている。

 **解答** （2番目・5番目の順に）**a**－4・3　**b**－3・2
　　　　　　　　　　　　　　　　　　　c－6・4

━━━━━━━━━━━━━ **解説** ━━━━━━━━━━━━━

a. (It's not surprising) that <u>Charlie</u> grew up <u>to</u> be (an actor.) 「チャーリーが大人になって俳優になったのは，驚くことではない」

　grow up to *do*「成長して～になる」　不定詞の副詞用法の「結果」を表す。

b. (It) was <u>the first</u> time he'd <u>been</u> in (the United States in twenty years.) 「彼は 20 年ぶりにアメリカに行った」

　the first time in ～ years「～年ぶりに」

c. (Mother Teresa stared out the window of the train as) it <u>made</u> its way <u>from</u> the crowded city (of Calcutta, India, to the mountain resort town of Darjeeling in September 1946.) 「マザー＝テレサは，1946 年 9 月，列車がインドのカルカッタという混雑した街から，ダージリンという山あいの観光都市へ向かっている中で，列車の窓の外を見つめていた」

　make *one's* way「行く，進む」

⑤ **解答** **a**－3　**b**－2　**c**－2　**d**－3　**e**－3

┈┈┈┈┈┈┈┈┈┈┈┈ **全訳** ┈┈┈┈┈┈┈┈┈┈┈┈

《プライミング効果とは何か》

① 　科学では一般的だが，連想の仕組みの理解における最初の大きな飛躍的な進歩は，測定方法の改善だった。数十年前まで，連想を研究する唯一の方法は，多くの人に「DAY（「日」）という単語を聞いて思い浮かぶ最初の言葉は何ですか？」といった質問をすることだった。研究者たちは「夜」「晴れ」「長い」などの回答の頻度を集計した。1980 年代，心理学者たちが発見したところでは，ある言葉に接することで，多くの関連語の喚起されやすさが即時かつ測定可能に変化していた。もし最近 EAT（「食べる」）という単語を見たり聞いたりしていれば，そのときは一時的に，SO_P という単語の断片を SOAP（「石鹸」）ではなく SOUP（「スープ」）として完成させる率が上がる。もちろん，WASH（「洗う」）という単語

を見たばかりならば，逆のことが起こるだろう。我々はこれを「プライミング効果」と呼んでおり，EAT という観念が SOUP という観念を，WASH という観念が SOAP という観念を準備しているのだと言っている。

2　プライミング効果は多くの形をとる。EAT という観念が現在あなたの頭の中にあれば（意識していても，していなくても），SOUP という単語がささやかれたり，ぼやけた活字で提示されたとき，普段よりも早く認識することになる。さらに当然ながら，スープという観念だけでなく，フォーク，空腹，脂肪，ダイエット，クッキーなどの多くの食品関連の観念も準備されている。直近の食事で，レストランのぐらついているテーブルに座ったならば，ぐらつくという観念も準備されていることになる。さらに，準備された観念には，他の観念を準備する能力もある。ただし，だいぶ弱く，ではあるが。池のさざ波のように，活性化が連想観念の巨大ネットワークの小さな一部を通じて拡大していく。こうしたさざ波の解読は，現在，心理学研究において最も刺激的な探究の一つである。

3　記憶に対する我々の理解のもう一つの大きな進展は，プライミングが観念や言葉に限定されないという発見である。これはもちろん意識的な経験からは判断できないが，自分の行動や感情が，意識すらしていない出来事によって準備されていることがあるという異質な観念は受け入れねばならない。早くも古典となった研究において，心理学者ジョン＝バージと彼の共同研究者たちは，ニューヨーク大学の学生たち——大半は 18〜22 歳——に，4 語からなる文を 5 つの単語のセット（例："finds he it yellow instantly"）から作るように依頼した。あるグループの学生に対しては，入れ替えられた文の半分が老年を連想させる「フロリダ」「忘れっぽい」「はげた」「灰色」「しわ」といった単語を含んでいた。その課題を終えてから，この若き被験者たちは廊下の先にあるオフィスで別の実験をするよう送り出された。その短い散歩が，この実験の本質だった。研究者たちは，被験者たちが廊下の端から端まで歩くのに要する時間を目立たないように測定した。バージが予想していた通り，老年をテーマにした単語から文章を創り出した若者たちは，他の人たちよりもかなりゆっくりと廊下を歩いていた。

4　この「フロリダ効果」には 2 段階のプライミングが関与している。第一に，単語のセットは老年という観念を準備しているが，「老い」という単

語は一度も言われていない。第二に，これらの観念が，老年を連想させるゆっくり歩くという行動を準備している。これはすべて，全く意識されずに起きている。学生たちが後で質問されると，単語に共通するテーマがあることに気づいていたと報告する学生は一人もおらず，そして全員が，最初の実験後に行ったことは何一つとして，自分たちが遭遇した単語には影響されなかっただろうと主張した。老年という観念は被験者たちの自覚している意識には上がってこなかったが，にもかかわらず，その行動は変化していた。この驚くべきプライミング現象――観念が行動に与える影響――は，観念運動効果として知られている。

==========解説==========

a. The opposite「逆のこと」とは何かを考えるとよい。挿入文後半の if you had just seen WASH が，〔a-3〕の直前文 If you have recently seen or heard the word EAT に対応していることに気づくのがポイント。つまり，前もって聞く単語が違えば，SOUP ではなく SOAP が喚起されるということ。そして，〔a-3〕の直後の文の say that 以下で，その「逆のこと」の説明もされている。よって，3 が正解。

b.（b-1） be quick to *do*「～するのが早い」⇔be slow to *do*「～するのが遅い」 EAT という観念があれば，SOUP という単語を認識するのは普段よりも「早い」という関係。
（b-2） 逆接を表す although によって，「もっとも～だが」と補足的に言われている内容なので，肯定的な strongly「強く」ではなく，否定的な weakly「弱く」が適切。

c.（c-1） You cannot know …,（　　）you must accept … というように文どうしをつないでいる部分なので，関係詞の what ではなく，接続詞の but が入る。
（c-2） As he says, ～.「彼が言うように，～だ」などと同様に，主節を修飾する as の用法（He says that ～ とほぼ同義）。say と同様に that 節を導く動詞である predict「を予測する」が入る。disappoint「～を失望させる」

d. 直前文の First, …; second, …. をまとめて，All this と言っている。また，without any awareness「全く意識されずに」が，直後の文の none of the students reported noticing that …「…に気づいていたと報

告する学生は一人もいなかった」，その次の文の had not come to their conscious awareness「参加者が自覚している意識には上がってこなかった」につながっている。

1．「全員が関連するリスクを認識させられるべきだ」

2．「お気づきのように，これは新しい問題ではない」

4．「多くの人が犯罪の影響を受けているという認識が高まっている」

e. 1．第1段第1文（As is common …）に矛盾。「科学的である」が正しい。

2．第3段第1文（Another major advance …）に矛盾。第3文（In an experiment …）の実験結果から，行動にも影響していることがわかる。*A* is restricted to *B*「*A* は *B* に限定される」

3．第3段最後から2文目（The researchers unobtrusively …）に一致。measure「〜を測定する」

4．第4段第3〜5文（All this happens … had changed nevertheless.）に矛盾。老年という観念は意識されていなかった。

数　学

(1)**ア**. 3　(2)**イ**. 3　**ウ**. 5　**エ**. 7　(3)**オカ**. 13
(4)**キ**. 1　**ク**. 5　**ケ**. 2　**コ**. 3　**サ**. 5　**シ**. 2

=== 解説 ===

《小問4問》

(1)　円の中心は $C(2, 1)$ である。

$A(-1, 0)$, $O(0, 0)$ とすると

$$AC=\sqrt{3^2+1^2}=\sqrt{10}$$

$$OC=\sqrt{2^2+1^2}=\sqrt{5}$$

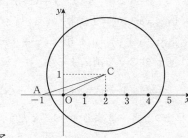

だから，円の半径 r の範囲は

$$\sqrt{5}\leqq r<\sqrt{10} \qquad 5\leqq r^2<10$$

これを満たす自然数 r は　　3　→ア

(2)　$\cos\theta=x\ (-1\leqq x\leqq 1)$ とおくと

$$\cos 2\theta=\cos(\theta+\theta)=\cos^2\theta-\sin^2\theta=\cos^2\theta-(1-\cos^2\theta)=2x^2-1$$

与式より

$$7(2x^2-1)-46x+19\leqq 0$$

$$7x^2-23x+6\leqq 0$$

$$(7x-2)(x-3)\leqq 0$$

$-1\leqq x\leqq 1$ より　　$\dfrac{2}{7}\leqq x\leqq 1$

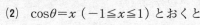

$\cos\alpha=\dfrac{2}{7}\left(0<\alpha<\dfrac{\pi}{2}\right)$ を満たす α を用

いて $\sin\theta$ の最大値は，右図から

$$\sin\alpha=\sqrt{1-\left(\frac{2}{7}\right)^2}=\frac{3\sqrt{5}}{7} \quad →イ〜エ$$

(3)　等差数列 $\{a_n\}$ の公差を d とおく。

$$S_n=\frac{n}{2}\{2a_1+(n-1)d\}=\frac{n}{2}\{-36+(n-1)d\}$$

$S_4=S_9$ より

$$2(-36+3d)=\frac{9}{2}(-36+8d)$$

$$2(-12+d)=3(-18+4d)$$

よって　　　$d=3$

$$S_n=\frac{n}{2}\{-36+(n-1)\cdot3\}=\frac{n}{2}(3n-39)=\frac{3}{2}n(n-13)$$

$S_n=0$ となる n は　　　13　→オカ

(4)　真数と底の条件より

$x-y>0$　かつ　$x+y>0$　かつ　$xy>0$　かつ　$xy\neq1$　……①

$\log_{xy}(x-y)=1$ より　　　$x-y=xy$　……②

$\log_{xy}(x+y)=0$ より　　　$x+y=1$　……③

②と③で y を消去すると

$$x-(1-x)=x(1-x)\qquad x^2+x-1=0\qquad x=\frac{-1\pm\sqrt{5}}{2}$$

このとき，③より $y=1-x$ だから

$$(x,\ y)=\left(\frac{-1\pm\sqrt{5}}{2},\ \frac{3\mp\sqrt{5}}{2}\right)\ \ (複号同順)$$

①を満たすのは　　　$(x,\ y)=\left(\dfrac{-1+\sqrt{5}}{2},\ \dfrac{3-\sqrt{5}}{2}\right)$　→キ〜シ

② 解答　(1)ス. 8　セソ. 14
(2)タ. 4　チ. 9　ツ. 2　テ. 9

════════════ 解説 ════════════

《小問2問》

(1)　　$x+y=24$　……①

①を満たす正の整数の組は

$$(x,\ y)=(1,\ 23),\ (2,\ 22),\ (3,\ 21),\ \cdots,\ (23,\ 1)$$

の23個である。

　x と y がともに素数 p で割り切れるなら，x', y' を正の整数として

$$x=p\cdot x',\ y=p\cdot y'$$

とおけて，①より

$$p(x'+y')=2^3\cdot3$$

よって，p は 2 か 3 である。

　$x = 1$, 2, …, 23 のうち偶数は 11 個，3 の倍数は 7 個，6 の倍数は 3 個あるから，①を満たす互いに素な正の整数の組は

$$23 - (11 + 7 - 3) = 8 \text{ 個} \quad \rightarrow \text{ス}$$

分母を y，分子を x とすると

$$x + y = 1000 \quad \cdots\cdots ②$$

$$\frac{1}{5} < \frac{x}{y} < \frac{1}{4} \quad \cdots\cdots ③$$

③より　　$4x < y < 5x$

これと②で y を消去すると

$$4x < 1000 - x < 5x$$

$$\frac{500}{3} < x < 200$$

$\dfrac{500}{3} = 166 + \dfrac{2}{3}$ だから，これを満たす正の整数 x は，$x = 167$, 168, …, 199 の

$$199 - 167 + 1 = 33 \text{ 個}$$

である。$1000 = 2^3 \cdot 5^3$ だから，前半と同様に x, y が素数の公約数をもつならそれは 2 か 5 である。偶数の x は，2×84, …, 2×99 の 16 個，5 の倍数は 5×34, …, 5×39 の 6 個，10 の倍数は 10×17, 10×18, 10×19 の 3 個だから

$$33 - (16 + 6 - 3) = 14 \text{ 個} \quad \rightarrow \text{セソ}$$

(2)　サイコロを 3 回振ったときの点 P の座標の変化は右図のようになる。2 個振って 2 であるのは

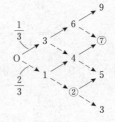

$$\frac{2}{3} \times \frac{2}{3} = \frac{4}{9} \quad \rightarrow \text{タ・チ}$$

3 回振って 7 であるのは

$${}_3\mathrm{C}_1 \left(\frac{1}{3}\right)^2 \left(\frac{2}{3}\right) = \frac{2}{9} \quad \rightarrow \text{ツ・テ}$$

③ 　(1)ト. 2　ナ. 4　(2)ニ. 4　ヌ. 1
　(3)ネ. 3　ノハ. 12　(4)ヒ. 1　フ. 8　ヘ. 3

=== **解　説** ===

《2直線の距離，放物線と接線で囲まれた部分の面積》

(1)　m は $y=ax+b$ とおける。これと C の式で y を消去して

$$x^2=ax+b\qquad x^2-ax-b=0$$

m と C は接するから重解をもち，判別式を D とすると

$$D=a^2+4b=0\qquad b=-\frac{a^2}{4}$$

m は　　$y=ax-\dfrac{a^2}{4}$　　→ト・ナ

(2)　原点 O と $m:ax-y-\dfrac{a^2}{4}=0$ の距離を求めて

$$d=\frac{\left|-\dfrac{a^2}{4}\right|}{\sqrt{a^2+1}}=\frac{a^2}{4\sqrt{a^2+1}}\quad →ニ・ヌ$$

(3)　$S=\displaystyle\int_0^a\left\{x^2-\left(ax-\frac{a^2}{4}\right)\right\}dx$

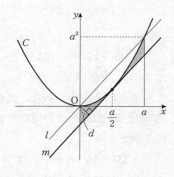

$=\displaystyle\int_0^a\left(x-\frac{a}{2}\right)^2dx$

$=\left[\dfrac{1}{3}\left(x-\dfrac{a}{2}\right)^3\right]_0^a$

$=\dfrac{1}{3}\left\{\left(\dfrac{a}{2}\right)^3-\left(-\dfrac{a}{2}\right)^3\right\}$

$=\dfrac{a^3}{12}\quad →ネ〜ハ$

(4)　$\dfrac{S}{d^2}=\dfrac{a^3}{12}\times\dfrac{16(a^2+1)}{a^4}=\dfrac{4}{3}\cdot\dfrac{a^2+1}{a}=\dfrac{4}{3}\cdot\left(a+\dfrac{1}{a}\right)$

$a>0,\ \dfrac{1}{a}>0$，相加平均・相乗平均の不等式より

$$\frac{a+\dfrac{1}{a}}{2}\geqq\sqrt{a\cdot\dfrac{1}{a}}\qquad a+\frac{1}{a}\geqq2$$

等号は $a=\dfrac{1}{a}$ すなわち $a=1$ のとき成り立つから，$\dfrac{S}{d^2}$ の最小値は

$\dfrac{8}{3}\quad →フ・ヘ$

このとき $a=1$ →ヒ

④ **解答** (1)**ホ.** 9   **マ.** 5

(2)**ミ.** 1 **ムメ.** 24 **モ.** 4 **ヤユ.** 21

(3)＊**ヨ.** −3 **ラ.** 5 ＊**リ.** −4 **ル.** 5 (4)**レ.** 6 **ロ.** 5

―――――――――――― 解 説 ――――――――――――

《平面ベクトルの内積計算，円に内接する三角形の面積》

$\overrightarrow{OA}=\vec{a}$, $\overrightarrow{OB}=\vec{b}$, $\overrightarrow{OC}=\vec{c}$ とおくと

$$|\vec{a}|=|\vec{b}|=|\vec{c}|=1 \quad \cdots\cdots ①$$

$$3\vec{a}+4\vec{b}+(x+2)\vec{c}=\vec{0} \quad \cdots\cdots ②$$

(1) $\vec{a}$, $\vec{b}$ の向きが同じなら，①より $\vec{b}=\vec{a}$ であり，②より

$$7\vec{a}+(x+2)\vec{c}=\vec{0} \qquad \vec{a}=-\frac{x+2}{7}\vec{c}$$

$$|\vec{a}|=\left|-\frac{x+2}{7}\vec{c}\right|$$

①より $\left|\dfrac{x+2}{7}\right|=1$ $\dfrac{x+2}{7}=\pm1$ $x=-9, 5$ →ホ・マ

(2) ②より

$$|(x+2)\vec{c}|=|-3\vec{a}-4\vec{b}| \qquad |(x+2)\vec{c}|^2=|3\vec{a}+4\vec{b}|^2$$

$$(x+2)^2|\vec{c}|^2=9|\vec{a}|^2+24\vec{a}\cdot\vec{b}+16|\vec{b}|^2$$

①を用いて

$$(x+2)^2=9+24\vec{a}\cdot\vec{b}+16$$

$$\vec{a}\cdot\vec{b}=\frac{1}{24}(x^2+4x-21) \quad →ミ〜ユ$$

(3) $\vec{a}\cdot\vec{b}=0$ のとき，(2)より

$$x^2+4x-21=0 \qquad (x-3)(x+7)=0$$

$x>0$ より $x=3$

②は $3\vec{a}+4\vec{b}+5\vec{c}=\vec{0}$ $4\vec{b}=-3\vec{a}-5\vec{c}$

で，(2)と同様にして

$$16=9+30\vec{a}\cdot\vec{c}+25 \qquad \vec{a}\cdot\vec{c}=-\frac{3}{5} \quad →＊ヨ・ラ$$

また，$3\vec{a}=-4\vec{b}-5\vec{c}$ より

$$9=16+40\vec{b}\cdot\vec{c}+25 \qquad \vec{b}\cdot\vec{c}=-\frac{4}{5} \quad \rightarrow *リ・ル$$

(4) $\quad \triangle\text{OAB}=\frac{1}{2}\sqrt{|\vec{a}|^2|\vec{b}|^2-(\vec{a}\cdot\vec{b})^2}=\frac{1}{2}$

$\quad \triangle\text{OBC}=\frac{1}{2}\sqrt{|\vec{b}|^2|\vec{c}|^2-(\vec{b}\cdot\vec{c})^2}=\frac{1}{2}\sqrt{1-\frac{16}{25}}$

$\qquad\qquad =\frac{1}{2}\cdot\frac{3}{5}=\frac{3}{10}$

$\quad \triangle\text{OCA}=\frac{1}{2}\sqrt{|\vec{c}|^2|\vec{a}|^2-(\vec{c}\cdot\vec{a})^2}=\frac{1}{2}\sqrt{1-\frac{9}{25}}$

$\qquad\qquad =\frac{1}{2}\cdot\frac{4}{5}=\frac{2}{5}$

よって

$\quad \triangle\text{ABC}=\triangle\text{OAB}+\triangle\text{OBC}+\triangle\text{OCA}$

$\qquad\qquad =\frac{1}{2}+\frac{3}{10}+\frac{2}{5}=\frac{6}{5} \quad \rightarrow レ・ロ$

⑤ 解答　(1)**ワ**．1　**ヲ**．7　**ン**．8　(2)**あ**．2

(3)**い**．0　**うえ**．68　**おか**．27　(4)**き**．1　**く**．3

═════════════ 解　説 ═════════════

《3次方程式の実数解の個数》

(1)　$t=2^x$（$t>0$）とおくと

$\quad 4^x=(2^2)^x=2^{2x}=(2^x)^2=t^2$

$\quad 8^x=(2^3)^x=2^{3x}=(2^x)^3=t^3$

$\quad 2^{x+3}=2^x\cdot2^3=8t$

だから

$\quad f(x)=t^3-7t^2+8t \quad \rightarrow ワ\sim ン$

(2)　(1)の t の式を $g(t)$ とおくと　　$g(t)=-16$

$\quad t^3-7t^2+8t+16=0 \qquad (t+1)(t-4)^2=0$

$\quad t>0$ より　　$t=4$

$\qquad 2^x=2^2 \qquad x=2 \quad \rightarrow あ$

(3)　　$g'(t)=3t^2-14t+8$

　　　　　　$=(3t-2)(t-4)$

$g(t)$ の増減は右の表のようになる。
正の t 1つで実数 x が1つ求まるから，
$f(x)=k$ が異なる3つの実数解をもつ
条件は，$g(t)=k$ が異なる3つの正の解
をもつことである。

t	(0)	$\cdots$	$\dfrac{2}{3}$	$\cdots$	4	$\cdots$
$g'(t)$		$+$	0	$-$	0	$+$
$g(t)$		$\nearrow$	$\dfrac{68}{27}$	$\searrow$	-16	$\nearrow$

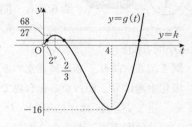

　右図より $y=g(t)$ $(t>0)$ と $y=k$ が
3交点をもつ条件は

　　　　$0<k<\dfrac{68}{27}$　→い～か

(4)　(3)のとき，$0<2^{\alpha}<\dfrac{2}{3}$ であり

　　　　$\alpha<\log_2\dfrac{2}{3}$

　　　　$\alpha<1-\log_2 3$　→き・く

化　学

① 解答　**問 1.** c　**問 2.** e　**問 3.** b　**問 4.** e　**問 5.** d
　　　　　問 6. b　**問 7.** b　**問 8.** a

━━━━━━━━━━━ **解説** ━━━━━━━━━━━

《小問 8 問》

問 4. a．誤り。非金属元素の原子どうしは，共有結合によって結びつく。塩化水素は分子からなる化合物である。

e．正しい。^1H は中性子をもたないため，H_2O 1 分子中に含まれる中性子の数は酸素原子がもつ 8 個のみとなる。

問 6. a ～ e の反応式はそれぞれ次のとおり。

a．$NaHCO_3 + HCl \longrightarrow NaCl + H_2O + CO_2$

b．$2H_2O_2 \longrightarrow 2H_2O + O_2$

c．$2KClO_3 \longrightarrow 2KCl + 3O_2$

d．$FeS + H_2SO_4 \longrightarrow FeSO_4 + H_2S$

e．$NaHSO_3 + H_2SO_4 \longrightarrow NaHSO_4 + H_2O + SO_2$

または　　$2NaHSO_3 + H_2SO_4 \longrightarrow Na_2SO_4 + 2H_2O + 2SO_2$

　反応式の係数から，b の反応で生じる O_2 の物質量が最も少ないことがわかる。

問 8. クロム酸イオンを加えると黄色の沈殿を生じるので，アは Ba^{2+} または Pb^{2+} のどちらかである。アンモニア水を過剰に加えると沈殿が溶解するので，イはアンモニアと錯イオンを形成する Ag^+，Zn^{2+}，Cu^{2+} のいずれかである。また，酸性下で硫化物が沈殿するのはイオン化傾向の小さい Cu^{2+} や Pb^{2+} なので，選択肢からウは Cu^{2+} と決まる。以上により解答は a となる。

② 解答　**問 1.** (1)— b　(2)— f　(3)— e
　　　　　問 2. (1)— d　(2)— e　(3)— d　(4)— d　**問 3.** c

━━━━━━━━━━━━ 解 説 ━━━━━━━━━━━━

《アンモニアの電離定数と緩衝液，ヨウ素滴定，燃料電池》

問1. (1) pH が 11.0 なので $[H^+]=1.0\times10^{-11}$ mol/L である。水のイオン積 K_w から，アンモニア水溶液中の水酸化物イオンのモル濃度は

$$[OH^-]=\frac{K_w}{[H^+]}=\frac{1.0\times10^{-14}}{1.0\times10^{-11}}=1.0\times10^{-3}[mol/L]$$

アンモニアが水溶液中で平衡状態になったとき

$$[NH_3]=5.0\times10^{-2}-1.0\times10^{-3}=4.9\times10^{-2}[mol/L]$$

$$[OH^-]=[NH_4^+]=1.0\times10^{-3}[mol/L]$$

よって，電離定数 K_b は

$$K_b=\frac{[NH_4^+][OH^-]}{[NH_3]}=\frac{1.0\times10^{-3}\times1.0\times10^{-3}}{4.9\times10^{-2}}$$

$$=2.04\times10^{-5}≒2.0\times10^{-5}[mol/L]$$

(2) アンモニアの物質量 [mol] は

$$5.0\times10^{-2}\times\frac{150}{1000}=7.5\times10^{-3}[mol]$$

pH が 10.0 なので，$[H^+]=1.0\times10^{-10}[mol/L]$ である。水のイオン積 K_w から，アンモニア水溶液中の水酸化物イオン濃度は

$$[OH^-]=\frac{K_w}{[H^+]}=\frac{1.0\times10^{-14}}{1.0\times10^{-10}}=1.0\times10^{-4}[mol/L]$$

混合溶液中では塩化アンモニウムが完全に電離し，アンモニアはほとんど電離しないので，溶かした塩化アンモニウムを $x[mol]$ とおくと，溶液が 500 mL であることから

$$K_b=\frac{[NH_4^+][OH^-]}{[NH_3]}=\frac{x\times\dfrac{1000}{500}\times1.0\times10^{-4}}{7.5\times10^{-3}\times\dfrac{1000}{500}}=2.0\times10^{-5}[mol/L]$$

$$∴ \quad x=1.5\times10^{-3}[mol]$$

よって，加えた塩化アンモニウムの質量 [g] は

$$1.5\times10^{-3}\times53.5=8.02\times10^{-2}≒8.0\times10^{-2}[g]$$

(3) アンモニアと塩化水素の物質量 [mol] はそれぞれ次のとおり。

$$NH_3 : 5.0\times10^{-2}\times\frac{300}{1000}=1.5\times10^{-2}[mol]$$

$$\text{HCl}：1.0\times10^{-1}\times\frac{100}{1000}=1.0\times10^{-2}(\text{mol})$$

混合後の量的関係は次のようになる。

	NH₃	+	HCl	⟶	NH₄Cl	
(反応前)	1.5×10^{-2}		1.0×10^{-2}		0	(mol)
(変化量)	-1.0×10^{-2}		-1.0×10^{-2}		$+1.0\times10^{-2}$	(mol)
(反応後)	5.0×10^{-3}		0		1.0×10^{-2}	(mol)

混合後の溶液が 500 mL なので

$$K_{\text{b}}=\frac{[\text{NH}_4^{+}][\text{OH}^{-}]}{[\text{NH}_3]}=\frac{1.0\times10^{-2}\times\dfrac{1000}{500}\times[\text{OH}^{-}]}{5.0\times10^{-3}\times\dfrac{1000}{500}}$$

$$=2.0\times10^{-5}(\text{mol/L})$$

$$\therefore \quad [\text{OH}^{-}]=1.0\times10^{-5}(\text{mol/L})$$

水のイオン積 K_{w} より，水素イオン濃度は

$$[\text{H}^{+}]=\frac{K_{\text{w}}}{[\text{OH}^{-}]}=\frac{1.0\times10^{-14}}{1.0\times10^{-5}}=1.0\times10^{-9}(\text{mol/L})$$

よって，水溶液の pH は

$$\text{pH}=-\log_{10}[\text{H}^{+}]=-\log_{10}(1.0\times10^{-9})=9.0$$

問2. (1)　チオ硫酸ナトリウム五水和物の式量は

$$158+18\times5=248$$

よって，溶かしたチオ硫酸ナトリウム五水和物の質量 (g) は

$$1.00\times10^{-1}\times\frac{500}{1000}\times248=12.4(\text{g})$$

(3)　ヨウ素滴定の指示薬にはデンプン水溶液を用いる。ヨウ素が残っているときはヨウ素デンプン反応により青紫色となるが，ヨウ素がすべて反応すると無色に変化する。

(4)　ヨウ素とチオ硫酸ナトリウムは 1：2 で反応するので，25.0 mL 中のヨウ素の物質量を x(mol) とおくと

$$x=1.00\times10^{-1}\times\frac{20.0}{1000}\times\frac{1}{2}=1.00\times10^{-3}(\text{mol})$$

問3. 燃料電池において，負極では水素が次のように反応する。

$$\text{H}_2 \longrightarrow 2\text{H}^{+}+2\text{e}^{-}$$

したがって，負極で消費された水素の物質量 (mol) は

$$\frac{2.0 \times 2895}{9.65 \times 10^4} \times \frac{1}{2} = 3.0 \times 10^{-2} \text{[mol]}$$

③ 解答 　問1. (1)— d 　(2)— e 　(3)— c 　(4)— b
　　　　　　　問2. (1)— a 　(2)— f 　(3)— f

=== 解 説 ===

《化学平衡と平衡定数, プロパンの燃焼と圧力変化》

問1. (1) （反応熱）＝（生成物の結合エネルギーの総和）−（反応物の結合エネルギーの総和）の関係から

$$Q = 299 - \left(\frac{1}{2} \times 436 + \frac{1}{2} \times 153\right) = 4.5 \text{[kJ/mol]}$$

(2) 平衡に達したときの量的関係は次のとおり。

	H_2	＋	I_2	$\rightleftharpoons$	2HI	
（反応前）	0.50		0.50		0	(mol)
（変化量）	−0.40		−0.40		＋0.80	(mol)
（平　衡）	0.10		0.10		0.80	(mol)

したがって, T_1[℃] における平衡定数 K_1 は

$$K_1 = \frac{[HI]^2}{[H_2][I_2]} = \frac{\left(\dfrac{0.80}{V}\right)^2}{\dfrac{0.10}{V} \times \dfrac{0.10}{V}} = 64$$

(3) 温度が高くなると, 吸熱方向に平衡は移動するので HI が減少し H_2 と I_2 が増加する。平衡定数 K_2 は K_1 に比べて分母が大きくなるため, $K_1 > K_2$ となる。

(4) 温度が変わらなければ平衡定数も変わらないので, $K_1 = K_3$ となる。

問2. (1) 容器内の気体の全物質量を n[mol] とおくと, コックを開いたときの容積が 3.0 L であることから, $PV = nRT$ より

$$n = \frac{8.3 \times 10^4 \times 3.0}{8.3 \times 10^3 \times 300} = 0.10 \text{[mol]}$$

酸素は 9.0×10^{-2} mol 含まれるので, プロパンは

$$0.10 - 9.0 \times 10^{-2} = 1.0 \times 10^{-2} \text{[mol]}$$

(2) （分圧）＝（全圧）×（モル分率）の関係より, 酸素の分圧 P_{O_2} は

$$P_{O_2} = 8.3 \times 10^4 \times \frac{9.0 \times 10^{-2}}{0.10} = 7.47 \times 10^4 \fallingdotseq 7.5 \times 10^4 \text{[Pa]}$$

(3)　燃焼における量的関係は次のようになる。

$$C_3H_8 \ + \ 5O_2 \ \longrightarrow \ 3CO_2 \ + \ 4H_2O$$

(反応前)	$1.0×10^{-2}$	$9.0×10^{-2}$	0	0	(mol)
(変化量)	$-1.0×10^{-2}$	$-5.0×10^{-2}$	$+3.0×10^{-2}$	$+4.0×10^{-2}$	(mol)
(反応後)	0	$4.0×10^{-2}$	$3.0×10^{-2}$	$4.0×10^{-2}$	(mol)

水 H_2O がすべて気体になっていると仮定すると，$PV=nRT$ より

$$P_{H_2O}=\frac{4.0×10^{-2}×8.3×10^3×300}{3.0}=3.32×10^4(\text{Pa})$$

27℃ における水の蒸気圧を超えるので一部が液体に凝縮し，水の分圧は蒸気圧の $3.6×10^3\,Pa$ になる。また，同温・同体積ならば圧力は物質量に比例するため，残った酸素と二酸化炭素の示す圧力 P' は

$$P'=8.3×10^4×\frac{(4.0×10^{-2}+3.0×10^{-2})}{0.10}=5.81×10^4(\text{Pa})$$

よって，燃焼後の全圧 P は

$$P=P'+P_{H_2O}=5.81×10^4+3.6×10^3$$
$$=6.17×10^4≒6.2×10^4(\text{Pa})$$

④　解答

問1．(1)— c　(2)— c
問2．e　問3．c　問4．d

問5．B :

C :

D :

問6．b

──────── 解　説 ────────

《分子式と構造異性体，有機化合物の性質，付加反応の量的関係，$C_{22}H_{19}NO_3$ の構造推定，医薬品の構造》

問1．(1)　各原子の質量 [mg] は

$$C：88×\frac{12}{44}=24(\text{mg})$$

$$H : 27 \times \frac{2.0}{18.0} = 3.0 \, [mg]$$

$$O : 67 - (24 + 3.0) = 40 \, [mg]$$

よって，各原子の数の比は

$$C : H : O = \frac{24}{12} : \frac{3.0}{1.0} : \frac{40}{16} = 2 : 3 : 2.5 = 4 : 6 : 5$$

組成式は $C_4H_6O_5$ と決まる。分子量が 200 以下なので

$$(C_4H_6O_5)_n = 134n \leqq 200 \qquad n = 1$$

分子式は $C_4H_6O_5$ と決まる。

(2)　ヒドロキシ基をもつカルボン酸をヒドロキシ酸という。酸素原子が 5 つ含まれ，カルボキシ基が 2 つあることから，ヒドロキシ基は 1 つ含まれることがわかる。よって，考えられる構造異性体は次の 3 種類である。

$$HOOC-CH_2-\underset{\overset{|}{OH}}{CH}-COOH \qquad HOOC-\underset{\overset{|}{OH}}{\overset{\overset{CH_3}{|}}{C}}-COOH$$

$$HOOC-\underset{\overset{|}{CH}}{\overset{\overset{H_2C-OH}{|}}{CH}}-COOH$$

問 2． a．誤り。アセトアルデヒドは，エタノールを酸化する，またはエチレンを空気酸化することによって得られる。エチレンに水を付加するとエタノールが得られる。

b．誤り。ホルマリンはホルムアルデヒドの水溶液である。

c．誤り。プロピオンアルデヒドは CH_3CO- の構造をもたないため，ヨードホルム反応は示さない。

d．誤り。2-プロパノールを酸化するとアセトンが生じる。プロピオンアルデヒドは 1-プロパノールの酸化によって得られる。

問 3． a．誤り。ニトロベンゼンは中性なので希塩酸と反応せず溶解しない。

b．誤り。炭酸よりも強い酸は炭酸水素ナトリウム水溶液に溶解する。**A〜E** のうち，炭酸よりも強い酸は，スルホ基をもつベンゼンスルホン酸とカルボキシ基をもつ安息香酸のみである。

c．正しい。スルホ基は強酸性の官能基なので，酸の強さはフェノール＜安息香酸＜ベンゼンスルホン酸となる。

d．誤り。フェノールは常温で固体である。

e．誤り。強酸性のベンゼンスルホン酸は，スルホ基の電離によってイオンになるため水に溶解しやすい。

問4． 1つの C≡C には2つの H_2 が，1つの C=C には1つの H_2 が付加する。図の化合物には C≡C が4つ，C=C が1つ含まれるので，0.20 mol の化合物と付加する水素 H_2 の物質量 [mol] は

$$(4 \times 2 + 1) \times 0.20 = 1.8 \text{ [mol]}$$

問5． 化合物 **B** はベンゼン二置換体で，加熱によって酸無水物を生じることからフタル酸と推定される。

B :

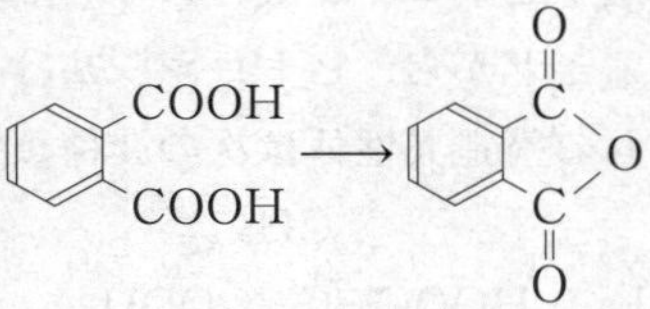

化合物 **D** は一置換体で，希塩酸に溶解することから塩基性の官能基（−NH_2）をもつことがわかり，さらし粉で赤紫色を呈することからアニリンと考えられる。

化合物 **C** の分子式は

　　　（化合物 **A** の分子式）＋2×（H_2O）−（**B** の分子式）−（**D** の分子式）

で求めることができる。よって

$$(\mathbf{C} \text{ の分子式}) = (C_{22}H_{19}NO_3) + 2 \times (H_2O) - (C_8H_6O_4) - (C_6H_7N)$$
$$= C_8H_{10}O$$

C は酸化するとテレフタル酸になることから，パラ位に置換基をもつ二置換体と考えられる。また，フェノール類ではなくアルコールなので，ヒドロキシ基はベンゼン環とは直接結合しない。よって，**C** は次のように考えられる。

C :

解答　問1．(1)— d　(2)— e　問2．c

2024年度　一般B方式

化学

━━━━━━━━━━ **解説** ━━━━━━━━━━

《陽イオン交換樹脂，熱硬化性樹脂》

問1．(1)　スルホン化されると，−H が −SO₃H に変化する。スルホン化1カ所につき分子量は SO₃＝80 増加する。ポリスチレンの分子量は重合度 n を用いて $104n$ と表される。重合した n 個のフェニル基の 40.0％ がスルホン化されたので，増加する質量を x〔g〕とおくと

$$x = \frac{20.8}{104n} \times n \times \frac{40.0}{100} \times 80 = 6.40 \text{〔g〕}$$

(2)　陽イオン交換樹脂は陽イオンを吸着するが，電荷をもたない物質や陰イオンは吸着できない。等電点よりも大きい pH の緩衝液を流すと，アミノ酸は双性イオンや陰イオンとなって陽イオン交換樹脂から溶出するので，等電点が塩基性側にあるリシンが最後に溶出する。

一 般 選 抜（ T 方 式 ）

問 題 編

▶試験科目・配点

教　科	科　　　　　目	配　点
数　学	数学Ⅰ・Ⅱ・A・B（数列・ベクトル）	100 点
理　科	化学基礎・化学	200 点

▶備　考

　「化学基礎・化学」には，理数系の基礎的な思考能力や技能を判断するため，一部記述問題がある。

数　学

（60分）

解答上の注意

1. 問題の文中 ┃ *アイウ ┃ などの*にはプラス, マイナスの符号が1つ対応し,
ア, イ, あ, い, …などの文字にはそれぞれ0〜9の数字が1つずつ対
応する。

　　例1　┃ *アイウ ┃ に235と答えるときは, ＋235としてマークしなさい。

ア	⊕ ⊖	⓪ ① ❷ ③ ④ ⑤ ⑥ ⑦ ⑧ ⑨
イ		⓪ ① ② ❸ ④ ⑤ ⑥ ⑦ ⑧ ⑨
ウ		⓪ ① ② ③ ④ ❺ ⑥ ⑦ ⑧ ⑨

2. 答が0のときは, 以下の例に従ってマークしなさい。
　　問題文中に ┃ *エ ┃ と ┃ エ ┃ の**2通りの場合**がある。
　　　例2.1　┃ *エ ┃ に0と答えるときは, ＋0としてマークしなさい。

エ	⊕ ⊖	❿ ① ② ③ ④ ⑤ ⑥ ⑦ ⑧ ⑨

　　　例2.2　┃ エ ┃ に0と答えるときは, 0のみにマークしなさい。

エ		❿ ① ② ③ ④ ⑤ ⑥ ⑦ ⑧ ⑨

3. 分数形で解答するときは, 既約分数(それ以上約分ができない分数)で答え
なさい。整数を答えるときは, 分母に1をマークしなさい。

　　　例3　$\dfrac{\boxed{\text{*オ}}}{\boxed{\text{カ}}}$ に－5と答えるときは, $\dfrac{-5}{1}$ であるから, 以下のように

マークしなさい。

オ	⊕ ❸	⓪ ① ② ③ ④ ❺ ⑥ ⑦ ⑧ ⑨
カ		⓪ ❶ ② ③ ④ ⑤ ⑥ ⑦ ⑧ ⑨

4. 根号を含む形で解答するときは，根号の中の自然数が最小となる形で答え

なさい。たとえば，$\boxed{キ}\sqrt{\boxed{ク}}$，$\dfrac{\sqrt{\boxed{ケ}}}{\boxed{コ}}$ に $4\sqrt{2}$，$\dfrac{\sqrt{2}}{2}$ と答えるところを，

$2\sqrt{8}$，$\dfrac{\sqrt{8}}{4}$ のように答えてはならない。

問題 1

(1)　a, b を正の実数とする。「x, y を実数とするとき，$x^2 + y^2 < a$ ならば $x + y < 5$

である」が真の命題であるような a のとり得る値の範囲は $0 < a \leqq \dfrac{\boxed{アイ}}{\boxed{ウ}}$ である。

また，「x, y を実数とするとき，$x + y < 5$ ならば $x < 2$ または $y < b$ である」が

真の命題であるような b のとり得る値の範囲は $b \geqq \boxed{エ}$ である。

(2)　$x_1 = 100$ として，数列 $\{x_n\}$ を漸化式

$$x_{n+1} = 10^{\frac{1}{1 - \log_{10} x_n}} \quad (n = 1, 2, 3, \cdots)$$

で定義する。k を 2 以上の自然数とするとき，$x_k = x_1$ となる最小の k の値は

$\boxed{オ}$ である。従って，$x_1, x_2, x_3, \cdots, x_{100}$ の中に有理数でない項は全部で $\boxed{カキ}$

項ある。

(3)　x, y が実数全体を動くとき，$(\log_2 81)^{\sin x}$，$(\log_{27} 4)^{\cos y}$ の最大値をそれぞれ α, β

とおく。このとき $\dfrac{\alpha}{\beta} = \dfrac{\boxed{ク}}{\boxed{ケ}}$ である。

問題2

(1)　座標平面上に，A(1, 0) を中心とする半径 1 の円と，2 点 B(0, 2), C(−2, 0) がある。

この円周上を動く点 P があり，動径 AP が x 軸の正の向きとなす角を θ $(0 \leqq \theta < 2\pi)$

とする。P の座標は

$$P\left(\boxed{コ} + \cos\theta,\ \sin\theta\right)$$

と書けるから，内積 $\overrightarrow{PB} \cdot \overrightarrow{PC}$ を $\sin\theta, \cos\theta$ の式で表すと

$$\boxed{サ} - \boxed{シ}\sin\theta + \boxed{ス}\cos\theta$$

となり，P が円周上を動くときの $\overrightarrow{PB} \cdot \overrightarrow{PC}$ の最大値は $\boxed{セ} + \boxed{ソ}\sqrt{\boxed{タ}}$ となる。

(2)　座標平面上の点 A(4, 0) および B(0, 2) を通る円 C 上に点 P がある。円 C の中

心は直線 $y = \boxed{*チ}\ x + \boxed{*ツ}$ 上にあり，$\angle APB = 90°$ なら，C の方程式は

$\left(x - \boxed{テ}\right)^2 + \left(y - \boxed{ト}\right)^2 = \boxed{ナ}$ である。

問題 3

θ を $0 < \theta < \pi$ を満たす定数として，x の関数 $f(x) = x^3 - 3(\sin\theta)x^2 + \cos 2\theta$ を考える。以下の各問に答えよ。

(1)　$f(x)$ は $x = \boxed{\text{ニ}}$ で極大値 $\cos 2\theta$ をとり，$x = \boxed{\text{ヌ}}\sin\theta$ で極小値

　　　$\boxed{*\text{ネ}}\sin^3\theta + \boxed{*\text{ノ}}\sin^2\theta + \boxed{\text{ハ}}$ をとる。

(2)　(1) の極小値が 0 となるような θ のうちで最大のものは $\theta = \dfrac{\boxed{\text{ヒ}}}{\boxed{\text{フ}}}\pi$ である。

(3)　x の方程式 $f(x) = 0$ が異なる 3 つの実数解をもつための θ のとり得る値の範囲は

　　　$\dfrac{\boxed{\text{ヘ}}}{\boxed{\text{ホ}}}\pi < \theta < \dfrac{\boxed{\text{マ}}}{\boxed{\text{ミ}}}\pi$　および　$\dfrac{\boxed{\text{ム}}}{\boxed{\text{メ}}}\pi < \theta < \dfrac{\boxed{\text{モ}}}{\boxed{\text{ヤ}}}\pi$ である。

　　　ただし，$\dfrac{\boxed{\text{マ}}}{\boxed{\text{ミ}}}\pi < \dfrac{\boxed{\text{ム}}}{\boxed{\text{メ}}}\pi$ となるように答えよ。

問題 4

　下図のような正六角形 ABCDEF からなる経路において，A から出発して 6 回の移動をする動点 P を考える。ここで 1 回の移動とは，ひとつの頂点から右回りまたは左回りにそれぞれ $\frac{1}{2}$ の確率で 1 辺の長さだけ進むことである。以下の各問に答えよ。

(1)　最後に P が A に到達する確率は $\dfrac{\boxed{ユヨ}}{\boxed{ラリ}}$ である。

(2)　最後に P が C に到達する確率は $\dfrac{\boxed{ルレ}}{\boxed{ロワ}}$ である。

(3)　右回りの移動と左回りの移動をそれぞれ少なくとも 1 回以上行い，かつ途中で C を通って（C で折り返す場合を含む）最後に P が A に到達する移動の仕方は $\boxed{ヲ}$ 通りある。

(4)　最後に P が A に到達するという条件の下で，途中で C を通らない条件付き確率は $\dfrac{\boxed{ン}}{\boxed{あい}}$ である。

2024年度　一般T方式　数学

$$\boxed{\text{化　学}}$$

（90 分）

1 問 1 ～ 問 8 に答えなさい。

問 1　記述 a ～ e のうち，下線部の語が元素ではなく単体の意味で使われているもの
　　　を 1 つ選びなさい。

　　　a　牛乳には<u>カルシウム</u>が含まれる。

　　　b　塩酸を電気分解すると，<u>水素</u>と塩素が得られる。

　　　c　塩化ナトリウムは，<u>塩素</u>と<u>ナトリウム</u>からなる。

　　　d　地殻中には，<u>酸素</u>に次いでケイ素が多量に存在する。

　　　e　<u>リン</u>の同素体には，赤リンと黄リンがある。

問 2　原子 a ～ e のうち，電子数と中性子数が等しいものを 1 つ選びなさい。

　　　a　^{3}H　　　　　　　　b　^{18}O　　　　　　　　c　^{20}Ne

　　　d　^{34}S　　　　　　　　e　^{40}Ar

問 3　次の a ～ e のうち，物質量が最も大きいものを 1 つ選びなさい。ただし，原子
　　　量は C = 12, O = 16, Cl = 35.5, Cu = 64 とし，0℃, 1.013×10^{5} Pa（標準状態）
　　　における気体のモル体積は 22.4 L/mol とする。

　　　a　100 g の銅 Cu

　　　b　100 g の塩素 Cl_2

　　　c　100 g の二酸化炭素 CO_2

　　　d　標準状態で 30.0 L の酸素 O_2

　　　e　標準状態で 45.0 L のアルゴン Ar

問4　イオン結晶に関する記述 a 〜 e のうち，正しいものを1つ選びなさい。

    a　一般に分子結晶よりも融点が低い。
    b　融解すると電気を通す。
    c　延性・展性を示す。
    d　昇華しやすい。
    e　自由電子が結晶中を自由に移動している。

問5　水溶液の組合せ a 〜 e のうち，いずれの水溶液も酸性を示すものを1つ選びなさい。

    a　$CuSO_4$ 水溶液 と $NaHSO_4$ 水溶液
    b　KNO_3 水溶液 と $CaCl_2$ 水溶液
    c　$NaCl$ 水溶液 と Na_2CO_3 水溶液
    d　Na_2SO_4 水溶液 と NH_4Cl 水溶液
    e　$(NH_4)_2SO_4$ 水溶液 と $NaHCO_3$ 水溶液

問6　アンモニアに関する記述 a 〜 e のうち，**誤っているもの**を1つ選びなさい。

    a　常温・常圧で無色，刺激臭の気体である。
    b　水によく溶け，水溶液は弱い塩基性を示す。
    c　乾燥には十酸化四リンが用いられる。
    d　極性分子である。
    e　濃塩酸をつけたガラス棒を近づけると白煙を生じる。

問7　アルミニウムとその化合物に関する記述 a 〜 e のうち，正しいものを1つ選びなさい。

    a　アルミニウムの単体は，濃硝酸と反応し水素を発生して溶ける。
    b　アルミニウムの単体は，塩化アルミニウム水溶液の電気分解で得られる。
    c　アルミニウムの単体は，空気中では表面に酸化アルミニウムの被膜を生じ，酸化が内部まで進行しにくい。

　　d　酸化アルミニウムは，塩酸に溶けるが水酸化ナトリウム水溶液には溶けな
　　　い。

　　e　水酸化アルミニウムは，アンモニア水に溶けて錯イオンを生じる。

問8　金属イオンa～eのうち，それぞれを含む水溶液に，少量の水酸化ナトリウム
　　水溶液を加えると沈殿を生じるが，さらに過剰量の水酸化ナトリウム水溶液を
　　加えると沈殿が溶けるものを1つ選びなさい。

　　a　Ag^+　　　　　　　　b　Cu^{2+}　　　　　　　c　Fe^{2+}
　　d　Fe^{3+}　　　　　　　e　Zn^{2+}

2　問1～問3に答えなさい。

問1　質量パーセント濃度が12.0％の酢酸CH_3COOH水溶液(密度1.00 g/cm³)25.0 mL
　　に水を加えてよく混ぜて，全量500 mLの希釈水溶液をつくった。次に，この希釈
　　水溶液20.0 mLをコニカルビーカーに入れて，ビュレットから$5.00 × 10^{-2}$ mol/L
　　の水酸化ナトリウム$NaOH$水溶液を滴下しながらコニカルビーカー中の水溶
　　液(被滴定液)のpHを測定し，図の滴定曲線を作成した。(1)～(4)に答えなさい。
　　ただし，原子量はH＝1.0，C＝12，O＝16とする。また，酢酸の電離定数K_aは
　　$2.00 × 10^{-5}$mol/L，$\log_{10}2 = 0.30$とする。

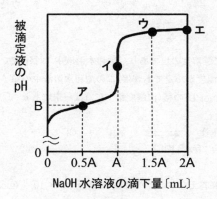

図

(1)　pH 指示薬を用いて図の中和点**イ**の判定を行う場合，指示薬として最も適切な化合物はどれか。a～e から 1 つ選びなさい。

　　　a　ブロモチモールブルー　　　b　メチルオレンジ　　　　　　c　デンプン
　　　d　フェノールフタレイン　　　e　過マンガン酸カリウム

(2)　図の A の数値〔mL〕として最も近いものを a～f から選びなさい。

　　　a　10.0　　　　　　　　b　20.0　　　　　　　　c　40.0
　　　d　60.0　　　　　　　　e　80.0　　　　　　　　f　100

(3)　図の B の数値として最も近いものを a～f から選びなさい。

　　　a　4.3　　　　　　　　b　4.7　　　　　　　　c　5.3
　　　d　8.7　　　　　　　　e　9.3　　　　　　　　f　9.7

(4)　図の滴定曲線上の点**ア～エ**のうち，被滴定液が緩衝液となっているのはどれか。正しいものを a～f から 1 つ選びなさい。

　　　a　**ア**　　　　　　　　b　**イ**　　　　　　　　c　**ウ**
　　　d　**エ**　　　　　　　　e　**ア**と**ウ**　　　　　　f　**ウ**と**エ**

問2　塩化銀は水に難溶性の塩であり，飽和水溶液中では①式で示した平衡状態にある。このとき温度が一定であれば，この飽和水溶液中の銀イオンと塩化物イオンのモル濃度〔mol/L〕の積（溶解度積：K_{sp}）は一定であり，②式で表される。

$$AgCl(固) \;\rightleftharpoons\; Ag^+ + Cl^- \quad \cdots ①$$
$$K_{sp} = [Ag^+][Cl^-] \quad\quad\quad\quad \cdots ②$$

(1)～(3) に答えなさい。ただし，$K_{sp} = 1.0 \times 10^{-10}\ (mol/L)^2$ とする。

(1)　3.0×10^{-4} mol/L の塩化ナトリウム水溶液 30 mL に，3.0×10^{-4} mol/L の硝酸銀水溶液 30 mL を加えてよく混ぜたところ，沈殿が生じ，水溶液の体積は 60 mL になった。この水溶液中の銀イオンのモル濃度〔mol/L〕はいくらか。最も近い数値を a～f から選びなさい。

　　a　1.0×10^{-6}　　　　b　1.5×10^{-6}　　　　c　1.0×10^{-5}
　　d　1.5×10^{-5}　　　　e　1.0×10^{-4}　　　　f　1.5×10^{-4}

(2)　3.0×10^{-4} mol/L の塩化ナトリウム水溶液 30 mL に，3.0×10^{-4} mol/L の硝酸銀水溶液 15 mL を加えてよく混ぜたところ，沈殿が生じ，水溶液の体積は 45 mL になった。この水溶液中の塩化物イオンのモル濃度〔mol/L〕はいくらか。最も近い数値を a～f から選びなさい。

　　a　1.0×10^{-5}　　　　b　1.5×10^{-5}　　　　c　2.0×10^{-5}
　　d　1.0×10^{-4}　　　　e　1.5×10^{-4}　　　　f　2.0×10^{-4}

(3)　(2) で沈殿が生じた後の水溶液中の銀イオンのモル濃度〔mol/L〕はいくらか。最も近い数値を a～f から選びなさい。

　　a　1.0×10^{-9}　　　　b　1.0×10^{-8}　　　　c　1.0×10^{-7}
　　d　1.0×10^{-6}　　　　e　1.0×10^{-5}　　　　f　1.0×10^{-4}

問3　白金電極を用いて，下記の水溶液 A～E の電気分解をそれぞれ行った。(1)と(2)に答えなさい。

　　　　　A：H_2SO_4 水溶液
　　　　　B：NaOH 水溶液
　　　　　C：$CuSO_4$ 水溶液
　　　　　D：$AgNO_3$ 水溶液
　　　　　E：KI 水溶液

(1)　陰極で水素 H_2 が発生した水溶液は何種類あるか。a〜eから選びなさい。

　　　a　1　　　　　b　2　　　　　c　3　　　　　d　4　　　　　e　5

(2)　陽極で酸素 O_2 が発生した水溶液は何種類あるか。a〜eから選びなさい。

　　　a　1　　　　　b　2　　　　　c　3　　　　　d　4　　　　　e　5

3　混合気体X〜Zに関する問1〜問3に答えなさい。ただし，気体はすべて理想気体としてふるまうものとする。

問1　混合気体Xは，メタン CH_4，一酸化炭素 CO，酸素 O_2 からなる混合気体である。温度 T 〔K〕，圧力 P 〔Pa〕のもとで1.00 Lの体積を占めるXを密閉容器に封入後，点火し，Xに含まれていた CH_4 とCOを完全燃焼した後，乾燥剤を用いて生成した水を完全に除いたところ，得られた気体の体積は，温度 T 〔K〕，圧力 P 〔Pa〕のもとで0.52 Lであった。次に，この気体をソーダ石灰に通して二酸化炭素 CO_2 を完全に吸収させたところ，気体の体積は温度 T 〔K〕，圧力 P 〔Pa〕のもとで0.16 Lとなった。燃焼前の CH_4，CO，O_2 の体積は温度 T 〔K〕，圧力 P 〔Pa〕のもとでそれぞれ何Lか。

　　　最も近い数値をa〜fから1つずつ選びなさい。

　　　a　0.12　　　　　b　0.16　　　　　c　0.20
　　　d　0.24　　　　　e　0.48　　　　　f　0.64

問2　混合気体Yは，窒素 N_2 と水素 H_2 からなる混合気体であり，含有する N_2 と H_2 の物質量の比は1：3である。Yを触媒とともに密閉容器に封入し，温度を T 〔K〕に保ったところ，①式で表される可逆反応が進行して平衡状態となった。

$$N_2 \ + \ 3H_2 \ \rightleftharpoons \ 2NH_3 \quad \cdots \ ①$$

平衡状態になったとき，容器内の気体の全物質量は50 molであり，生成したアンモニア NH_3 の体積百分率は60％であった。(1)と(2)に答えなさい。

(1)　平衡状態になったとき，容器内に存在するN_2とH_2の物質量は合わせて何molか。最も近い数値を a ～ f から選びなさい。

a　10　　　　　　　　b　15　　　　　　　　c　20
d　25　　　　　　　　e　30　　　　　　　　f　35

(2)　①式の可逆反応が始まる前，容器内に含まれていたN_2とH_2の物質量は合わせて何molか。最も近い数値を a ～ f から選びなさい。

a　30　　　　　　　　b　40　　　　　　　　c　50
d　60　　　　　　　　e　70　　　　　　　　f　80

問3　混合気体Zは，窒素N_2と二酸化炭素CO_2からなる混合気体である。(1) と (2) に答えなさい。ただし，原子量はC = 12，N = 14，O = 16とし，気体定数 $R = 8.3 \times 10^3$ Pa・L/(K・mol)とする。

(1)　容積2.00 Lの密閉容器に2.32 gのZを封入し，27℃に保ったところ，容器内の気体の全圧は7.50×10^4 Paとなった。i)とii)に答えなさい。

i)　2.32 gのZには，N_2とCO_2が合わせて何mol含まれているか。最も近い数値を a ～ f から選びなさい。

a　2.0×10^{-3}　　　　b　4.0×10^{-3}　　　　c　6.0×10^{-3}
d　2.0×10^{-2}　　　　e　4.0×10^{-2}　　　　f　6.0×10^{-2}

ii)　2.32 gのZに含まれるN_2は何molか。最も近い数値を a ～ f から選びなさい。

a　1.0×10^{-3}　　　　b　2.0×10^{-3}　　　　c　4.0×10^{-3}
d　1.0×10^{-2}　　　　e　2.0×10^{-2}　　　　f　4.0×10^{-2}

(2)　容積 2.00 L の密閉容器に，0.50 L の水と ア g の Z を封入し，27℃に保って振り混ぜたところ，Z に含まれる CO_2 の一部が水に溶解し，十分な時間の後，容器内の CO_2 の分圧は 2.00×10^5 Pa となった。i) と ii) に答えなさい。ただし，27℃，1.00×10^5 Pa では，CO_2 は水 1 L に対して 0.030 mol 溶解し，CO_2 の水への溶解はヘンリーの法則に従うものとする。また，水の蒸気圧，水の体積変化，水に溶解する N_2 の物質量は無視できるものとする。

i)　容器内に気体として存在する CO_2 は何 mol か。最も近い数値を a ～ f から選びなさい。

a　0.110　　　　　　　b　0.120　　　　　　　c　0.130
d　0.140　　　　　　　e　0.150　　　　　　　f　0.160

ii)　 ア にあてはまる数値として最も近いものを a ～ f から選びなさい。

a　2.24　　　　　　　b　4.41　　　　　　　c　6.96
d　8.70　　　　　　　e　11.0　　　　　　　f　12.2

4 　問 1 ～ 問 6 に答えなさい。

問 1　分子式が C_7H_8O でベンゼン環をもつ化合物は何種類あるか。a ～ f から選びなさい。

a　2　　　　　　　　　b　3　　　　　　　　　c　4
d　5　　　　　　　　　e　6　　　　　　　　　f　7

問 2　エタンと 1-ブテンの混合気体 2.04 g に臭素を完全に付加させたところ，2.40 g の臭素が付加した。混合気体中のエタンは何 g か。最も近い数値を a ～ f から選びなさい。ただし，原子量は H = 1.0，C = 12，Br = 80 とする。

a　0.36　　　　　　　b　0.45　　　　　　　c　0.84
d　1.20　　　　　　　e　1.59　　　　　　　f　1.68

問3　次の文の空欄　ア　～　エ　にあてはまる化合物の組合せa～fのうち，正しいものを選びなさい。

らせん状に巻いた銅線を加熱し，空気中で少し冷却して黒色の　ア　に変化させた後，熱いうちにメタノール蒸気に触れさせると，刺激臭をもつ　イ　が生成する。フェーリング液に　イ　の水溶液を加えて加熱すると，赤色の　ウ　が沈殿する。この際，　イ　は酸化されて　エ　の塩（陰イオン）となり，水溶液中に溶けている。

	ア	イ	ウ	エ
a	酸化銅（Ⅰ）	アセトアルデヒド	酸化銅（Ⅱ）	酢酸
b	酸化銅（Ⅰ）	ホルムアルデヒド	酸化銅（Ⅱ）	ギ酸
c	酸化銅（Ⅰ）	アセトアルデヒド	酸化銅（Ⅱ）	ギ酸
d	酸化銅（Ⅱ）	ホルムアルデヒド	酸化銅（Ⅰ）	酢酸
e	酸化銅（Ⅱ）	アセトアルデヒド	酸化銅（Ⅰ）	酢酸
f	酸化銅（Ⅱ）	ホルムアルデヒド	酸化銅（Ⅰ）	ギ酸

問4　次のa～fのうち，付加反応が進行するものを1つ選びなさい。

a　ベンゼンに鉄粉を触媒として塩素を作用させる。

b　トルエンに濃硝酸と濃硫酸の混合物を作用させる。

c　ベンゼンに濃硫酸を加えて加熱する。

d　メタンに紫外線を照射しながら塩素を作用させる。

e　エタノールと濃硫酸の混合物を 160～170 ℃で加熱する。

f　ベンゼンに紫外線を照射しながら塩素を作用させる。

問5　分子式 $C_9H_{14}O_4$ で表される化合物 A を完全に加水分解すると，B，C および D が生成した。B の分子式は $C_4H_4O_4$ であり，1 mol の B に対して，触媒存在下，水素を反応させると，1 mol の水素が付加した。B を 160 ℃で加熱すると，分子内脱水反応が起こり，五員環構造をもつ E が生成した。C，D はいずれもヨードホルム反応を示した。D を硫酸酸性の二クロム酸カリウム水溶液で酸化すると，F が得られた。F は工業的にクメン法によって合成されている。B～D の構造式を書きなさい。ただし，構造式は例にならってすべての原子および価標

（共有結合を表す線）を略さず書きなさい。

例：

$$
\begin{array}{c}
\text{H-C-C} \\
\end{array}
$$

問6　分子構造が対称でないアルケンに H–X 型（H–Cl，H–OH など）の分子が付加する場合，アルケンの二重結合を形成する炭素原子のうち，H は水素原子の多い炭素原子に結合し，X は水素原子の少ない炭素原子に結合した生成物が主生成物として得られる。この経験則は，**マルコフニコフ則**と呼ばれ，多くのアルケンへの付加反応によくあてはまる。例えば，プロペンに H–Cl が付加する場合，2–クロロプロパンが主生成物として得られる。

$$
CH_3-CH=CH_2 \ + \ H-Cl \longrightarrow
$$

- $CH_3-\underset{\underset{Cl}{|}}{C}H-\underset{\underset{H}{|}}{C}H_2$　2–クロロプロパン（主生成物）
- $CH_3-\underset{\underset{H}{|}}{C}H-\underset{\underset{Cl}{|}}{C}H_2$　1–クロロプロパン（副生成物）

アルケン A は炭素と水素のみからなり，二重結合を1つもつ。A に臭化水素を付加させたところ，**マルコフニコフ則**に従った主生成物 B が得られた。B の分子量は A の分子量の 2.45 倍であった。また，B は不斉炭素原子をもたない。(1)と(2)に答えなさい。ただし，原子量は H = 1.0，C = 12，Br = 80 とする。

(1)　A の分子式として適切なものを a〜f から選びなさい。

a　C_3H_6　　　　　　　　b　C_4H_8　　　　　　　　c　C_5H_{10}

d　C_6H_{12}　　　　　　　e　C_7H_{14}　　　　　　　f　C_8H_{16}

(2)　B の構造式を書きなさい。ただし，構造式は問5にならってすべての原子および価標（共有結合を表す線）を略さず書きなさい。

5 問1 ~ 問3に答えなさい。

問1 次の文を読んで, (1)と(2)に答えなさい。

分子式 $C_{12}H_{22}O_{11}$ で表される二糖 A, B, C がある。A は α-グルコースの1位の炭素原子に結合した -OH と, α-グルコースの4位の炭素原子に結合した -OH の間で脱水縮合したものである。B は α-グルコースの1位の炭素原子に結合した -OH と, β-フルクトースの2位の炭素原子に結合した -OH の間で脱水縮合したものである。C は, 2分子の α-グルコースが1位の炭素原子に結合した -OH どうしで脱水縮合したものである。

α-グルコース   β-フルクトース

(1) A ～ C の水溶液の還元性に関する記述について正しいものを a ～ h から1つ選びなさい。

a A のみが還元性を示す。   b B のみが還元性を示す。

c C のみが還元性を示す。   d A と B が還元性を示す。

e A と C が還元性を示す。   f B と C が還元性を示す。

g すべて還元性を示す。   h いずれも還元性を示さない。

(2) 85.5 g の A を酵素反応によりグルコースに完全に加水分解した。得られたグルコースを完全にアルコール発酵させたとすると, エタノールは何 g 生成するか。最も近い数値を a ～ f から選びなさい。ただし, 原子量は H = 1.0, C = 12, O = 16 とする。また, グルコースを酵母によりアルコール発酵させると, 次式に示すようにエタノールと二酸化炭素を生成する。

$$C_6H_{12}O_6 \longrightarrow 2C_2H_5OH + 2CO_2$$

a 11.5   b 23.0   c 34.5

d 46.0   e 57.5   f 69.0

問2　アミノ酸であるアラニンは，水溶液中で図のような電離平衡の状態にあり，水溶液のpHによって異なったイオンの形となる。酸性水溶液中でAの構造が多く存在し，塩基性水溶液中でBの構造が多く存在する。

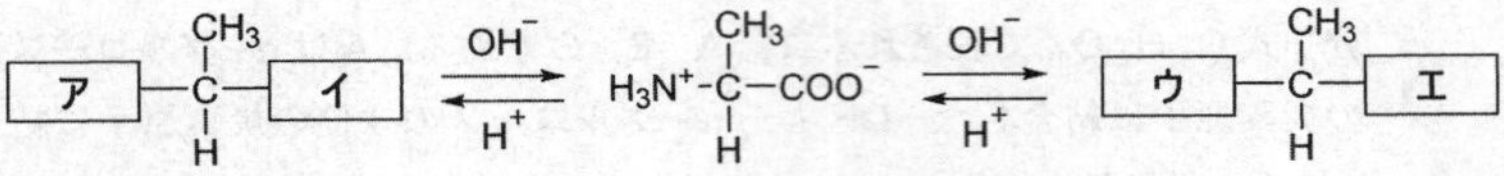

A
酸性水溶液中

B
塩基性水溶液中

図

構造式中の　ア　〜　エ　を占める部分として，適切な組合せをa〜fから選びなさい。

	ア	イ	ウ	エ
a	H_2N-	$-COOH$	H_2N-	$-COO^-$
b	H_2N-	$-COOH$	H_3N^+-	$-COOH$
c	H_2N-	$-COO^-$	H_2N-	$-COOH$
d	H_2N-	$-COO^-$	H_3N^+-	$-COOH$
e	H_3N^+-	$-COOH$	H_2N-	$-COOH$
f	H_3N^+-	$-COOH$	H_2N-	$-COO^-$

問3　油脂A〜Eは，パルミチン酸，リノール酸，オレイン酸の3種類の脂肪酸から構成されている。A〜Eの構成脂肪酸のモル百分率〔%〕を表に示す。(1)と(2)に答えなさい。

表

	構成脂肪酸のモル百分率〔%〕*		
	パルミチン酸 $C_{15}H_{31}COOH$	リノール酸 $C_{17}H_{31}COOH$	オレイン酸 $C_{17}H_{33}COOH$
油脂A	6	78	16
油脂B	16	40	44
油脂C	45	15	40
油脂D	13	9	78
油脂E	23	57	20

＊油脂を構成する脂肪酸の総物質量〔mol〕に対する各脂肪酸の物質量〔mol〕の割合

(1)　けん化価の最も大きい油脂をa〜eから選びなさい。

    a　油脂A　　　　　　b　油脂B　　　　　c　油脂C
    d　油脂D　　　　　　e　油脂E

(2)　ヨウ素価の最も大きい油脂をa〜eから選びなさい。

    a　油脂A　　　　　　b　油脂B　　　　　c　油脂C
    d　油脂D　　　　　　e　油脂E

─── 解 答 編 ───

数　学

(1) 解答　(1)**アイ.** 25　**ウ.** 2　**エ.** 3　(2)**オ.** 4　**カキ.** 33
(3)**ク.** 8　**ケ.** 3

═══ 解　説 ═══

《小問3問》

(1) $x^2+y^2<a$ ……①

$x+y<5$ ……②

x, y は実数だから，①の (x, y) は中心 O$(0, 0)$，半径 $\sqrt{a}$ の円の内部にあり，②の (x, y) は直線 $x+y=5$ の下側にある。②が①を含む条件は

$$\sqrt{a} \leq \frac{5}{\sqrt{2}} \qquad 0<a \leq \frac{25}{2}$$

→ア～ウ

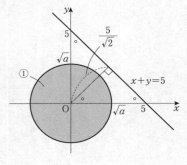

$x<2$ または $y<b$ ……③

③が②を含む条件は，点 $(2, b)$ が $x+y \geq 5$ にあることで

$2+b \geq 5$　　$b \geq 3$　→エ

参考　後半は対偶が少し図示しやすい。「$x \geq 2$ かつ $y \geq b$ ならば $x+y \geq 5$」として，「$x \geq 2$ かつ $y \geq b$」が「$x+y \geq 5$」に含まれる条件を求めるのである。

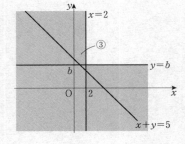

(2) 与式より

$$\log_{10}x_{n+1}=\log_{10}10^{\frac{1}{1-\log_{10}x_n}}=\frac{1}{1-\log_{10}x_n}$$

$\log_{10}x_n=y_n$ とおくと　　　$y_{n+1}=\dfrac{1}{1-y_n}$

$$y_1=\log_{10}x_1=\log_{10}100=\log_{10}10^2=2$$

$$y_2=\frac{1}{1-y_1}=\frac{1}{1-2}=-1$$

$$y_3=\frac{1}{1-y_2}=\frac{1}{1-(-1)}=\frac{1}{2}$$

$$y_4=\frac{1}{1-y_3}=\frac{1}{1-\dfrac{1}{2}}=2=y_1$$

$\{y_n\}$ は 「$2,\ -1,\ \dfrac{1}{2}$」 のくり返しであり，$\{x_n\}$ は 「$10^2,\ 10^{-1},\ 10^{\frac{1}{2}}$」

のくり返しである。

　　よって，$x_k=x_1$ となる最小の k は　　　4　→オ

$10^2,\ 10^{-1},\ 10^{\frac{1}{2}}$ のうち有理数でないのは $10^{\frac{1}{2}}=\sqrt{10}$ のみであり，

$100=3\times33+1$ だから，$x_1,\ x_2,\ \cdots,\ x_{100}$ の中に 33 個ある。　→カキ

(3)　　　$\log_2 81=\log_2 3^4=4\log_2 3>1$　（$\because\ \ \log_2 3>\log_2 2=1$）

だから，$(\log_2 81)^{\sin x}$ は $\sin x$ が最大のとき最大である。

　　$-1\leqq\sin x\leqq 1$ より，$\sin x=1$ のときであり

　　　$\alpha=\log_2 81$

　　また　　　$0=\log_{27}1<\log_{27}4<\log_{27}27=1$

だから，$(\log_{27}4)^{\cos y}$ は $\cos y$ が最小のとき最大である。

　　$-1\leqq\cos y\leqq 1$ より，$\cos y=-1$ のときであり

$$\beta=(\log_{27}4)^{-1}=\left(\frac{\log_2 4}{\log_2 27}\right)^{-1}=\frac{\log_2 27}{\log_2 4}=\frac{\log_2 3^3}{\log_2 2^2}=\frac{3}{2}\log_2 3$$

以上より　　　$\dfrac{\alpha}{\beta}=\dfrac{4\log_2 3}{\dfrac{3}{2}\log_2 3}=\dfrac{8}{3}$　→ク・ケ

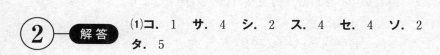

②　解答　(1)コ. 1　サ. 4　シ. 2　ス. 4　セ. 4　ソ. 2
　　　　タ. 5

(2)＊**チ**. +2　＊**ツ**. −3　**テ**. 2　**ト**. 1　**ナ**. 5

================== 解　説 ==================

《小問 2 問》

(1)　$\overrightarrow{OP}=\overrightarrow{OA}+\overrightarrow{AP}$

$\qquad =(1,\ 0)+(\cos\theta,\ \sin\theta)$

$\qquad =(1+\cos\theta,\ \sin\theta)\quad \rightarrow コ$

$\overrightarrow{PB}=\overrightarrow{OB}-\overrightarrow{OP}$

$\qquad =(0,\ 2)-(1+\cos\theta,\ \sin\theta)$

$\qquad =(-1-\cos\theta,\ 2-\sin\theta)$

$\overrightarrow{PC}=\overrightarrow{OC}-\overrightarrow{OP}$

$\qquad =(-2,\ 0)-(1+\cos\theta,\ \sin\theta)$

$\qquad =(-3-\cos\theta,\ -\sin\theta)$

$\overrightarrow{PB}\cdot\overrightarrow{PC}=(-1-\cos\theta)(-3-\cos\theta)+(2-\sin\theta)(-\sin\theta)$

$\qquad\quad =3+4\cos\theta+\cos^2\theta-2\sin\theta+\sin^2\theta$

$\qquad\quad =4-2\sin\theta+4\cos\theta\quad \rightarrow サ～ス$

$\overrightarrow{PB}\cdot\overrightarrow{PC}=4-2\sin\theta+4\cos\theta$

$\qquad\quad =4+2\sqrt{5}\left\{\sin\theta\cdot\left(-\dfrac{1}{\sqrt{5}}\right)+\cos\theta\cdot\dfrac{2}{\sqrt{5}}\right\}$

$\qquad\quad =4+2\sqrt{5}\sin(\theta+\alpha)$

ただし　　$\cos\alpha=-\dfrac{1}{\sqrt{5}},\ \sin\alpha=\dfrac{2}{\sqrt{5}}\quad \left(\dfrac{\pi}{2}<\alpha<\pi\right)$

$0\le\theta<2\pi$ から　　$\alpha\le\theta+\alpha<2\pi+\alpha$

よって

$\qquad -1\le\sin(\theta+\alpha)\le 1$

$\qquad -2\sqrt{5}\le 2\sqrt{5}\sin(\theta+\alpha)\le 2\sqrt{5}$

$\qquad 4-2\sqrt{5}\le 4+2\sqrt{5}\sin(\theta+\alpha)\le 4+2\sqrt{5}$

ゆえに，$\sin(\theta+\alpha)=1$ のとき，最大値 $4+2\sqrt{5}$ をとる。　→セ～タ

(2)　円 C の中心を $Q(x,\ y)$ とすれば，AQ＝BQ より

$\qquad AQ^2=BQ^2$

$\qquad (x-4)^2+y^2=x^2+(y-2)^2$

$y=2x-3$　　→＊チ・＊ツ

円 C 上の点 P が ∠APB＝90° を満たすから，線分 AB は円の直径であり，C は中心 Q(2, 1)，半径 $\sqrt{5}$ の円である。

$(x-2)^2+(y-1)^2=5$　　→テ～ナ

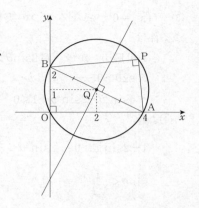

③ 解答 (1)ニ. 0　ヌ. 2　＊ネ. −4　＊ノ. −2　ハ. 1

(2)ヒ. 5　フ. 6

(3)ヘ. 1　ホ. 6　マ. 1　ミ. 4　ム. 3　メ. 4　モ. 5　ヤ. 6

《3次関数の極値，三角方程式，三角関数を含む不等式》

(1)　　$f'(x)=3x^2-6(\sin\theta)x=3x(x-2\sin\theta)$

$0<\theta<\pi$ のとき $2\sin\theta>0$ だから，$f(x)$ の増減は右の表のようになる。

$x=0$ で　→ニ

極大値　　$f(0)=\cos2\theta$

$x=2\sin\theta$ で　→ヌ

極小値　　$f(2\sin\theta)=(2\sin\theta)^3-3(\sin\theta)(2\sin\theta)^2+\cos2\theta$

　　　　　　　　　$=8\sin^3\theta-12\sin^3\theta+1-2\sin^2\theta$

　　　　　　　　　$=-4\sin^3\theta-2\sin^2\theta+1$　→＊ネ～ハ

x	$\cdots$	0	$\cdots$	$2\sin\theta$	$\cdots$
$f'(x)$	+	0	−	0	+
$f(x)$	↗		↘		↗

(2)　　$-4\sin^3\theta-2\sin^2\theta+1=0$

　　　　$(2\sin\theta-1)(2\sin^2\theta+2\sin\theta+1)=0$

$\sin\theta>0$ であり，$2\sin^2\theta+2\sin\theta+1>0$ だから　　　$\sin\theta=\dfrac{1}{2}$

$0<\theta<\pi$ より　　$\theta=\dfrac{\pi}{6},\ \dfrac{5}{6}\pi$

最大の θ は　　$\dfrac{5}{6}\pi$　→ヒ・フ

(3) $f(x)=0$ が異なる3つの実数解をも

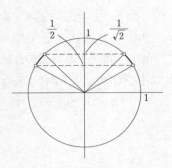

つ条件は

$$f(0)>0 \quad かつ \quad f(2\sin\theta)<0$$

$$\cos2\theta>0 \quad \cdots\cdots① \quad かつ$$

$$-4\sin^3\theta-2\sin^2\theta+1<0 \quad \cdots\cdots②$$

①より

$$1-2\sin^2\theta>0 \qquad \sin^2\theta<\frac{1}{2}$$

$$\sin\theta<\frac{1}{\sqrt{2}} \quad \cdots\cdots①'$$

②より

$$(2\sin\theta-1)(2\sin^2\theta+2\sin\theta+1)>0 \qquad \sin\theta>\frac{1}{2} \quad \cdots\cdots②'$$

①'かつ②'より $\dfrac{1}{2}<\sin\theta<\dfrac{1}{\sqrt{2}}$ であり，$0<\theta<\pi$ で θ のとり得る値の

範囲は

$$\frac{1}{6}\pi<\theta<\frac{1}{4}\pi \quad および \quad \frac{3}{4}\pi<\theta<\frac{5}{6}\pi \quad →ヘ〜ヤ$$

④ 〔**解答**〕 **(1)ユヨ.** 11　**ラリ.** 32　**(2)ルレ.** 21　**ロワ.** 64
(3)ヲ. 6　**(4)ン.** 7　**あい.** 11

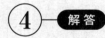

━━━━━━━━━━━━━━ 解　説 ━━━━━━━━━━━━━━

《点の移動の確率，条件付き確率》

6回での点Pの移動を図示すると次図のようになる。

(1) PがA$_1$に到達するのは6回とも右回りに進む場合であり，A$_2$には右，左3回ずつ，A$_3$には6回とも左回りに進む場合である。よって，その確率は

$$(1+{}_6C_3+1)\left(\frac{1}{2}\right)^6=22\left(\frac{1}{2}\right)^6$$

$$=\frac{11}{32} \quad →ユ〜リ$$

(2) 図のC$_1$かC$_2$に到達する場合である。C$_1$には右に4回，左に2回，C$_2$には右に1回，左に5回進むと到達するから

$$\left({}_6C_2+{}_6C_1\right)\left(\frac{1}{2}\right)^6=21\left(\frac{1}{2}\right)^6$$

$$=\frac{21}{64} \quad \rightarrow \text{ル}\sim\text{ワ}$$

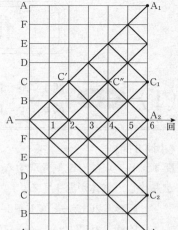

(3) 右回り，左回りを少なくとも1回以上行い，A_2 に到達する場合である。このうち C' を通る場合は，A から C' が 1 通り，C' から A_2 が ${}_4C_1$ 通りあるから，4 通りである。

C'' を通る場合も 4 通りあり，C' と C'' をともに通る場合が 2 通りあるから

4＋4－2＝6 通り　→ヲ

(4) C を通って A に到達する場合は，(3)以外に A から A_1，A から A_3 に進む 2 通りがあるから

6＋2＝8 通り

ある。

(1)で用いた 22 通りからこの 8 通りを除くと

22－8＝14 通り

よって，求める条件付き確率は

$$\frac{14}{22}=\frac{7}{11} \quad \rightarrow \text{ン}\sim\text{い}$$

化　学

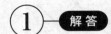　問1．b　問2．c　問3．c　問4．b　問5．a
問6．c　問7．c　問8．e

━━━━━━━━━━━━　解　説　━━━━━━━━━━━━

《小問8問》

問1． b．塩酸を電気分解すると，陽極と陰極でそれぞれ次のように反応が進行し，気体が発生する。

$$陽極：2Cl^- \longrightarrow Cl_2 + 2e^-$$
$$陰極：2H^+ + 2e^- \longrightarrow H_2$$

問3． a〜eの物質量はそれぞれ次のとおり。

a．$\dfrac{100}{64} = 1.56\,$〔mol〕　　b．$\dfrac{100}{71} = 1.40\,$〔mol〕　　c．$\dfrac{100}{44} = 2.27\,$〔mol〕

d．$\dfrac{30.0}{22.4} = 1.33\,$〔mol〕　　e．$\dfrac{45.0}{22.4} = 2.00\,$〔mol〕

よって，最も物質量が大きいのはcである。

問4． a．誤り。静電気（クーロン）力は分子間力に比べて非常に強い結合であるため，イオン結晶は分子結晶に比べて融点が高い。

b．正しい。イオン結晶は融解や溶解によってイオンが自由に移動できるようになると電気を通す。

c．誤り。イオン結晶は硬いがもろく，たたくと割れる。

d．誤り。静電気力は強い結合であるため，昇華は起こりにくい。

e．誤り。イオン結晶は陽イオンと陰イオンが静電気力によって結合する。

問5． a．$CuSO_4$ は強酸と弱塩基の塩なので，水溶液は弱酸性を示す。また，$NaHSO_4$ は $NaHSO_4$ から生じる HSO_4^- がさらに電離して H^+ を生じるため，水溶液は酸性を示す。

b．KNO_3 と $CaCl_2$ はどちらも強酸と強塩基の塩なので，水溶液は中性である。

c．$NaCl$ は強酸と強塩基の塩なので，水溶液は中性である。Na_2CO_3 は弱酸と強塩基の塩なので，水溶液は塩基性を示す。

d．Na_2SO_4 は強酸と強塩基の塩なので，水溶液は中性である。NH_4Cl は強酸と弱塩基の塩なので，水溶液は弱酸性を示す。

e．$(NH_4)_2SO_4$ は強酸と弱塩基の塩なので，水溶液は弱酸性を示す。$NaHCO_3$ は弱酸と強塩基の塩なので，水溶液は塩基性を示す。

問6．c．誤り。アンモニアは塩基性の気体なので，酸性の乾燥剤である十酸化四リンを用いることはできない。

問7．a．誤り。アルミニウムは不動態となるため濃硝酸とは反応しない。

b．誤り。アルミニウムはイオン化傾向が大きく，水溶液を電気分解してもアルミニウムイオンは還元されない。

c．正しい。表面に緻密な酸化被膜を形成し，内部が保護されるようになった状態を不動態という。

d．誤り。酸化アルミニウムは両性酸化物で，酸とも過剰の強塩基とも反応し溶解する。

e．誤り。アルミニウムイオンはアンモニアとは錯イオンを形成しないため，アンモニア水を加えても溶解しない。

問8．過剰の水酸化ナトリウム水溶液に対し，錯イオンを形成して溶解するのは両性元素のイオンである。

②　解答
問1．(1)— d　(2)— c　(3)— b　(4)— a
問2．(1)— c　(2)— d　(3)— d
問3．(1)— c　(2)— d

=== 解 説 ===

《中和滴定と緩衝液，AgCl の溶解度積，電気分解》
問1．(2)　12.0%の酢酸水溶液 25.0 mL 中に含まれる CH_3COOH の物質量〔mol〕は

$$25.0 \times 1.00 \times \frac{12.0}{100} \times \frac{1}{60} = 5.00 \times 10^{-2}\,\text{〔mol〕}$$

全量を 500 mL にしたので，希釈した酢酸水溶液のモル濃度〔mol/L〕は

$$5.00 \times 10^{-2} \times \frac{1000}{500} = 0.100\,\text{〔mol/L〕}$$

希釈した酢酸水溶液 20.0 mL を中和するのに必要な水酸化ナトリウム

水溶液の体積を v[mL] とおくと，中和の量的関係から

$$0.100 \times \frac{20.0}{1000} \times 1 = 5.00 \times 10^{-2} \times \frac{v}{1000} \times 1$$

∴　$v = 40.0$[mL]

(3)　図の滴定曲線から pH が **B** になるとき，水酸化ナトリウム水溶液は中和に必要な 40.0 mL の 0.50 倍を加えていることがわかる。CH_3COOH と加えた NaOH の物質量 [mol] はそれぞれ

$$CH_3COOH : 0.100 \times \frac{20.0}{1000} = 2.00 \times 10^{-3}[\text{mol}]$$

$$NaOH : 5.00 \times 10^{-2} \times \frac{20.0}{1000} = 1.00 \times 10^{-3}[\text{mol}]$$

このとき，溶液中の量的関係は次のようになる。

	$CH_3COOH +$	$NaOH$	$\longrightarrow CH_3COONa +$	H_2O	
（反応前）	2.00×10^{-3}	1.00×10^{-3}	0		（mol）
（変化量）	-1.00×10^{-3}	-1.00×10^{-3}	$+1.00 \times 10^{-3}$		（mol）
（反応後）	1.00×10^{-3}	0	1.00×10^{-3}		（mol）

混合したとき，溶液の体積は 40.0 mL であり，混合溶液中では酢酸はほとんど電離しないので，溶液中の酢酸と酢酸イオンのモル濃度 [mol/L] は

$$[CH_3COOH] = [CH_3COO^-] = 1.00 \times 10^{-3} \times \frac{1000}{40.0}$$

$$= 2.50 \times 10^{-2}[\text{mol/L}]$$

よって，水素イオン濃度は

$$K_a = \frac{[CH_3COO^-][H^+]}{[CH_3COOH]} = \frac{2.50 \times 10^{-2} \times [H^+]}{2.50 \times 10^{-2}}$$

$$[H^+] = K_a = 2.00 \times 10^{-5}[\text{mol/L}]$$

B の pH は

$$\text{pH} = -\log_{10}[H^+] = -\log_{10}(2.00 \times 10^{-5}) = 5 - 0.30 = 4.70 \fallingdotseq 4.7$$

(4)　弱酸とその塩，または弱塩基とその塩の混合溶液は，少量の酸や塩基を加えても pH がほとんど変化しない緩衝作用をもつ。

問 2. (1)　沈殿が生じているので，溶解平衡が成り立つ。同じ物質量の硝酸銀と塩化ナトリウムを混合したので，溶液中の銀イオンと塩化物イオンのモル濃度について，$[Ag^+] = [Cl^-]$ が成り立つ。よって，溶液中の銀

イオンのモル濃度 $[Ag^+]$ は

$$K_{sp}=[Ag^+][Cl^-]=[Ag^+]^2$$

$$[Ag^+]=\sqrt{K_{sp}}=\sqrt{1.0\times10^{-10}}=1.0\times10^{-5}[mol/L]$$

(2)　混合した塩化ナトリウムと硝酸銀の物質量 [mol] はそれぞれ次のとおり。

$$NaCl：3.0\times10^{-4}\times\frac{30}{1000}=9.0\times10^{-6}[mol]$$

$$AgNO_3：3.0\times10^{-4}\times\frac{15}{1000}=4.5\times10^{-6}[mol]$$

したがって，混合後の量的関係は

	Cl^-	$+$	Ag^+	$\longrightarrow$	$AgCl$	
（反応前）	9.0×10^{-6}		4.5×10^{-6}		0	(mol)
（変化量）	-4.5×10^{-6}		-4.5×10^{-6}		$+4.5\times10^{-6}$	(mol)
（反応後）	4.5×10^{-6}		ほぼ0		4.5×10^{-6}	(mol)

混合後の溶液の体積が 45 mL なので，溶液中の塩化物イオンのモル濃度 $[Cl^-]$ は

$$[Cl^-]=4.5\times10^{-6}\times\frac{1000}{45}=1.0\times10^{-4}[mol/L]$$

(3)　沈殿が生じているので，溶液中の銀イオンと塩化物イオンのモル濃度の積は溶解度積 K_{sp} に等しい。よって

$$[Ag^+]=\frac{K_{sp}}{[Cl^-]}=\frac{1.0\times10^{-10}}{1.0\times10^{-4}}=1.0\times10^{-6}[mol/L]$$

問3. A〜Eの陽極と陰極で起こる反応はそれぞれ次のとおり。

A. 陽極：$2H_2O \longrightarrow O_2+4H^++4e^-$

　　陰極：$2H^++2e^- \longrightarrow H_2$

B. 陽極：$4OH^- \longrightarrow O_2+2H_2O+4e^-$

　　陰極：$2H_2O+2e^- \longrightarrow H_2+2OH^-$

C. 陽極：$2H_2O \longrightarrow O_2+4H^++4e^-$

　　陰極：$Cu^{2+}+2e^- \longrightarrow Cu$

D. 陽極：$2H_2O \longrightarrow O_2+4H^++4e^-$

　　陰極：$Ag^++e^- \longrightarrow Ag$

E. 陽極：$2I^- \longrightarrow I_2+2e^-$

陰極：$2H_2O+2e^- \longrightarrow H_2+2OH^-$

(1) 陰極で H_2 が発生するのは **A**，**B**，**E** の3種類である。

(2) 陽極で O_2 が発生するのは **A**，**B**，**C**，**D** の4種類である。

問1．CH_4：c　CO：b　O_2：f

問2．(1)— c　(2)— f

問3．(1) i)— f　ii)— e　(2) i)— b　ii)— d

=================== 解 説 ===================

《気体の反応と量的関係，化学平衡，ヘンリーの法則》

問1．混合気体 **X** に含まれる CH_4，CO，O_2 の体積をそれぞれ x[L]，y[L]，z[L] とおく。

混合気体は 1.00 L あるので，次の①式が成り立つ。

$$x+y+z=1.00[\text{L}] \quad \cdots\cdots①$$

CH_4 と CO の燃焼による量的関係はそれぞれ次のようになる。

$$CH_4+ 2O_2 \longrightarrow CO_2 +2H_2O$$

（反応前）	x	z	0	0	(L)
（変化量）	$-x$	$-2x$	$+x$	—	(L)
（反応後）	0	$z-2x$	x	—	(L)

$$2CO+ O_2 \longrightarrow 2CO_2$$

（反応前）	y	$z-2x$	0	(L)
（変化量）	$-y$	$-\dfrac{y}{2}$	$+y$	(L)
（反応後）	0	$z-2x-\dfrac{y}{2}$	y	(L)

水を除いた気体 0.52 L は，未反応の O_2 と燃焼によって生じた CO_2 を合わせた体積なので

$$\left(z-2x-\dfrac{y}{2}\right)+x+y=-x+\dfrac{y}{2}+z=0.52[\text{L}] \quad \cdots\cdots②$$

二酸化炭素を吸収させると 0.16 L になったので，二酸化炭素の体積は

$$x+y=0.52-0.16=0.36[\text{L}] \quad \cdots\cdots③$$

①，②，③より

$$x=0.20, \quad y=0.16, \quad z=0.64$$

よって，1.00 L の気体 **X** に含まれる CH_4 は 0.20 L，CO は 0.16 L，O_2 は 0.64 L となる。

問 2. 容器内に封入された N_2 を n[mol] とおくと，H_2 は $3n$[mol] と表される。反応した N_2 を x[mol] とおくと，平衡時の量的関係は次のように表される。

$$N_2 \ + \ 3H_2 \ \longrightarrow \ 2NH_3$$

(反応前)	n	$3n$	0	(mol)
(変化量)	$-x$	$-3x$	$+2x$	(mol)
(平衡)	$n-x$	$3(n-x)$	$2x$	(mol)

平衡時の全物質量が 50 mol なので

$$n-x+3(n-x)+2x=4n-2x=50 \quad \cdots\cdots①$$

また，平衡時のアンモニアの割合が 60% なので

$$\frac{2x}{4n-2x}\times100=60 \quad \cdots\cdots②$$

①，②より，$n=20$，$x=15$ と決まる。

(1) 平衡時の N_2 と H_2 の物質量は合わせて

$$n-x+3(n-x)=4n-4x=4\times20-4\times15=20\,[mol]$$

(2) 最初の N_2 と H_2 の物質量は合わせて

$$n+3n=4n=4\times20=80\,[mol]$$

問 3. (1) i) **Z** の物質量を n[mol] とおくと，$PV=nRT$ より

$$n=\frac{7.50\times10^4\times2.00}{8.3\times10^3\times300}=6.02\times10^{-2}\fallingdotseq6.0\times10^{-2}\,[mol]$$

ii) **Z** に含まれる N_2 を x[mol]，CO_2 を y[mol] とおくと

$$x+y=6.02\times10^{-2} \quad \cdots\cdots①$$

Z の質量は 2.32 g なので

$$28\times x+44\times y=2.32 \quad \cdots\cdots②$$

①，②より，$x=2.0\times10^{-2}$，$y=4.0\times10^{-2}$ と決まる。

よって，2.32 g の **Z** に含まれる N_2 は 2.0×10^{-2} mol となる。

(2) i) 溶ける気体の物質量は，その気体の分圧と溶媒量に比例する。二酸化炭素の溶解が平衡に達したとき，CO_2 の分圧が 2.00×10^5 Pa，水が 0.50 L であることから，溶けている CO_2 の物質量を n_1[mol] とおくと

$$n_1=0.030\times\frac{2.00\times10^5}{1.00\times10^5}\times\frac{0.50}{1.0}=0.030\,[mol]$$

容積 2.00 L の容器に水を 0.50 L 入れたので，気体が占める体積は

1.50 L である。気体として存在する CO_2 の物質量を n_2〔mol〕とおくと，$PV=nRT$ より

$$n_2 = \frac{2.00 \times 10^5 \times 1.50}{8.3 \times 10^3 \times 300} = 0.120 \text{〔mol〕}$$

ⅱ）容器内の CO_2 の全物質量は

$$n_1 + n_2 = 0.030 + 0.120 = 0.150 \text{〔mol〕}$$

Z は(1)より，N_2 と CO_2 を 1：2 で含むので，容器内の N_2 の物質量〔mol〕は

$$0.150 \times \frac{1}{2} = 0.0750 \text{〔mol〕}$$

容器内に封入した **Z** の質量〔g〕は

$$28 \times 0.0750 + 44 \times 0.150 = 8.70 \text{〔g〕}$$

となる。

④　解答　問1．d　問2．d　問3．f　問4．f

問5．B：

```
        H       H
         \     /
          C = C
H-O-C           C-O-H
    ‖           ‖
    O           O
```

C：

```
    H  H
    |  |
H - C- C- O - H
    |  |
    H  H
```

D：

```
    H  H       H
    |  |       |
H - C- C ---- C - H
    |  |       |
    H  O-H     H
```

問6．(1)─b

(2)

```
        H
        |
      H-C-H
    H   |    H
    |   |    |
H - C - C -  C - H
    |   |    |
    H   Br   H
```

========= 解　説 =========

《C_7H_8O の構造異性体，付加反応と量的関係，有機化合物の反応と性質，$C_9H_{14}O_4$ の構造推定，マルコフニコフ則》

問1． 分子式 C_7H_8O で表される芳香族化合物の構造異性体には次の 5 種類がある。

問2． 臭素が付加するのは1-ブテン（分子式 C_4H_8）である。1-ブテンは炭素間二重結合 C＝C を1つ含むアルケンなので，1-ブテンと付加する臭素の物質量は等しい。よって，混合物中に含まれる1-ブテンの質量〔g〕は

$$\frac{2.40}{160} \times 56 = 0.84〔g〕$$

したがって，混合物 2.04 g 中に含まれるエタンの質量〔g〕は

$$2.04 - 0.84 = 1.20〔g〕$$

問3． 銅を加熱すると酸化され黒色の酸化銅(Ⅱ)に変化する。メタノール蒸気に触れさせると，メタノールは酸化銅(Ⅱ)によって酸化されホルムアルデヒドに変化する。

$$CH_3OH + CuO \longrightarrow HCHO + Cu + H_2O$$

ホルムアルデヒドは還元性をもち，フェーリング液を加えて温めると銅(Ⅱ)イオンを還元し，自身は酸化されギ酸に変化する。

$$HCHO + 2Cu^{2+} + 5OH^- \longrightarrow HCOO^- + Cu_2O + 3H_2O$$

問5． B の分子式は $C_4H_4O_4$ で，加熱によって分子内脱水されることからマレイン酸と決まり，脱水によって生じた E は無水マレイン酸とわかる。

D はヨードホルム反応を示すため，$CH_3-CH(OH)-$ の構造をもつ。また，F はクメン法で合成される化合物なのでアセトンであり，D は酸化によってアセトンを生じる2-プロパノールと決まる。

$$D：H_3C-\underset{\underset{OH}{|}}{CH}-CH_3 \longrightarrow F：H_3C-\underset{\underset{O}{\|}}{C}-CH_3$$

C の分子式は，（**A** の分子式）＋2×（H_2O）−（**B** の分子式）−（**D** の分子式）で求めることができる。

$$（C の分子式）=(C_9H_{14}O_4)+2\times(H_2O)-(C_4H_4O_4)-(C_3H_8O)$$
$$=C_2H_6O$$

C は分子式が C_2H_6O でヨードホルム反応を示すことから，エタノールと決まる。

問6. (1) アルケン **A** の分子式は，炭素数を n として C_nH_{2n} と表される。二重結合が1つあるので，1mol の **A** に付加する臭化水素 HBr も 1mol であり，**B** の分子式は $C_nH_{2n+1}Br$ と表すことができる。**A** と **B** の分子量は，n を用いてそれぞれ $14n$，$14n+81$ となるので

$$\frac{14n+81}{14n}=2.45 \qquad n=3.99\fallingdotseq4$$

よって，**A** の分子式は C_4H_8 と決まる。

(2) 分子式 C_4H_8 のアルケン **A** は次の①〜③の構造が考えられ，また，臭化水素を付加させて得られる主生成物は次の④，⑤と考えられる（*C は不斉炭素原子）。

① $H_2C=CH-CH_2-CH_3$ 　④
② $H_3C-CH=CH-CH_3$ 　$H_3C-\underset{\underset{Br}{|}}{*CH}-CH_2-CH_3$

③ $H_2C=\underset{\underset{}{|}}{\overset{\overset{CH_3}{|}}{C}}-CH_3 \longrightarrow$ ⑤ $H_3C-\underset{\underset{Br}{|}}{\overset{\overset{CH_3}{|}}{C}}-CH_3$

B は不斉炭素原子をもたないことから，⑤の構造と決まる。

⑤ **解 答** 　**問1.** (1)— a　(2)— d　**問2.** f
　　　　　　　問3. (1)— c　(2)— a

＝＝＝＝＝＝＝＝＝＝＝＝＝ 解説 ＝＝＝＝＝＝＝＝＝＝＝＝＝

《二糖類，アミノ酸，油脂のけん化価とヨウ素価》
問1. (1) α-グルコースの1位のヒドロキシ基と，β-フルクトースの2位のヒドロキシ基は，水溶液中で開環し還元性を示す部分である。この部

分のヒドロキシ基でグリコシド結合を形成すると，開環できず還元性を示すことができない。**A** はマルトースなので還元糖であり，**B** はスクロースなので非還元糖である。**C** はトレハロースとよばれ，グルコースの1位のヒドロキシ基間でグリコシド結合をするため還元性を示さない。

(2)　マルトース1分子を加水分解すると2分子の α-グルコースが生じる。アルコール発酵の反応式から，グルコース1分子から2分子のエタノールが得られるので，85.5 g のマルトースから得られるエタノールの質量 [g] は

$$\frac{85.5}{342} \times 2 \times 2 \times 46 = 46.0 \, [g]$$

問3. (1)　パルミチン酸，リノール酸，オレイン酸の分子量はそれぞれ 256，280，282 である。油脂 **A**〜**E** を構成する脂肪酸の平均分子量はそれぞれ次のようになる。

$$A : 256 \times \frac{6}{100} + 280 \times \frac{78}{100} + 282 \times \frac{16}{100} = 278.8$$

$$B : 256 \times \frac{16}{100} + 280 \times \frac{40}{100} + 282 \times \frac{44}{100} = 277.0$$

$$C : 256 \times \frac{45}{100} + 280 \times \frac{15}{100} + 282 \times \frac{40}{100} = 270.0$$

$$D : 256 \times \frac{13}{100} + 280 \times \frac{9}{100} + 282 \times \frac{78}{100} = 278.4$$

$$E : 256 \times \frac{23}{100} + 280 \times \frac{57}{100} + 282 \times \frac{20}{100} = 274.8$$

（油脂の分子量）＝（グリセリンの分子量）＋3×（脂肪酸の分子量）−3×（H_2O の分子量）の関係から求めることができるので，油脂の分子量は構成する脂肪酸の分子量によって決まる。また，油脂1gをけん化するのに必要な水酸化カリウム KOH の質量 [mg] をけん化価という。油脂の分子量を M とおくと，けん化価は次のように表される。

$$けん化価 = \frac{1}{M} \times 3 \times 56 \times 10^3$$

分子量が小さいほどけん化価は大きくなるので，構成する脂肪酸の分子量が最も小さい油脂 **C** のけん化価が最も大きくなる。

なお，それぞれの油脂の平均分子量は次のようになる。

油脂 **A**：874.4　油脂 **B**：869.0　油脂 **C**：848.0　油脂 **D**：873.2　油脂 **E**：862.4

平均分子量の最も大きい油脂 **A** のけん化価は

$$\frac{1}{874.4} \times 3 \times 56 \times 10^3 \fallingdotseq 192.1$$

平均分子量の最も小さい油脂 **C** のけん化価は

$$\frac{1}{848.0} \times 3 \times 56 \times 10^3 \fallingdotseq 198.1$$

以上により，平均分子量の小さい油脂は，けん化価が大きくなることがわかる。

(2)　脂肪酸 1 分子中に含まれる炭素間二重結合 C=C の数はパルミチン酸が 0 個，リノール酸が 2 個，オレイン酸は 1 個である。構成する脂肪酸がもつ C=C の平均の数は

A：$0 \times \dfrac{6}{100} + 2 \times \dfrac{78}{100} \times 1 \times \dfrac{16}{100} = 1.72$ 個

B：$0 \times \dfrac{16}{100} + 2 \times \dfrac{40}{100} \times 1 \times \dfrac{44}{100} = 1.24$ 個

C：$0 \times \dfrac{45}{100} + 2 \times \dfrac{15}{100} \times 1 \times \dfrac{40}{100} = 0.70$ 個

D：$0 \times \dfrac{13}{100} + 2 \times \dfrac{9}{100} \times 1 \times \dfrac{78}{100} = 0.96$ 個

E：$0 \times \dfrac{23}{100} + 2 \times \dfrac{57}{100} \times 1 \times \dfrac{20}{100} = 1.34$ 個

油脂 100 g に付加するヨウ素 I_2 の質量〔g〕をヨウ素価という。油脂の分子量を M，油脂中の C=C の数を n とおくと，ヨウ素価は次のように表される。

$$ヨウ素価 = \frac{100}{M} \times n \times 254$$

構成脂肪酸の C=C が多いほど，油脂中の C=C も多くなる。油脂の分子量が同程度であるため，油脂中の C=C の数が多いほどヨウ素価も大きくなる。よって，平均の C=C の数が最も多い脂肪酸からなる油脂 **A** のヨウ素価が最も大きい。

なお，油脂には脂肪酸が 3 分子含まれるため，油脂全体に含まれる

C=C の数は，脂肪酸の C=C の数を 3 倍にした値となる。

　平均の C=C 数が最も多い油脂 **A** のヨウ素価は

$$\frac{100}{874.4} \times 1.72 \times 3 \times 254 \fallingdotseq 149.8$$

　平均の C=C 数が最も小さい油脂 **C** のヨウ素価は

$$\frac{100}{848.0} \times 0.70 \times 3 \times 254 \fallingdotseq 62.9$$

ヨウ素価は C=C の数が多いほど大きくなることがわかる。

/////////////////// · **memo** · ///////////////////

■ 学校推薦型選抜（一般公募制）

問題編

▶ 試験科目

	教 科	科 目	配 点
適性能力 検 査	外国語	英語（英語の基礎力を問うもの）	80 点
	理 科	化学基礎・化学	120 点

▶ 備 考

• 適性能力検査，面接（最大 4 人のグループ面接），推薦書および調査書を総合的に評価し，合格者を決定する（面接および書類審査の配点は合計 40 点）。

•「化学基礎・化学」は「高分子化合物の性質と利用」の範囲は除く。

英語

（50 分）

1 次の英文を読み，設問に答えなさい。なお，*印をつけた語には注があります。

　We are likely to think of fungi*, if we think of them at all, as minor nuisances*: mold* on cheese, mildew* on shoes shoved to the back of the closet, mushrooms springing up in the garden after hard rains. We notice them, and then we scrape them off or dust them away, never perceiving that we are engaging with the fragile fringes of a web that knits the planet together. Fungi constitute their own biological kingdom of about six million diverse species, ranging （　a　） common companions such as baking yeast to wild exotics. They differ from the other kingdoms in complex ways. Unlike animals, they have cell walls, not membranes*; unlike plants, they cannot make their own food; unlike bacteria, they hold their DNA within a nucleus and pack cells with organelles*—features that （　b　） them, at the cellular level, weirdly similar to us. Fungi break rocks, nourish plants, seed clouds, cloak* our skin and pack our guts, a mostly hidden and unrecorded world living alongside us and within us.

　That mutual coexistence* is now tipping out of balance. Fungi are surging beyond the climate zones they long lived in, adapting to environments that would once have been inimical*, （　c　） new behaviors that let them leap between species in novel ways. While executing those maneuvers, they are becoming more successful pathogens*, threatening human health in ways—and numbers—they could not （　d　） before.

　Surveillance that identifies serious fungal* infections is patchy*, and so any number is probably an undercount. But one widely shared estimate proposes that there are possibly 300 million people infected with fungal diseases worldwide and 1.6 million deaths every year—more than malaria, as many as tuberculosis*. Just in the U.S., the CDC* estimates that more than 75,000 people are hospitalized annually for a fungal infection, and another 8.9 million people seek an outpatient visit, costing about $7.2 billion a year.

　For physicians and epidemiologists*, this is surprising and unnerving*.

Long-standing medical doctrine holds that we are protected from fungi not just by layered immune defenses but (e) we are mammals*, with core temperatures higher than fungi prefer. The cooler outer surfaces of our bodies are at risk of minor assaults—think of athlete's foot*, yeast infections, ringworm*—but in people with healthy immune systems, invasive* infections have been (f).

That may have left us overconfident. "We have an enormous (g) spot," says Arturo Casadevall, a physician and molecular microbiologist at the Johns Hopkins Bloomberg School of Public Health. "Walk into the street and ask people what are they afraid of, and they'll tell you they're afraid of bacteria, they're afraid of viruses, but they don't fear dying of fungi."

Ironically, it is our successes that made us vulnerable*. Fungi exploit damaged immune systems, but before the mid-20th century people with impaired immunity didn't live very long. Since then, medicine has gotten very good at keeping such people (h), even though their immune systems are compromised* by illness or cancer treatment or age. It has also developed an array of therapies that deliberately suppress immunity, to keep transplant recipients healthy and treat autoimmune* disorders such as lupus* and rheumatoid arthritis*. (i) vast numbers of people are living now who are especially vulnerable to fungi.

Not all of our vulnerability is the fault of medicine preserving life so successfully. Other (j) actions have opened more doors between the fungal world and our own. We clear land for crops and settlement and perturb* what were stable balances between fungi and their hosts. We carry goods and animals across the world, and fungi hitchhike on them. We drench crops in fungicides* and enhance the resistance of organisms residing nearby.

(Adapted from McKenna, Maryn. "Deadly Kingdom" *Scientific American*, June 2021, pp.24-26.)

(注) fungus: 真菌（fungi は fungus の複数形）
nuisance: やっかいな（迷惑な）もの
mold: かび　　　　　　　　　mildew: 白かび
membrane: 細胞膜　　　　　organelle: 細胞小器官
cloak: 〜を覆い隠す　　　　coexistence: 共存
inimical: 有害な　　　　　　pathogen: 病原体

fungal: 真菌の　　　　　　　　　patchy: 不完全な

tuberculosis: 結核

CDC: Centers for Disease Control and Prevention の略称

epidemiologist: 疫学者　　　　　　unnerving: 不気味な

mammal: 哺乳動物　　　　　　　　athlete's foot: 水虫

ringworm: 白癬　　　　　　　　　invasive: 侵襲性の

vulnerable:（病気などに）かかりやすい

compromise: 〜を弱める　　　　　autoimmune: 自己免疫性の

lupus: 狼瘡　　　　　　　　　　　rheumatoid arthritis: 関節リウマチ

perturb: 〜を混乱させる　　　　　fungicide: 殺菌剤

問 1

a　空所（a）に補うのに最も適当なものを 1 つ選び，その番号を記入しなさい。

　　1　at　　　　　　　2　from　　　　　　3　of　　　　　　4　with

b　空所（b）に補うのに最も適当なものを 1 つ選び，その番号を記入しなさい。

　　1　combine　　　　2　introduce　　　3　make　　　　4　select

c　空所（c）に補うのに最も適当なものを 1 つ選び，その番号を記入しなさい。

　　1　denying　　　　2　forgetting　　　3　hating　　　　4　learning

d　空所（d）に補うのに最も適当なものを 1 つ選び，その番号を記入しなさい。

　　1　abandon　　　　2　achieve　　　　3　reduce　　　　4　stop

e　空所（e）に補うのに最も適当なものを 1 つ選び，その番号を記入しなさい。

　　1　because　　　　2　by　　　　　　3　if　　　　　　4　though

f　空所（f）に補うのに最も適当なものを 1 つ選び，その番号を記入しなさい。

　　1　common　　　　2　major　　　　　3　rare　　　　　4　serious

g　空所（g）に補うのに最も適当なものを 1 つ選び，その番号を記入しなさい。

　　1　blind　　　　　2　exact　　　　　3　historic　　　　4　scenic

h　空所（h）に補うのに最も適当なものを 1 つ選び，その番号を記入しなさい。

　　1　alive　　　　　2　alone　　　　　3　angry　　　　　4　sick

i　空所（i）に補うのに最も適当なものを 1 つ選び，その番号を記入しなさい。

　　1　As　　　　　　　2　But　　　　　　3　Otherwise　　4　So

j　空所（j）に補うのに最も適当なものを 1 つ選び，その番号を記入しなさい。

　　1　chemical　　　2　enemy　　　　3　fungal　　　　4　human

問 2　本文の内容と一致するものを 1 つ選び，その番号を記入しなさい。

　1　真菌が岩を破壊したり，植物に栄養を与えたりするという説は，科学的には誤りであると報告された。

　2　ある推定によると，世界では毎年おそらく 3 億人が真菌の病気にかかり 160 万人が死亡しているが，これはマラリアと同じくらいの数である。

　3　Arturo Casadevall によると，細菌やウィルスより真菌で死ぬことを恐れている人の方が多い。

　4　我々が世界中に商品や動物を運ぶと，それらに便乗して真菌も移動する。

2　次の a～e の各組の 4 語の中から，下線部の発音が他の 3 語と異なるものを 1 つずつ選び，その番号を記入しなさい。

a	1	l<u>o</u>se	2	m<u>o</u>nk	3	st<u>o</u>mach	4	t<u>o</u>ngue
b	1	c<u>ea</u>se	2	l<u>ea</u>gue	3	p<u>ea</u>ce	4	p<u>ea</u>sant
c	1	br<u>ow</u>	2	cl<u>ow</u>n	3	c<u>ow</u>ard	4	thr<u>ow</u>
d	1	<u>e</u>nergy	2	<u>ge</u>neral	3	<u>g</u>rateful	4	le<u>g</u>end
e	1	<u>c</u>asual	2	<u>c</u>ell	3	<u>c</u>ycle	4	<u>c</u>ynical

3 次の a～e の各英文の空所に入れるのに最も適当なものを，それぞれ 1~4 の中
から 1 つずつ選び、その番号を記入しなさい。

a Building bigger telescopes (　　　) astronomers to see further into space,
and then to discover new stars, and even new galaxies.

　　1 enabled　　　　　2 gave　　　　　　　3 had　　　　4 let

b So 1955 turned (　　　) to be a good year for computers: Tim Berners-Lee,
Bill Gates and Steve Jobs were all born then.

　　1 off　　　　　　　2 on　　　　　　　　3 out　　　　4 over

c Have you ever broken a bone, or swallowed something by mistake? If so, the
(　　　) are you had an X-ray so a doctor could see inside your body without
having to open it up.

　　1 chances　　　　　2 changes　　　　　3 charges　　　4 chases

d Bill:　I'm sorry to tell you that the cat died today.
　　Mary: (　　　)

　　1 Well done!　　　　　　　　　　　2 What a pity!
　　3 What's new?　　　　　　　　　　4 Why not?

e Fred:　Would you please take this note over to the woman in the red dress?
　　Waiter: (　　　) pleasure, sir.

　　1 Below　　　　　　2 Except　　　　　　3 Off　　　　4 With

4 次の a〜c が文意の通る英文になるように，カッコ内の 1~6 を並べ替えて，その **2 番目**と **5 番目**にくるものの番号を記入しなさい。

a Today, scientists always do experiments to test out their ideas—but not in Galileo's time. He (1 this approach　　2 to　　3 the first　　4 was　　5 use　　6 scientist), called the scientific method.

b Steve was awfully good at (1 he　　2 what　　3 people　　4 do　　5 persuading　　6 to) asked.

c The printing press, invented in 1454, allowed (1 be mass-produced　　2 of　　3 copied　　4 instead　　5 books to　　6 being) by hand, one by one.

化学

(60 分)

1　問1〜問8に記号で答えなさい。

問1　物質a〜eのうち，混合物であるものを1つ選びなさい。

a　アルゴン　　　　b　塩化カリウム　　　c　臭素
d　石油　　　　　　e　水

問2　イオンa〜eのうち，イオン半径が最も小さいものを1つ選びなさい。

a　Al^{3+}　　　　　b　F^-　　　　　c　Mg^{2+}
d　Na^+　　　　　e　O^{2-}

問3　分子a〜eのうち，共有電子対の組数が最も多いものを1つ選びなさい。

a　アンモニア　　　b　窒素　　　　　　c　塩素
d　メタン　　　　　e　硫化水素

問4　結晶a〜eのうち，分子結晶であるものを1つ選びなさい。

a　ダイヤモンド　　b　ドライアイス　　c　二酸化ケイ素
d　塩化ナトリウム　e　金

問5　鉄に関する記述a〜eのうち，正しいものを1つ選びなさい。

a　地殻中に存在する金属元素の中で，最も多量に含まれる。
b　製錬には，赤鉄鉱や磁鉄鉱に含まれる鉄の酸化物を還元する方法が用いられる。
c　製錬で得られた銑鉄は炭素をほとんど含んでおらず，硬くて粘り強い。
d　塩化鉄(Ⅲ)は，光が当たると鉄の微粒子を生成するので，光学写真のフィルム

に使われている。

e　鉄と亜鉛の合金は，真鍮（しんちゅう）ともよばれ，五円硬貨や楽器に用いられる。

問6　窒素酸化物に関する記述 a 〜 e のうち，**誤っているもの**を1つ選びなさい。

a　一酸化窒素は，銅に希硝酸を加えて発生させ，水上置換で捕集する。

b　一酸化窒素は，刺激臭をもつ赤褐色の有毒な気体である。

c　二酸化窒素は空気より重い。

d　二酸化窒素を水に吸収させると，硝酸と一酸化窒素が生成する。

e　二酸化窒素を密閉容器に入れ，常温に保つと，四酸化二窒素を生じて平衡状態になる。

問7　化学反応に関する記述 a 〜 e のうち，酸化還元反応であるものを1つ選びなさい。

a　炭酸カルシウムの沈殿を含む水溶液に二酸化炭素を通じると，沈殿が溶けた。

b　酢酸鉛（Ⅱ）水溶液にアンモニア水を加えると，白色の沈殿が生成した。

c　フッ化カルシウムに濃硫酸を加えて加熱すると，フッ化水素が発生した。

d　水酸化銅（Ⅱ）の沈殿を含む水溶液に過剰のアンモニア水を加えると，溶解して深青色の水溶液となった。

e　過マンガン酸カリウム水溶液を硫酸酸性としてシュウ酸水溶液を加えると，水溶液の赤紫色が消えた。

問8　硫酸マグネシウム水和物 $MgSO_4 \cdot n H_2O$ を 4.2 g 量りとり，水和水が完全になくなるまで加熱した。放冷した後に残った硫酸マグネシウム $MgSO_4$（無水物）の質量は 2.4 g であった。n の数値として適切なものを a 〜 e から選びなさい。ただし，$MgSO_4$ の式量は 120，H_2O の分子量は 18 とする。

a　3　　　　b　4　　　　c　5　　　　d　6　　　　e　7

2 　問 1 と 問 2 に記号で答えなさい。

問 1 　実験に関する次の記述を読み，(1) ～ (5) に答えなさい。ただし，原子量は H = 1.0，
　　　N=14，Cl = 35.5 とする。また，アンモニアの電離定数 K_b は 2.00×10^{-5} mol/L，水の
　　　イオン積 K_w は 1.00×10^{-14} $(mol/L)^2$，$\log_{10} 2.0 = 0.30$，$\log_{10} 5.0 = 0.70$ とする。

実験 1 ：質量パーセント濃度が 25.0 % のアンモニア水（密度 0.900 g/cm³）（A 液）を水で
　　　　うすめて，2.00×10^{-1} mol/L の希アンモニア水（B 液）と 1.00×10^{-1} mol/L の希ア
　　　　ンモニア水（C 液）をそれぞれつくった。
実験 2 ：塩化アンモニウム 5.35 g を水に溶かして全量 1000 mL の水溶液（D 液）をつくっ
　　　　た。
実験 3 ：C 液 500 mL と D 液 500 mL を加えてよく混ぜて，全量 1000 mL の水溶液（E 液）
　　　　をつくった。

(1) 　B 液を 1000 mL つくるためには，A 液は何 mL 必要か。最も近い数値を a ～ f から
　　　選びなさい。

　　a　　6.80　　　　　　　b　　7.56　　　　　　　c　　13.6
　　d　　15.1　　　　　　　e　　27.2　　　　　　　f　　30.2

(2) 　B 液中におけるアンモニアの電離平衡は以下のとおりである。

　　　　　　NH_3 ＋ H_2O ⇌ NH_4^+ ＋ OH^- 　　　　　　・・・　①

　　　B 液に対して，以下の操作ア ～ エを行うと，式① の平衡はそれぞれどうなるか。
　　　正しい組合せを a ～ f から 1 つ選びなさい。ただし，各操作後の水溶液の体積変化
　　　は無視できるものとする。

　　　操作 ア ：塩化水素を通じる。
　　　操作 イ ：塩化ナトリウムを加えて溶かし，よく混ぜる。
　　　操作 ウ ：水酸化ナトリウムを加えて溶かし，よく混ぜる。
　　　操作 エ ：塩化アンモニウムを加えて溶かし，よく混ぜる。

	操作 ア	操作 イ	操作 ウ	操作 エ
a	右向きに移動する	右向きに移動する	左向きに移動する	移動しない
b	右向きに移動する	移動しない	左向きに移動する	左向きに移動する
c	右向きに移動する	移動しない	左向きに移動する	右向きに移動する
d	左向きに移動する	左向きに移動する	右向きに移動する	移動しない
e	左向きに移動する	移動しない	右向きに移動する	左向きに移動する
f	左向きに移動する	移動しない	右向きに移動する	右向きに移動する

(3)　B 液の pH はいくらか。最も近い数値を a ～ f から選びなさい。

   a　2.7　　　　　　　b　4.7　　　　　　　c　8.7
   d　9.3　　　　　　　e　10.7　　　　　　f　11.3

(4)　E 液の pH はいくらか。最も近い数値を a ～ f から選びなさい。

   a　2.7　　　　　　　b　4.7　　　　　　　c　8.7
   d　9.3　　　　　　　e　10.7　　　　　　f　11.3

(5)　B 液 500 mL に 2.00×10^{-1} mol/L の希塩酸 500 mL を加えてよく混ぜて，全量 1000 mL の水溶液（F 液）をつくった。F 液の pH に関する記述 a ～ d のうち，正しいものを 1 つ選びなさい。

   a　F 液の pH と C 液の pH は等しい。
   b　F 液の pH と D 液の pH は等しい。
   c　F 液の pH と E 液の pH は等しい。
   d　F 液の pH は，C 液，D 液，E 液のいずれの pH とも異なる。

問2　実験に関する次の記述を読み，(1) と (2) に答えなさい。ただし，原子量は Cu = 63.5 とする。また，ファラデー定数 F は 9.65×10^4 C/mol とし，電気エネルギーはすべて電気分解に使われるものとする。

実験1：電解槽に 1.00×10^{-1} mol/L の硫酸銅（Ⅱ）水溶液 500 mL を入れ，図のように白金を電極として外部電源につないだ。4.00 A の電流を 1930 秒間通じて電気分解を行ったところ，電解槽の陰極表面に銅 Cu が析出し，陽極では気体 A が発生した。

実験2：実験1の電解槽の硫酸銅（Ⅱ）水溶液のかわりに，水溶液 B を入れて電気分解を

行ったところ，陰極では水素 H_2 が発生し，陽極では気体 A が発生した。

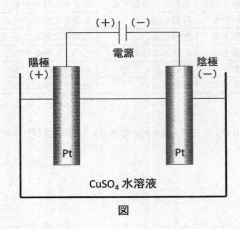

図

(1) 実験 1 の電気分解後に，電解槽の陰極表面に析出した銅 Cu の質量は何 g か。最も近い数値を a ～ f から選びなさい。

a	1.02	b	2.54	c	5.08
d	6.35	e	7.72	f	10.2

(2) 実験 2 の水溶液 B はどれか。a ～ e から 1 つ選びなさい。

a	塩化銅 (Ⅱ) 水溶液	b	硝酸銀水溶液
c	ヨウ化カリウム水溶液	d	塩化ナトリウム水溶液
e	水酸化ナトリウム水溶液		

③　問 1 ～ 問 3 に記号で答えなさい。

問 1　ある気体を容積の変えられる真空の密閉容器に入れ，<u>87 ℃，1.0×10^5 Pa に保ったところ，6.0 L の体積を占めた</u>。(1) と (2) に答えなさい。

(1)　下線の状態から，温度を変えずに圧力を 5.0×10^5 Pa にすると，気体の占める体積は何 L となるか。最も近い数値を a ～ f から選びなさい。

a	0.30	b	0.50	c	1.2
d	5.0	e	12	f	30

(2)　下線の状態から，圧力を変えずに温度を 27 ℃にすると，気体の占める体積は何 L となるか。最も近い数値を a ～ f から選びなさい。

a	0.30	b	0.50	c	1.2
d	5.0	e	12	f	30

問 2　(1) と (2) に答えなさい。ただし，温度は，$T_1 > T_2$ とする。

(1)　気体 A，B，C の間では，式①で表される可逆反応がおこり，平衡状態となる。

$$x\text{A} + y\text{B} \rightleftharpoons z\text{C} \qquad (x, y, z \text{ は係数}) \qquad \cdots \text{①}$$

式①の平衡状態における C の体積百分率〔%〕と容器内の温度，気体の全圧〔Pa〕の関係は，**図 1** のグラフのように表された。i) と ii) に答えなさい。

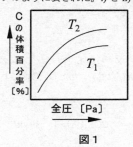

図 1

i)　この正反応では熱の出入りはどうなるか。a ～ c から選びなさい。

　　a　発熱する　　　　　b　吸熱する　　　　　c　熱の出入りはない

ii)　係数 x, y, z の関係を正しく表しているものはどれか。a ～ c から選びなさい。

a　$x+y>z$　　　　　　b　$x+y<z$　　　　　c　$x+y=z$

(2) 気体 D, E, F の間では，式 ② で表される可逆反応がおこり，平衡状態となる。

$$x'D + y'E \rightleftharpoons z'F \qquad (x', y', z' は係数) \qquad \cdots ②$$

式 ② の平衡状態における F の体積百分率〔%〕と容器内の温度，気体の全圧〔Pa〕の関係は，図 2 のグラフのように表された。i) と ii) に答えなさい。

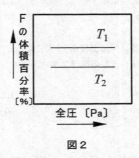

図 2

i)　この正反応では熱の出入りはどうなるか。a～c から選びなさい。

　　a　発熱する　　　　　b　吸熱する　　　　c　熱の出入りはない

ii)　係数 x', y', z' の関係を正しく表しているものはどれか。a～c から選びなさい。

　　a　$x'+y'>z'$　　　　b　$x'+y'<z'$　　　　c　$x'+y'=z'$

問 3　次に示す熱化学方程式から求められるプロパン C_3H_8 の燃焼熱〔kJ/mol〕として，最も近い数値を a～e から選びなさい。ただし，燃焼により生成する水はすべて液体であるとする。

C（黒鉛）＋ O_2（気）＝ CO_2（気）＋ 394 kJ

H_2（気）＋ $\dfrac{1}{2} O_2$（気）＝ H_2O（液）＋ 286 kJ

3C（黒鉛）＋ 4H_2（気）＝ C_3H_8（気）＋ 107 kJ

a　573　　　　b　1003　　　　c　1861　　　　d　2219　　　　e　2433

4　問 1 ～ 問 7 に記号で答えなさい。

問 1　分子式が C_7H_9N でベンゼン環をもつ化合物には，何種類の構造異性体があるか。
　　　a ～ f から選びなさい。

a	3	b	4	c	5
d	6	e	7	f	8

問 2　炭素と水素のみからなる有機化合物 20.0 mg を完全燃焼させたところ，水 18.0 mg が
　　　生じた。このとき，生成した二酸化炭素の体積は，標準状態（0 ℃，1.013×10^5 Pa）
　　　で何 mL か。最も近い数値を a ～ f から選びなさい。ただし，原子量は H = 1.0，
　　　C = 12，O = 16 とし，標準状態における気体のモル体積は 22.4 L/mol とする。

a	5.60	b	11.2	c	16.8
d	22.4	e	28.0	f	33.6

問 3　シクロアルカンに関する記述 a ～ e のうち，**誤っているもの**を 1 つ選びなさい。

　　　a　シクロプロパンやシクロブタンは化学的に不安定で反応性が高く，環を開く反
　　　　　応が起こりやすい。
　　　b　シクロペンタンやシクロヘキサンは化学的に安定で，炭素原子の数が等しいア
　　　　　ルカンと化学的性質が似ている。
　　　c　シクロヘキサンの沸点はシクロペンタンの沸点より高い。
　　　d　シクロヘキサンの水素原子 1 個を塩素原子で置換した化合物は不斉炭素原子を
　　　　　もつ。
　　　e　シクロヘキサンは高温・高圧条件下，白金またはニッケル触媒のもとでベンゼ
　　　　　ンと水素から合成できる。

問 4　酢酸カルシウムを熱分解（乾留）して得られる有機化合物に関する記述 a ～ e のう
　　　ち，正しいものを 1 つ選びなさい。

　　　a　無色の液体で，水に溶けにくい。
　　　b　フェーリング液に加えて加熱すると，赤色沈殿を生じる。
　　　c　ヨードホルム反応を示さない。
　　　d　1 －プロパノールを酸化しても得ることができる。
　　　e　工業的にはクメン法で製造される。

問 5 セッケンや界面活性剤に関する記述 a ～ e のうち，**誤っているもの**を 1 つ選びなさい。

a セッケンを硬水や海水中で使用すると，難溶性の塩を生じ，洗浄力が低下する。
b セッケンは陰イオン界面活性剤である。
c 陽イオン界面活性剤は，洗浄作用は小さいが，柔軟効果や殺菌作用を示す。
d 界面活性剤は水の表面張力を低下させる。
e 水中では，親水基の部分を内側に，疎水基の部分を外側に向けてミセルを形成する。

問 6 アルケン X は次の記述 1) ～ 3) のすべてにあてはまる化合物である。X の構造式として適切なものを a ～ e から 1 つ選びなさい。ただし，原子量は H = 1.0，C = 12，Br = 80 とする。

1) すべての炭素原子が同一平面上に存在する。
2) 水を付加すると，不斉炭素原子をもつ化合物が生成する。
3) アルケン X 7.0 g に臭素を完全に付加すると，生成物が 27 g 得られる。

問 7 次の記述を読み，チモールの構造式を a ～ h から選びなさい。

チモールの分子式は $C_{10}H_{14}O$ で表され，ベンゼン環にヒドロキシ基と 2 つの異なるアルキル基が結合している。ヒドロキシ基が結合しているベンゼン環の炭素原子に 1 という番号をつけ，その隣の炭素原子に 2，さらにその隣の炭素原子に 3 と順次，ベンゼン環の 6 個の炭素原子に番号をつける。このとき，2 の炭素原子に枝分かれのあるアルキル基が，5 の炭素原子にもう一方のアルキル基が結合したものがチモールの構造である。

a

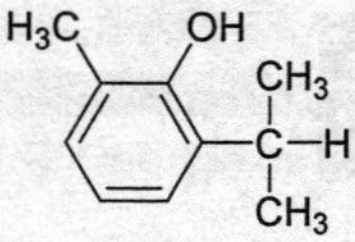

b

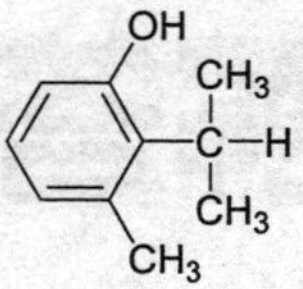

c

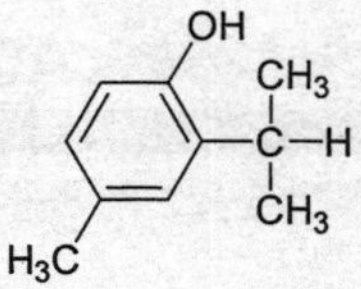

d

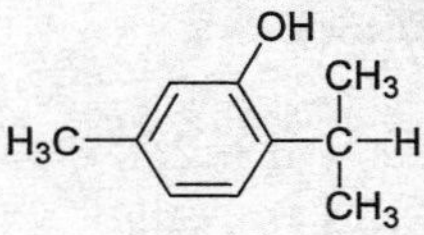

e

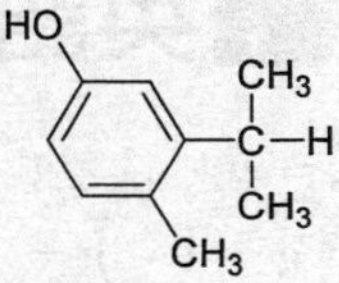

f

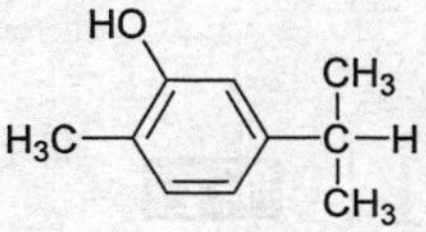

g

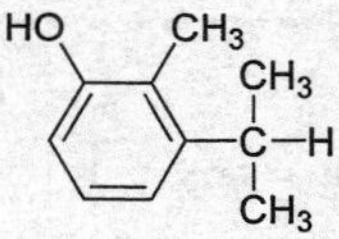

h

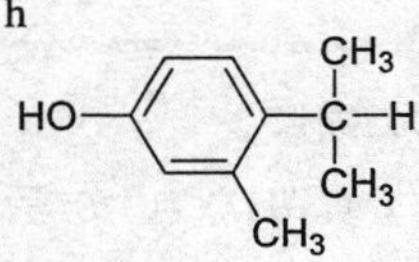

解答編

英語

1 **解答** 問1．a－2　b－3　c－4　d－2　e－1
　　　　　f－3　g－1　h－1　i－4　j－4

問2．4

━━━━━━━◆全　訳◆━━━━━━━

≪人間と真菌の相互共存の崩壊≫

　我々は真菌を，そもそも真菌について考えることがあるとして，小さな厄介者と考えがちだ。たとえば，チーズのかび，クローゼットの奥に押しやられた靴の白かび，大雨の後で庭に生えたキノコ，などである。我々は真菌に気づくと，削り取ったり，ゴミとして払いのけたりして，地球を結びつける網を縁どるもろい房飾りと我々が関わっているとは決して思わない。真菌は，約 600 万種の独自の生物界を作っており，その範囲は，パン酵母のような一般的なものから野生の外来種まで多岐に及ぶ。真菌は，他の生物界とは多くの複雑な点で異なっている。動物とは異なり，細胞壁はあるが，細胞膜はない。植物とは異なり，自分が食べるものを作れない。細菌とは異なり，DNA を核の中に保持し，細胞に細胞小器官を詰め込んでいる。こうした特徴があるので，真菌は細胞レベルでは，奇妙なことにヒトと似ている。真菌は岩を破壊し，植物に栄養を与え，（放出された胞子で）雲を作り，我々の皮膚を覆い隠し，我々の内臓を満たす。普通は隠れて，記録にも残らない世界で我々のそばで，そして内部で生きている。

　その相互共存が，今，バランスを崩しつつある。真菌は長らく住んでいた気候帯を越えて急増し，かつては有害だったであろう環境に適応し，新たな方法で種同士の間の移動を可能にする新たな行動を学んでいる。こうした策略を駆使しつつ，真菌はより優れた病原体となり，以前には実現できなかった方法と数で，人々の健康を脅かしている。

　重大な真菌感染症を特定する監視は不完全なので，どの数字もおそらく

過小評価である。しかし，広く共有されている推計によれば，世界中で 3
億人が真菌症に感染し，毎年 160 万人が死亡している可能性がある。これ
はマラリアよりも多く，結核と同じくらいの数だ。米国内だけでも，
CDC（米国疾病対策センター）の推計によれば，年間 75,000 人以上が真
菌感染症で入院し，さらに 890 万人が外来診療を受け，年間約 72 億ドル
の費用がかかっている。

　医師や疫学者にとって，これは驚きであり，不気味だ。長年にわたる医
学の考え方によれば，我々が真菌から守られているのは，多層の免疫防御
のおかげだけではなく，我々が哺乳動物であり，真菌が好むより高い体温
を持つからでもある。人体の表面の低温には軽い感染症のリスクはあるが
（水虫，イースト菌感染症，白癬など），健康な免疫系を持つ人の場合，侵
襲性の感染症は珍しい。

　そのため，我々は過信してきたのかもしれない。ジョンズ・ホプキンス
大学ブルームバーグ公衆衛生大学院の医師で分子微生物学者のアルトゥー
ロ＝カサデバルによれば，「我々には大きな盲点があります。街を歩いて
いて，人々に恐れているものを聞くと，細菌とか，ウイルスとか答えます
が，真菌で死ぬことは怖がらないのです」

　皮肉にも，我々は成功したがゆえに，病気にかかりやすくなった。真菌
は傷ついた免疫系を利用するが，20 世紀中盤以前は，免疫が損なわれた
人はあまり長生きしなかった。それ以後，医学は，免疫力が病気やがん治
療や加齢で弱っても，そうした人々を生かし続けるのが非常にうまくなっ
た。さらに医学は，意図的に免疫を抑制する数々の治療法を開発しており，
移植を受けた患者の健康を維持したり，狼瘡や関節リウマチなどの自己免
疫性疾患を治療したりしている。したがって，現在では，真菌に対して特
に無防備な多数の人々が生きている。

　我々が真菌に対して無防備である原因は，医学が人命を守るのに大成功
したことだけではない。人間の他の行動が，真菌の世界と人間の世界の間
の扉をさらに多く開いてきた。我々は農作物や集落のために土地を切り開
き，真菌と宿主の間にある安定した均衡を混乱させている。我々は世界中
に商品や動物を運び，真菌はそれらに便乗して移動する。さらに，我々は
農作物を殺菌剤漬けにし，近隣に生息する真菌の耐性を高めているのだ。

解答編

◀解　説▶

問 1．a．ranging from *A* to *B*「範囲は *A* から *B* に至る」 形容詞・副詞的に使われる表現。

b．make O C「O を C にする」（第 5 文型） make〔O：them〔＝fungi〕〕〔C：similar to us〔＝humans〕〕「真菌を人間に似せている」が中心構造。

d．空所には動詞が入るので，その後ろには目的語が必要だが，それが ways であり，先行詞になって前に出ている。また，空所前の they が指す内容が fungi であるという 2 点に着目する。真菌が環境の変化で首尾よく病原体に変容しつつあり，人類を様々な方法で脅かしているという内容を踏まえる。病原体に変容する前は人類を脅かす方法がなかったということだと考えると，achieve を入れれば，「以前には実現できなかった方法で」人類を脅かす存在になった，となり文意がつながる。

e．not just *A* but (also) *B*「*A* だけでなく *B* も」 *A* ＝ by ＋名詞，*B* ＝ because S V という変則的な形になっている。

g．blind spot「盲点，見落としがちな点」となる blind が適切。2．exact「正確な」 3．historic「歴史上重要な」 4．scenic「絶景の」

h．keep 〜 alive「〜を生かし続ける」（keep O C「O を C の状態に保つ」）

i．空所には接続詞が入ることから，前後関係をとらえる。空所の前は，医療技術の向上で本来なら死んでしまう免疫が弱い人でも生きながらえるようになったという内容。空所の後は「現在では真菌に対して脆弱な人々が多数生きている」とある。これは，医療技術の発達という「理由」→「帰結」の順接なので So が適切である。

j．空所の後の We clear land「我々は土地を切り開く」，We carry goods and animals across the world「我々は世界中に商品や動物を運ぶ」などの表現を踏まえると Other human actions「人間の他の行動」が適切。1．chemical「化学薬品（の）」 2．enemy「敵（の）」

問 2．最終段第 4 文（We carry goods …）に「真菌は商品や動物に便乗して移動（hitchhike）する」とあるので，4 が正解。1 は，第 1 段最終文（Fungi break rocks, …）に言及があるが，科学的に誤っているという記述はない。2 は，選択肢の「マラリアと同じくらいの数」という部分が第 3 段第 2 文（But one widely …）に一致しない。同じくらいでは

なく,「マラリア以上 (more than malaria) で結核と同じくらい (as many as tuberculosis)」である。3 は, 第 5 段第 3 文 ("Walk into the …) に真菌で死ぬよりも細菌やウイルスを恐れているとあるので一致しない。

2 解答 a－1　b－4　c－4　d－3　e－1

3 解答 a－1　b－3　c－1　d－2　e－4

◀解　説▶

a.「大きな望遠鏡を作ることで, 天文学者は宇宙をより遠くまで見渡せるようになり, 新しい星や新しい銀河までも発見することができた」
enable A to do「A に～させる, (主語のおかげで) A は～できる」 cf. have〔let〕A do「A に～させる」
b.「さて, 1955 年は, コンピュータにとってよい年だったことがわかった。というのは, ティム＝バーナーズ＝リー, ビル＝ゲイツ, スティーブ＝ジョブズはみんなこの年に生まれたのだ」
turn out (to be) ～「～だとわかる〔判明する〕」≒prove (to be) ～
c.「骨を折ったり, 誤って何かを飲み込んだりしたことはありますか？ もしあるなら, 医者が体を開けずに体内を見るためにレントゲンを撮った可能性があります」
the chances are (that) S V「おそらく S は V するだろう」≒Probably S V　3. charge「請求する, 料金」　4. chase「追跡する」
d.「ビル：残念ですが, 今日猫が死んでしまいました。
メアリー：なんと残念なこと！」
What a pity!「なんと残念な！, かわいそうに！」
e.「フレッド：このメモを赤いドレスの女性に渡してもらえますか？
ウェイター：かしこまりました, お客様」
客に要件を申しつけられたウェイターが答えるときの表現。With pleasure.「喜んで, かしこまりました」≒My pleasure.

[4] **解答**　（2番目・5番目の順に）　a－3・5　　b－3・2
　　　　　　　c－1・6

◀解　説▶

a．「今日，科学者は自分の考えを確かめるために必ず実験を行うが，ガ
リレオの時代はそうではなかった。ガリレオは科学的方法と呼ばれるこの
方法を用いた最初の科学者だった」

(He) was the first scientist to use this approach (, called the scientific
method.)

b．「スティーブは人を説得して自分の要求を通すのがとても上手だった」

(Steve was awfully good at) persuading people to do what he
(asked.)　persuade *A* to *do*「*A* を説得して〜させる」

c．「1454 年に発明された印刷機によって，本を一冊ずつ手で写す代わり
に大量生産することができるようになった」

(The printing press, invented in 1454, allowed) books to be mass-
produced instead of being copied (by hand, one by one.)　allow *A* to
do「*A* が〜するのを許す，（主語のおかげで）*A* は〜できる」　instead of
〜「〜の代わりに」

■■■化学■■■

$\boxed{1}$ **解答**　問1．d　問2．a　問3．d　問4．b　問5．b
　　　　　　問6．b　問7．e　問8．c

◀解　説▶

≪小問集合≫

問2．Al^{3+}，F^-，Mg^{2+}，Na^+，O^{2-} はいずれも Ne と同じ電子配置をとる。同じ電子配置のとき，原子番号が大きいほど原子核の中の正電荷が強くなり電子を強く引きつけるため，イオン半径は小さくなる。したがって原子番号が最も大きい Al^{3+} の半径が最も小さくなる。

問5．a．誤り。地殻中に最も多量に存在する金属元素は Al である。

d．誤り。感光性があり光学写真に用いられる化合物は臭化銀である。

e．誤り。銅と亜鉛の合金を真鍮（または黄銅）という。

問6．a．正しい。一酸化窒素は水に溶けにくい気体であるため，水上置換法によって捕集する。

b．誤り。一酸化窒素は無色の気体で，空気に触れると直ちに酸化され赤褐色の二酸化窒素になる。

d．正しい。二酸化窒素が水に溶けると，硝酸と一酸化窒素が生じる。

$$3NO_2 + H_2O \longrightarrow 2HNO_3 + NO$$

問7．a〜e を反応式で表すと，それぞれ以下のようになる。

a．$CaCO_3 + H_2O + CO_2 \rightleftharpoons Ca(HCO_3)_2$

b．$Pb^{2+} + 2OH^- \longrightarrow Pb(OH)_2$

c．$CaF_2 + H_2SO_4 \longrightarrow CaSO_4 + 2HF$

d．$Cu(OH)_2 + 4NH_3 \longrightarrow [Cu(NH_3)_4]^{2+} + 2OH^-$

e．$2MnO_4^- + 5H_2C_2O_4 + 6H^+ \longrightarrow 2Mn^{2+} + 10CO_2 + 8H_2O$

反応の前後で酸化数が変化するのは，過マンガン酸カリウムの Mn（+7 → +2）とシュウ酸の C（+3 → +4）なので，酸化還元反応になるのは e。

問8．加熱したときの反応式は，次のようになる。

$$MgSO_4 \cdot nH_2O \longrightarrow MgSO_4 + nH_2O$$

硫酸マグネシウム水和物と硫酸マグネシウムの物質量が等しいことから

$$\frac{4.2}{120+18n}=\frac{2.4}{120}$$

$$n=5$$

2 解答 問 1. (1)— d　(2)— b　(3)— f　(4)— d　(5)— b
　　　　　　問 2. (1)— b　(2)— e

◀解　説▶

≪アンモニアの電離平衡，電気分解≫

問 1. (1)　溶液を希釈しても，溶質の質量は変化しない。必要な A 液の体積を V[mL] とおくと，A 液 V[mL] 中のアンモニアの質量と B 液 1000 mL 中のアンモニアの質量が等しいことから

$$V\times0.900\times\frac{25}{100}=2.00\times10^{-1}\times17$$

$$V=15.11\fallingdotseq15.1\,[\mathrm{mL}]$$

(3)　アンモニアは弱塩基で電離度が小さいことから

$$[\mathrm{OH^-}]=\sqrt{CK_\mathrm{b}}=\sqrt{2.00\times10^{-1}\times2.00\times10^{-5}}=2.00\times10^{-3}\,[\mathrm{mol/L}]$$

$$[\mathrm{H^+}]=\frac{K_\mathrm{w}}{[\mathrm{OH^-}]}=\frac{1.00\times10^{-14}}{2.00\times10^{-3}}=2.00^{-1}\times10^{-11}\,[\mathrm{mol/L}]$$

$$\mathrm{pH}=-\log_{10}[\mathrm{H^+}]=11+\log_{10}2.0=11.3$$

(4)　D 液における塩化アンモニウムのモル濃度 [mol/L] は，塩化アンモニウムの式量が 53.5 なので

$$\frac{5.35}{53.5}\times\frac{1000}{1000}=1.00\times10^{-1}\,[\mathrm{mol/L}]$$

塩化アンモニウムはほぼ完全に電離するため，アンモニウムイオンの濃度は塩化アンモニウムの濃度に等しい。C 液と D 液をそれぞれ 500 mL ずつ混合した E 液におけるアンモニアとアンモニウムイオンのモル濃度 [mol/L] は

$$[\mathrm{NH_3}]=[\mathrm{NH_4^+}]=1.00\times10^{-1}\times\frac{500}{1000}=5.00\times10^{-2}\,[\mathrm{mol/L}]$$

E 液はアンモニアと塩化アンモニウムが等量含まれた緩衝液になっている。

$$K_\mathrm{b}=\frac{[\mathrm{NH_4^+}][\mathrm{OH^-}]}{[\mathrm{NH_3}]}=\frac{5.00\times10^{-2}\times[\mathrm{OH^-}]}{5.00\times10^{-2}}=[\mathrm{OH^-}]$$

$$=2.00\times10^{-5}\,[\mathrm{mol/L}]$$

$$[\mathrm{H^+}]=\frac{K_{\mathrm w}}{[\mathrm{OH^-}]}=\frac{1.00\times10^{-14}}{2.00\times10^{-5}}=2.00^{-1}\times10^{-9}[\mathrm{mol/L}]$$

$$\mathrm{pH}=9+\log_{10}2.0=9+0.30=9.30\fallingdotseq9.3$$

(5) B 液 500 mL に含まれるアンモニアと,加えた塩化水素の物質量はともに

$$2.00\times10^{-1}\times\frac{500}{1000}=1.00\times10^{-1}[\mathrm{mol}]$$

アンモニアと塩化水素は過不足なく中和し,F 液は $1.00\times10^{-1}\,\mathrm{mol/L}$ の塩化アンモニウムの水溶液となる。

F 液と D 液はどちらも $1.00\times10^{-1}\,\mathrm{mol/L}$ の塩化アンモニウムの水溶液なので,F 液の pH と D 液の pH は等しい。

問2. (1) 電気分解で流れた電子の物質量 [mol] は

$$\frac{4.00\times1930}{9.65\times10^4}=8.00\times10^{-2}[\mathrm{mol}]$$

陰極では

$$\mathrm{Cu^{2+}+2e^-\longrightarrow Cu}$$

の反応が起こるため,析出した銅の質量 [g] は

$$8.00\times10^{-2}\times\frac{1}{2}\times63.5=2.54[\mathrm{g}]$$

3 **解答** 問1. (1)— c (2)— d
問2. (1) i)— a ii)— a (2) i)— b ii)— c
問3. d

◀解　説▶

≪ボイルの法則,シャルルの法則,ルシャトリエの原理,プロパンの燃焼熱≫

問1. (1) 求める体積を $V[\mathrm{L}]$ とおくと,ボイルの法則より

$$1.0\times10^5\times6.0=5.0\times10^5\times V$$

$$V=1.2[\mathrm{L}]$$

(2) 求める体積を $V'[\mathrm{L}]$ とおくと,シャルルの法則より

$$\frac{6.0}{360}=\frac{V'}{300}$$

$$V'=5.0[\mathrm{L}]$$

問2．(1)　ⅰ)温度が低くなると，ルシャトリエの原理により平衡は発熱する方向へ移動する。温度の低い T_2 の方が C の割合が大きいため，正反応は発熱反応と判断できる。

ⅱ)圧力が高くなると，ルシャトリエの原理により平衡は気体分子を減少させる方向へ移動する。圧力が高くなるほど C の割合が大きくなるため，正反応は気体分子が減少する反応であると判断できる。

(2)　ⅱ)圧力が高くなっても C の割合が一定であるため，反応の前後で気体分子の総数は変化しないとわかる。

問3．プロパンの燃焼熱を Q[kJ/mol] とおくと，熱化学方程式は以下のように表される。

$$C_3H_8(気)+5O_2(気)=3CO_2(気)+4H_2O(液)+Q[kJ]$$

（反応熱）＝（生成物の生成熱の総和）－（反応物の生成熱の総和）より

$$Q=3\times394+4\times286-107=2219[kJ/mol]$$

4　解答

問1．c　問2．f　問3．d　問4．e　問5．e
問6．d　問7．d

◀解　説▶

≪構造異性体，元素分析，有機化合物の性質，セッケンの性質，構造推定≫

問1．C_7H_9N の分子式で表される芳香族化合物には，次の5種類の構造異性体が存在する。

問2．有機化合物 20.0 mg 中に含まれる水素原子と炭素原子の質量 [mg] は

$$H 原子：18.0\times\frac{2.0}{18.0}=2.0[mg]$$

$$C 原子：20.0-2.0=18.0[mg]$$

各原子の物質量比は

$$C : H = \frac{18.0}{12} : \frac{2.0}{1.0} = 1.5 : 2 = 3 : 4$$

有機化合物の組成式は C_3H_4 なので分子式は $(C_3H_4)_n$ と表され，燃焼反応における反応式は次のようになる。

$$(C_3H_4)_n + 4nO_2 \longrightarrow 3nCO_2 + 2nH_2O$$

生じる二酸化炭素の体積 [mL] は

$$\frac{18.0 \times 10^{-3}}{18.0} \times \frac{3n}{2n} \times 22.4 \times 10^3 = 33.6 [mL]$$

問3．a．正しい。シクロプロパンやシクロブタンは，C-C 結合間の角度が一般的なアルカンに比べて小さく，不安定で反応しやすい。

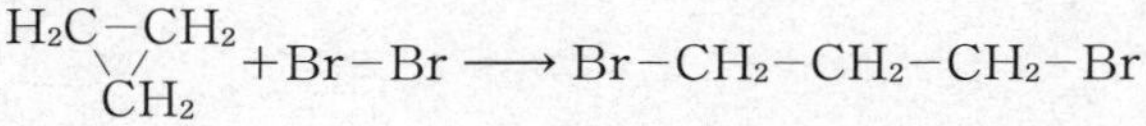

$$\underset{CH_2}{H_2C - CH_2} + Br - Br \longrightarrow Br - CH_2 - CH_2 - CH_2 - Br$$

c．正しい。シクロペンタンよりもシクロヘキサンの分子量が大きく，ファンデルワールス力が強くはたらくため，沸点は高くなる。

d．誤り。環構造において，異なる原子の結合した炭素原子を起点とし，右回りと左回りで異なる原子団配列となる場合は起点の原子は不斉炭素原子である。シクロヘキサンの水素原子1個を塩素原子で置換しても，右回りと左回りで同じ原子団の配列となるため，不斉炭素原子をもたない（上図の○で囲んだ炭素原子を起点とする）。

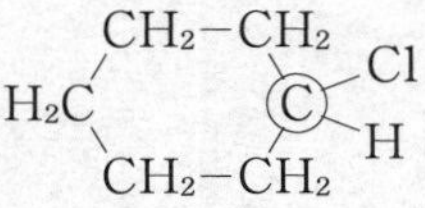

問6．C=C に直接結合する炭素原子は，常に同一平面上に存在する。
1 ）の条件にあてはまる化合物は a・b・d・e の4つ。これらのうち，水を付加すると不斉炭素原子をもつ化合物になるのは d・e の2つ。

d．$\underset{H_3C}{\overset{H}{\diagdown}}C = C\underset{CH_3}{\overset{H}{\diagup}} \longrightarrow H_3C - \underset{H}{\overset{H}{C}} - \overset{*}{C} - CH_3$ （OH）

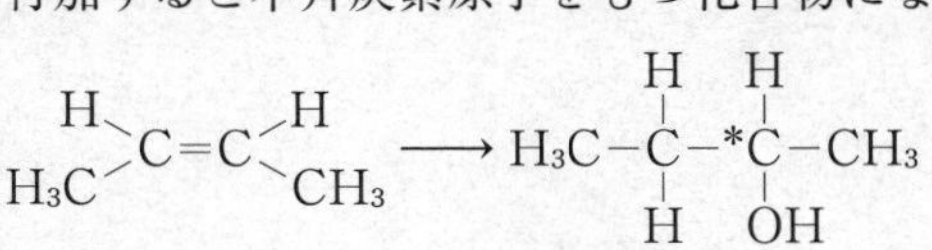

e．$\underset{H_3C}{\overset{H_3C}{\diagdown}}C = C\underset{CH_3}{\overset{H}{\diagup}} \longrightarrow CH_3 - \underset{H}{\overset{CH_3}{C}} - \overset{*}{C} - CH_3$ （OH）

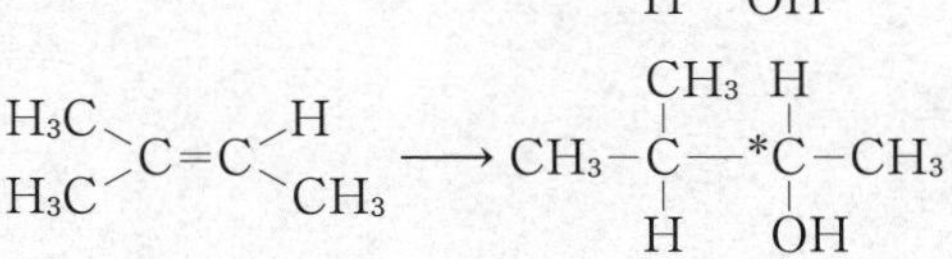

または　$CH_3 - \underset{OH}{\overset{CH_3}{C}} - \underset{H}{\overset{H}{C}} - CH_3$

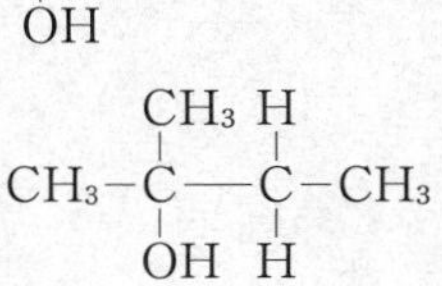

アルケンの一般式は C_nH_{2n} で表され，臭素との反応式は次のようになる。

$$C_nH_{2n} + Br_2 \longrightarrow C_nH_{2n}Br_2$$

アルケン X 7.0 g から生成物が 27 g 生じたので

$$\frac{7.0}{14n} = \frac{27}{14n+160}$$

$$n = 4$$

4 つの炭素原子からなるアルケンは b・c・d なので，1）〜3）のすべての条件を満たす化合物は d。

問 7．R_1 に枝分かれのあるアルキル基，R_2 にもう一方のアルキル基を結合させると，チモールの構造となる。

■一般選抜（B方式 I 期）

問題編

▶試験科目・配点

教　科	科　　　　目	配　点
外国語	コミュニケーション英語 I ・ II ・ III，英語表現 I ・ II	100 点
数　学	数学 I ・ II ・ A ・ B	100 点
理　科	化学基礎・化学	150 点

▶備　考
・「数学 B」は「数列」「ベクトル」から出題する。
・「化学基礎・化学」には，理数系の基礎的な思考能力や技能を判断する
　ため，一部記述問題がある。

英語

(60 分)

[1] 次の英文を読み，設問に答えなさい。この英文は，Florence Nightingale (1820-1910) についての文章です。ナイチンゲールはクリミア戦争 (1853-1856) で傷病兵の看護を行った後，イギリスに帰国して様々な改革に取り組みました。なお，*印をつけた語には注があります。

　　Nightingale returned to London in July 1856, four months after the end of the Crimean War*. By that time, (a) only 36 years old, she was a world famous figure. Despite the popularity and honors she would receive, she decided that the most appropriate recognition for her services would be the establishment of a commission to investigate military medical care. She wrote that some 9,000 soldiers died from causes that might have been (b). The tragedy of needless death was continuing in every army barracks* and hospital. It could be stopped only by the establishment, throughout the Army Medical Service, of the sanitary* reforms that had saved so many lives at Scutari*. Nightingale set herself (c) to achieve that.

　　How could Nightingale convince the authorities to achieve the reform? She saw that the most convincing method was through statistical* methods of analyzing data and information and then presenting figures and numbers to the authorities. At Scutari, she collected a tremendous amount of records, especially the number of deaths for establishing an accurate mortality rate* that could be compared and (d). When Nightingale returned to England, she met Dr. William Farr (1807-1883), a physician and professional statistician. She searched for (e) from Dr. Farr and reorganized the data she had gathered at Scutari. She saw that medical statistics could be used as a tool for improving medical care in military and civilian* hospitals. She used various methods to calculate mortality. Nightingale's sanitary reforms began in March 1855. By the end of the Crimean War, the death rate among sick British soldiers in Turkey* was not much more than it was among soldiers in England.

　　She also found that soldiers in England living in barracks were in (f) conditions. The mortality rate of soldiers between the age of 20 and 35 who were in England during peace time was nearly twice that of civilians. Clearly, the need for sanitary improvement in the military was not limited to hospitals in the fields. Using her statistical data, she convinced Queen Victoria (1819-1901) and Prince Albert, as well as Prime Minister Lord Palmerston (1784-1865), (g) there was a need to initiate a formal investigation of military health care and also to establish a Royal Commission* on the Health of the Army. The commission was formed in May of 1857. Nightingale actively participated in this investigation and strongly influenced the commission's work. (h) this inquiry she wrote and published privately an 800-page book titled *Notes on Matters Affecting the Health, Efficiency and Hospital Administration of the British Army*. In this book, she included a section of statistics accompanied by diagrams*. Nightingale was a true pioneer in the graphical representation of statistics. She invented polar-area charts in which the statistic being represented is proportional to the area of a wedge* in a circular diagram. (i) Dr. William Farr called this book by the best publication that was ever written on statistical diagrams.

Nightingale's efforts resulted in the establishment of several sub-commissions to carry out the reforms recommended by the Royal Commission. (j) These included physical alterations to military barracks and hospitals; improvements in ventilation*, heating, sewage* disposal, water supply, and kitchens; establishing a military medical school; and reorganizing the Army's procedures for gathering medical statistics.

(Adapted from Chung, King-Thom. *Women Pioneers of Medical Research: Biographies of 25 Outstanding Scientists*, Jefferson, North Carolina, and London: McFarland & Company, 2010, pp.20-21.)

(注)　the Crimean War: クリミア戦争
　　　barracks: (単数または複数扱い)兵舎　　　　sanitary: 衛生上の
　　　Scutari: トルコの都市イスタンブールの一地区(クリミア戦争で，トルコはイ
　　　　　　　ギリスやフランスなどと共にロシアと戦った。)
　　　statistical: 統計の　　　　　　　　　　　mortality rate: 死亡率
　　　civilian: 民間の，民間人　　　　　　　　Turkey: トルコ
　　　Royal Commission: 王立委員会　　　　　diagram: 図(表)
　　　wedge: くさび形(V字形)　　　ventilation: 換気　　　sewage: 下水

a　空所(a)に補うのに最も適当なものを，次の1〜4の中から1つ選びなさい。
　　1　but　　　　　　2　so　　　　　　3　though　　　　4　whether

b　空所(b)に補うのに最も適当なものを，次の1〜4の中から1つ選びなさい。
　　1　destroyed　　　2　prevented　　　3　profited　　　4　tempted

c　空所(c)に補うのに最も適当なものを，次の1〜4の中から1つ選びなさい。
　　1　a goal　　　　2　a drug　　　　3　popularity　　4　soldiers

d　空所(d)に補うのに最も適当なものを，次の1〜4の中から1つ選びなさい。
　　1　abolished　　　2　analyzed　　　3　ignored　　　4　permitted

e　空所(e)に補うのに最も適当なものを，次の1〜4の中から1つ選びなさい。
　　1　envy　　　　　2　complaint　　　3　escape　　　　4　guidance

f　空所(f)に補うのに最も適当なものを，次の1〜4の中から1つ選びなさい。
　　1　economic　　　2　excellent　　　3　favorable　　4　unhealthy

g　空所(g)に補うのに最も適当なものを，次の1〜4の中から1つ選びなさい。
　　1　before　　　　2　that　　　　　3　unless　　　　4　what

h　空所(h)に補うのに最も適当なものを，次の1〜4の中から1つ選びなさい。
　　1　As a result of　　　　　　　　　2　At the mercy of
　　3　For fear of　　　　　　　　　　4　Instead of

i　下線部(i)には不要な単語が加えられているために不正確な文になっています。
　　不要な単語を，次の1〜4の中から1つ選びなさい。
　　1　called　　　　2　by　　　　　　3　was　　　　　4　on

j　下線部(j)が指すものとして最も適当なものを，次の1〜4の中から1つ選びな
　　さい。
　　1　diagrams　　　　　　　　　　2　physical alterations
　　3　several sub-commissions　　　　4　the reforms

2 次のa〜eの各組の4語の中から，下線部の発音が他の3語と異なるものを，それぞれ1〜4の中から1つずつ選びなさい。

a　1　dis<u>ea</u>se　　　2　inst<u>ea</u>d　　　3　m<u>ea</u>nt　　　4　spr<u>ea</u>d

b　1　d<u>ou</u>bt　　　2　p<u>ou</u>nd　　　3　tr<u>ou</u>sers　　　4　y<u>ou</u>th

c　1　del<u>i</u>ver　　　2　d<u>i</u>strict　　　3　l<u>i</u>vely　　　4　r<u>i</u>gid

d　1　ar<u>ch</u>itecture　　　2　<u>ch</u>allenge　　　3　en<u>ch</u>ant　　　4　rea<u>ch</u>

e　1　compo<u>s</u>er　　　2　pre<u>s</u>erve　　　3　pur<u>s</u>e　　　4　re<u>s</u>ent

3 次の各文の空所に補うのに最も適当なものを，それぞれ1〜4の中から1つずつ選びなさい。

a　Artists needed math in order to make paintings（　　　　）three-dimensional, or 3-D.

　　1　are　　　　2　look　　　　3　paint　　　　4　see

b　People were amazed at the fluency（　　　　）I could speak three languages.

　　1　of which　　　　　　　　2　which

　　3　whose　　　　　　　　4　with which

c　When the duke's nephew was married, there was a huge feast. Leonardo was in（　　　　）of the party after the feast. He built incredible stage sets.

　　1　case　　　　2　charge　　　　3　place　　　　4　terms

d　Beate:　You're Martin, right? Beate. From Switzerland.

　　Mark:　Actually, it's Mark. I don't think we've met.

　　Beate:　Oh, I'm sorry! I thought you were（　　　　）.

　　1　Mark　　　　　　　　2　nobody

　　3　someone else　　　　　　4　a total stranger

e　Jen:　Would you like to join us for dinner this evening?

　　Paul:　Thank you. I'd love to.

　　Jen:　There's a restaurant near your hotel that serves fantastic local dishes. Do you eat fish?

Paul:　　Yes, I do. (　　　　　)

1　Nice to meet you.　　　　　　2　I hate fish.
3　It's for you.　　　　　　　　　4　Sounds good.

[4] 次の各文が文意の通る英文になるように，括弧内の 1 〜 6 を並べ替えて，その **2番目**と**5番目**に来るものの番号を答えなさい。

a　These lessons (1 who 　　　2 little　　　3 know　　　4 were written
5 those　　　6 for) or nothing about modern science.

b　George didn't seem to have much of an interest (1 he　　　2 one day when
3 music　　　4 until　　　5 was　　　6 in) seven or eight years old.

c　There is (1 time　　　2 telling　　　3 will depart　　　4 what　　　5 the train
6 no).

[5] 次の英文を読み，設問に答えなさい。この英文は，有名な起業家には移民が多い という傾向を紹介した後に続く箇所です。なお，*印をつけた語には注があります。

Charles Darwin alternated* between research in zoology, psychology, botany* and geology*. This did not diminish his creative potential, but enhanced it. Why? Because it gave him the chance to see his subject from the outside and to fuse* ideas from diverse branches of science. One study found that the most consistently original scientists switched topics, on average, a remarkable forty-three times in their first hundred published papers.

Meanwhile, a team at Michigan State University compared Nobel Prize-winning scientists with other scientists from the same era. The Nobel Laureates were twice as likely to play a musical instrument, seven times more likely to draw, paint or sculpt, twelve times more likely to write poetry, plays or popular books and twenty-two times as likely to perform at amateur acting, dancing or magic. Similar results were found for entrepreneurs* and inventors.

Psychologists often talk about 'conceptual distance.' When we are immersed

in* a topic, we are surrounded by its baroque intricacies*. It is very easy to
(a-1) there, or to simply think about making superficial alterations to its
interior. We become prisoners of our paradigms*. Stepping outside the walls,
however, permits a new vantage point. We don't have new information, we have
a new (a-2). This is often considered to be a primary function of certain
types of art. It is not about seeing something new, but about seeing something
familiar in a new way. One thinks of the poetry of W. B. Yeats, or the paintings
and sculptures of Picasso. These great works create conceptual distance between
the viewer of the work and its object, the observer and the observed.

In a world where recombination* is becoming the principal engine of growth,
this could not be of greater significance. The growth of the future will be
catalysed* by those who can transcend* the categories we impose on the world;
(b); who see the walls that we construct between disciplines and thought
silos* and regard them not as immutable* but movable, even breakable.

This is why the outsider mindset* is set to become such a powerful asset.
That is not to say that we don't need insider expertise*; quite the reverse.
(c) [1] We need both conceptual depth, and conceptual distance. [2] We need
to be insiders and outsiders, conceptual natives and recombinant immigrants.
[3] We need to go to live and study abroad. [4] We need to be able to
understand the status quo*, but also to question it. We need to be strategically
rebellious. To return to immigrants, there are doubtless additional reasons that
help to explain their outsize contribution to innovation. The kinds of people who
choose to migrate are likely to be comfortable with risk-taking. Given the barriers
they often face, they are likely to develop resilience*. But while these traits are
important, they should not obscure* the significance of being able to question the
status quo and step beyond convention.

Catherine Wines, a British entrepreneur, puts the point well. 'To become a
visionary, you have to take the perspective of an (d-1) in order to see the
things that are taken for granted by (d-2). Possibilities and opportunities
become most apparent when you are confronting a problem with a fresh
perspective.'

Wines founded a remittance* company with Ismail Ahmed, an immigrant
from Somaliland*, in 2010. Ahmed had arrived in London in the 1980s, having
experienced first-hand* the deep frustrations of receiving remittance. His early
life, together with what he learned in his new home about digital solutions, led

to the creation of a new venture: a company that makes sending money home as convenient as sending a text message. It is a classic example of recombination.

(Adapted from Syed, Matthew. *Rebel Ideas: The Power of Thinking Differently*, London: John Murray, 2021, pp.143-145.)

(注) alternate: 交互に繰り返す　　　　　botany: 植物学

　　　geology: 地質学　　　　　　　　　fuse: 〜を融合する

　　　entrepreneur: 起業家　　　　　　　be immersed in: 〜に没頭する

　　　baroque intricacies: 込み入った事柄

　　　paradigm: 理論的枠組み　　　　　　recombination: 再結合

　　　catalyse: 〜を引き起こす　　　　　transcend: 〜を超える

　　　silo: サイロ，貯蔵庫　　　　　　　immutable: 不変の

　　　mindset: 考え方　　　　　　　　　expertise: 専門的知識

　　　status quo: 現状　　　　　　　　　resilience: 回復力，立ち直る力

　　　obscure: 〜を不明瞭にする　　　　　remittance: 送金

　　　Somaliland: ソマリランド(アフリカ東部海岸地方)

　　　first-hand: じかに，直接

a　英文の論旨に沿って，空所(a-1)と(a-2)に入れるのに最も適当な組み合わせ
　　を，次の1〜4の中から1つ選びなさい。

　1　(a-1)　get away from　　　(a-2)　perspective

　2　(a-1)　get away from　　　(a-2)　disappointment

　3　(a-1)　stay　　　　　　　　(a-2)　perspective

　4　(a-1)　stay　　　　　　　　(a-2)　disappointment

b　英文の論旨に沿って，空所(b)に入れるのに最も適当なものを，次の1〜4の
　　中から1つ選びなさい。

　1　who are not exposed to other perspectives, so become more certain of
　　　their own

　2　who pursue people who are very similar to themselves

　3　who have much deeper familiarity with the rules

　4　who have the mental flexibility to bridge between domains

c　下線部 (c) の1 ～ 4の文の中には，文脈のまとまりをよくするために取り除い
　　たほうがよいものが１つあります。取り除く文として最も適当なものを1 ～ 4
　　の中から１つ選びなさい。

d　英文の論旨に沿って，空所(d-1)と(d-2)に入れるのに最も適当な組み合わ
　　せを，次の1 ～ 4の中から１つ選びなさい。
1　(d-1)　outsider　　　(d-2)　outsiders
2　(d-1)　outsider　　　(d-2)　insiders
3　(d-1)　insider　　　(d-2)　outsiders
4　(d-1)　insider　　　(d-2)　insiders

e　本文で述べられている内容と一致するものとして，最も適当なものを次の
　　1 ～ 4の中から１つ選びなさい。
1　Charles Darwin は，複数の異なる分野の研究を同時進行させていなければ，
　　彼の創造的な能力をより一層高めることができただろう，と考えられてい
　　る。
2　同時代の科学者を比較すると，ノーベル賞を受賞した科学者は受賞してい
　　ない科学者よりも，詩，戯曲あるいは一般向けの著書を書く人が2倍も多か
　　った。
3　移住を選ぶような人たちは，しばしば障害に直面することで回復力を身に
　　付ける可能性は高いが，現状に異議を唱えて慣例を乗り越えていく能力は
　　低い。
4　Ismail Ahmed が以前に直接経験した送金をめぐる苦労と，新しい土地で学
　　んだことが結び付いて，新規の事業が生み出された。

数学

(80 分)

解答上の注意

1. 問題の文中 $\boxed{*アイウ}$ などの＊にはプラス，マイナスの符号が１つ対応し，
   ア，イ，あ，い，…などの文字にはそれぞれ０～９の数字が１つずつ対応する。

   例1 $\boxed{*アイウ}$ に 235 と答えるときは，＋235 としてマークしなさい。

ア	⊕	⊖	⓪	①	❷	③	④	⑤	⑥	⑦	⑧	⑨
イ			⓪	①	②	❸	④	⑤	⑥	⑦	⑧	⑨
ウ			⓪	①	②	③	④	❺	⑥	⑦	⑧	⑨

2. 答が０のときは，以下の例に従ってマークしなさい。
   問題文中に $\boxed{*エ}$ と $\boxed{エ}$ の**2通りの場合**がある。

   例2.1 $\boxed{*エ}$ に０と答えるときは，＋０としてマークしなさい。

エ	⊕	⊖	❶	①	②	③	④	⑤	⑥	⑦	⑧	⑨

   例2.2 $\boxed{エ}$ に０と答えるときは，０のみにマークしなさい。

エ			❶	①	②	③	④	⑤	⑥	⑦	⑧	⑨

3. 分数形で解答するときは，既約分数（それ以上約分ができない分数）で答えなさい。整数を答えるときは，分母に１をマークしなさい。

   例3 $\dfrac{\boxed{*オ}}{\boxed{カ}}$ に －5 と答えるときは，$\dfrac{-5}{1}$ であるから，以下のようにマークしなさい。

オ	⊕	⊖	⓪	①	②	③	④	❺	⑥	⑦	⑧	⑨
カ			⓪	❶	②	③	④	⑤	⑥	⑦	⑧	⑨

4. 根号を含む形で解答するときは，根号の中の自然数が最小となる形で答え なさい。たとえば，$\boxed{キ}\sqrt{\boxed{ク}}$，$\dfrac{\sqrt{\boxed{ケ}}}{\boxed{コ}}$ に $4\sqrt{2}$，$\dfrac{\sqrt{2}}{2}$ と答えるところを，$2\sqrt{8}$，$\dfrac{\sqrt{8}}{4}$ のように答えてはならない。

問題1

(1)　ふたつのサイコロ A，B がある。A は偶数の目が出る確率が $\dfrac{3}{4}$，奇数の目が出る確率が $\dfrac{1}{4}$ といういびつなサイコロであり，B はどの目も等しい確率で出るサイコロである。このサイコロを同時に振ったとき，A と B の目の積が偶数になる確率は $\dfrac{\boxed{ア}}{\boxed{イ}}$ であり，A と B の目の和が偶数になる確率は $\dfrac{\boxed{ウ}}{\boxed{エ}}$ である。

(2)　r を正の実数とする。座標平面上の点集合 A, B を次のように定義する。

$$A = \{(x, y) \mid x^2 + (y-3)^2 \leq 1\}, \quad B = \{(x, y) \mid (x+4)^2 + y^2 \leq r^2\}.$$

$A \cap B = \varnothing$ であるような r の値の範囲は $0 < r < \boxed{オ}$ である。座標平面上の点 P に対し，P $\in B$ であることが P $\in A$ であるための必要条件になるような r の最小値は $r = \boxed{カ}$ である。

(3)　整式 $3x^3 + 4x^2 + 9x$ を整式 $x^2 + x + 2$ で割った余りは $\boxed{*キ}\,x + \boxed{*ク}$ である。方程式 $x^2 + x + 2 = 0$ のひとつの解を α とするとき，$3\alpha^3 + 4\alpha^2 + 9\alpha$ の値の実部は $\boxed{*ケ}$ である。

(4)　x を自然数とする。m を 0 以上の整数，n を 0 以上 6 以下の整数として，x^2 を $7m + n$ の形に表すとき，n がとり得る値の最大値は $\boxed{コ}$ である。

問題 2

(1)　面積が $3\sqrt{7}$ である三角形 ABC において，$\sin A : \sin B : \sin C = 6 : 5 : 4$ であるとき，$\cos A = \dfrac{\boxed{\text{サ}}}{\boxed{\text{シ}}}$，$\text{AC} = \boxed{\text{ス}}\sqrt{\boxed{\text{セ}}}$ である。

(2)　$0 \leqq x < 2\pi$ のとき，$\sin 6x = \cos 4x$ を満たす x の値は全部で $\boxed{\text{ソタ}}$ 個ある。
ただし，答が 1 桁の場合はソには 0 をマークせよ。

問題 3

$\log_{10} 2 = 0.301,\ \log_{10} 3 = 0.477,\ \log_{10} 7 = 0.845$ として，以下の各問に答えよ。

(1)　不等式
$$\boxed{\text{チ}} \times 10^{\boxed{\text{ツ}}} < 2^7 \times 7^2 \times \sqrt[5]{10^2} < \boxed{\text{テ}} \times 10^{\boxed{\text{ツ}}}$$

の空欄に入る 0 から 9 までの整数値を答えよ。ただし，$\boxed{\text{チ}}$ にはその最大の値，$\boxed{\text{テ}}$ にはその最小の値を答えよ。2 か所ある 10 の指数 $\boxed{\text{ツ}}$ には同じ値が入る。

(2)　不等式
$$\boxed{\text{ト}} \times 10^{\boxed{\text{ナ}}} < 3^5 \times 5^3 \times \sqrt[7]{10^3} < \boxed{\text{ニ}} \times 10^{\boxed{\text{ナ}}}$$

の空欄に入る 0 から 9 までの整数値を答えよ。ただし，$\boxed{\text{ト}}$ にはその最大の値を答えよ。2 か所ある 10 の指数 $\boxed{\text{ナ}}$ には同じ値が入る。

(3)　$3^5 \times 5^3 \times \sqrt[7]{10^3} - 2^7 \times 7^2 \times \sqrt[5]{10^2}$ の整数部分は $\boxed{\text{ヌ}}$ 桁である。

問題 4

a を正の実数として，関数 $f(x) = x(x-a)^2$ を考える。以下の各問に答えよ。

(1)　$f(x)$ は $x = \boxed{ネ}\,a$ で極小値 $\boxed{ノ}$ を，$x = \dfrac{\boxed{ハ}}{\boxed{ヒ}}a$ で極大値 $\dfrac{\boxed{フ}}{\boxed{ヘホ}}a^3$ をとる。

(2)　$y = f(x)$ のグラフと x 軸とで囲まれる部分の面積は $\dfrac{\boxed{マ}}{\boxed{ミム}}a^4$ である。

(3)　$f(x)$ が極大となる $y = f(x)$ のグラフ上の点を P とする。P において $y = f(x)$ のグラフに引いた接線が再びグラフと交わる点を Q とするとき，Q の x 座標は $\dfrac{\boxed{メ}}{\boxed{モ}}a$ である。

(4)　座標平面上の原点を O とする。(3) の P, Q について，線分 OP, OQ が x 軸の正の向きとなす角をそれぞれ α, β とするとき，$\alpha = 2\beta$ であるならば $a^4 = \dfrac{\boxed{ヤユ}}{\boxed{ヨ}}$ である。

問題 5

座標空間の xy 平面上に点 $A(-\sqrt{2}, 4, 0)$ および点 B がある。B は xy 平面上の第 1 象限にあるものとする。$\overrightarrow{OA}$ と $\overrightarrow{OB}$ が垂直で $|\overrightarrow{OB}| = 6$ であるとき，以下の各問に答えよ。

(1)　点 B の座標は

$$\left(\boxed{ラ}\sqrt{\boxed{リ}}, \ \boxed{ル}, \ 0 \right)$$

である。

(2)　三角形 OAB の外接円の中心 P の座標は

$$\left(\frac{\boxed{レ}}{\boxed{ロ}}\sqrt{\boxed{ワ}}, \ \boxed{ヲ}, \ 0 \right)$$

であり，その半径 r は

$$r = \frac{\boxed{ン}}{\boxed{あ}}\sqrt{\boxed{い}}$$

となる。

(3)　(2) の点 P を中心とし，(2) で求めた r を半径とする球と yz 平面との交わりとして得られる円の半径は $\boxed{う}$ である。

(4)　(3) の円上の点 Q と点 A との距離 QA の最小値は $\sqrt{\boxed{え}}$ である。

■■■化学■■■

（70 分）

1　問 1 ～ 問 8 に答えなさい。

問 1　分子 a ～ e のうち，非共有電子対を**もたない**ものを 1 つ選びなさい。

a　N_2 　　　　　b　CO_2 　　　　　c　C_2H_4
d　H_2S 　　　　 e　NH_3

問 2　分子の組合せ a ～ e のうち，いずれも極性分子であるものを 1 つ選びなさい。

a　塩化水素 と メタノール
b　四塩化炭素 と アンモニア
c　メタン と フッ化水素
d　ヨウ素 と 二酸化炭素
e　塩素 と 硫化水素

問 3　化合物 a ～ e のうち，窒素原子の酸化数が最も大きいものを 1 つ選びなさい。

a　一酸化窒素　　　　b　二酸化窒素　　　　c　四酸化二窒素
d　硝酸　　　　　　　e　亜硝酸ナトリウム

問 4　水に関する記述 a ～ e のうち，**誤っている**ものを 1 つ選びなさい。

a　水は硫化水素よりも沸点が高い。
b　水は固体よりも液体の方が密度は大きい。
c　水分子の形は直線形である。
d　純粋な水では水分子のごく一部が電離している。

　　e　水は常温でカルシウムの単体と反応して水素を発生する。

問 5　水素の同位体（^{1}H, ^{2}H, ^{3}H）に関する記述 a 〜 e のうち，正しいものを 1 つ選び
　　　なさい。

　　a　いずれも質量数が等しい。
　　b　いずれも電子の数が異なる。
　　c　^{1}H は中性子を 1 個含む。
　　d　水素の同位体の中で，^{2}H の存在比が最も大きい。
　　e　^{3}H は放射性同位体である。

問 6　第 2 周期から第 5 周期のハロゲンに関する記述 a 〜 e のうち，正しいものを
　　　1 つ選びなさい。

　　a　原子番号が小さいものほど単体の酸化力が強い。
　　b　ハロゲンの単体の中で，常温・常圧で気体の物質は塩素のみである。
　　c　臭化カリウム水溶液にヨウ素を加えると臭素が遊離する。
　　d　ハロゲン化水素の水溶液は，いずれも強酸性を示す。
　　e　ハロゲン化銀は，いずれも水にほとんど溶けない。

問 7　金属イオン a 〜 e のうち，その水溶液に少量のアンモニア水を加えると白色沈
　　　殿を生じ，さらにアンモニア水を過剰に加えるとその沈殿が溶けて無色になる
　　　ものを 1 つ選びなさい。

　　a　Al^{3+}　　　　　　　b　Ca^{2+}　　　　　　　c　Cu^{2+}
　　d　Pb^{2+}　　　　　　　e　Zn^{2+}

問 8　合金に関する記述 a 〜 e のうち，**誤っているもの**を 1 つ選びなさい。

　　a　鉄 Fe とクロム Cr，ニッケル Ni などからなる合金は，ステンレス鋼とよば
　　　　れ，さびにくいため調理器具に用いられる。
　　b　スズ Sn と銅 Cu，銀 Ag からなる合金は，無鉛はんだとよばれ，融点が低

いため金属の接合に用いられる。

c　ニッケル Ni とチタン Ti からなる合金は，形状記憶合金とよばれ，変形させても温度を変えることにより元の形に戻るため温度センサーに用いられる。

d　銅 Cu と鉄 Fe からなる合金は，青銅(ブロンズ)とよばれ，さびにくく硬いため美術品の制作に用いられる。

e　ニッケル Ni とクロム Cr からなる合金は，ニクロムとよばれ，電気抵抗が大きいため電熱器に用いられる。

2　問 1 ～ 問 4 に答えなさい。

問1　質量パーセント濃度が 18 % の水酸化ナトリウム水溶液(密度 1.2 g/cm³)(A 液)を水で薄めて，3.0×10^{-1} mol/L の水酸化ナトリウム水溶液(B 液)をつくった。(1) ～ (3) に答えなさい。ただし，原子量は H = 1.0，O = 16，Na = 23，水のイオン積 K_w は 1.0×10^{-14} (mol/L)²，$\log_{10} 2 = 0.3$ とする。また，水溶液中の強酸と強塩基の電離度は 1.0 とする。

(1)　A 液のモル濃度〔mol/L〕はいくらか。最も近い数値を a ～ f から選びなさい。

a　3.8　　　　　　　b　4.5　　　　　　　c　5.4
d　38　　　　　　　e　45　　　　　　　f　54

(2)　B 液を 90 mL つくるのに必要な A 液は何 mL か。最も近い数値を a ～ f から選びなさい。

a　0.50　　　　　　b　0.60　　　　　　c　0.72
d　5.0　　　　　　　e　6.0　　　　　　　f　7.2

(3)　B 液 90 mL に 1.2×10^{-1} mol/L の希塩酸 180 mL を加えてよく混ぜた。この混合液の pH はいくらか。最も近い数値を a ～ f から選びなさい。ただし，混合後の溶液の体積は，混合前の溶液の体積の和に等しいものとする。

a　1.7　　　　　　　b　2.3　　　　　　　c　2.7
d　11.3　　　　　　e　11.7　　　　　　f　12.3

問2 記述 a ～ e のうち，共通イオン効果による現象を表しているものを 1 つ選びなさい。

a 炭酸カルシウムに塩酸を加えると，二酸化炭素が発生した。

b 硝酸銀水溶液に水酸化ナトリウム水溶液を加えると，酸化銀の褐色沈殿が生じた。

c 塩化銀の白色沈殿が析出している水溶液にアンモニア水を加えると，沈殿が溶解した。

d 塩化ナトリウムの飽和水溶液に気体の塩化水素を吹き込むと，塩化ナトリウムの結晶が析出した。

e 水酸化アルミニウムの白色ゼリー状沈殿が生じている水溶液に希塩酸を加えると，沈殿が溶解した。

問3 次の文を読み，(1)と(2)に答えなさい。

硫化水素 H_2S は，水溶液中では以下のように 2 段階（①，②式）で電離する弱酸である。

$$H_2S \rightleftharpoons H^+ + HS^- \qquad K_1 = \frac{[H^+][HS^-]}{[H_2S]} = 1.0 \times 10^{-7}\,\text{mol/L} \quad \cdots ①$$

$$HS^- \rightleftharpoons H^+ + S^{2-} \qquad K_2 = \frac{[H^+][S^{2-}]}{[HS^-]} = 1.0 \times 10^{-14}\,\text{mol/L} \quad \cdots ②$$

さらに，1 段階目と 2 段階目を合わせた反応式とその平衡定数は，③式で表される。

$$H_2S \rightleftharpoons 2H^+ + S^{2-} \qquad K = \frac{[H^+]^2[S^{2-}]}{[H_2S]} \quad \cdots ③$$

このとき，③式の K と，①，②式の K_1, K_2 には，次のような関係が成り立つ。

$$K = \frac{[H^+]^2[S^{2-}]}{[H_2S]} = \frac{[H^+][HS^-]}{[H_2S]} \times \frac{[H^+][S^{2-}]}{[HS^-]} = K_1 \times K_2 \quad \cdots ④$$

(1) $1.0 \times 10^{-1}\,\text{mol/L}$ の硫化水素水溶液の pH はいくらか。最も近い数値を a ～ f から選びなさい。ただし，②式の電離は無視でき，$[H^+]$ は $[H_2S]$ に比べて非常に小さいものとする。

a 2   b 3   c 4

　　　d　5　　　　　　　　　　e　6　　　　　　　　　f　7

(2)　1.0×10^{-1} mol/L の硫化水素水溶液中の硫化物イオン S^{2-} のモル濃度〔mol/L〕
　　はいくらか。最も近い数値を a ～ f から選びなさい。

　　　a　1.0×10^{-18}　　　　b　1.0×10^{-16}　　　　c　1.0×10^{-14}
　　　d　1.0×10^{-12}　　　　e　1.0×10^{-10}　　　　f　1.0×10^{-8}

問 4　文中の　ア　にあてはまる数値として最も近いものを a ～ f から選びなさい。
　　　ただし，硫化銅（Ⅱ）CuS の溶解度積 K_{sp} は 6.5×10^{-30} (mol/L)^2 とする。

　　　1.3×10^{-3} mol/L の硫酸銅（Ⅱ）水溶液に硫化水素を通じたところ，水溶液中の
　　　硫化物イオン濃度 $[S^{2-}]$ が　ア　mol/L を超えたとき，硫化銅（Ⅱ）の沈殿が生
　　　じた。

　　　a　2.0×10^{-28}　　　　b　5.0×10^{-28}　　　　c　2.0×10^{-27}
　　　d　5.0×10^{-27}　　　　e　2.0×10^{-26}　　　　f　5.0×10^{-26}

3　次の文を読み，問 1 と問 2 に答えなさい。ただし，気体はすべて理想気体とし
　　てふるまうものとし，気体定数 $R = 8.31 \times 10^3$ Pa・L/(K・mol) とする。

　　　水素 H_2(気) とヨウ素 I_2(気) からヨウ化水素 HI(気) が生成する反応は①式で示
　　される可逆反応である。

$$H_2 \ + \ I_2 \ \rightleftharpoons \ 2HI \quad \cdots \ ①$$

実験 1
真空の密閉容器に等しい物質量の H_2(気) と I_2(気) を入れて，温度を 600 K，全
圧を 1.0×10^5 Pa に保って反応させたところ，I_2 の分圧は図のように変化した。
ただし，t_∞ は①式で示される可逆反応が平衡に達した時間を表すものとする。

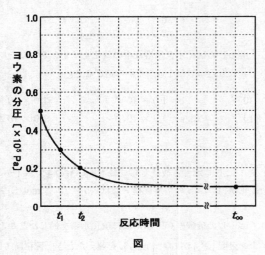

図

実験2

真空にした容積 10 L の密閉容器に，H_2(気) 0.10 mol，I_2(気) 0.10 mol，HI(気) 1.0 mol を入れて，温度を 600 K に保ったところ，①式で示される可逆反応が進行した。

問1 **実験 1** に関する(1)〜(5)に答えなさい。

(1) 反応時間 t_1，t_2，t_∞ における HI の分圧は，それぞれ ア × 10^5 Pa，イ × 10^5 Pa，ウ × 10^5 Pa であった。 ア ， イ ， ウ にあてはまる最も近い数値を a 〜 j からそれぞれ 1 つ選びなさい。

 a 0.10   b 0.20   c 0.30

 d 0.40   e 0.50   f 0.60

 g 0.70   h 0.80   i 0.90

 j 1.0

(2) 反応時間 t_∞ における状態を正しく表している記述はどれか。a 〜 d から 1 つ選びなさい。

 a H_2 と I_2 は反応しなくなり，HI は分解しなくなっている。

 b H_2 と I_2 の物質量の和は，HI の物質量と等しくなっている。

　　c　H_2, I_2, HI の物質量の比は，$1:1:4$ になっている。

　　d　①式の正反応の反応速度と逆反応の反応速度は等しくなっている。

(3)　600 K において①式で示される可逆反応が平衡状態にあるとき，圧平衡定数 K_p とモル濃度を用いた濃度平衡定数 K_c の関係を正しく表す式をａ〜ｅから選びなさい。

　　a　$K_p = \dfrac{1}{600R}K_c$　　　b　$K_p = \dfrac{600}{R}K_c$　　　c　$K_p = K_c$

　　d　$K_p = \dfrac{R}{600}K_c$　　　e　$K_p = 600RK_c$

(4)　600 K において①式で示される可逆反応が平衡状態にあるとき，濃度平衡定数 K_c の数値として，最も近いものをａ〜ｅから選びなさい。

　　a　1.3×10^{-5}　　　b　4.6　　　　　　　c　6.4×10
　　d　8.9×10^2　　　　e　3.2×10^8

(5)　①式の正反応の反応速度を v_1，逆反応の反応速度を v_2，正反応の反応速度定数を k_1，逆反応の反応速度定数を k_2 とすると，**実験1**において，正反応と逆反応の反応速度式は次のように表されることがわかった。

　　　　$v_1 = k_1[H_2][I_2]$,　　　$v_2 = k_2[HI]^2$

$\dfrac{k_1}{k_2}$ の数値として，最も近いものをａ〜ｅから選びなさい。

　　a　1.6×10^{-2}　　　b　8.0　　　　　　　c　6.4×10
　　d　1.6×10^2　　　　e　5.2×10^3

問2　実験2に関する(1)と(2)に答えなさい。

(1)　**実験2**を開始した直後に起こる変化として，正しいのはどれか。ａ〜ｃから1つ選びなさい。

　　a　H_2 と I_2 が減少し，HI が増える。
　　b　HI が減少し，H_2 と I_2 が増える。

　　c　H_2, I_2, HI の量は変化しない。

(2)　**実験2**において，平衡状態に達したとき，容器内に存在する HI の物質量は何 mol か。最も近い数値を a ～ f から 1 つ選びなさい。

　　a　0.64　　　　　　　b　0.87　　　　　　　c　0.96

　　d　1.0　　　　　　　e　1.2　　　　　　　　f　1.5

4　問 1 ～ 問 5 に答えなさい。

問1　芳香族炭化水素に関する記述 a ～ e のうち，**誤っているもの**を 1 つ選びなさい。

　　a　ベンゼンの炭素—炭素結合の長さは，エチレンの炭素—炭素結合の長さよりも長い。
　　b　o－キシレンのすべての炭素原子は同一平面上にある。
　　c　ナフタレンの水素原子の 1 つを臭素原子で置換したものには 2 種類の構造が考えられる。
　　d　ベンゼンに室温で臭素水を加えると，臭素の付加反応が進行する。
　　e　ベンゼンに紫外線を当てながら塩素を作用させると，1, 2, 3, 4, 5, 6 －ヘキサクロロシクロヘキサンを生じる。

問2　有機化合物の沸点や融点に関する記述 a ～ e のうち，正しいものを 1 つ選びなさい。

　　a　シクロヘキサン ＜ シクロペンタン ＜ シクロブタンの順に沸点は高くなる。
　　b　1 －ブタノール ＜ 1 －プロパノール ＜ エタノールの順に沸点は高くなる。
　　c　ジメチルエーテル ＜ アセトアルデヒド ＜ エタノールの順に沸点は高くなる。
　　d　酢酸 ＜ 1 －プロパノール ＜ ブタンの順に沸点は高くなる。
　　e　ステアリン酸 ＜ オレイン酸 ＜ リノール酸の順に融点は高くなる。

問3　次の文を読み，(1)と(2)に答えなさい。

　　　化合物A～Cはいずれも分子式$C_8H_{10}O$で表されるベンゼン環をもつ化合物である。A～Cはいずれも塩化鉄(Ⅲ)水溶液による呈色反応は示さなかった。また，ナトリウムの単体をA～Cとそれぞれ反応させたところ，Aは気体を発生しなかったが，BとCは気体を発生した。B，Cをそれぞれ過マンガン酸カリウム水溶液で酸化すると，Bからはモノカルボン酸Dが得られ，Cからはジカルボン酸Eが得られた。一方，Bを穏やかに酸化して得られた化合物に対し，フェーリング液を加えて温めると赤色沈殿が生じた。Eのベンゼン環の水素原子の1つを塩素原子で置換したものには，2種類の構造が考えられる。

(1)　化合物Aとして考えられる構造式はいくつあるか。a～eから1つ選びなさい。

　　　a　2　　　　　　　　　b　3　　　　　　　　c　4
　　　d　5　　　　　　　　　e　6

(2)　化合物B，Cの構造式として適切なものをa～gからそれぞれ1つずつ選びなさい。

問4　化合物a～eのうち，その水溶液が銀鏡反応を示すものはどれか。1つ選びなさい。

d
CH₂OH
C
H
O
OH
C
HO
H
C
C
CH₂OH
H
OH
H

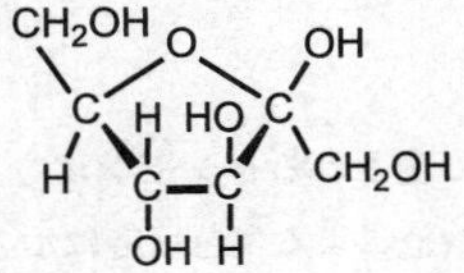

e
CH₃
H—C—OH
COOH

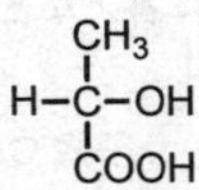

問 5　次の反応経路図について，(1)と(2)に答えなさい。

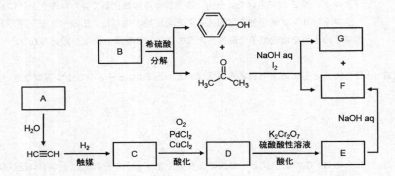

(1)　A, B, F にそれぞれあてはまる化合物はどれか。a～h から 1 つずつ選びなさい。

a　CaCO₃ — $CaCO_3$

b　CaC₂ — CaC_2

c　(CH₃COO)₂Ca — $(CH_3COO)_2Ca$

d　CH₃COONa — CH_3COONa

e　CH₃CH₂ONa — CH_3CH_2ONa

f 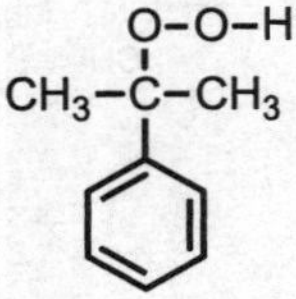
O–O–H
CH₃–C–CH₃

g
H₃C–CH–CH₃

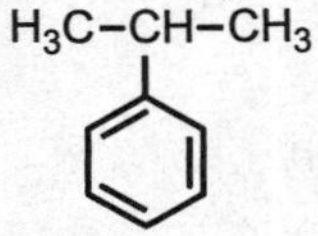

h
CH=CH₂

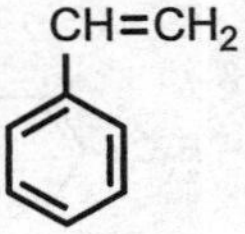

(2)　C, D, E, G にそれぞれあてはまる有機化合物の構造式を書きなさい。ただし，
構造式は，すべての原子および価標（共有結合を表す線）を略さず書きなさい。
例えば，下記に示した(**ア**)のように書き，(**イ**)のように略さないこと。

```
      H  H  O
      |  |  ‖
  H―C―C―C―O―H            CH₃―CH―COOH
      |  |  |                   |
      H  O  H                   OH

      (ア)                      (イ)
```

5　問1と問2に答えなさい。

問1　ペプチド A は，下記に示す6種類のα-アミノ酸が1分子ずつ縮合した直鎖状のヘキサペプチドである。次の文を読み，(1)と(2)に答えなさい。

・アスパラギン酸(133)	・アラニン(89)	・グリシン(75)
・システイン(121)	・チロシン(181)	・リシン(146)

（　　）中の数字は分子量を示す

　　　A を酵素 X_1 で加水分解すると，ペプチド B およびペプチド C が生じた。B はビウレット反応を示さないジペプチドであった。B に濃硝酸を加えて加熱すると黄色になり，これを冷却してアンモニア水を加えて塩基性にすると橙黄色になった。また，B の水溶液に固体の水酸化ナトリウムを加えて加熱し，酢酸鉛（Ⅱ）水溶液を加えると黒色沈殿を生じた。一方，ペプチド C を酵素 X_2 で加水分解すると，C から1つのアミノ酸が遊離してペプチド D が生じた。X_2 による加水分解によって遊離したアミノ酸は，pH 6 の水溶液中で電気泳動を行うと陽極側に移動した。

(1)　ペプチド C を X_2 で加水分解したとき，遊離したα-アミノ酸はどれか。a～f から選びなさい。

a　アスパラギン酸　　　b　アラニン　　　　　c　グリシン
d　システイン　　　　　e　チロシン　　　　　f　リシン

(2)　ペプチド D に含まれる窒素 N の質量百分率は何％か。最も近い数値を a～e から1つ選びなさい。ただし，原子量は H = 1.0, N = 14, O = 16 とする。また，質量百分率は次の式で示される。

$$\frac{\text{ペプチド D}(1\,\text{mol})\text{に含まれる N の質量}}{\text{ペプチド D}(1\,\text{mol})\text{の質量}} \times 100$$

a 5　　　　b 10　　　　c 15　　　　d 20　　　　e 27

問2　化合物ア～キは合成繊維をつくる際に原料となる単量体である。これら単量体に関する記述 a～e のうち，正しいのはどれか。1つ選びなさい。

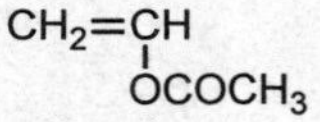

CH$_2$=CH
OCOCH$_3$
ア

H$_2$N–(CH$_2$)$_6$–NH$_2$
イ

HOOC–(CH$_2$)$_4$–COOH
ウ

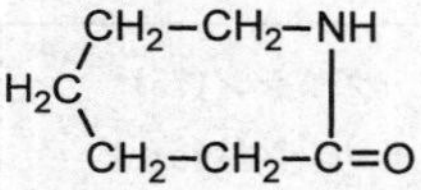

CH$_2$–CH$_2$–NH
H$_2$C
CH$_2$–CH$_2$–C=O
エ

HO–CH$_2$CH$_2$–OH
オ

HOOC–〈benzene〉–COOH
カ

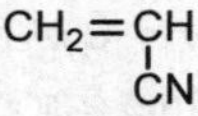

CH$_2$=CH
CN
キ

a　アを付加重合させることで，アクリル繊維がつくられる。
b　イとウを縮合重合させることで，ポリエチレンテレフタラートがつくられる。
c　エを開環重合させることで，ナイロン6がつくられる。
d　オとカを縮合重合させることで，ナイロン66がつくられる。
e　キを付加重合させることで，ビニロンがつくられる。

解答編

■英語■

1 解答
a—3　b—2　c—1　d—2　e—4　f—4
g—2　h—1　i—2　j—4

◆全　訳◆

≪ナイチンゲールの衛生改革≫

　ナイチンゲールがロンドンに戻ったのは 1856 年 7 月で，クリミア戦争終結から 4 カ月後だった。当時，彼女はまだ 36 歳だったが，そのときにはもう世界的な有名人になっていた。自らが享受していた人気と名誉にもかかわらず，彼女は自分の功績を最も適切に評価しているものは軍隊医療調査委員会の設立だと判断した。彼女の記述によれば，兵士約 9,000 人が予防できたかもしれない原因で死亡した。不要な死という悲劇がすべての軍の兵舎や病院で続いていた。これを止め得る唯一の方法は，陸軍軍医部全体への衛生改革の確立であり，スクタリではすでに多くの人命を救っていた。ナイチンゲールはこれを達成する目標を自らに課した。

　ナイチンゲールは，どのようにして当局を説得し，改革を実現できたのか。最も説得力のある方法は，データや情報を分析し，数値を当局に提示する統計的手法だ，と彼女は考えた。スクタリで彼女は膨大な量の記録を取っていたが，特に重要だったのが，比較・分析することができる正確な死亡率を示すための死者数だった。ナイチンゲールはイギリスに戻ると，医師であると同時に統計学の専門家でもあるウィリアム＝ファー博士（1807～1883 年）に会った。彼女はファー博士の指導を求め，スクタリで集めたデータを再整理した。軍や民間の病院の医療改善の手段として医学統計が使える，と彼女は考えた。彼女は様々な方法を用いて，死亡率を算出した。ナイチンゲールの衛生改革は 1855 年 3 月に始まった。クリミア戦争終結までには，トルコにいるイギリスの病兵の死亡率は，イギリスにいる兵士の死亡率を大きくは上回らなかった。

解答編

　さらに彼女の発見によれば，兵舎に住むイギリスの兵士は不衛生な状態
だった。平時のイギリスにいた 20〜35 歳の兵士の死亡率は，民間人の 2
倍近かった。明らかに，軍における衛生改善の必要性は野戦病院にとどま
らなかった。彼女が統計データを使って説得した結果，ヴィクトリア女王
（1819〜1901 年），アルバート公，さらには，首相パーマストン卿（1784
〜1865 年）は，軍の衛生管理の正式な調査の開始と，軍の衛生に関する
王立委員会の設立の必要性があることを確信した。王立委員会は 1857 年
5 月に設立された。ナイチンゲールはこの調査に積極的に参加し，王立委
員会の仕事に強い影響を与えた。この調査の結果として彼女が執筆して私
費出版した 800 ページの本が，『イギリス陸軍の健康・効率・病院管理に
影響する事項の覚え書』である。この本の中には，図表を添えた統計の項
目も含まれていた。ナイチンゲールは，統計図式化の真の先駆者だった。
彼女は統計値が，円形図のくさび形（Ｖ字形）の面積に比例して表され
ている鶏頭図を発明した。ウィリアム＝ファー博士は，この本を統計図に
ついて今までに書かれた最高の出版物と呼んだ。

　ナイチンゲールの努力の結果，いくつかの小委員会が設置されて，王立
委員会が勧告した改革を実行した。その中に含まれたのは，軍の兵舎や病
院の物理的改造，換気・暖房・下水処理・給水・厨房の改善，軍医学校の
設立，医学統計の収集に関する陸軍の手続きの再編成などである。

■■■■■■■■　◀解　説▶　■■■■■■■■

b．prevent「〜を予防する」prevent *A* (from) *doing*「*A* が〜するの
を防ぐ，（主語のせいで）*A* は〜しない」の形で頻出の語である。1．
destroy「〜を破壊する」　3．profit「〜に利益を与える」　4．tempt
「〜を誘惑する」

d．compare「比較し」て analyze「分析する」とつながる。名詞形は
analysis「分析」。1．abolish「〜を廃止する」　3．ignore「〜を無視す
る」　4．permit「〜を許可する」

e．search〔seek〕for guidance (from 〜)「（〜の）指導を求める」　1．
envy「嫉妬」　2．complaint「不満」　3．escape「脱出」

g．convince *A* that Ｓ Ｖ「〜ということを *A* に納得させる」tell *A*
that Ｓ Ｖ「ＳがＶすることを *A* に伝える」などと同様，第 4 文型の O₂
に名詞節（that 節）がくる形。

ｈ．as a result of ～「～の結果として」 this inquiry「この調査」は前文の this investigation の言い換え。２．at the mercy of ～「～のなすがままに」　３．for fear of ～「～を恐れて」　４．instead of ～「～の代わりに」

ｉ．call *A B*「*A* を *B* と呼ぶ」（第 5 文型）call *A* by *B*「*A* を *B* という名前によって呼ぶ」という表現もあるが，ここでは意味が通らない。

ｊ．These が指すのは名詞の複数形であり，さかのぼって最も近い位置にある the reforms「改革」を指すのが，意味上妥当。*A* include *B*「*A* は *B* を含む，*A* の中には *B* がある」　問題文で *B* に相当する箇所は，physical … hospitals; improvements … kitchens; establishing … school; and reorganizing … statistics で 4 つの長い名詞句が並列されている。

2 解答　a−1　b−4　c−3　d−1　e−3

3 解答　a−2　b−4　c−2　d−3　e−4

◀解　説▶

ａ．「芸術家たちには絵画を立体的に，つまり 3-D に見せるために数学が必要だった」

make *A do*「*A* に～させる」 look＋形容詞「～のように見える」（≒ seem〔appear〕＋形容詞）

ｂ．「人々は私が 3 カ国語を流暢に話せることに驚いた」

I could speak three languages with fluency「私は 3 カ国語を流暢に話せた」という文を，〈前置詞＋関係代名詞〉の構文で表した形。with fluency「流暢さをもって」＝fluently「流暢に」

ｃ．「公爵の甥が結婚したとき，大きな祝宴が開かれた。レオナルドは宴会の後のパーティーを担当した。彼は信じられないような舞台装置を作った」

in charge of ～「～を担当している，～の責任者だ」 １．in case of ～「～の場合，～に備えて」 ２．in place of ～「～の代わりに」≒instead of ～ ４．in terms of ～「～の観点から」

d.「ベアーテ：マーティンさんですよね？　ベアーテです。スイス出身の。

マーク：実はマークなんです。お会いしたことはないと思いますが。

ベアーテ：ああ，すみません。別の方だと思っていました」

ベアーテがマークにマーティンだと勘違いして声を掛けたが，人違いだと謝っている場面。

e.「ジェン：今晩一緒に食事でもどうですか？

ポール：ありがとうございます。よろこんで。

ジェン：ホテルの近くに素晴らしい地元料理が食べられるレストランがありますよ。魚は食べられますか？

ポール：ええ，食べます。おいしそうですね」

ジェンがポールをレストランに誘っている場面。sound＋形容詞「〜のように聞こえる〔思える〕」

---

4 解答 （2 番目・5 番目の順に）a－6・3　b－3・1
c－2・5

◀解　説▶

a.「これらの課は，現代科学をほとんど，あるいはまったく知らない人たちのために書かれた」

(These lessons) were written <u>for</u> those who <u>know</u> little (or nothing about modern science.)

b.「ジョージは 7 歳か 8 歳のある日まで，音楽にはあまり興味がなかったようだ」

(George didn't seem to have much of an interest) in <u>music</u> until one day when <u>he</u> was (seven or eight years old.)

c.「列車が何時に発車するかはわからない」

(There is) no <u>telling</u> what time <u>the train</u> will depart.

---

5 解答 a－3　b－4　c－3　d－2　e－4

◆全　訳◆

≪視点の切り替えがイノベーションを生む≫

　チャールズ＝ダーウィンは，動物学と心理学と植物学と地質学の研究を交互に繰り返した。これは彼の創造的な可能性を減らすのではなく，高めた。なぜだろうか。その理由は，そうすることが彼に，自分の研究対象を外から見て，科学の多様な分野の考えを融合する機会を与えたからだ。ある研究によれば，一貫して最も独創的な科学者は，最初に発表した 100 本の論文中，平均すると，驚異的にも 43 回テーマを変えている。

　一方，ミシガン州立大学の研究チームは，ノーベル賞受賞の科学者と同時代の他の科学者との比較を行った。ノーベル賞受賞者の方が，楽器の演奏を 2 倍，絵や彫刻の作成を 7 倍，詩や戯曲や一般書の執筆を 12 倍，趣味で演技やダンス，マジックを 22 倍多く行っていた。同様の結果は，起業家や発明家にも見られた。

　心理学者がよく話題にするのが「概念的距離」だ。我々はあるテーマに没頭しているとき，その込み入った事柄に囲まれている。そこに留まったり，その内部を表面的に変更することだけを考えたりするのは，非常に簡単だ。我々は理論的枠組みにとらわれてしまう。しかし，壁の外に出ることで，新たな利点が得られる。我々に新たな情報はないが，新たな視点がある。これは，ある種の芸術の主要な機能だと考えられることも多い。新たなものを見るのではなく，見慣れたものを新たな方法で見るということだ。Ｗ.Ｂ. イェイツの詩や，ピカソの絵画・彫刻が想起される。これらの偉大な作品は，作品を見る者と作品，観察者と被観察物の間に概念的距離を作り出している。

　組み換えが成長の主要な原動力となりつつある世界では，この意義はこの上なく大きい。未来の成長を引き起こすのは，我々が世界に当てはめているカテゴリーを超えられる人たち，領域間に橋をかける精神的柔軟性がある人たち，学問分野と思考のサイロの間に我々が築いている壁を見て，その壁が不変ではなく，可動，さらには分解可能と見なせる人たちだ。

　こういうわけで，アウトサイダーの考え方は当然，強力な資産となる。これは，インサイダーの専門的知識が不要ということではない。まったく逆である。我々は，概念的深さと概念的距離の両方を必要とする。我々は，インサイダーとアウトサイダーの両方であり，概念の「ネイティブ」と組

み換えの「移民」の両方である必要がある。我々は，現状を理解できるだけでなく，それに異議を唱えられる必要がある。我々は戦略的に反逆する必要がある。移民に話を戻すと，移民のイノベーションへの多大な貢献の説明に役立つ，さらなる理由も間違いなくある。移民になることを選ぶ人々は，リスクを取ることに自信がある可能性が高い。しばしば障害に直面していることを考えれば，回復力を身につける可能性が高い。しかし，こうした特性は重要だが，現状に異議を唱えて，慣習を乗り越えられることの重要性を不明瞭にしてはならない。

　イギリスの起業家であるキャサリン＝ワインズは，この点を的確に述べている。「明確なビジョンを持った人になるには，インサイダーが自明視しているものを見るために，アウトサイダーの視点をとる必要がある。可能性や機会が最も明らかになるのは，新鮮な視点で問題に直面しているときだ」

　ワインズは 2010 年，ソマリランドからの移民イズメイル＝アハメドと送金会社を設立した。アハメドは 1980 年代にロンドンに到着し，送金を受ける際のひどいイライラを直接体験した。彼の生い立ちが，デジタルソリューションに関して新天地で学んだことと合わさって，新たなベンチャー企業を生んだ。故郷への送金をメール送信と同じくらい簡便にする企業である。これが組み換えの典型的事例である。

━━━━━━━━━ ◀解　説▶ ━━━━━━━━━

ａ．（a-1）直前文の are immersed in a topic「あるテーマに没頭している」，are surrounded by its baroque intricacies「その込み入った事柄に囲まれている」や，直後の文の become prisoners of our paradigms「理論的枠組みにとらわれる」を踏まえると，get away from there「そこから脱出する」ではなく，stay there「そこに留まる」となる。
（a-2）直前文の a new vantage point「新たな利点」（vantage≒advantage）や，2文後の seeing something familiar in a new way「見慣れたものを新たな方法で見る」を踏まえると，a new disappointment「新たな失望」ではなく，a new perspective「新たな視点」となる。
ｂ．直前の who can transcend the categories we impose on the world「我々が世界に当てはめているカテゴリーを超えられる」を言い換えた，４の who have the mental flexibility to bridge between domains「領域

間に橋をかける精神的柔軟性がある」が入る。1.「他の視点にさらされないので，自分自身の視点に一層自信を持っている」　2.「自分によく似た人たちを追い求める」　3.「ルールにより深く精通している」

c. 〔1〕の conceptual distance「概念的距離」は第3段最終文（These great works …），〔2〕の insiders and outsiders は直前2文，〔4〕の the status quo「現状」は同段最終文（But while these …）に登場する話題だが，〔3〕の go to live and study abroad「海外留学する」は問題文とは無関係。

d. 前段で説明されているのは，外から来たもの（移民）がイノベーションに貢献できたのは，現状に異議を申し立て，それまでの慣習を乗り越える能力があったからということである。この点をまとめた内容がワインズの言葉である。外部者が新しい視点で，それまで内部者が当然と感じていた概念に疑問をもって見る，ということになる。(d-2) insiders「インサイダー（内部にいる人）」が take for granted「自明視する」事柄を見るために，(d-1) outsider「アウトサイダー（部外者）」の have to take the perspective「視点をとる必要がある」，という関係になる。

e. 1. 第1段第1・2文（Charles Darwin alternated … but enhanced it.）に矛盾。本文では複数分野を同時進行していたからこそ創造的な能力を高めたとある。

2. 第2段第2文（The Nobel Laureates …）に矛盾。「2倍」ではなく「12倍」。

3. 第5段最終文（But while these …）に矛盾。現状に異議を唱えて慣習を乗り越えていく能力も「高い」と考えられる。

4. 最終段第1〜3文（Wines founded a … a text message.）に一致。

数学

1 **解答** (1)ア．7　イ．8　ウ．1　エ．2　(2)オ．4　カ．6
(3)＊キ．＋2　＊ク．−2　＊ケ．−3　(4)コ．4

◀解　説▶

≪小問4問≫

(1)　サイコロBは偶数の目が出る確率，奇数の目が出る確率は等しく，ともに $\dfrac{1}{2}$ である。AとBの目の積が奇数になるのは，A，Bともに奇数の目が出る場合であり，その確率は

$$\frac{1}{4} \times \frac{1}{2} = \frac{1}{8}$$

よって，AとBの目の積が偶数になる確率は

$$1 - \frac{1}{8} = \frac{7}{8} \quad \rightarrow ア・イ$$

AとBの目の和が偶数になるのは，「A，Bともに奇数の目が出る」または「A，Bともに偶数の目が出る」場合であり，その確率は

$$\frac{1}{4} \times \frac{1}{2} + \frac{3}{4} \times \frac{1}{2} = \frac{1}{2} \quad \rightarrow ウ・エ$$

(2)　A は中心 $(0, 3)$，半径1の円の内部・周上の点を表し，B は中心 $(-4, 0)$，半径 r の円の内部・周上の点を表す。P$(0, 3)$，Q$(-4, 0)$ とおくと PQ$=5$ だから，$A \cap B = \varnothing$，すなわち，A と B が共有点をもたない条件は

$$0 < r < 4 \quad \rightarrow オ$$

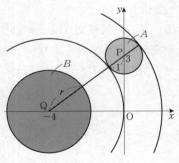

P$\in B$ であることがP$\in A$ であるための必要条件，すなわち $A \subset B$ が成り立つ条件は $r \geqq 6$ である。

よって，r の最小値は　　$r = 6$　→カ

(3)　割り算を実行すると

$$3x^3+4x^2+9x=(x^2+x+2)(3x+1)+2x-2 \quad \cdots\cdots①$$

だから，余りは　　$2x-2$　→＊キ・＊ク

α は $x^2+x+2=0$ の解だから，$\alpha^2+\alpha+2=0$ が成り立つ。

よって，①で $x=\alpha$ とすると

$$3\alpha^3+4\alpha^2+9\alpha=2\alpha-2$$

ここで，$\alpha=\dfrac{-1\pm\sqrt{7}\,i}{2}$ だから

$$2\alpha-2=2\left(\dfrac{-1\pm\sqrt{7}\,i}{2}\right)-2=-3\pm\sqrt{7}\,i$$

よって，この実部は　　-3　→＊ケ

(4)　n は平方数 x^2 を 7 で割ったときの余りである。自然数 x を 7 で割った余りは 0，1，$\cdots$，6 のいずれかだから，k を 0 以上の整数，r を 0 以上 6 以下の整数として $x=7k+r$ と表せる。このとき

$$x^2=(7k+r)^2=49k^2+14kr+r^2=7(7k^2+2kr)+r^2$$

だから，x^2 を 7 で割ったときの余りは，r^2 を 7 で割ったときの余りに等しい。

r	0	1	2	3	4	5	6
r^2	0	1	4	9	16	25	36
余り	0	1	4	2	2	4	1

よって，n のとり得る値の最大値は　　4　→コ

別解　7 を法とする合同式で $x\equiv-3$，-2，-1，0，1，2，3 のいずれかが成り立ち，$(\pm3)^2\equiv2$，$(\pm2)^2\equiv4$，$(\pm1)^2\equiv1$，$0^2\equiv0$ だから，n の最大値は 4 である。

2　解答　(1)サ. 1　シ. 8　ス. 2　セ. 5　(2)ソタ. 10

◀解　説▶

≪小問 2 問≫

(1)　BC$=a$，CA$=b$，AB$=c$，$\triangle$ABC の外接円の半径を R とおくと，正弦定理より

$$\dfrac{a}{\sin A}=\dfrac{b}{\sin B}=\dfrac{c}{\sin C}=2R$$

$$\therefore \quad \sin A = \frac{a}{2R}, \ \sin B = \frac{b}{2R}, \ \sin C = \frac{c}{2R}$$

$\sin A : \sin B : \sin C = 6 : 5 : 4$ だから，$a : b : c = 6 : 5 : 4$ であり，k を正の実数として $a=6k$，$b=5k$，$c=4k$ とおける。余弦定理より

$$\cos A = \frac{b^2+c^2-a^2}{2bc} = \frac{(5k)^2+(4k)^2-(6k)^2}{2(5k)(4k)} = \frac{5^2+4^2-6^2}{2\cdot5\cdot4} = \frac{1}{8}$$

→サ・シ

よって

$$\sin A = \sqrt{1-\cos^2 A} = \sqrt{\frac{63}{8^2}} = \frac{3\sqrt{7}}{8}$$

$$\triangle ABC = \frac{1}{2}bc\sin A = \frac{1}{2}(5k)(4k)\cdot\frac{3\sqrt{7}}{8} = \frac{15\sqrt{7}\,k^2}{4}$$

$\triangle ABC = 3\sqrt{7}$ だから

$$\frac{15\sqrt{7}\,k^2}{4} = 3\sqrt{7} \qquad k^2 = \frac{4}{5} \qquad \therefore \quad k = \frac{2}{\sqrt{5}}$$

よって $\quad AC = b = 5\cdot\dfrac{2}{\sqrt{5}} = 2\sqrt{5}$ →ス・セ

(2) $\sin 6x = \cos\left(\dfrac{\pi}{2}-6x\right)$ が成り立つから，与式より

$$\cos\left(\frac{\pi}{2}-6x\right) = \cos 4x$$

よって，n を整数として

$$\frac{\pi}{2}-6x = \pm4x+2n\pi$$

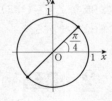

$\dfrac{\pi}{2}-6x = 4x+2n\pi$ のとき $\quad x = \dfrac{\pi}{20}-\dfrac{n\pi}{5}$ ……①

$\dfrac{\pi}{2}-6x = -4x+2n\pi$ のとき $\quad x = \dfrac{\pi}{4}-n\pi$ ……②

$0 \leqq x < 2\pi$ の範囲では，①で $\quad n=0, \ -1, \ \cdots, \ -9$

②で $n=0$，-1 として x が求まり，この $x=\dfrac{\pi}{4}$，$x=\dfrac{5}{4}\pi$ は，それぞれ①

での $n=-1$，$n=-6$ と一致しているので，x の値は全部で 10 個ある。

→ソタ

3 解答　(1)チ．1　ツ．4　テ．2　(2)ト．8　ナ．4　ニ．9
　　　　　(3)ヌ．5

◀解　説▶

≪常用対数の計算，整数部分の桁数と最高位の数≫

(1)　$A=2^7\times7^2\times\sqrt[5]{10^2}=2^7\times7^2\times10^{\frac{2}{5}}$ とおくと

$$\log_{10}A=7\log_{10}2+2\log_{10}7+\frac{2}{5}=7\times0.301+2\times0.845+0.4=4.197$$

∴　$4<\log_{10}A<5$　　$10^4<A<10^5$

A の整数部分の最高位の数を a（$1\leqq a\leqq9$）とすると

$$a\times10^4<A<(a+1)\times10^4$$
$$\log_{10}(a\times10^4)<\log_{10}A<\log_{10}\{(a+1)\times10^4\}$$
$$\log_{10}a+4<4.197<\log_{10}(a+1)+4$$

∴　$\log_{10}a<0.197<\log_{10}(a+1)$

よって，$\log_{10}1=0$，$\log_{10}2=0.301$ より，$a=1$ であり

$$1\times10^4<A<2\times10^4　\rightarrow チ・ツ・テ$$

(2)　$B=3^5\times5^3\times\sqrt[7]{10^3}=3^5\times5^3\times10^{\frac{3}{7}}$ とおくと

$$\log_{10}B=5\log_{10}3+3\log_{10}\frac{10}{2}+\frac{3}{7}$$

$$=5\log_{10}3+3(\log_{10}10-\log_{10}2)+\frac{3}{7}$$

$$=5\times0.477+3\times(1-0.301)+0.\dot{4}2857\dot{1}$$

$$=4.91057\cdots$$

(1)と同様にして，$10^4<B<10^5$ であり，B の整数部分の最高位の数を b
（$1\leqq b\leqq9$）とすると

$$\log_{10}b<0.91057\cdots<\log_{10}(b+1)$$
$$\log_{10}8=\log_{10}2^3=3\log_{10}2=3\times0.301=0.903$$
$$\log_{10}9=\log_{10}3^2=2\times\log_{10}3=2\times0.477=0.954$$

より，$b=8$ であり　　$8\times10^4<B<9\times10^4　\rightarrow ト\sim ニ$

(3)　(1)より　　$1\times10^4<A<2\times10^4$

∴　$-2\times10^4<-A<-1\times10^4$　……①

(2)より　　$8\times10^4<B<9\times10^4$　……②

①＋② より　　　$6 \times 10^4 < B-A < 8 \times 10^4$

よって，$B-A$ の整数部分は　　　5 桁　→ヌ

4 　解答

(1)ネ. 1　ノ. 0　ハ. 1　ヒ. 3　フ. 4　ヘホ. 27
(2)マ. 1　ミム. 12　(3)メ. 4　モ. 3
(4)ヤユ. 81　ヨ. 2

◀解　説▶

≪3 次関数の微・積分，2 直線のなす角の条件≫

(1)　　$f(x) = x(x^2 - 2ax + a^2) = x^3 - 2ax^2 + a^2x$

　　　　$f'(x) = 3x^2 - 4ax + a^2 = (x-a)(3x-a)$

$a > 0$ だから $f(x)$ の増減は右のようになる。

x	$\cdots$	$\dfrac{a}{3}$	$\cdots$	a	$\cdots$
$f'(x)$	$+$	0	$-$	0	$+$
$f(x)$	↗		↘		↗

よって，$f(x)$ は $x = a$ で極小値 $f(a) = 0$，

$x = \dfrac{a}{3}$ で極大値 $f\left(\dfrac{a}{3}\right) = \dfrac{4}{27}a^3$ をとる。　→ネ〜ホ

(2)　求める面積を S とすると

$$S = \int_0^a x(x-a)^2 dx = \int_0^a (x-a+a)(x-a)^2 dx$$

$$= \int_0^a \{(x-a)^3 + a(x-a)^2\} dx$$

$$= \left[\frac{1}{4}(x-a)^4 + \frac{a}{3}(x-a)^3\right]_0^a$$

$$= \left(-\frac{1}{4} + \frac{1}{3}\right)a^4$$

$$= \frac{1}{12}a^4 \quad →マ〜ム$$

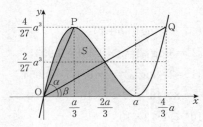

別解　$S = \displaystyle\int_0^a (x^3 - 2ax^2 + a^2x)\,dx = \left[\dfrac{1}{4}x^4 - \dfrac{2a}{3}x^3 + \dfrac{a^2}{2}x^2\right]_0^a$

$$= \frac{1}{4}a^4 - \frac{2}{3}a^4 + \frac{1}{2}a^4 = \frac{1}{12}a^4$$

(3)　$f(x) = \dfrac{4}{27}a^3$ とすると

$$x^3 - 2ax^2 + a^2x - \frac{4}{27}a^3 = 0$$

$$\left(x - \frac{a}{3}\right)^2 \left(x - \frac{4}{3}a\right) = 0$$

よって，$x = \dfrac{a}{3}$ 以外の解は $x = \dfrac{4}{3}a$ で，Q の x 座標は $\dfrac{4}{3}a$ である。

→メ・モ

参考　$y = f(x)$ と $y = \dfrac{4}{27}a^3$ は $x = \dfrac{a}{3}$ で接しているから，$x = \dfrac{a}{3}$ が重解

として求まるはずである。よって，$\left(x - \dfrac{a}{3}\right)^2 (x - \boxed{}) = 0$ の形から，定

数項が $-\dfrac{4}{27}a^3$ になるように $\boxed{}$ を決めればよい。

(4)　$\tan\alpha = (\text{OP の傾き}) = \dfrac{\dfrac{4}{27}a^3}{\dfrac{a}{3}} = \dfrac{4}{9}a^2$　……①

$$\tan\beta = (\text{OQ の傾き}) = \dfrac{\dfrac{4}{27}a^3}{\dfrac{4}{3}a} = \dfrac{1}{9}a^2$$　……②

$\alpha = 2\beta$ であるならば

$$\tan\alpha = \tan 2\beta \qquad \tan\alpha = \frac{2\tan\beta}{1 - \tan^2\beta}$$

①，②を代入して　　$\dfrac{4}{9}a^2 = \dfrac{2 \cdot \dfrac{1}{9}a^2}{1 - \left(\dfrac{1}{9}a^2\right)^2}$

$$1 - \left(\frac{1}{9}a^2\right)^2 = \frac{1}{2}$$

よって　　$a^4 = \dfrac{81}{2}$　→ヤ～ヨ

5　解答

(1)ラ. 4　リ. 2　ル. 2
(2)レ. 3　ロ. 2　ワ. 2　ヲ. 3　ン. 3　あ. 2
い. 6
(3)う. 3　(4)え. 6

━━━━◀解　説▶━━━━

≪座標空間における球面，球面と平面の交わりの円≫

(1) xy 平面上で考える。点 A を O の
まわりに $-90°$ 回転した点を A′ とする
と，A′ は $(4, \sqrt{2}, 0)$ である。
$OA' = \sqrt{16+2} = 3\sqrt{2}$，$OB = 6$ より

$$\overrightarrow{OB} = \frac{6}{3\sqrt{2}}\overrightarrow{OA'} = \sqrt{2}\overrightarrow{OA'}$$
$$= (4\sqrt{2}, 2, 0)　→ラ〜ル$$

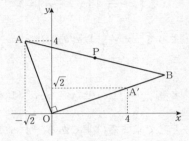

参考　B を $(x, y, 0)$ $(x>0, y>0)$ とおき，$\overrightarrow{OA}\cdot\overrightarrow{OB}=0$ かつ $|\overrightarrow{OB}|=6$
から x, y を求めてもよい。

(2) $\angle AOB = 90°$ だから，△OAB の外接円は AB を直径とする円であり，
中心 P は AB の中点である。xy 平面上で考えて

$$\overrightarrow{OP} = \frac{\overrightarrow{OA}+\overrightarrow{OB}}{2} = \frac{1}{2}\{(-\sqrt{2}, 4, 0)+(4\sqrt{2}, 2, 0)\}$$
$$= \left(\frac{3}{2}\sqrt{2}, 3, 0\right)　→レ〜ヲ$$

また，$AB = \sqrt{(5\sqrt{2})^2+2^2} = 3\sqrt{6}$ より，半径 r は

$$r = \frac{3}{2}\sqrt{6}　→ン〜い$$

(3) P から yz 平面に下した垂線の足を P′ と
する。
中心 P，半径 r の球面と yz 平面の交わりの円
を C とすると，C は中心 P′，半径 OP′ の円で
ある。P′ は $(0, 3, 0)$ だから，求める円の半
径は

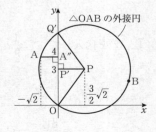

$$OP' = 3　→う$$

(4) 点 A から yz 平面に下した垂線の足を A″ とすると A″ は $(0, 4, 0)$

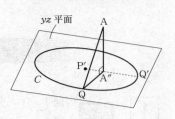

であり

$$AQ^2 = AA''^2 + A''Q^2 = 2 + A''Q^2$$

が成り立つので，AQ が最小となるのは
A″Q が最小のときである。

これは P′，A″，Q がこの順に一直線上に
並ぶ場合であり，この Q を Q′ とすると

$$A''Q' = P'Q' - P'A'' = 3 - 1 = 2$$

よって，QA の最小値は　　$AQ' = \sqrt{2 + 2^2} = \sqrt{6}$　　→え

化学

1 解答

問 1．c　問 2．a　問 3．d　問 4．c　問 5．e
問 6．a　問 7．e　問 8．d

◀解　説▶

≪小問集合≫

問 3．a～e の窒素化合物における窒素原子の酸化数は，それぞれ次のとおり。

a．NO（+2）　b．NO$_2$（+4）　c．N$_2$O$_4$（+4）　d．HNO$_3$（+5）
e．NaNO$_2$（+3）

酸化数が最も大きいものは d。

問 4．a．正しい。水は分子間に水素結合が形成されるため，硫化水素よりも沸点は高い。

b．正しい。c．誤り。水は極性のある折れ線形の分子で，固体はすき間の多い構造となるため液体よりも密度が小さい。

問 6．c．誤り。ヨウ素よりも臭素の酸化力の方が強いため，臭化カリウムにヨウ素を加えても臭素は遊離しない。

d．誤り。フッ化水素酸は弱酸性を示す。

e．誤り。フッ化銀は水に可溶である。

問 7．少量のアンモニア水を加えると，水酸化物が生じる。水酸化物が白色の沈殿になるのは Al^{3+}，Pb^{2+}，Zn^{2+} である。このうち過剰のアンモニアに対して錯イオンを形成し溶解するのは Zn のみである。

$$Zn^{2+} \xrightarrow{NH_3} Zn(OH)_2 \xrightarrow{NH_3} [Zn(NH_3)_4]^{2+}$$

2 解答

問 1．(1)— c　(2)— d　(3)— f
問 2．d　問 3．(1)— c　(2)— c　問 4．d

◀解　説▶

≪濃度，混合溶液の pH，共通イオン効果，H$_2$S の電離平衡，溶解度積≫

問 1．(1)　A 液 1000 mL に含まれる水酸化ナトリウム（式量 40.0）の物

質量 [mol] を求めればよいので

$$1000 \times 1.2 \times \frac{18}{100} \times \frac{1}{40.0} = 5.40 \fallingdotseq 5.4 \, [\text{mol/L}]$$

(2)　希釈しても溶質の質量 [g] は変化しないので，必要な A 液を $V \, [\text{mL}]$ とおくと

$$V \times 1.2 \times \frac{18}{100} = 3.0 \times 10^{-1} \times \frac{90}{1000} \times 40.0$$

$$V = 5.0 \, [\text{mL}]$$

(3)　B 液 90 mL に含まれる水酸化ナトリウムの物質量 [mol] は

$$3.0 \times 10^{-1} \times \frac{90}{1000} = 27 \times 10^{-3} \, [\text{mol}]$$

加えた塩化水素の物質量 [mol] は

$$1.2 \times 10^{-1} \times \frac{180}{1000} = 21.6 \times 10^{-3} \, [\text{mol}]$$

混合後の水溶液では，水酸化ナトリウムが

$$(27 - 21.6) \times 10^{-3} = 5.4 \times 10^{-3} \, [\text{mol}]$$

残っており，混合後の体積が 270 mL になることから

$$[\text{OH}^-] = 5.4 \times 10^{-3} \times \frac{1000}{270} = 2.0 \times 10^{-2} \, [\text{mol/L}]$$

$$[\text{H}^+] = \frac{K_\text{w}}{[\text{OH}^-]} = \frac{1.0 \times 10^{-14}}{2.0 \times 10^{-2}} = 2^{-1} \times 10^{-12} \, [\text{mol/L}]$$

$$\text{pH} = 12 + \log_{10} 2 = 12.3$$

問 2．　d．塩化ナトリウムの飽和水溶液では，次の平衡が成り立つ。

$$\text{NaCl(固)} \rightleftarrows \text{Na}^+ + \text{Cl}^-$$

ここに塩化水素を吹き込むと

$$\text{HCl} \longrightarrow \text{H}^+ + \text{Cl}^-$$

の反応により水溶液中の塩化物イオンのモル濃度が大きくなる。ルシャトリエの原理により，塩化物イオンを減少させる方向へ平衡が移動するため，塩化ナトリウムの結晶が析出する。共通のイオンによってもとの物質の溶解度や電離度が減少する現象を共通イオン効果という。

問 3．　(1)　②式の電離が無視できることから，①式のみを考えればよい。また，$[\text{H}_2\text{S}] \gg [\text{H}^+]$ であることから

$$[\text{H}^+] = \sqrt{CK_1} = \sqrt{1.0 \times 10^{-1} \times 1.0 \times 10^{-7}} = 1.0 \times 10^{-4} \, [\text{mol/L}]$$

したがって　　pH＝4

(2)　1.0×10^{-1} mol/L の硫化水素水溶液の $[H^+]$ は(1)より 1.0×10^{-4} mol/L。また，ほとんど電離しないことから，平衡時における $[H_2S]$ は 1.0×10^{-1} mol/L と近似できる。④式より

$$[S^{2-}] = \frac{[H_2S] \times K_1 \times K_2}{[H^+]^2}$$

$$= \frac{1.0 \times 10^{-1} \times 1.0 \times 10^{-7} \times 1.0 \times 10^{-14}}{(1.0 \times 10^{-4})^2}$$

$$= 1.0 \times 10^{-14} [mol/L]$$

問 4．溶解度積を超えると沈殿が生じる。

$$K_{sp} = [Cu^{2+}][S^{2-}] = 6.5 \times 10^{-30}$$

$$[S^{2-}] = \frac{K_{sp}}{[Cu^{2+}]} = \frac{6.5 \times 10^{-30}}{1.3 \times 10^{-3}} = 5.0 \times 10^{-27} [mol/L]$$

3 解答

問 1．(1)アー d　イー f　ウー h

(2)— d　(3)— c　(4)— c　(5)— c

問 2．(1)— b　(2)— c

◀解　説▶

≪水素，ヨウ素，ヨウ化水素の化学平衡≫

問 1．(1)　ア．t_1 のとき，ヨウ素の分圧は 0.3×10^5 Pa。容器内には同じ物質量のヨウ素と水素が入っているので，水素の分圧も 0.3×10^5 Pa になる。全圧が 1.0×10^5 Pa に保たれているので，ヨウ化水素の分圧は

$$1.0 \times 10^5 - 0.3 \times 10^5 \times 2 = 0.4 \times 10^5 [Pa]$$

イ．t_2 のとき，ヨウ素の分圧は 0.2×10^5 Pa。アと同様に

$$1.0 \times 10^5 - 0.2 \times 10^5 \times 2 = 0.6 \times 10^5 [Pa]$$

ウ．t_∞ のとき，ヨウ素の分圧は 0.1×10^5 Pa。ア・イと同様に

$$1.0 \times 10^5 - 0.1 \times 10^5 \times 2 = 0.8 \times 10^5 [Pa]$$

(3)　圧平衡定数 K_p と濃度平衡定数 K_c はそれぞれ次のように表される。

$$K_p = \frac{P_{HI}^2}{P_{H_2} \cdot P_{I_2}}, \quad K_c = \frac{[HI]^2}{[H_2][I_2]}$$

気体の状態方程式 $PV = nRT$ より，それぞれの分圧はモル濃度を用いて

$$P_{H_2} = \frac{n_{H_2}RT}{V} = [H_2]RT$$

$$P_{I_2} = \frac{n_{I_2}RT}{V} = [I_2]RT$$

$$P_{HI} = \frac{n_{HI}RT}{V} = [HI]RT$$

$$K_p = \frac{P_{HI}{}^2}{P_{H_2} \cdot P_{I_2}} = \frac{([HI]RT)^2}{[H_2]RT \cdot [I_2]RT} = \frac{[HI]^2}{[H_2][I_2]} = K_c$$

(4)　t_∞ のとき平衡に達しており，また $K_p = K_c$ より

$$K_c = K_p = \frac{(0.8 \times 10^5)^2}{0.1 \times 10^5 \times 0.1 \times 10^5} = 6.4 \times 10$$

(5)　平衡時において，正反応と逆反応の反応速度が等しいことから

$$v_1 = v_2$$

$$k_1[H_2][I_2] = k_2[HI]^2$$

$$\frac{[HI]^2}{[H_2][I_2]} = \frac{k_1}{k_2} = K_c = 6.4 \times 10$$

問 2．(1)　実験 2 の開始直後において，容積が 10 L であることから

$$\frac{[HI]^2}{[H_2][I_2]} = \frac{\left(\dfrac{1.0}{10}\right)^2}{\dfrac{0.10}{10} \times \dfrac{0.10}{10}} = 1.0 \times 10^2$$

600 K における K_c よりも大きい値になることから，平衡状態よりも HI が多く存在する。したがって HI を減少させる方向へ平衡は移動する。

(2)　増加する水素とヨウ素の物質量を x [mol] とおく。

$$H_2 \ + \ I_2 \ \rightleftharpoons \ 2HI$$

	H_2	I_2	2HI	
反応前	0.10	0.10	1.0	〔mol〕
変化量	$+x$	$+x$	$-2x$	〔mol〕
反応後	$0.10+x$	$0.10+x$	$1.0-2x$	〔mol〕

温度が同じならば平衡定数も一定なので

$$K_c = \frac{\left(\dfrac{1.0-2x}{10}\right)^2}{\left(\dfrac{0.10+x}{10}\right)^2} = 6.4 \times 10$$

$x > 0$ より

$$\frac{1.0-2x}{0.10+x}=8.0$$

$$x=0.020$$

HI の物質量〔mol〕は

$$1.0-2\times0.020=0.96〔mol〕$$

4 解答

問1．d　問2．c　問3．(1)—d　(2)B—d　C—f
問4．d　問5．(1)A—b　B—f　F—d

(2) C. 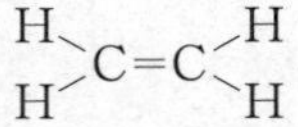 H₂C=CH₂ （構造式）　　D. CH₃CHO （構造式）

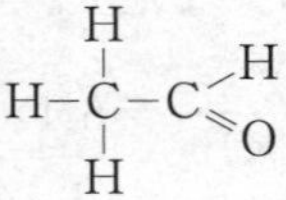

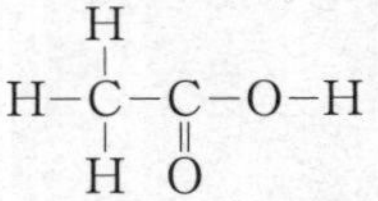

E. CH₃COOH （構造式）　　G. CH₂I₂ （構造式）

◆解　説▶

≪有機化合物の反応と性質，$C_8H_{10}O$ の構造推定≫

問2．a・b．ともに誤り。炭素数が少ないほど分子量が小さくなり，分子間力が弱くなるため沸点も低くなる。

c．正しい。エタノールは分子間に水素結合が形成されるため沸点は高くなる。アセトアルデヒドはホルミル基（アルデヒド基）に極性があるため，無極性のジメチルエーテルより沸点は高い。

d．誤り。酢酸は水素結合により二量体を形成できるため，みかけの分子量が大きく沸点は高くなる。1-プロパノールはヒドロキシ基をもち，分子間に水素結合が形成できるため，無極性のブタンよりも沸点は高い。

e．誤り。不飽和脂肪酸はシス形の立体構造になるため，分子鎖は折れ曲がった形になる。C=C 結合が多いほど分子間力がはたらきにくくなり，融点は低くなる。

問3．(1)　化合物 A はナトリウムの単体と反応しなかったことから，エーテル類であると推定できる。

よって A として考えられる構造は次の 5 つになる。

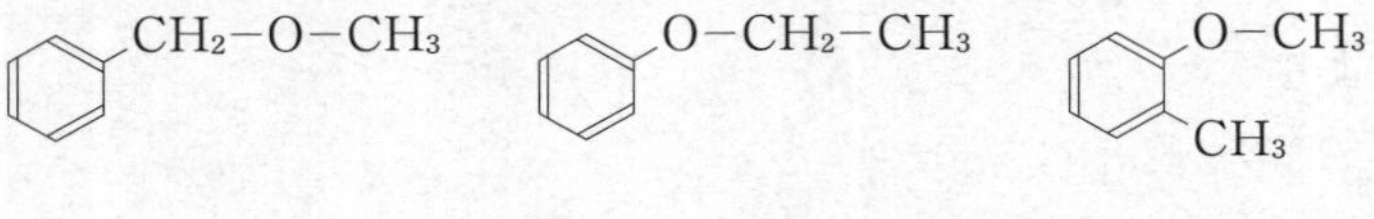

（2）化合物 B，C は塩化鉄（Ⅲ）水溶液には呈色反応を示さず，ナトリウムとは反応したことからアルコール類であると考えられる。B を酸化するとモノカルボン酸 D を生じることから，1 置換体と考えられる。

また，B を穏やかに酸化して得られた化合物は還元性をもつアルデヒドと考えられるので，B と D としては次の構造が推定される。ベンゼン環の側鎖は，環に直接結合した炭素が酸化されてカルボキシ基やホルミル基となる。

C は酸化するとジカルボン酸 E に変化したことから 2 置換体と考えられるため，C，E として次の①～③の構造が推定される。

このうち，E のベンゼン環の 1 つの水素原子を塩素原子で置換したとき，2 種類の構造が得られるのは①の構造となる。

問 5．水と反応してアセチレンを生じる化合物は炭化カルシウム（A）である。アセチレンに水素を付加するとエチレン（C）を生じる。エチレンを空気酸化するとアセトアルデヒド（D）を生じ，さらに酸化すると酢酸（E）に

なる。クメンヒドロペルオキシド(B)を希硫酸で分解するとフェノールと
アセトンが生じる。アセトンにヨウ素と水酸化ナトリウムを加えて温める
と，ヨードホルム(G)と酢酸ナトリウム(F)が生じる。
※ヨードホルム反応は次のような変化をし，ヨードホルムとカルボン酸ナ
トリウム塩を生じる。

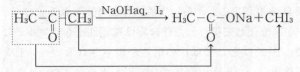

$$\boxed{5}\quad \textbf{解答}\quad 問1.\ (1)-a\ \ (2)-d\quad 問2.\ c$$

◀解　説▶

≪ヘキサペプチドの推定と窒素含有量，アミノ酸の等電点，合成繊維≫
問 1．ペプチド B はキサントプロテイン反応を示すことから芳香族アミ
ノ酸のチロシンを含む。また，硫黄反応を示すことから含硫アミノ酸のシ
ステインを含む。A の 6 種類のアミノ酸から，ペプチド C は残りのアス
パラギン酸，アラニン，グリシン，リシンの 4 種類のアミノ酸からなるペ
プチドとわかる。

(1)　ペプチド C から遊離したアミノ酸は電気泳動をおこなったとき陽極
側に移動したので，遊離したアミノ酸は主に陰イオンになっている。
pH 6 のとき陰イオンになるのは等電点が酸性側にある酸性アミノ酸なの
で，アスパラギン酸と決まる。

(2)　ペプチド D は，ペプチド C からアスパラギン酸が遊離して生じたペ
プチドであるため，アラニン，グリシン，リシンを含む。アラニンとグリ
シンはそれぞれ 1 つ，リシンは 2 つの窒素原子を含む。ペプチド D の分
子量は，縮合反応により水 2 分子が失われることから

$$89＋75＋146－2×18＝274$$

窒素の質量百分率は

$$\frac{14×(1+1+2)}{274}×100＝20.4≒20〔\%〕$$

■ 一般選抜（Ｂ方式Ⅱ期）

問題編

▶試験科目・配点

教　科	科　　　目	配　点
数　学	数学Ⅰ・Ⅱ・Ａ・Ｂ	100 点
理　科	化学基礎・化学	200 点

▶備　考

・「数学Ｂ」は「数列」「ベクトル」から出題する。

・「化学基礎・化学」には，理数系の基礎的な思考能力や技能を判断するため，一部記述問題がある。

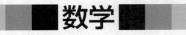

（60 分）

解答上の注意

1. 問題の文中 $\boxed{*アイウ}$ などの＊にはプラス，マイナスの符号が１つ対応し，ア，イ，あ，い，…などの文字にはそれぞれ 0 ～ 9 の数字が１つずつ対応する。

   例1　$\boxed{*アイウ}$ に 235 と答えるときは，＋235 としてマークしなさい。

ア	⊕	⊖	0	①	②	③	④	⑤	⑥	⑦	⑧	⑨
イ			⓪	①	②	❸	④	⑤	⑥	⑦	⑧	⑨
ウ			⓪	①	②	③	④	❺	⑥	⑦	⑧	⑨

2. 答が 0 のときは，以下の例に従ってマークしなさい。

   問題文中に $\boxed{*エ}$ と $\boxed{エ}$ の２通りの場合がある。

   例2.1　$\boxed{*エ}$ に 0 と答えるときは，＋0 としてマークしなさい。

エ	⊕	⊖	⓪	①	②	③	④	⑤	⑥	⑦	⑧	⑨

   例2.2　$\boxed{エ}$ に 0 と答えるときは，0 のみにマークしなさい。

エ	❶	①	②	③	④	⑤	⑥	⑦	⑧	⑨

3. 分数形で解答するときは，既約分数（それ以上約分ができない分数）で答えなさい。整数を答えるときは，分母に 1 をマークしなさい。

   例3　$\dfrac{\boxed{*オ}}{\boxed{カ}}$ に－5 と答えるときは，$\dfrac{-5}{1}$ であるから，以下のようにマークしなさい。

オ	⊕	⊖	0	①	②	③	④	❺	⑥	⑦	⑧	⑨
カ			⓪	❶	②	③	④	⑤	⑥	⑦	⑧	⑨

4. 根号を含む形で解答するときは，根号の中の自然数が最小となる形で答えなさい。たとえば，$\boxed{キ}\sqrt{\boxed{ク}}$，$\dfrac{\sqrt{\boxed{ケ}}}{\boxed{コ}}$ に $4\sqrt{2}$，$\dfrac{\sqrt{2}}{2}$ と答えるところを，$2\sqrt{8}$，$\dfrac{\sqrt{8}}{4}$ のように答えてはならない。

問題 1

(1)　赤玉，白玉，青玉がそれぞれ 3 個，5 個，2 個入った箱から 2 個の玉を同時に取り出す。取り出した玉が 2 個とも白玉である確率は $\dfrac{\boxed{ア}}{\boxed{イ}}$ であり，取り出した玉の色が 2 個とも同じである確率は $\dfrac{\boxed{ウエ}}{\boxed{オカ}}$ である。

(2)　$\cos x = \cos y = 1$ であることは $\sin(x+y) = \sin x + \sin y$ であるための $\boxed{キ}$。

　$\boxed{キ}$ には次の選択肢の中からひとつ選んでその番号をマークせよ。

　　　① 必要条件であるが十分条件ではない
　　　② 十分条件であるが必要条件ではない
　　　③ 必要十分条件である
　　　④ 必要条件でも十分条件でもない

(3)　O を原点とする座標平面において，第 1 象限に中心をもち，2 点 O および A$(0, \sqrt{2})$ を通る円 C がある。C 上の第 1 象限にある点 P に対し，$\angle \mathrm{OPA} = \theta$ とおく。$\tan\theta = \dfrac{\sqrt{3}}{3}$ であるとき，C の方程式は

$$x^2 + y^2 - \sqrt{\boxed{ク}}\, x - \sqrt{\boxed{ケ}}\, y = 0$$

である。

問題 **2**

(1)　不等式

$$\frac{k-1}{k} < \log_{10} 6 < \frac{k}{k+1}$$

を満たす自然数 k の値は $\boxed{\text{コ}}$ である。また，6^{20} は $\boxed{\text{サシ}}$ 桁の整数である。

(2)　初項と公差がともに正の実数であるようなどんな等差数列 $\{a_n\}$ に対しても，

$$a_1^2 - a_2^2 + a_3^2 - a_4^2 + \cdots + a_{19}^2 - a_{20}^2 = \frac{\boxed{\text{スセ}}}{\boxed{\text{ソタ}}} \cdot (a_1^2 - a_{20}^2)$$

が成り立つ。左辺は，各項の 2 乗を符号を交代させながら第 20 項までとった和である。

(3)　整数 a に対し，

$$\frac{a+7}{a^2+1}$$

が再び整数になるような a の値は全部で $\boxed{\text{チ}}$ 個ある。

問題3

関数 $f(x) = x^3 - 3x$ に関して以下の各問に答えよ。

(1)　$f(x)$ は $x = -\boxed{\text{ツ}}$ で極大値 $\boxed{\text{テ}}$ をとり，$x = \boxed{\text{ト}}$ で極小値 $-\boxed{\text{ナ}}$ をとる。

(2)　$f(x) = \boxed{\text{テ}}$ となる最大の x の値は $x = \boxed{\text{ニ}}$ であり，

$$\int_{1}^{\boxed{\text{ニ}}} f(x)\,dx = \frac{\boxed{*\text{ヌ}}}{\boxed{\text{ネ}}}$$

である。

(3)　実数 a に対し，$x \leqq a$ における $f(x)$ の最大値は，

$$a < -\boxed{\text{ノ}} \text{ または } a > \boxed{\text{ハ}} \text{ のとき，} \boxed{*\text{ヒ}}\,a^3 + \boxed{*\text{フ}}\,a,$$
$$-\boxed{\text{ノ}} \leqq a \leqq \boxed{\text{ハ}} \text{ のとき，} \boxed{\text{ヘ}}$$

となる。

(4)　b を実数とする。$x \leqq b$ において常に $f(x) \leqq 2b$ が成り立つような b の範囲は

$$b \leqq -\sqrt{\boxed{\text{ホ}}} \text{ または } \boxed{\text{マ}} \leqq b \leqq \sqrt{\boxed{\text{ミ}}}$$

である。

問題 **4**

平面上に OA $= 4$, OB $= 2$ の三角形 OAB がある。辺 OA を $1:2$ に内分する点を M，辺 OB の中点を N とし，直線 MN と辺 AB の延長との交点を P とする。

(1)　$\overrightarrow{\text{MN}}$ を $\overrightarrow{\text{OA}}$, $\overrightarrow{\text{OB}}$ で表すと，

$$\overrightarrow{\text{MN}} = -\dfrac{\boxed{\text{ム}}}{\boxed{\text{メ}}}\overrightarrow{\text{OA}} + \dfrac{\boxed{\text{モ}}}{\boxed{\text{ヤ}}}\overrightarrow{\text{OB}}$$

となる。

(2)　$\overrightarrow{\text{OP}}$ を $\overrightarrow{\text{OA}}$, $\overrightarrow{\text{OB}}$ で表すと，

$$\overrightarrow{\text{OP}} = -\boxed{\text{ユ}}\,\overrightarrow{\text{OA}} + \boxed{\text{ヨ}}\,\overrightarrow{\text{OB}}$$

となる。

(3)　$\overrightarrow{\text{MP}} \perp \overrightarrow{\text{OB}}$ のとき，内積 $\overrightarrow{\text{OA}} \cdot \overrightarrow{\text{OB}} = \boxed{\text{ラ}}$ である。また，このとき △OAB の面積は $\sqrt{\boxed{\text{リ}}}$ である。

化学

(90 分)

1　問 1 ～ 問 8 に答えなさい。

問 1　第 2 周期と第 3 周期の元素に関する記述 a ～ e のうち, 正しいものを 1 つ選び
なさい。

 a　元素の原子番号が大きいほど, 価電子の数が多くなる。

 b　酸化物イオンの電子配置は, ネオン原子の電子配置と同じである。

 c　ネオンの単体は, 酸素分子と容易に反応する。

 d　フッ素原子の第 1 イオン化エネルギーは, ナトリウム原子の第 1 イオン化
エネルギーより小さい。

 e　酸素原子の電気陰性度は, マグネシウム原子の電気陰性度より小さい。

問 2　440 g の二酸化炭素に関する記述 a ～ e のうち, **誤っているもの**を 1 つ選びな
さい。ただし, 原子量は C = 12, O = 16 とし, アボガドロ数 (6.02×10^{23}) を
N とする。

 a　電子の数は, 220 N である。

 b　原子核の数は, 30 N である。

 c　酸素原子の数は, 20 N である。

 d　共有結合に使われている電子の数は, 40 N である。

 e　非共有電子対の数は, 40 N である。

問 3　分子またはイオン a ～ e のうち, その形が正四面体形であるものを 1 つ選びな
さい。

 a　アセチレン　　　　　b　二酸化炭素　　　　c　オゾン

 d　アンモニウムイオン　e　オキソニウムイオン

問 4　次の**ア～ウ**の性質をすべてみたす分子の組合せとして正しいものを a～e から 1 つ選びなさい。

ア　常温・常圧で無色の気体である。
イ　特有の臭気がある。
ウ　水に溶けると，その水溶液は酸性を示す。

a　オゾン と 酸素　　　　　　b　臭素 と ヨウ素
c　硫化水素 と 二酸化硫黄　　d　アンモニア と 一酸化窒素
e　一酸化炭素 と 二酸化炭素

問 5　金属に関する記述 a～e のうち，**誤っているもの**を 1 つ選びなさい。

a　金属結晶は，自由電子が結晶中を移動するため電気伝導性にすぐれる。
b　金属結晶は，たたいて箔にしたり引き延ばして線にしたりすることができる。
c　金属の結晶格子のうち，体心立方格子の単位格子の充填率は，面心立方格子の単位格子の充填率より小さい。
d　金属の結晶格子のうち，六方最密構造の単位格子中に含まれる原子の数は，面心立方格子の単位格子中に含まれる原子の数より大きい。
e　アモルファス合金は，融解している高温の合金を急速冷却することで得られる。

問 6　リンに関する記述 a～e のうち，正しいものを 1 つ選びなさい。

a　黄リンは毒性が小さく，マッチの発火薬として用いられている。
b　赤リンを窒素中で 250 ℃付近で長時間加熱すると，黄リンになる。
c　十酸化四リンは空気中で自然発火するため，水中で保存する。
d　リン酸は潮解性のある無色の結晶である。
e　リン酸は二価の強酸である。

問 7　反応式 a～e のうち，反応が**進行しないもの**を 1 つ選びなさい。

a　$4HF + O_2 \longrightarrow 2F_2 + 2H_2O$

b　$2KMnO_4 + 5(COOH)_2 + 3H_2SO_4 \longrightarrow 2MnSO_4 + 10CO_2 + 8H_2O + K_2SO_4$

c　$2KI + O_3 + H_2O \longrightarrow I_2 + 2KOH + O_2$

d　$2KI + H_2O_2 + H_2SO_4 \longrightarrow I_2 + 2H_2O + K_2SO_4$

e　$H_2S + Cl_2 \longrightarrow S + 2HCl$

問8　次の記述 **ア〜ウ** にあてはまる酸化物 CaO，CuO，ZnO の組合せとして正しい
　　　ものを a 〜 f から選びなさい。

ア　水に溶けると，多量の熱を放出し，その水溶液は強い塩基性を示す。

イ　過剰の水酸化ナトリウム水溶液を加えると溶け，そこに硫化水素を通じる
　　　と白色の沈殿が生じる。

ウ　希塩酸を加えると溶け，そこに硫化水素を通じると黒色の沈殿が生じる。

	ア	イ	ウ
a	ZnO	CuO	CaO
b	ZnO	CaO	CuO
c	CaO	ZnO	CuO
d	CaO	CuO	ZnO
e	CuO	CaO	ZnO
f	CuO	ZnO	CaO

2　問 1 〜 問 3 に答えなさい。

問 1　(1) 〜 (3) に答えなさい。ただし，酢酸の電離定数 K_a は 2.5×10^{-5} mol/L，$\log_{10} 2.0 = 0.30$ とする。

(1)　1.0×10^{-2} mol/L の酢酸水溶液の pH はいくらか。最も近い数値を a 〜 f から選びなさい。

a　2.7	b　3.1	c　3.3
d　3.4	e　3.6	f　3.9

(2)　2.5×10^{-1} mol/L の酢酸水溶液の電離度はいくらか。最も近い数値を a 〜 f から選びなさい。

a　0.010	b　0.016	c　0.020
d　0.025	e　0.050	f　0.063

(3)　1.0×10^{-2} mol/L の酢酸水溶液 20 mL に，2.5×10^{-1} mol/L の酢酸水溶液 10 mL と 5.0×10^{-1} mol/L の酢酸ナトリウム水溶液 10 mL を加えてよく混ぜ，さらに水を加えて全量を 100 mL とした。この水溶液中の水素イオン濃度〔mol/L〕はいくらか。最も近い数値を a 〜 f から選びなさい。

a　1.4×10^{-6}	b　2.7×10^{-6}	c　1.4×10^{-5}
d　2.7×10^{-5}	e　1.4×10^{-4}	f　2.7×10^{-4}

問 2　硫酸銅（Ⅱ）水溶液と硫酸ナトリウム水溶液をそれぞれ電解槽 **1** と電解槽 **2** に入れ，図のように並列に接続した。0.500 A の一定電流を 2895 秒間通じて電気分解を行ったところ，白金電極 **イ** には銅が 0.160 g 析出した。(1) 〜 (4) に答えなさい。ただし，原子量は Cu = 64 とする。また，ファラデー定数 F は 9.65×10^4 C/mol とし，電気エネルギーはすべて電気分解に使われたものとする。なお，電解槽 **1** と電解槽 **2** の水溶液には，電気分解を行うのに十分な量の溶質が溶けていたものとする。

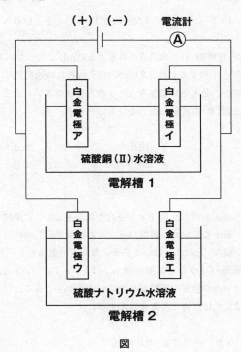

図

(1)　白金電極**ア**で発生した気体の物質量は何 mol か。最も近い数値を a 〜 f から選びなさい。

 a 1.25×10^{-3} b 2.50×10^{-3} c 3.75×10^{-3}
 d 5.00×10^{-3} e 7.50×10^{-3} f 1.00×10^{-2}

(2)　電解槽 **2** に流れた電子の物質量は何 mol か。最も近い数値を a 〜 f から選びなさい。

 a 2.50×10^{-3} b 5.00×10^{-3} c 1.00×10^{-2}
 d 1.25×10^{-2} e 1.50×10^{-2} f 2.00×10^{-2}

(3)　白金電極**エ**で発生した気体の物質量は何 mol か。最も近い数値を a 〜 f から選びなさい。

 a 1.25×10^{-3} b 2.50×10^{-3} c 3.75×10^{-3}

d　5.00×10^{-3}　　　　　e　7.50×10^{-3}　　　　　f　1.00×10^{-2}

(4)　電気分解後, 電解槽 **1** の水溶液の体積は $500\ mL$ であった。この水溶液 $20.0\ mL$ を過不足なく中和するには, $2.00 \times 10^{-2}\ mol/L$ の水酸化ナトリウム水溶液が何 mL 必要か。最も近い数値を a〜f から選びなさい。ただし, この中和反応では水酸化銅 (Ⅱ) の沈殿は生じないものとする。

a　5.00　　　　　　　　b　10.0　　　　　　　　c　15.0

d　20.0　　　　　　　　e　30.0　　　　　　　　f　40.0

問3　$1.0 \times 10^{-2}\ mol$ のバリウムイオンを含む水溶液 $2.0\ L$ に硫酸ナトリウムを少しずつ加えて溶かしていく。硫酸バリウムの沈殿が生じ始めるときの水溶液中の硫酸イオン濃度〔mol/L〕はいくらか。最も近い数値を a〜f から選びなさい。ただし, 硫酸バリウムの溶解度積 K_{sp} は $1.0 \times 10^{-10}\ (mol/L)^2$ とする。また, 硫酸ナトリウムの溶解や硫酸バリウムの沈殿が生じることによる水溶液の温度変化と体積変化は無視できるものとする。

a　1.0×10^{-8}　　　　　b　2.0×10^{-8}　　　　　c　5.0×10^{-8}

d　1.0×10^{-7}　　　　　e　2.0×10^{-7}　　　　　f　5.0×10^{-7}

3 問 1 ～ 問 3 に答えなさい。

問 1　気体に関する (1) ～ (3) に答えなさい。ただし，気体はすべて理想気体として
　　　ふるまうものとする。また，気体定数 R は 8.31×10^3 Pa・L/(K・mol)，原子
　　　量は H = 1.0，C = 12，O = 16 とする。

(1)　容積が自由に変えられる真空の密閉容器に，1.14 g のアルカン X を入れ，容
　　　器内の温度を 177 ℃に保ったところ，X はすべて気体となった。このとき，容
　　　器内の圧力は 1.00×10^5 Pa，容積は 0.375 L であった。X として適切なものを
　　　a ～ f から選びなさい。なお，選択肢 a ～ f の（　）内の数字は，各アルカンの
　　　分子量を示している。

　　　a　ペンタン(72)　　　　b　ヘキサン(86)　　　　c　ヘプタン(100)
　　　d　オクタン(114)　　　e　ノナン(128)　　　　f　デカン(142)

(2)　容積が自由に変えられる真空の密閉容器に，1.14 g のアルカン X と 5.76 g の
　　　酸素 O_2 を入れ，容器内の温度を 177 ℃に保ったところ，容器内に存在する物
　　　質はすべて気体となった。容器内の圧力が 1.00×10^5 Pa のとき，容器の容積
　　　は何 L か。最も近い数値を a ～ f から選びなさい。ただし，この条件では X と
　　　O_2 は反応しないものとする。

　　　a　2.6　　　　　　　　b　3.0　　　　　　　　c　4.0
　　　d　4.4　　　　　　　　e　6.7　　　　　　　　f　7.1

(3)　(2) の状態の混合気体に点火し，アルカン X を完全燃焼させたのち，容器内の
　　　温度を 177 ℃，圧力を 1.00×10^5 Pa に保った。このときの容器の容積は何 L か。
　　　最も近い数値を a ～ f から選びなさい。ただし，燃焼後に容器内に存在する物
　　　質はすべて気体であった。

　　　a　3.0　　　　　　　　b　3.4　　　　　　　　c　5.0
　　　d　5.4　　　　　　　　e　6.3　　　　　　　　f　8.4

問 2　室温が 20.0 ℃の部屋で，以下の実験を行った。
　　　実験
　　　ビーカーに 20.0 ℃の水 179.8 g を入れ，次に固体の硝酸カリウム 20.2 g を溶か

して，一定時間，水溶液の温度を測定し，グラフとして表した（図）。

(1) ～ (3) に答えなさい。ただし，硝酸カリウムの式量は 101 とし，硝酸カリウム水溶液の比熱は 4.20 J/(g・K) とする。

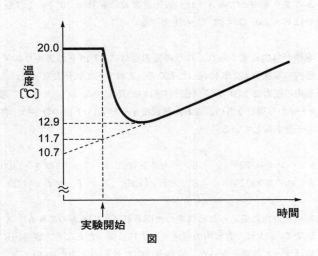

図

(1) 硝酸カリウム 20.2 g が水 179.8 g に溶解するときに吸収された熱量は何 kJ か。最も近い数値を a ～ f から選びなさい。

a 6.0　　　　　　　　b 7.0　　　　　　　　c 7.8
d 9.0　　　　　　　　e 9.8　　　　　　　　f 11

(2) この実験から求められる硝酸カリウムの溶解熱は何 kJ/mol か。最も近い数値を a ～ f から選びなさい。

a − 39　　　　　　　b − 35　　　　　　　c − 30
d 30　　　　　　　　e 35　　　　　　　　f 39

(3) 容器の内部と外部の間で熱の出入りがない理想的な断熱容器を使って，同じ実験を行ったときの水溶液の温度変化を示したグラフはどれか。a ～ f から選びなさい。

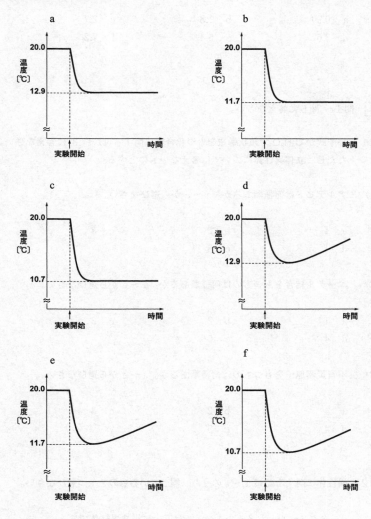

問3　水 500 g に塩化カルシウム 1.11 g を溶かした水溶液と凝固点が同じグルコース
　　　水溶液をつくるには，水 500 g にグルコースを何 g 溶かせばよいか。最も近い数
　　　値を a 〜 f から選びなさい。ただし，塩化カルシウムの式量は 111，グルコース
　　　の分子量は 180 とする。また塩化カルシウムは水溶液中で完全に電離するもの
　　　とする。

a	0.90	b	1.8	c	2.7
d	3.6	e	5.4	f	7.2

$\boxed{4}$　問 1 ～ 問 6 に答えなさい。

問 1　分子式が C_4H_8O で鎖状構造をもつ化合物に関する(1) ～ (3)に答えなさい。
　　　ただし，立体異性体については考えないものとする。

(1)　アルデヒドは何種類あるか。a ～ e から選びなさい。

a	1	b	2	c	3
d	4	e	5		

(2)　エーテル結合をもつものは何種類あるか。a ～ e から選びなさい。

a	1	b	2	c	3
d	4	e	5		

(3)　不斉炭素原子をもつものは何種類あるか。a ～ e から選びなさい。

a	1	b	2	c	3
d	4	e	5		

問 2　異性体に関する記述 a ～ e のうち，**誤っているもの**を 1 つ選びなさい。

　　a　エタノールとジメチルエーテルは互いに構造異性体である。
　　b　フタル酸とテレフタル酸は互いに構造異性体である。
　　c　フマル酸とマレイン酸は互いにシス－トランス異性体(幾何異性体)である。
　　d　シス－2－ブテンとトランス－2－ブテンの物理的性質(融点,沸点など)は同じ
　　　である。
　　e　2－ペンタノールには鏡像異性体が存在する。

問3　脂肪族炭化水素に関する記述 a 〜 e のうち，**誤っているもの**を 1 つ選びなさい。

　　a　メタンは，実験室では，酢酸ナトリウム(無水塩)と水酸化ナトリウムを加熱
　　　　して得られる。
　　b　エチレンは，実験室では，エタノールと濃硫酸の混合物を 160 〜 170℃に
　　　　加熱して得られる。
　　c　エチレンに臭素を付加させると，1,2-ジブロモエチレンになる。
　　d　アセチレンに触媒を用いて水を付加させると，アセトアルデヒドが得られる。
　　e　アセチレンをアンモニア性硝酸銀水溶液に通すと，銀アセチリドが生成する。

問4　有機化合物 X の合成に関する記述を読み，X の構造式を書きなさい。ただし，
　　構造式は，例にならってすべての原子および価標(共有結合を表す線)を略さず
　　書きなさい。なお，ベンゼン環を構成する炭素原子およびそれに結合した水素
　　原子は省略してよい。

　　　　例：

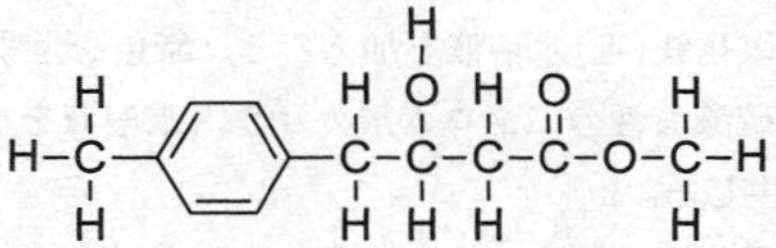

　　クロロベンゼンに，高温・高圧下で水酸化ナトリウム水溶液を反応させると化合
　　物 A が得られる。A に，高温・高圧のもとで二酸化炭素を反応させると化合物 B
　　が生成する。B に希硫酸を作用させると，化合物 C が得られる。C にメタノール
　　と少量の濃硫酸を加え，加熱すると有機化合物 X が生成する。

問5　分子式が C_5H_{12} のアルカン Y に，紫外線照射下で塩素と反応させ，水素原子 1 個
　　を塩素原子で置換すると分子式 $C_5H_{11}Cl$ で表される 1 種類の化合物のみが生成
　　した。Y の構造式を書きなさい。ただし，構造式は，問 4 の例にならってすべ
　　ての原子および価標(共有結合を表す線)を略さず書きなさい。

問6　アニリン，フェノール，安息香酸，ニトロベンゼンを溶解させたジエチル
　　エーテル溶液がある。図のような操作によって，この混合溶液中の各化合物を

分離した。記述 a ～ e のうち，**誤っているもの**を 1 つ選びなさい。

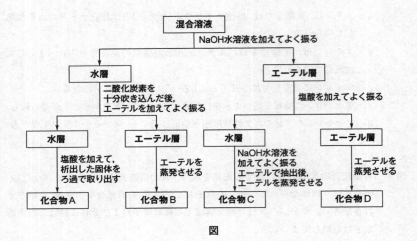

図

a トルエンを酸化すると，ベンズアルデヒドを経て化合物 A になる。

b 化合物 B に塩化鉄(Ⅲ)水溶液を加えると，紫色を呈する。

c 化合物 C に硫酸酸性の二クロム酸カリウム水溶液を加えると，水に不溶の黒色物質を生じる。

d 化合物 C の希塩酸溶液を氷冷しながら，亜硝酸ナトリウム水溶液を加えた後，室温まで温度を上げると，化合物 D になる。

e 化合物 D に濃塩酸とスズを加えて加熱した後，水酸化ナトリウム水溶液で塩基性にすると，化合物 C になる。

5　問1～問3に答えなさい。

問1　糖に関する記述 a～e のうち，**誤っているもの**を1つ選びなさい。

 a　鎖状構造のフルクトースはホルミル基をもたないが，フルクトースの水溶液は還元性を示す。

 b　フルクトースの－OH の数は六員環構造，鎖状構造，五員環構造のすべてにおいて同じである。

 c　グルコース 1 mol を完全にアルコール発酵させると，エタノール 1 mol と二酸化炭素 4 mol が生じる。

 d　セルロースに希硫酸を加えて加熱し，完全に加水分解すると，グルコースが得られる。

 e　トレハロースは 2 分子の α－グルコースの 1 位の－OH どうしで脱水縮合しているため，その水溶液は還元性を示さない。

問2　核酸に関する記述 a～e のうち，**誤っているもの**を1つ選びなさい。

 a　核酸には，遺伝子の本体である DNA と，タンパク質合成に関与する RNA がある。

 b　ヌクレオチドは，窒素を含む環状構造の塩基（核酸塩基）とリン酸と五炭糖が結合した核酸の構成単位である。

 c　DNA と RNA のヌクレオチドを構成する糖は，いずれもデオキシリボースである。

 d　DNA は，2 本のポリヌクレオチド鎖からなる二重らせん構造をしている。

 e　RNA の核酸塩基は，アデニン，グアニン，シトシン，ウラシルである。

問3　イオン交換樹脂に関する記述 a～e のうち，**誤っているもの**を1つ選びなさい。

 a　スチレンと p－ジビニルベンゼンの共重合体に－SO_3H などの酸性官能基を導入したものを陽イオン交換樹脂という。

 b　硫酸銅（Ⅱ）水溶液を陽イオン交換樹脂に通すと，流出液の pH は大きくなる。

 c　スチレンと p－ジビニルベンゼンの共重合体に－$N^+(CH_3)_3OH^-$ などの塩基性官能基を導入したものを陰イオン交換樹脂という。

 d　陰イオン交換樹脂は，使用後，水酸化ナトリウム水溶液を通すことで，元

　　の陰イオン交換樹脂に再生される。

　e　陽イオン交換樹脂と陰イオン交換樹脂をそれぞれカラム（筒状の容器）に詰
　　め，塩化ナトリウム水溶液を順次通じると，純粋な水が得られる。

解答編

数学

1 解答 (1)ア. 2　イ. 9　ウエ. 14　オカ. 45
(2)キ. ②　(3)ク. 6　ケ. 2

◀解　説▶

≪小問3問≫

(1) 確率を求めるから同色の玉も区別する。異なる 10 個の玉から 2 個の取り出し方は

$$_{10}C_2 = \frac{10 \cdot 9}{2 \cdot 1} = 5 \cdot 9 \text{ 通り}$$

5 個の白玉から 2 個の取り出し方は　　$_5C_2 = \frac{5 \cdot 4}{2 \cdot 1} = 5 \cdot 2 \text{ 通り}$

よって，2 個とも白玉である確率は　　$\frac{5 \cdot 2}{5 \cdot 9} = \frac{2}{9}$　→ア・イ

3 個の赤玉から 2 個の取り出し方は　　$_3C_2 = 3 \text{ 通り}$

2 個の青玉から 2 個の取り出し方は　　1 通り

これらと前半より，2 個とも同色の場合は，$3 + 5 \cdot 2 + 1 = 14$ 通りあるから，求める確率は

$$\frac{14}{5 \cdot 9} = \frac{14}{45}　→ウ〜カ$$

参考　2 個とも異なる色になる場合は，赤と白，白と青，青と赤の場合があり

$$3 \cdot 5 + 5 \cdot 2 + 2 \cdot 3 = 31 \text{ 通り}$$

よって，2 個とも同じ色になる確率は　　$1 - \frac{31}{5 \cdot 9} = \frac{14}{45}$

(2) $\cos x = \cos y = 1$　……Ⓐ　　　$\sin(x+y) = \sin x + \sin y$　……Ⓑ

Ⓐが成り立つとすると，m, n を整数として，$x = 2m\pi$ かつ $y = 2n\pi$ であり

$$x+y=2(m+n)\pi$$

よって

$$\sin(x+y)=\sin2(m+n)\pi=0,\ \sin x=\sin2m\pi=0,$$

$$\sin y=\sin2n\pi=0$$

だから，Ⓑは成り立つ。

一方で，$x=\dfrac{\pi}{2}$ かつ $y=\dfrac{3}{2}\pi$ とすると，$x+y=2\pi$ だから

$$\sin(x+y)=\sin2\pi=0,\ \sin x=\sin\frac{\pi}{2}=1,\ \sin y=\sin\frac{3}{2}\pi=-1$$

だから，Ⓑは成り立つ。

しかし，$\cos x=\cos\dfrac{\pi}{2}=0$ だから，Ⓐは成り立たない。

以上より，Ⓐであることは Ⓑ であるための十分条件であるが必要条件ではない（②）。 →キ

参考 $\sin(x+y)=\sin x+\sin y$ を倍角公式，和積公式などで変形すると次のようになる。

$$2\sin\frac{x+y}{2}\cdot\cos\frac{x+y}{2}=2\sin\frac{x+y}{2}\cdot\cos\frac{x-y}{2}$$

$$\sin\frac{x+y}{2}\left(\cos\frac{x+y}{2}-\cos\frac{x-y}{2}\right)=0$$

$$\sin\frac{x+y}{2}\cdot\sin\frac{x}{2}\cdot\sin\frac{y}{2}=0$$

よって，$\dfrac{x+y}{2}$，$\dfrac{x}{2}$，$\dfrac{y}{2}$ の少なくともひとつは（整数）$\times\pi$ である。$\dfrac{x}{2}$，$\dfrac{y}{2}$ が（整数）$\times\pi$ のときはⒶが成り立つが，$\dfrac{x+y}{2}$ が（整数）$\times\pi$ のときにⒶが成り立たない $x,\ y$ が存在する。

(3) 円 C の中心を Q とすると，Q, P はともに第 1 象限にあるから $0<\theta<\dfrac{\pi}{2}$ であり，$\tan\theta=\dfrac{\sqrt{3}}{3}=\dfrac{1}{\sqrt{3}}$ より $\theta=\dfrac{\pi}{6}$ である。

中心角は円周角の 2 倍だから $\angle OQA=\dfrac{\pi}{3}$

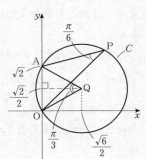

また，QO＝QA だから，△OAQ は正三角形である。

よって，Q は $\left(\dfrac{\sqrt{6}}{2},\ \dfrac{\sqrt{2}}{2}\right)$，半径は OQ＝$\sqrt{2}$ だから円 C は

$$\left(x-\frac{\sqrt{6}}{2}\right)^2+\left(y-\frac{\sqrt{2}}{2}\right)^2=2$$

すなわち　　$x^2+y^2-\sqrt{6}\,x-\sqrt{2}\,y=0$　→ク・ケ

2 　解答　(1)コ. 4　サシ. 16　(2)スセ. 10　ソタ. 19　(3)チ. 6

━━━━━◀解　説▶━━━━━

≪小問 3 問≫

(1)　$\dfrac{k-1}{k}<\log_{10}6$ より

$k-1<k\log_{10}6$　　$\log_{10}10^{k-1}<\log_{10}6^k$　　∴　$10^{k-1}<6^k$　……①

$\log_{10}6<\dfrac{k}{k+1}$ より

$(k+1)\log_{10}6<k$　　$\log_{10}6^{k+1}<\log_{10}10^k$　　∴　$6^{k+1}<10^k$　……②

$10^0=1<6=6^1,\ 10^1=10<36=6^2,\ 10^2=100<216=6^3,$

$10^3=1000<1296=6^4,\ 6^5=7776<10000=10^4$

よって，①，②をともに満たす k は　　4　　→コ

∴　$\dfrac{3}{4}<\log_{10}6<\dfrac{4}{5}$　……③

次に $A=6^{20}$ とおくと　　$\log_{10}A=20\log_{10}6$

③より　　$15<\log_{10}A<16$　　$\log_{10}10^{15}<\log_{10}A<\log_{10}10^{16}$

∴　$10^{15}<A<10^{16}$

よって，A は 16 桁の整数である。　→サシ

(2)　等差数列 $\{a_n\}$ の公差を d（$d>0$）とおくと

$a_1{}^2-a_2{}^2+a_3{}^2-a_4{}^2+\cdots+a_{19}{}^2-a_{20}{}^2$

$=(a_1{}^2-a_2{}^2)+(a_3{}^2-a_4{}^2)+\cdots+(a_{19}{}^2-a_{20}{}^2)$

$=(a_1-a_2)(a_1+a_2)+(a_3-a_4)(a_3+a_4)+\cdots+(a_{19}-a_{20})(a_{19}+a_{20})$

$=(-d)(a_1+a_2)+(-d)(a_3+a_4)+\cdots+(-d)(a_{19}+a_{20})$

$=-d(a_1+a_2+a_3+a_4+\cdots+a_{19}+a_{20})$

$$= -d \cdot \frac{20}{2}(a_1 + a_{20}) \quad \cdots\cdots ④$$

ところで，$a_{20} - a_1 = 19d$ だから，$-d = \dfrac{a_1 - a_{20}}{19}$ であり，④は

$$\frac{a_1 - a_{20}}{19} \cdot 10 \cdot (a_1 + a_{20}) = \frac{10}{19}(a_1{}^2 - a_{20}{}^2) \quad \to\text{ス}\sim\text{タ}$$

(3) $\dfrac{a+7}{a^2+1} = b$ とおく。$a = -7$ のとき $b = 0$ である。

これ以外の整数 a の値に対しては $b \neq 0$ であり，b が整数となるなら，$b = \pm 1,\ \pm 2,\ \pm 3,\ \cdots$ であり，$|b| \geqq 1$ であるので

$$\left| \frac{a+7}{a^2+1} \right| \geqq 1$$

が成り立つ。

$|a+7| \geqq a^2 + 1$ より

$$a + 7 \leqq -(a^2 + 1) \qquad \text{または} \qquad a^2 + 1 \leqq a + 7$$

よって $a^2 + a + 8 \leqq 0$ $\cdots\cdots⑤$ または $a^2 - a - 6 \leqq 0$ $\cdots\cdots⑥$

$$a^2 + a + 8 = \left(a + \frac{1}{2} \right)^2 + \frac{31}{4} > 0$$

だから，⑤を満たす a は存在しない。

⑥より

$$(a+2)(a-3) \leqq 0 \qquad -2 \leqq a \leqq 3 \qquad a = -2,\ -1,\ 0,\ 1,\ 2,\ 3$$

このときそれぞれで b は，$b = 1,\ 3,\ 7,\ 4,\ \dfrac{9}{5},\ 1$ だから，$a = 2$ 以外の a

で b は整数になる。

この5つと，$a = -7$ をあわせて，a の値は全部で6個ある。 $\to$チ

参考 $\dfrac{a+7}{a^2+1} = b$ より $a + 7 = b(a^2 + 1)$ $b \cdot a^2 - a + b - 7 = 0$

実数 a が存在する条件を求める。

$b = 0$ のとき $a = -7$ が存在し，$b \neq 0$ のとき判別式を D とおくと

$$D = 1 - 4b(b-7) \geqq 0 \qquad 4b(b-7) \leqq 1$$

整数 b は，$b = 1,\ 2,\ \cdots,\ 7$ なので，このそれぞれで a を求めて整数となるものを数えてもよい。

3　解答

(1)ツ. 1　テ. 2　ト. 1　ナ. 2

(2)ニ. 2　＊ヌ. −3　ネ. 4

(3)ノ. 1　ハ. 2　＊ヒ. +1　＊フ. −3　ヘ. 2

(4)ホ. 5　マ. 1　ミ. 5

━━━◀解　説▶━━━

≪3次関数の微・積分，最大値≫

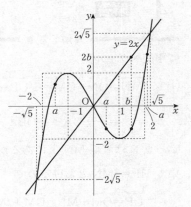

(1)　　$f'(x)=3x^2-3=3(x+1)(x-1)$

$f(x)$ は奇関数であり，グラフは原点対称。

$x>0$ では $x=1$ の前後で $f'(x)$ は負から正に変わり，ここで極小となる。

よって，$f(x)$ は $x=-1$ で極大値 2 をとり，$x=1$ で極小値 -2 をとる。

→ツ〜ナ

(2)　$f(x)=2$ とすると

$$x^3-3x-2=0$$

$$(x+1)^2(x-2)=0$$

これを満たす最大の x は

$$x=2　→ニ$$

$$\int_1^2 f(x)dx=\left[\frac{1}{4}x^4-\frac{3}{2}x^2\right]_1^2=-\frac{3}{4}　→＊ヌ・ネ$$

(3)　x 軸上の a を動かして $x\leqq a$ における $f(x)$ の最大値を求めると

$a<-1$ または $a>2$ のとき　　$f(a)=a^3-3a$　→ノ〜＊フ

$-1\leqq a\leqq 2$ のとき　　$f(-1)=2$　→ヘ

(4)　$f(x)=2x$ とすると　　$x(x^2-5)=0$　∴　$x=0,\ \pm\sqrt{5}$

$y=f(x)$ と $y=2x$ のグラフで x 軸上の b を動かして，$x\leqq b$ における $f(x)$ の最大値が $2b$ 以下となる条件を求めると

$$b\leqq-\sqrt{5}　または　1\leqq b\leqq\sqrt{5}　→ホ〜ミ$$

参考　(3)と同様にして(4)を求めることもできる。

(i)　$b<-1$ または $2<b$ のとき　　$f(b)\leqq 2b$　　$b(b^2-5)\leqq 0$

$$b\leqq-\sqrt{5}　または　0\leqq b\leqq\sqrt{5}$$

これと場合分けの条件より　　　$b \leqq -\sqrt{5}$　または　$2 < b \leqq \sqrt{5}$

(ⅱ)　$-1 \leqq b \leqq 2$ のとき　　　$f(-1) \leqq 2b$　　　$1 \leqq b$

これと場合分けの条件より　　　$1 \leqq b \leqq 2$

(ⅰ)または(ⅱ)より　　　$b \leqq -\sqrt{5}$　または　$1 \leqq b \leqq \sqrt{5}$

4 解答

(1)ム. 1　メ. 3　モ. 1　ヤ. 2　(2)ユ. 1　ヨ. 2
(3)ラ. 6　リ. 7

◀解　説▶

≪平面ベクトル≫

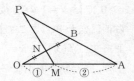

(1)　$\overrightarrow{MN} = \overrightarrow{ON} - \overrightarrow{OM} = \dfrac{1}{2}\overrightarrow{OB} - \dfrac{1}{3}\overrightarrow{OA}$

　　　　　$= -\dfrac{1}{3}\overrightarrow{OA} + \dfrac{1}{2}\overrightarrow{OB}$　→ム〜ヤ

(2)　点 P は直線 MN 上にあるから，実数 t を用いて $\overrightarrow{MP} = t\overrightarrow{MN}$ とおけるので

　　　$\overrightarrow{OP} = \overrightarrow{OM} + \overrightarrow{MP} = \overrightarrow{OM} + t\overrightarrow{MN} = \dfrac{1}{3}\overrightarrow{OA} + t\left(\dfrac{1}{2}\overrightarrow{OB} - \dfrac{1}{3}\overrightarrow{OA}\right)$

　　　　　$= \dfrac{1-t}{3}\overrightarrow{OA} + \dfrac{t}{2}\overrightarrow{OB}$

また，点 P は直線 AB 上にあるから　　　$\dfrac{1-t}{3} + \dfrac{t}{2} = 1$　　∴　$t = 4$

よって　　　$\overrightarrow{OP} = -\overrightarrow{OA} + 2\overrightarrow{OB}$　→ユ・ヨ

(3)　$\overrightarrow{MP} = \overrightarrow{OP} - \overrightarrow{OM} = -\overrightarrow{OA} + 2\overrightarrow{OB} - \dfrac{1}{3}\overrightarrow{OA} = \dfrac{2}{3}(-2\overrightarrow{OA} + 3\overrightarrow{OB})$

$\overrightarrow{MP} \cdot \overrightarrow{OB} = 0$ より

　　　$(-2\overrightarrow{OA} + 3\overrightarrow{OB}) \cdot \overrightarrow{OB} = 0$　　　$-2\overrightarrow{OA} \cdot \overrightarrow{OB} + 3|\overrightarrow{OB}|^2 = 0$

$|\overrightarrow{OB}| = 2$ より　　　$-2\overrightarrow{OA} \cdot \overrightarrow{OB} + 3 \cdot 2^2 = 0$

よって　　　$\overrightarrow{OA} \cdot \overrightarrow{OB} = 6$　→ラ

このとき　　　$\triangle OAB = \dfrac{1}{2}\sqrt{|\overrightarrow{OA}|^2 |\overrightarrow{OB}|^2 - (\overrightarrow{OA} \cdot \overrightarrow{OB})^2}$

　　　　　　　　　$= \dfrac{1}{2}\sqrt{4^2 \cdot 2^2 - 6^2} = \sqrt{7}$　→リ

■■■化学■■■

1 解答

問1．b　問2．d　問3．d　問4．c　問5．d
問6．d　問7．a　問8．c

◀解　説▶

≪小問集合≫

問1．a．誤り。価電子数は，原子番号の増加にともなって周期的に増減する。

e．誤り。共有電子対を引きつける強さを表す数値を電気陰性度という。酸素原子は陰性が大きく，共有電子対を引きつけやすいため，電気陰性度も大きくなる。

問2．二酸化炭素の分子量は 44 なので，440 g の二酸化炭素は 10 mol になる。

a．正しい。C 原子と O 原子の電子はそれぞれ 6 と 8 なので，二酸化炭素 1 分子中の電子の総数は

$$6+8\times2=22$$

10 mol の二酸化炭素中に電子は 220N 含まれる。

b．正しい。二酸化炭素は 3 つの原子からなる分子であるため，10 mol あたりの原子核は 30N になる。

c．正しい。二酸化炭素中に酸素原子は 2 つ含まれるため，10 mol あたりの酸素原子の数は 20N になる。

d．誤り。共有結合に使われる電子は 8 つなので，10 mol あたりでは 80N になる。

e．正しい。非共有電子対は 4 対あるので，10 mol あたりでは 40N になる。

問4．ア．オゾンは淡青色の気体，臭素は赤褐色の液体，ヨウ素は黒紫色の固体なので，a・b は不適。

イ．c～e のうち，特有の臭気をもつ気体は硫化水素，二酸化硫黄，アンモニアなので，e は不適。

ウ．c・d のうち，水に溶けて酸性を示す気体は硫化水素，二酸化硫黄な

ので，すべてを満たす組み合わせは c のみとなる。

問7．酸化還元反応は，弱い酸化剤（または還元剤）が遊離することで進行する反応である。フッ素の酸化力は酸素よりも強いので，フッ化水素に酸素を通じても，フッ素は遊離せず反応は進行しない。

問8．ア．CaO は水に溶けるとき多量の熱を放出するため，発熱剤として用いられる。また，水と反応すると $Ca(OH)_2$ に変化し，強い塩基性を示す。

イ．過剰の水酸化ナトリウム水溶液に溶解するのは両性酸化物である。よって ZnO と決まる。また，硫化亜鉛 ZnS は白色沈殿である。

ウ．CuO は塩基性酸化物で，酸と反応し溶解する。

問1．(1)－c　(2)－a　(3)－c
問2．(1)－a　(2)－c　(3)－d　(4)－b　問3．b

━━━━━━◀解　説▶━━━━━━

≪酢酸の電離と緩衝液，電気分解，溶解度積≫

問1．(1) 酢酸は弱酸で電離度 α が 1 よりも十分小さく，$1-\alpha \fallingdotseq 1$ と近似できるので

$$[H^+]=\sqrt{CK_a}=\sqrt{1.0\times10^{-2}\times2.5\times10^{-5}}=5.0\times10^{-4}$$
$$=2^{-1}\times10^{-3}[mol/L]$$
$$pH=3+\log_{10}2=3+0.30=3.30\fallingdotseq3.3$$

(2) (1)と同様に，$1-\alpha\fallingdotseq1$ と近似すると

$$\alpha=\sqrt{\frac{K_a}{C}}=\sqrt{\frac{2.5\times10^{-5}}{2.5\times10^{-1}}}=0.010$$

(3) 混合水溶液中の酢酸の物質量 [mol] は

$$1.0\times10^{-2}\times\frac{20}{1000}+2.5\times10^{-1}\times\frac{10}{1000}=2.7\times10^{-3}[mol]$$

酢酸ナトリウムの物質量 [mol] は

$$5.0\times10^{-1}\times\frac{10}{1000}=5.0\times10^{-3}[mol]$$

酢酸ナトリウムは水溶液中でほぼ完全に電離し，酢酸イオンになる。混合溶液の体積が 100 mL であることから

$$K_a = \frac{[\mathrm{CH_3COO^-}][\mathrm{H^+}]}{[\mathrm{CH_3COOH}]} = \frac{5.0 \times 10^{-3} \times \dfrac{1000}{100} \times [\mathrm{H^+}]}{2.7 \times 10^{-3} \times \dfrac{1000}{100}}$$

$$= \frac{5.0 \times [\mathrm{H^+}]}{2.7}$$

$$[\mathrm{H^+}] = K_a \times \frac{2.7}{5.0} = \frac{2.5 \times 10^{-5} \times 2.7}{5.0} = 1.35 \times 10^{-5}$$

$$\fallingdotseq 1.4 \times 10^{-5} \, [\mathrm{mol/L}]$$

問 2．⑴　白金電極ア，イで起こる変化はそれぞれ次のようになる。

ア：$2\mathrm{H_2O} \longrightarrow \mathrm{O_2} + 4\mathrm{H^+} + 4e^-$

イ：$\mathrm{Cu^{2+}} + 2e^- \longrightarrow \mathrm{Cu}$

析出した銅が 0.160 g であることから，電解槽 1 を流れた電子の物質量〔mol〕は

$$\frac{0.160}{64} \times 2 = 5.00 \times 10^{-3} \, [\mathrm{mol}]$$

アで発生する酸素の物質量は

$$5.00 \times 10^{-3} \times \frac{1}{4} = 1.25 \times 10^{-3} \, [\mathrm{mol}]$$

⑵　電気分解で流れた電子の総物質量〔mol〕は

$$\frac{0.500 \times 2895}{9.65 \times 10^4} = 1.50 \times 10^{-2} \, [\mathrm{mol}]$$

⑴より，電解槽 1 を流れた電子は 5.00×10^{-3} mol なので，電解槽 2 に流れた電子の物質量〔mol〕は

$$1.50 \times 10^{-2} - 5.00 \times 10^{-3} = 1.00 \times 10^{-2} \, [\mathrm{mol}]$$

⑶　白金電極エで起こる反応は

$$2\mathrm{H_2O} + 2e^- \longrightarrow \mathrm{H_2} + 2\mathrm{OH^-}$$

エで発生する水素の物質量〔mol〕は

$$1.00 \times 10^{-2} \times \frac{1}{2} = 5.00 \times 10^{-3} \, [\mathrm{mol}]$$

⑷　電解槽 1 では，白金電極アの反応により水素イオンが生じる。生じた水素イオンの物質量は，電解槽 1 を流れた電子と同じ 5.00×10^{-3} mol。中和に必要な水酸化ナトリウム水溶液の体積を V〔mL〕とおくと，500 mL

の水溶液から 20.0 mL を取り出して滴定したことから

$$5.00 \times 10^{-3} \times \frac{20.0}{500} = 2.00 \times 10^{-2} \times \frac{V}{1000}$$

$$V = 10.0 [\text{mL}]$$

問 3 ．水溶液におけるバリウムイオンのモル濃度は

$$[\text{Ba}^{2+}] = 1.0 \times 10^{-2} \times \frac{1.0}{2.0} = 5.0 \times 10^{-3} [\text{mol/L}]$$

溶解度積を超えると沈殿が生じるため

$$[\text{SO}_4{}^{2-}] = \frac{K_{\text{sp}}}{[\text{Ba}^{2+}]} = \frac{1.0 \times 10^{-10}}{5.0 \times 10^{-3}} = 2.0 \times 10^{-8} [\text{mol/L}]$$

$\boxed{3}$ **解答**　問 1 ．(1)— d　(2)— f　(3)— f
　　　　　　問 2 ．(1)— b　(2)— b　(3)— b　問 3 ． e

◀**解　説**▶

≪気体の法則，溶解熱，凝固点降下度≫

問 1 ．(1)　アルカン X の分子量を M とおくと，気体の状態方程式より

$$M = \frac{1.14 \times 8.31 \times 10^3 \times 450}{1.00 \times 10^5 \times 0.375} = 113.6 \fallingdotseq 114$$

分子量が 114 になるのは選択肢からオクタンと決まる。

(2)　アルカン X （オクタン）の分子量が 114 なので，密閉容器に入れたアルカン X と酸素の物質量はそれぞれ

アルカン X：$\dfrac{1.14}{114} = 0.010 [\text{mol}]$　　酸素：$\dfrac{5.76}{32} = 0.18 [\text{mol}]$

容積を $V[\text{L}]$ とおくと，気体の状態方程式より

$$V = \frac{(0.010 + 0.18) \times 8.31 \times 10^3 \times 450}{1.00 \times 10^5} = 7.10 \fallingdotseq 7.1 [\text{L}]$$

(3)　アルカンの一般式は C_nH_{2n+2} で表される。アルカン X の分子量が 114 であることから

$$14n + 2 = 114$$

$$n = 8$$

よって，オクタンの分子式は C_8H_{18} と決まる。また，燃焼したときの反応式と変化量は次のようになる。

$$2C_8H_{18} + 25O_2 \longrightarrow 16CO_2 + 18H_2O$$

(反応前)	0.010	0.18	0	0　[mol]
(変化量)	−0.010	−0.125	+0.08	+0.09　[mol]
(反応後)	0	0.055	0.08	0.09　[mol]

同温・同圧下ならば体積比＝物質量比になる。(2)より，0.19 mol のとき体積は 7.10 L になるので，燃焼後の体積を V'[L] とおくと

$$\frac{7.10}{0.19} = \frac{V'}{0.225}$$

$$V' = 8.40 \fallingdotseq 8.4\,[L]$$

問 2 ．(1)　グラフから，硝酸カリウムを加えた直後の温度は 11.7℃ になると推定される。20.0℃ から 11.7℃ になったので，水溶液は 8.3℃ 低下したことがわかる。吸収された熱量を Q[kJ] とおくと

$$-Q = 4.20 \times (-8.3) \times 200 \times \frac{1}{1000}$$

$$Q = 6.97 \fallingdotseq 7.0\,[kJ]$$

(2)　溶解熱は，物質 1 mol が溶解するときに放出，または吸収する熱量を表す。用いた硝酸カリウム（式量 101）は

$$\frac{20.2}{101} = 0.20\,[mol]$$

硝酸カリウムの溶解熱は吸熱反応のため

$$-\frac{6.97}{0.20} = -34.8 \fallingdotseq -35\,[kJ/mol]$$

(3)　外部との熱の出入りがないため，下がった温度で一定に保たれる。また，同じ実験をおこなったことから，吸収される熱量も同じになるため，11.7℃ まで低下する。

問 3 ．凝固点が同じになることから，塩化カルシウムとグルコースの質量モル濃度は等しくなる。凝固点降下度は溶質粒子の数に比例するため，塩化カルシウムは粒子数が 3 倍になることに注意する。必要なグルコースの質量を x[g] とおくと

$$\frac{x}{180} \times \frac{1000}{500} = \frac{1.11}{111} \times 3 \times \frac{1000}{500}$$

$$x = 5.40 \fallingdotseq 5.4\,[g]$$

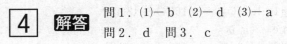

4 **解答** 問 1．(1)— b (2)— d (3)— a
問 2．d 問 3．c

問 4．[構造式] 問 5．[構造式]

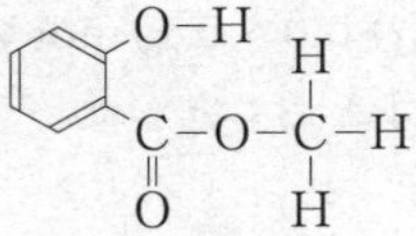

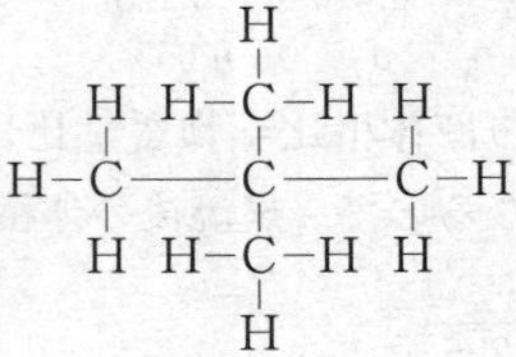

問 6．d

━━━━━ ◀解 説▶ ━━━━━

≪有機化合物に関する小問集合≫

問 1．分子式 C_4H_8O で表される鎖式化合物は，不飽和度が 1 であることから(i)カルボニル化合物，(ⅱ)C＝C を 1 つもつアルコールまたはエーテル，の 2 種類の化合物群がある。それぞれ次の構造異性体が存在する（エノール形を除く）。

(i)カルボニル化合物

① $CH_3-CH_2-CH_2-\underset{O}{C}-H$　　② $CH_3-CH_2-\underset{O}{C}-CH_3$

③ $CH_3-\underset{\underset{O}{}}{\overset{\overset{CH_3}{|}}{CH}}-C-H$

(ⅱ)C＝C を 1 つもつアルコールまたはエーテル

④ $CH_2=CH-CH_2-CH_2-OH$　　⑤ $CH_2=CH-\underset{OH}{\overset{}{*CH}}-CH_3$

⑥ $CH_3-CH=CH-CH_2-OH$　　⑦ $CH_2=\underset{}{\overset{\overset{CH_3}{|}}{C}}-CH_2-OH$

⑧ $CH_2=CH-CH_2-O-CH_3$　　⑨ $CH_2=CH-O-CH_2-CH_3$

⑩ $CH_3-CH=CH-O-CH_3$　　⑪ $CH_2=\underset{}{\overset{\overset{CH_3}{|}}{C}}-O-CH_3$

(1) アルデヒドは①・③の 2 種類がある。

(2) エーテル結合をもつ構造異性体は⑧〜⑪の 4 種類がある。

(3) 不斉炭素原子をもつ化合物は⑤の 1 種類のみである。

問2．d．誤り。シス-トランス異性体（幾何異性体）は立体構造が異なるため分子間力のはたらきが異なり，融点や沸点，密度は互いに異なる値を示す。

問3．c．誤り。エチレンに臭素を付加させると，1,2-ジブロモエタンになる。

問5．C_5H_{12} のアルカンには次の3つの構造異性体が存在する。塩素原子で置換する部分を矢印で表す。

①　CH₃－CH₂－CH₂－CH₂－CH₃　　②　
$$\begin{array}{c} CH_3 \\ | \\ CH_3-CH-CH_2-CH_3 \end{array}$$

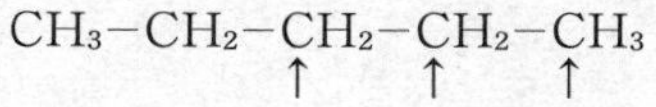

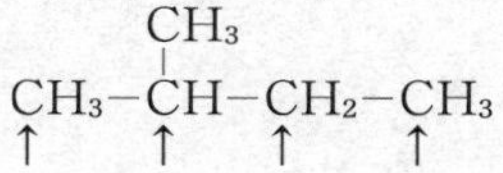

③　
$$\begin{array}{c} CH_3 \\ | \\ CH_3-C-CH_3 \\ | \\ CH_3 \end{array}$$

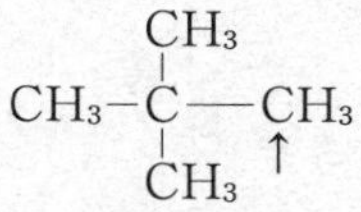

1種類の化合物のみが生じるのは③の構造異性体である。

問6．混合溶液に水酸化ナトリウム水溶液を加えると，酸性のフェノールと安息香酸はナトリウム塩となって水層に，アニリンとニトロベンゼンはエーテル層に分離される。水層に二酸化炭素を吹き込むと，遊離したフェノールはエーテル層に，反応しない安息香酸ナトリウムは水層に残る。化合物Aは塩酸によって遊離した安息香酸，化合物Bはフェノールである。アニリンとニトロベンゼンの溶解したエーテル層に塩酸を加えると，アニリンは塩となって水層に，ニトロベンゼンはエーテル層に分離される。化合物Cは水酸化ナトリウム水溶液によって遊離したアニリン，化合物Dはニトロベンゼンである。

d．誤り。アニリンの塩酸水溶液に亜硝酸ナトリウムを加えると，塩化ベンゼンジアゾニウムに変化する。ジアゾニウム塩は不安定で，加熱すると分解されフェノールに変化する。

5 　解答　問1．c　問2．c　問3．b

━━━━━━━━━◀解　説▶━━━━━━━━━

≪糖の性質，核酸の構造，陽イオン交換樹脂≫

問1．c．誤り。グルコース1molをアルコール発酵させると，エタノー

ルと二酸化炭素がそれぞれ 2 mol ずつ生じる。

$$C_6H_{12}O_6 \longrightarrow 2C_2H_5OH + 2CO_2$$

問 3．b．誤り。陽イオン交換樹脂に硫酸銅(Ⅱ)水溶液を通すと，銅(Ⅱ)イオンと水素イオンが交換され硫酸となって流出するため，pH は小さくなる。

2022
年度

問題と解答

■学校推薦型選抜（一般公募制）

問題編

▶試験科目

	教　科	科　　　目	配　点
適性能力検査	外国語	英語（英語の基礎力を問うもの）	80 点
	理　科	化学（化学基礎・化学の理解度を問うもの）	120 点

▶備　考

• 適性能力検査，面接（最大 4 人のグループ面接），推薦書および調査書を総合的に評価し，合格者を決定する（面接および書類審査の配点は合計 40 点）。

•「化学基礎・化学」は「高分子化合物の性質と利用」の範囲は除く。

英語

(50 分)

1　次の英文を読み，設問に答えなさい。なお，*印のついた語句には注があります。

In May 2018 a Canadian woman named Ellen Maud Bennett died only a few days after receiving a diagnosis of terminal cancer; in her obituary*, her family wrote that Bennett had sought medical care for her symptoms for years but only ever received weight-loss advice. "We see this kind of stigma* all the time in the typical medical visit when patients are shamed about their weight," Louise Metz says. "Assumptions are made about their health and lifestyle based on their (　a　), and they often receive recommendations for weight loss rather than evidence-based treatments for their health conditions."

Metz, who attended the Duke University School of Medicine and did her residency* in San Francisco before becoming an attending physician, estimates that her first five to seven years as a doctor were spent in that same weight-centric mode. "My private-practice patients all came in asking about weight loss, and I jumped right into it," she says. (　b　), it is what the vast majority of health care providers have long assumed they should focus on since the early 20th century, when the life insurance industry began to collect data showing that a (　c　) body weight predicted a shorter life span. In the 1970s physiologist Ancel Keys published research establishing a correlation between dietary fat and heart disease and proposed the modern BMI system, a measure of body fat based on weight and height that is used by many doctors to categorize health by weight.

By 1985 the National Institutes of Health had adopted the BMI as one of two official ways to assess body fat, and in 1998 an expert panel convened* by the NIH put (　d　) guidelines that moved 29 million Americans who had previously been classified as normal weight or just overweight into the overweight and obese* categories. "This created the 'obesity* epidemic' and really (　e　) the focus on weight as a risk factor for health," says Jeffrey Hunger, an assistant professor of social psychology at Miami University in Oxford, Ohio, who studies health in stigmatized* populations.

Defenders of the 1998 guidance say that research strongly supported the need for that (f) and for medicine's increased and laserlike focus on weight as a health risk. "It is virtually incontrovertible* that obesity has some negative impact," says David Allison, dean and distinguished professor at the Indiana University-Bloomington School of Public Health. "It's pretty clear that it leads to elevated blood pressure and chronic inflammation*, which both lead to problems." (g) weight stigma (also known as weight bias), which is defined as the set of negative attitudes or beliefs that are expressed as stereotypes, prejudice and even overt* discrimination toward people with higher-weight bodies, does harm, too. (h)It can influence how scientists approach their research, leading to gaps in understanding of the relation between body size and health. It contributes to missed or delayed diagnoses and to chronic stress for patients. Meanwhile the medical community's goal of solving America's health problems by fixating on* weight loss has proved nearly impossible to achieve.

(i) the correlation between larger bodies and higher rates of heart disease, diabetes* and other chronic conditions is well known, some of the mechanisms behind the relationship are not straightforward. Mainstream weight researchers argue that high body weight itself causes the elevated blood pressure and inflammation responsible for such conditions. Others, such as physiologist Lindo Bacon, say that the (j) of weight to health is complex and that the root cause of disease is more likely to be an intersection of the patient's genetics, life habits and environment.

(Adapted from Sole-Smith, Virginia. "Treating Patients Without the Scale" *Scientific American*, July 2020, pp.21-23.)

(注)

obituary: 死亡記事	stigma: 不名誉
residency: 医学研修	convene: (会議など)を招集する
obese: 肥満の	obesity: 肥満
stigmatize: ～に汚名を着せる	incontrovertible: 反論の余地がない
inflammation: 炎症	overt: 公然の
fixate on ～: ～に注意を向ける	diabetes: 糖尿病

問1

a 空所（ a ）に入れるのに最も適当なものを1つ選び，その番号を記入しなさ
  い。

　　1 age　　　　　　2 belief　　　　　3 gender　　　　4 size

b 空所（ b ）に入れるのに最も適当なものを1つ選び，その番号を記入しなさ
  い。

　　1 Accordingly　　2 Hardly　　　　3 Indeed　　　　4 Personally

c 空所（ c ）に入れるのに最も適当なものを1つ選び，その番号を記入しなさ
  い。

　　1 healthy　　　　2 higher　　　　3 normal　　　　4 smaller

d 空所（ d ）に入れるのに最も適当なものを1つ選び，その番号を記入しなさ
  い。

　　1 back on　　　　2 in place　　　3 on airs　　　4 up with

e 空所（ e ）に入れるのに最も適当なものを1つ選び，その番号を記入しなさ
  い。

　　1 decreased　　　2 dismissed　　3 intensified　　4 lacked

f 空所（ f ）に入れるのに最も適当なものを1つ選び，その番号を記入しなさ
  い。

　　1 hospital　　　　2 loss　　　　　3 professor　　　4 shift

g 空所（ g ）に入れるのに最も適当なものを1つ選び，その番号を記入しなさ
  い。

　　1 But　　　　　　2 Namely　　　　3 Previously　　4 Therefore

h 下線部（ h ）が指すものとして最も適当なものを1つ選び，その番号を記入し
  なさい。

　　1 chronic inflammation

　　2 elevated blood pressure

　　3 the Indiana University-Bloomington School of Public Health

　　4 weight stigma

i　空所 （ i ）に入れるのに最も適当なものを 1 つ選び，その番号を記入しなさい。
　　1 Although　　　2 Because　　　3 Once　　　4 Whenever

j　空所 （ j ）に入れるのに最も適当なものを 1 つ選び，その番号を記入しなさい。
　　1 contribution　　2 distribution　　3 evolution　　4 institution

問 2　本文の内容と一致するものを 1 つ選び，その番号を記入しなさい。
　　1 Louise Metz は医者になった当初から，患者の体重を中心にして健康状態を判断するような考え方に疑問を抱いていた。
　　2 食事に含まれる脂肪の量と心臓病の相関関係が解明され，健康状態を判断するための指標 BMI が提唱されたのは今から 100 年ほど前のことである。
　　3 David Allison は，肥満によって高血圧や慢性的な炎症が起こるのは明らかである，という考え方を否定している。
　　4 減量に注意を向けることでアメリカの健康問題を解決するという医学界の目標はほとんど達成不可能であることが判明してきた。

2　次の a〜e の各組の 4 語の中から，下線部の発音が他の 3 語と異なるものを 1 つずつ選び，その番号を記入しなさい。

a　1 cool　　　　2 pool　　　　3 room　　　　4 wood
b　1 accident　　2 accurate　　3 agency　　　4 attitude
c　1 compute　　2 excuse　　　3 flute　　　　4 mutual
d　1 cough　　　2 light　　　　3 ought　　　　4 sigh
e　1 destruction　2 perception　3 question　　4 relation

3 次の a〜e の各英文の空所に入れるのに最も適当なものを，それぞれ 1〜4 の中から 1 つずつ選び，その番号を記入しなさい。

a Skywalker Ranch covers some 2,000 hectares of land, (   ) only 6 hectares have been developed.

 1 in that   2 of which   3 that   4 which

b Deaf people can learn (   ) what someone is saying by looking at the mouth of the speaker. This is called lipreading.

 1 being understood   2 to be understood
 3 to understand   4 understand

c And after all the weather was ideal. They (   ) a more perfect day for a garden-party if they had ordered it. Windless, warm, the sky without a cloud.

 1 could have   2 could not have had
 3 were able to have   4 were unable to have

d A: Why do you drink red wine every night? Do you like it so much?

 B: It's not because I like it (   ) because it's good for my health. I read in a book that red wine contains a lot of polyphenols and they break down excessive cholesterol in the blood.

 1 as   2 at all   3 but   4 even

e A: Hi, there. Is there room for one more at this table?

 B: Of course. Please join us.

 A: I really need a coffee. I'm running (   ) energy.

 1 across   2 into   3 out of   4 over

4 次の a〜c が文意の通る英文になるように，カッコ内の 1〜6 を並べ替えて，その 2 番目と 5 番目にくるものの番号を記入しなさい。

a　In order to ensure security, (1 advisable　　2 is　　3 to　　4 least　　5 it　　6 use at) twelve letters or numbers for your password.

b　Even as a boy, Galileo was gifted. His curiosity had no limits. He took apart (1 to　2 they　　3 see　　4 machines　　5 how　　6 worked).

c　Being very brave, (1 afraid　　2 he　　3 neither surprised　　4 when　　5 was　6 nor) he was told to swim across the torrent.

■■■■■化学■■■

（60 分）

1　問 1 ～問 8 に記号で答えなさい。

問 1　^{18}O で示される原子の原子核に含まれる陽子と中性子の数の比（陽子の数：中性子の数）を a ～ e から選びなさい。

  a　5：4   b　1：1   c　4：5.
  d　1：2   e　4：9

問 2　分子 a ～ e のうち，三原子分子を 2 つ選びなさい。

  a　プロパン   b　オゾン   c　フッ化水素
  d　水   e　黄リン

問 3　分子 a ～ e のうち，無極性分子を 2 つ選びなさい。

  a　Br_2 b　NH_3 c　C_2H_5OH
  d　CH_2Cl_2 e　CO_2

問 4　物質 a ～ e のうち，非晶質であるものを 1 つ選びなさい。

  a　ダイヤモンド b　石英ガラス c　金
  d　ドライアイス e　水晶

問 5　化合物やイオン a ～ e のうち，下線部の原子の酸化数が最も小さいものを 1 つ選びなさい。

  a　H$\underline{C}$O$_3{}^-$ b　$\underline{S}$O$_4{}^{2-}$ c　$\underline{N}_2$O
  d　$\underline{N}$H$_4{}^+$ e　H$_2\underline{O}_2$

問6　塩素に関する記述 a ～ e のうち，**誤っているものを2つ選びなさい。**

a　塩素の単体は常温・常圧で液体である。

b　塩素は水に溶け，その一部が水と反応して，塩化水素と次亜塩素酸になる。

c　塩素は電子親和力が大きく，1価の陰イオンになりやすい。

d　塩素は臭素よりも酸化力が弱い。

e　塩素と水素の混合気体に光を照射すると，塩化水素が生成する。

問7　金属元素 Al，Cu，Ag，Sn に関する記述 a ～ e のうち，**誤っているものを2つ選び
　　なさい。**

a　Al と Cu は同族元素である。

b　Al の単体を濃硝酸に入れても，不動態を形成するため，ほとんど溶けない。

c　Cu の単体は希硫酸に溶けて水素を発生する。

d　Ag の塩化物は水に溶けにくいが，アンモニア水には溶ける。

e　Sn の単体は希硫酸に溶ける。

問8　産業や日常の生活で用いられる物質に関する記述 a ～ e のうち，**誤っているものを2
　　つ選びなさい。**

a　ボーキサイトの主成分は $Al_2O_3 \cdot n H_2O$ である。

b　赤鉄鉱の主成分は Fe_2O_3 である。

c　ベーキングパウダーの主成分は Na_2CO_3 である。

d　石灰石の主成分は $CaCO_3$ である。

e　セッコウの主成分は CaO である。

2 問 1 ～ 問 3 に記号で答えなさい。

問 1 塩化カリウムが水 100 g に溶ける最大限の質量は, 76 ℃ で 50 g, 40 ℃ で 40 g である。(1) ～ (3) に答えなさい。

(1) 76 ℃ の塩化カリウム飽和水溶液の質量パーセント濃度 〔%〕 はいくらか。最も近い数値を a ～ f から選びなさい。

a	17	b	20	c	33
d	40	e	50	f	67

(2) 76 ℃ の塩化カリウム飽和水溶液 100 g を 40 ℃ に冷却した。析出する塩化カリウムの質量 〔g〕 はいくらか。最も近い数値を a ～ f から選びなさい。

a	6.7	b	7.2	c	7.8
d	8.4	e	9.0	f	9.6

(3) 76 ℃ の塩化カリウム飽和水溶液 100 g を同じ温度に保ちながら, 水を 20 g 蒸発させた。析出する塩化カリウムの質量 〔g〕 はいくらか。最も近い数値を a ～ f から選びなさい。

a	3.0	b	5.0	c	10
d	12	e	15	f	20

問 2 酸と塩基に関する記述 a ～ e のうち, 正しいものを **2 つ選びなさい**。ただし, 水のイオン積 K_w は 1.0×10^{-14} $(mol/L)^2$, 水溶液中の強酸と強塩基の電離度は 1.0 とする。また, $\log_{10} 2.0 = 0.30$ とする。

a 2.0×10^{-3} mol/L の塩酸の pH は 2.3 である。

b 塩酸を純水で希釈すると, pH が 7 より大きくなることがある。

c pH が 2.0 の塩酸の水酸化物イオンのモル濃度は, 1.0×10^{-12} mol/L である。

d 5.0×10^{-3} mol/L の水酸化ナトリウム水溶液と 1.0×10^{-2} mol/L の水酸化バリウム水溶液の水酸化物イオンのモル濃度は等しい。

e 1.0×10^{-2} mol/L の水酸化ナトリウム水溶液を純水で 10 倍に希釈すると, pH は 11.0 になる。

問 3　次の文を読み, (1) ～ (3) に答えなさい。

　　　酸化還元反応で, $\boxed{\text{ア}}$ を還元剤といい, $\boxed{\text{イ}}$ を酸化剤という。還元剤と酸
　　化剤は一定の物質量の比で反応するので, この量的関係を利用すると酸化還元滴定
　　により, 酸化剤あるいは還元剤の濃度を求めることができる。

(1)　文中の $\boxed{\text{ア}}$ と $\boxed{\text{イ}}$ にあてはまる語句の組合せとして, 正しいものを a ～ d
　　から 1 つ選びなさい。

	ア	イ
a	相手の物質から水素イオンを受け取るもの	相手の物質に水素イオンを与えるもの
b	相手の物質から電子を奪うもの	相手の物質に電子を与えるもの
c	相手の物質に酸素を与えるもの	相手の物質に水素を与えるもの
d	相手の物質に電子を与えるもの	相手の物質から電子を奪うもの

(2)　a ～ f の操作で進行する酸化還元反応のうち, 下線の物質が還元剤としてはたらく
　　ものを **2 つ選びなさい**。

a　硝酸銀水溶液に銅板を入れた。
b　臭化カリウム水溶液に塩素水を加えた。
c　硫酸酸性とした二クロム酸カリウム水溶液とシュウ酸水溶液を混ぜた。
d　硫化水素水溶液に二酸化硫黄を吹き込んだ。
e　十分な量の水に微量のナトリウムの単体を入れた。
f　酢酸鉛水溶液に亜鉛板を入れた。

(3)　コニカルビーカーに濃度のわからない過酸化水素水 (A 液) 25.0 mL を量りとり,
　　硫酸酸性とした。この水溶液に, ビュレットから 2.00×10^{-2} mol/L の過マンガン酸
　　カリウム水溶液を滴下して酸化還元滴定を行ったところ, 15.0 mL 滴下したときに
　　コニカルビーカーの中で, 滴下した過マンガン酸イオンの赤紫色が消えなくなった。
　　A 液のモル濃度〔mol/L〕はいくらか。最も近い数値を a ～ f から選びなさい。ただ
　　し, 過マンガン酸カリウムと過酸化水素は次のように反応する。

　　　$2KMnO_4 + 5H_2O_2 + 3H_2SO_4 \longrightarrow 2MnSO_4 + 5O_2 + 8H_2O + K_2SO_4$

a	1.00×10^{-2}	b	1.50×10^{-2}	c	2.00×10^{-2}
d	3.00×10^{-2}	e	4.00×10^{-2}	f	5.00×10^{-2}

③ 問1～問4に記号で答えなさい。

問1 27℃，1.013×10^5 Pa のもとで，1.0 L のエタン C_2H_6 と 5.0 L の酸素 O_2 を混合し，エタンを完全燃焼させたところ，二酸化炭素 CO_2 と水 H_2O が生成した。(1) と (2) に答えなさい。ただし，気体はすべて理想気体としてふるまうものとする。また，燃焼により生成した水はすべて液体として存在し，気体は水に溶けないものとする。

(1) 燃焼により生成した二酸化炭素は，27℃，1.013×10^5 Pa のもとで，何 L の体積を占めるか。最も近い数値を a ～ f から選びなさい。

    a   0.50   b   1.0   c   1.5
    d   2.0   e   2.5   f   3.0

(2) 燃焼後に残った未反応の気体は，27℃，1.013×10^5 Pa のもとで，何 L の体積を占めるか。最も近い数値を a ～ f から選びなさい。

    a   0.50   b   1.0   c   1.5
    d   2.0   e   2.5   f   3.0

問2 0℃の氷 54.0 g を加熱し，すべてを 100℃の水蒸気にするためには，何 kJ の熱量が必要か。最も近い数値を a ～ f から選びなさい。ただし，氷の融解熱を 6.00 kJ/mol，水の蒸発熱を 41.0 kJ/mol とし，水の比熱を 4.20 J/(g·K) とする。また，原子量は H = 1.0，O = 16 とする。

    a   100   b   141   c   164
    d   271   e   368   f   561

問3 一定の物質量の理想気体 A に関する記述 a ～ e のうち，正しいものを **2つ選びなさい**。ただし，グラフ **ア～オ** の両軸はいずれも等間隔目盛であり，T は気体 A の絶対温度，P は気体 A の圧力，V は気体 A の体積を表すものとする。

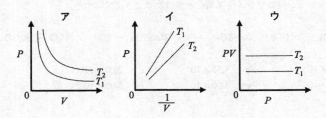

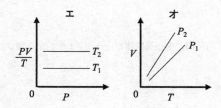

a　　$T_1 > T_2$ のとき，　V と P の関係は**ア**のように表される。

b　　$T_1 > T_2$ のとき，　$\dfrac{1}{V}$ と P の関係は**イ**のように表される。

c　　$T_1 > T_2$ のとき，　P と PV の関係は**ウ**のように表される。

d　　$T_1 > T_2$ のとき，　P と $\dfrac{PV}{T}$ の関係は**エ**のように表される。

e　　$P_1 > P_2$ のとき，　T と V の関係は**オ**のように表される。

問4　熱化学方程式 (1) ～ (5) で表される各反応が平衡状態にあるとき，＜　＞内の操作を
　　行うと平衡はどうなるか。a ～ c からそれぞれ 1 つ選びなさい。

(1)　CO（気）＋　H₂O（気）＝ CO₂（気）＋　H₂（気）＋ 41 kJ
　　＜温度一定で圧力を下げる＞

(2)　C（固）＋　CO₂（気）＝ 2CO（気）－ 172 kJ
　　＜温度一定で圧力を上げる＞

(3)　2SO₂（気）＋　O₂（気）＝ 2SO₃（気）＋ 198 kJ
　　＜圧力一定で温度を上げる＞

(4)　N₂O₄（気）＝　2NO₂（気）－ 57 kJ
　　＜温度・圧力（全圧）を一定に保ちながらアルゴンを加える＞

(5)　N₂O₄（気）＝　2NO₂（気）－ 57 kJ
　　＜温度・体積を一定に保ちながらアルゴンを加える＞

a　　右の方向に移動する。
b　　左の方向に移動する。
c　　移動しない。

4 問 1 ～ 問 7 に記号で答えなさい。

問 1　分子式が $C_6H_{12}O$ のケトンには，何種類の構造異性体があるか。a ～ f から選びなさい。

a　3	b　4	c　5
d　6	e　7	f　8

問 2　化合物 X は炭素，水素，酸素のみからなる有機化合物である。1.0 mol の X を完全燃焼させたところ，7.5 mol の酸素が消費されて，5.0 mol の二酸化炭素と 6.0 mol の水のみが生じた。X にナトリウムの単体を反応させると水素が発生した。X には何種類の構造が考えられるか。a ～ f から選びなさい。ただし，立体異性体は考えないものとする。

a　3	b　4	c　5
d　6	e　7	f　8

問 3　アセトアルデヒドに関する記述 a ～ f のうち，誤っているものを 2 つ選びなさい。

a　無色の液体で，水に溶けにくい。
b　常圧ではエタノールより沸点が高く，酢酸より沸点が低い。
c　フェーリング液を加えて加熱すると，赤色沈殿を生じる。
d　工業的には，触媒を用いてエチレンを酸化してつくられる。
e　ヨウ素と水酸化ナトリウム水溶液を加えて反応させると，特有の臭気をもつ黄色沈殿を生じる。
f　ビニルアルコールは容易にアセトアルデヒドに変化する。

問 4　ベンゼンに関する記述 a ～ f のうち，誤っているものを 2 つ選びなさい。

a　無色で可燃性の液体である。
b　有機溶媒には溶けやすいが，水には溶けにくい。
c　すべての原子が同一平面上にある。
d　分子中の炭素－炭素結合には，二重結合 C=C で表される短い結合と，単結合 C－C で表される長い結合の 2 種類がある。
e　紫外線を当てながら塩素を反応させると，クロロベンゼンが生成する。
f　アセチレンを赤熱した鉄に触れさせると，3 分子のアセチレンからベンゼンが生成する。

問 5　化合物 a 〜 f のうち，鏡像異性体が存在するものを **2 つ選びなさい**。

    a　２－ブタノール
    b　２－メチル－１－プロパノール
    c　グリセリン
    d　乳酸
    e　フマル酸
    f　クロロホルム

問 6　油脂 1 g を完全にけん化するのに必要な水酸化カリウムの質量(単位：mg)の数値をけん化価といい，油脂 100 g に付加するヨウ素の質量(単位：g)の数値をヨウ素価という。(1) と (2) に答えなさい。

(1)　ステアリン酸(分子量 284)とグリセリンからなる油脂のけん化価はいくらか。最も近い数値を a 〜 f から選びなさい。ただし，原子量は H = 1.0, C = 12, O = 16,　K = 39 とする。

    a　156　　　　　　　　b　179　　　　　　　　c　189
    d　204　　　　　　　　e　359　　　　　　　　f　378

(2)　ある油脂の分子量は 880，ヨウ素価は 144 であった。この油脂 1 分子中の C=C 結合の数はいくつか。a 〜 f から選びなさい。ただし，原子量は I = 127 とする。

    a　1　　　　　　　　　b　2　　　　　　　　　c　3
    d　4　　　　　　　　　e　5　　　　　　　　　f　6

問7　化合物 A に水を付加すると，不斉炭素原子をもつ化合物 B と不斉炭素原子をもたない化合物 C が生成した。B を穏やかに酸化すると，化合物 D が得られた。アンモニア性硝酸銀水溶液に D を加えて温めると，銀が析出した。A の構造として最も適切なものを a 〜 j から 1 つ選びなさい。ただし，立体異性体については考えないものとする。

a

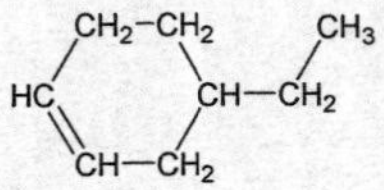

$$CH_2-CH_2$$
$$HC \quad CH-CH_2-CH_3$$
$$CH-CH_2 \quad CH_3$$

b

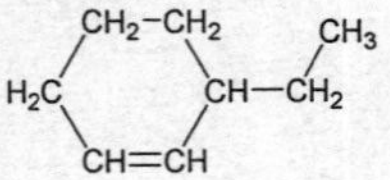

$$CH_2-CH_2$$
$$H_2C \quad CH-CH_2-CH_3$$
$$CH=CH \quad CH_3$$

c

$$CH_2-CH_2$$
$$H_2C \quad C-CH_2-CH_3$$
$$CH_2-CH \quad CH_3$$

d

$$CH_2-CH_2$$
$$H_2C \quad C=CH-CH_3$$
$$CH_2-CH_2$$

e

$$CH_2-CH_2 \quad CH_2$$
$$H_2C \quad CH-CH=$$
$$CH_2-CH_2$$

f

$$CH_2 \quad CH_3$$
$$HC \quad CH-CH$$
$$CH_2 \quad CH_3$$

g

$$CH_2 \quad CH_3$$
$$H_2C \quad CH-CH$$
$$HC=CH \quad CH_3$$

h

$$CH_2 \quad CH_3$$
$$H_2C \quad C-CH$$
$$HC=CH \quad CH_3$$

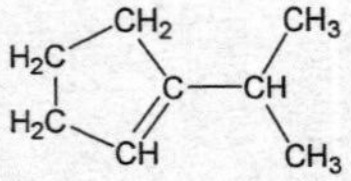

i

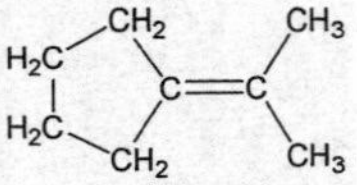

$$CH_2 \quad CH_3$$
$$H_2C \quad C=C$$
$$CH_2-CH_2 \quad CH_3$$

j

$$CH_2 \quad CH_2$$
$$H_2C \quad CH-C$$
$$CH_2-CH_2 \quad CH_3$$

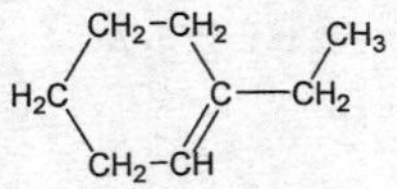

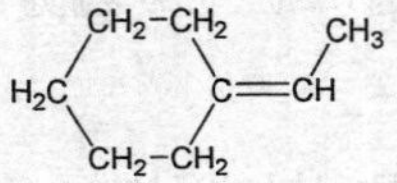

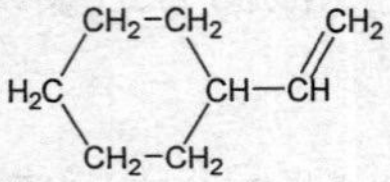

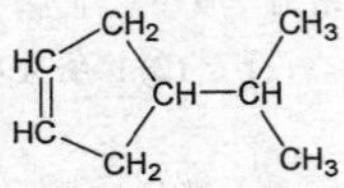

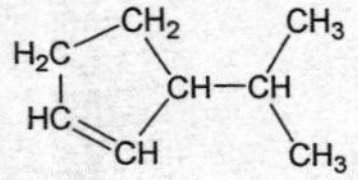

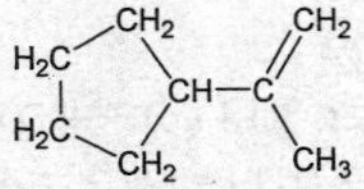

解答編

英語

1　**解答**　問1. a－4　b－3　c－2　d－2　e－3
　　　　　　f－4　g－1　h－4　i－1　j－1

問2. 4

━━━━◆全　訳◆━━━━

≪高体重と疾患の関係をめぐる議論≫

　2018 年 5 月，カナダ人女性 Ellen Maud Bennett が，末期がんの診断を受けたわずか数日後に亡くなった。死亡記事中の遺族の記述によれば，彼女は病状に対する治療を長年求めてきたが，減量の助言しか受けられなかった。「通常の受診で，この種のスティグマ（不名誉）は四六時中，目にします。患者が自分の体重で辱めを受けるのです」と Louise Metz は言う。「体格に基づいて健康状態や生活様式が決めつけられて，健康状態に対するエビデンスに基づく治療を受けるよりはむしろ，減量を頻繁に勧められます」

　Metz は，デューク大学医学部で学び，サンフランシスコで医学研修をした後，担当医になったが，彼女が見積もったところでは，彼女自身も医師としての最初の 5 〜 7 年間は，同じような体重中心の考え方であった。「私の医院に来る患者さんはみんな減量について尋ねてきて，私もそれにすぐ対応しました」と彼女は言う。実際，減量こそが，医療従事者の大多数が，20 世紀初頭以降，重点的に取り組むべきとずっと思い込んできたものだ。当時，生命保険業界が，体重増加が寿命短縮の予測因子だと示すデータを集め始めていた。1970 年代，生理学者 Ancel Keys が，食事脂肪と心臓病の相関関係を立証した研究を発表し，現代の BMI システムを提唱した。これは，体重と身長に基づく体脂肪の指標で，多くの医師により体重による健康状態の分類に使用されている。

　1985 年までに，米国国立衛生研究所（NIH）は BMI を体脂肪評価の公

式手法 2 つのうちの 1 つとして採用し，1998 年には NIH が招集した専門家委員会が施行したガイドラインで，以前は標準体重か，ただの過体重と分類されていたアメリカ人 2900 万人を，過体重や肥満のカテゴリーに移した。「この結果，『肥満の蔓延』が生まれ，健康の危険因子として体重に大いに注目が集まったのです」と，汚名を着せられた人々の健康を研究している Jeffrey Hunger（オハイオ州オックスフォードのマイアミ大学社会心理学助教授）は言う。

　1998 年のガイドラインの擁護者たちによれば，研究が強く支持しているように，当時の変更，ならびに健康リスクとしての体重への医療の一点集中の強化は必要だった。「肥満が何らかの悪影響を及ぼすことは，事実上，反論の余地がありません」と，インディアナ大学ブルーミントン校公衆衛生学部長で，有名教授の David Allison は言う。「極めて明らかなことですが，肥満の結果，高血圧や慢性炎症になり，どちらもさまざまな問題につながります」　しかし，体重スティグマ（体重バイアスとしても知られる）には害もある。体重スティグマは，高体重の人々に対するステレオタイプ，偏見，さらには公然の差別として表現される一連の否定的態度・信念だと定義されるが，科学者の研究への取り組み方に影響し，その結果，体格と健康との関係への理解に欠落が生じる可能性がある。体重スティグマの結果，診断の見落としや遅れ，患者の慢性ストレスも生じている。一方，減量に注意を向けることでアメリカの健康問題を解決するという医学界の目標はほとんど達成不可能であることが判明してきた。

　体の大きさと心臓病・糖尿病・その他慢性疾患の高罹患率の相関関係は有名だが，その背景にある仕組みの一部は単純ではない。体重研究の主流派によれば，高体重自体が高血圧や炎症の原因であり，その結果，上述の症状になっている。一方，生理学者 Lindo Bacon らによれば，体重の健康への影響は複雑であり，病気の根本原因は患者の遺伝的体質・生活習慣・環境の交差である可能性が高い。

■━━━━━━━◀解　説▶━━━━━━━■

問 1．a．size「体格」は weight「体重」の言い換えで，本文のキーワード。
c．a higher body weight「体重の増加」が a shorter life span「寿命の短縮」を predict「予測する」という内容。形容詞はともに比較級になっ

ている。「体重の増加」は obesity「肥満」と同義。

d．put *A* in place（直訳は「*A* を（適切な）場所に置く」）を，*A* が長くなったので，put in place *A* の語順にしている。put in place guidelines「ガイドラインを施行する」

e．intensify「〜を強化する」（＝make 〜 intense）　形容詞が intense「強烈な」，名詞が intensity「強度」である。1．「減らした」　2．「退けた，解雇した」　4．「欠いた」

f．第 3 段第 1 文（By 1985 the …）にある「以前は標準体重か，ただの過体重と分類されていたアメリカ人 2900 万人を，過体重や肥満のカテゴリーに移した」ことを受けて，that shift「その変更」と言っている。

j．the contribution of *A* to *B*「*A* の *B* への貢献〔影響〕」　2．「分配」　3．「進化」　4．「施設，社会制度」

問 2．1．第 2 段第 1 文（Metz, who attended …）に不一致。当初は in that same weight-centric mode「同じような体重中心の考え方だった」とある。

2．第 2 段第 4 文（In the 1970s …）に不一致。「100 年ほど前」ではなく「50 年ほど前」である。

3．第 4 段第 3 文（"It's pretty clear …）に不一致。同文は Allison の発言なので，「否定」ではなく「肯定」である。

4．第 4 段最終文（Meanwhile the medical …）に一致。prove（to be）〜「〜だと判明する」≒turn out（to be）〜

2　解答　a－4　b－3　c－3　d－1　e－3

3　解答　a－2　b－3　c－2　d－3　e－3

━━━━◀解　説▶━━━━

a．some 2,000 hectares of land を先行詞として，only 6 hectares（of the 2,000 hectares of land）という関係なので，〈前置詞＋関係代名詞〉の of which の形になる。

b．learn to *do*「（学習した結果）〜するようになる」　lipreading「読唇

術」≒speech-reading

c．「注文したとしても，園遊会にとってこれ以上完璧な日は持ちようが
なかっただろう」が直訳。仮定法過去完了 could have *done*「～できただ
ろう」である。

d．not because ～ but because …「～だからではなく，…だからだ」
not *A* but *B*「*A* ではなく *B*」の *A*，*B* に because 節がきた形。

e．run out of energy「エネルギー切れだ」

 解答　（2番目・5番目の順に）　a－2・6　　b－1・2
　　　　　　　c－5・1

━━━━━━　◀解　　説▶　━━━━━━

a．(In order to ensure security,) it <u>is</u> advisable to <u>use</u> at least
(twelve letters or numbers for your password.)

b．(He took apart) machines <u>to</u> see how <u>they</u> worked.

c．(Being very brave,) he <u>was</u> neither surprised nor <u>afraid</u> when
(he was told to swim across the torrent.)

化学

1 解答
問1．c　問2．b・d　問3．a・e　問4．b
問5．d　問6．a・d　問7．a・c　問8．c・e

◀解　説▶

≪小問集合≫

問1．陽子数＋中性子数＝質量数である。原子番号より，陽子数は8個，中性子数は　　18−8＝10 個

したがって，陽子と中性子の数の比は　　8：10＝4：5

問5．a．HCO_3^-：全体が −1，H が +1，O が −2 なので，C は +4。

b．SO_4^{2-}：全体が −2，O が −2 なので，S は +6。

c．N_2O：全体は 0，O が −2 なので，N は +1。

d．NH_4^+：全体が +1，H が +1 なので，N は −3。

e．H_2O_2：全体が 0，H が +1 なので，O は −1。

問6．a．誤文。塩素は常温・常圧で気体である。

d．誤文。ハロゲンは原子番号が小さいほど酸化力が強い。

問8．c．誤文。ベーキングパウダーの主成分は $NaHCO_3$ である。

e．誤文。セッコウの主成分は $CaSO_4$ である。

2 解答
問1．(1)—c　(2)—a　(3)—c
問2．c・e

問3．(1)—d　(2)—b・f　(3)—d

◀解　説▶

≪固体の溶解度，pH，酸化還元反応と滴定≫

問1．(1)　水 100 g に塩化カリウムが 50 g 溶けているので

$$\frac{50}{100+50} \times 100 = 33.3 \fallingdotseq 33 [\%]$$

(2)　析出量を x[g] とすると，$\dfrac{析出量}{飽和溶液}$ という比を使って

$$\frac{50-40}{100+50}=\frac{x}{100} \qquad \therefore \quad x=6.66 \fallingdotseq 6.7 [\mathrm{g}]$$

(3)　析出量を $y[\mathrm{g}]$ とすると，$\dfrac{\text{析出量}}{\text{蒸発した水の量}}$ という比を使って

$$\frac{50}{100}=\frac{y}{20} \qquad \therefore \quad y=10 [\mathrm{g}]$$

問 2．a．誤文。

$$\mathrm{pH}=-\log_{10}(2.0\times10^{-3})=3-\log_{10}2.0=3-0.30=2.7$$

b．誤文。限りなく 7 に近づくが，7 を超えることはない。

c．正文。pH が 2.0 のとき，$[\mathrm{H^+}]=1.0\times10^{-2}[\mathrm{mol/L}]$ である。水のイオン積 $K_{\mathrm{w}}=[\mathrm{H^+}][\mathrm{OH^-}]=1.0\times10^{-14}(\mathrm{mol/L})^2$ であるので

$$[\mathrm{OH^-}]=\frac{1.0\times10^{-14}}{1.0\times10^{-2}}=1.0\times10^{-12}[\mathrm{mol/L}]$$

d．誤文。NaOH は 1 価の強酸なので　　$[\mathrm{OH^-}]=5.0\times10^{-3}[\mathrm{mol/L}]$
$\mathrm{Ba(OH)_2}$ は 2 価の強酸なので

$$[\mathrm{OH^-}]=1.0\times10^{-2}\times2=2.0\times10^{-2}[\mathrm{mol/L}]$$

e．正文。$1.0\times10^{-2}\,\mathrm{mol/L}$ の NaOH の pH は 12，10 倍に薄めるとモル濃度は $1.0\times10^{-3}\,\mathrm{mol/L}$ となるので，pH は 11 になる。

問 3．(2)　相手を還元するのが，還元剤である。相手の酸化数が減少しているものを選ぶ。

b．$2\mathrm{K}\underset{-1}{\mathrm{Br}}+\underset{0}{\mathrm{Cl_2}} \longrightarrow 2\mathrm{K}\underset{-1}{\mathrm{Cl}}+\underset{0}{\mathrm{Br_2}}$

Cl の酸化数は 0 から -1 に減少。

f．$\underset{+2}{\mathrm{Pb^{2+}}}+\underset{0}{\mathrm{Zn}} \longrightarrow \underset{0}{\mathrm{Pb}}+\underset{+2}{\mathrm{Zn^{2+}}}$

Pb の酸化数は $+2$ から 0 に減少。

(3)　過酸化水素水のモル濃度を $C[\mathrm{mol/L}]$ とすると，反応式より，過酸化水素水の $\dfrac{2}{5}$ 倍の過マンガン酸カリウムが必要なので

$$C\times\frac{25.0}{1000}\times\frac{2}{5}=2.00\times10^{-2}\times\frac{15.0}{1000}$$

$$\therefore \quad C=3.00\times10^{-2}[\mathrm{mol/L}]$$

③　**解答**　問 1．(1)— d　(2)— c
　　　　　　　問 2．c　問 3．b・e
問 4．(1)— c　(2)— b　(3)— b　(4)— a　(5)— c

━━━━━◀解　説▶━━━━━

≪反応量，熱量，ボイル・シャルルの法則，ルシャトリエの原理≫

問 1．温度・圧力一定なので，体積の比と物質量の比は同じであるから，体積で計算する。

$$2C_2H_6 + 7O_2 \longrightarrow 4CO_2 + 6H_2O$$

反応前	1.0	5.0	0	0	〔L〕
反応量	−1.0	−3.5	+2.0	+3.0	〔L〕
反応後	0	1.5	2.0	3.0	〔L〕

問 2．融解熱：$\dfrac{54.0}{18} \times 6.00 = 18$〔kJ〕，蒸発熱：$\dfrac{54.0}{18} \times 41.0 = 123$〔kJ〕

0℃ の水を 100℃ まで温度を上げるために必要な熱量は

$$54.0 \times 4.20 \times 100 = 22680 \text{〔J〕} = 22.68 \text{〔kJ〕}$$

よって　　$18 + 123 + 22.68 = 163.68 \fallingdotseq 164$〔kJ〕

問 3．a．誤文。P と V は反比例なので，グラフの形は合っているが，T と P は比例なので，上にある T_2 のほうが，温度が高い。

b．正文。$\dfrac{1}{V}$ と P は比例なので，グラフの形は合っている。T と P は比例なので，上にある T_1 のほうが，温度が高い。

c．誤文。P が変化しても PV は一定なので，グラフの形は合っているが，PV と T は比例なので，上にある T_2 のほうが，温度が高い。

d．誤文。P が変化しても $\dfrac{PV}{T}$ は一定なので，グラフの形は合っているが，T が変化しても $\dfrac{PV}{T}$ は一定なので，T_1 と T_2 は同じグラフになる。

e．正文。T と V は比例なので，グラフの形は合っている。P と V は反比例なので，上にある P_2 のほうが，圧力が低い。

問 4．(1)　両辺の物質量の合計が等しいので，圧力を変化させても平衡は移動しない。

(2)　圧力を上げると物質量の少ないほうに平衡は移動する。固体の物質量は無視して考えるので，左辺が 1 mol で右辺が 2 mol となる。よって，左

の方向に移動する。

(3) 温度を上げると吸熱反応のほうへ平衡は移動する。よって，左の方向に移動する。

(4) 全圧を一定にしてアルゴンを加えると，体積が増え，濃度が小さくなる。よって，濃度が大きくなる方向，すなわち右の方向に平衡は移動する。

(5) 体積一定でアルゴンを加えても，N_2O_4 や NO_2 の濃度は変化しないので，平衡は移動しない。

---

4 解答 問1．c 問2．f 問3．a・b 問4．d・e
問5．a・d 問6．(1)—c (2)—e 問7．j

━━━━━◀解　説▶━━━━━

≪構造異性体，元素分析，有機化合物の性質，鏡像異性体，油脂，構造決定≫

問1．$C_6H_{12}O$ のケトンの異性体は以下の通り。

$$CH_3-\underset{O}{\overset{||}{C}}-CH_2-CH_2-CH_2-CH_3 \qquad CH_3-CH_2-\underset{O}{\overset{||}{C}}-CH_2-CH_2-CH_3$$

$$CH_3-\underset{O}{\overset{||}{C}}-\underset{CH_3}{\overset{|}{C}}H-CH_2-CH_3 \qquad CH_3-CH_2-\underset{O}{\overset{||}{C}}-\underset{CH_3}{\overset{|}{C}}H-CH_3$$

$$CH_3-\underset{O}{\overset{||}{C}}-CH_2-\underset{CH_3}{\overset{|}{C}}H-CH_3$$

問2．1.0 mol の化合物 X から，CO_2 が 5.0 mol，H_2O が 6.0 mol 生じるので，その化学反応式は

$$X+\frac{15}{2}O_2 \longrightarrow 5CO_2+6H_2O$$

よって　$X=C_5H_{12}O$

また，ナトリウムの単体を加えると水素が発生するので，化合物 X はアルコールである。この分子式でアルコールになるのは，以下の通り。

炭素骨格は 3 通りで，矢印の炭素に −OH が結合する。

$$\underset{\uparrow\ \uparrow\ \uparrow\ \uparrow}{C-C-C-C-C} \qquad \underset{\uparrow\ \uparrow\ \uparrow\ \uparrow}{C-\overset{\overset{C}{|}}{C}-C-C} \qquad \underset{\underset{C}{|}\ \uparrow}{C-\overset{\overset{C}{|}}{\underset{|}{C}}-C}$$

問3．a．誤文。アセトアルデヒドは水に溶ける。

ｂ．誤文。エタノール，酢酸とも −OH をもつため，分子間で水素結合を形成し，アセトアルデヒドより沸点は高い。

問４．ｄ．誤文。ベンゼンの炭素ー炭素結合はすべて同じ長さで，単結合と二重結合の中間くらいである。

ｅ．誤文。紫外線を当てながら塩素を反応させると塩素が付加反応して，ヘキサクロロシクロヘキサンになる。

問５．2−ブタノールと乳酸の構造は以下の通りで，不斉炭素原子 *C をもっている。

$$CH_3-\overset{*}{C}H-CH_2-CH_3 \qquad CH_3-\overset{*}{C}H-COOH$$
$$\qquad\quad |\qquad\qquad\qquad\qquad\quad |$$
$$\qquad\quad OH\qquad\qquad\qquad\qquad\quad OH$$

問６．(1)　ステアリン酸３分子がグリセリンとエステル結合した油脂の化学式は $C_3H_5(OCOC_{17}H_{35})_3$，分子量は 890 だから，けん化価は

$$\frac{1}{890}\times3\times56\times1000=188.7\fallingdotseq189$$

(2)　C=C 結合の数を n とする。

$$\frac{100}{880}\times n=\frac{144}{254}\qquad \therefore\quad n=4.98\fallingdotseq5$$

問７．化合物 B は不斉炭素原子 *C をもち，酸化するとアルデヒドができているので，第一級アルコールである。化合物 A に水を付加して第一級アルコールが生じるのは，ｅとｊのみ。不斉炭素原子をもつ第一級アルコールができるのは，ｊである。

ｊ．

■一般選抜（Ｂ方式）

問題編

▶試験科目・配点

教　科	科　　　目	配　点
外国語	コミュニケーション英語Ⅰ・Ⅱ・Ⅲ，英語表現Ⅰ・Ⅱ	100 点
数　学	数学Ⅰ・Ⅱ・Ａ・Ｂ	100 点
理　科	化学基礎・化学	150 点

▶備　考
• 「数学Ⅰ」は「データの分析」は除く。
• 「数学Ａ」は「整数の性質」に関しては，ユークリッドの互除法と n 進法を除く。
• 「数学Ｂ」は「数列」「ベクトル」から出題する。

英語

（60 分）

1 次の英文を読み，設問に答えなさい。なお，*印をつけた語には注があります。

In October 1988, Robert Gallo and Luc Montagnier wrote: "As recently as a decade ago it was widely believed that infectious disease was no longer much of a threat in the developed world. The remaining challenges to public health there, it was thought, stemmed* from noninfectious conditions (a) cancer, heart disease and degenerative diseases*. That confidence was shattered in the early 1980s by the advent* of AIDS."

Gallo and Montagnier were co-discoverers of the HIV virus, working on separate teams in different countries. When they wrote their article, there were more than 77,000 known cases of AIDS on the planet. (There are almost 75 million now.) As the researchers noted, recognition of the new illness punctured* the sense of soaring assurance that infectious diseases had been (b). Four years after Gallo and Montagnier wrote, 19 eminent scientists gathered by the Institute of Medicine (now part of the National Academies of Sciences, Engineering and Medicine) broadened the point in a sober book-length assessment of what they termed "emerging infections." Scientists and politicians had become complacent*, they said, confident in the (c) offered by antibiotics* and vaccines and inattentive* to the communicable*-disease threats posed by population growth, climate warming, rapid international travel, and the destruction of wild lands for settlements and mega-farms.

"There is nowhere in the world from which we are (d)," the group warned, "and no one from whom we are disconnected." They recommended urgent improvements in disease detection and reporting, data sharing, lab capacity, antibiotics and vaccines. Without those investments, they said, the planet would be perpetually behind when new diseases leaped into humans and catastrophically* late in applying any cures or preventions to keep (e)them from spreading.

Their (f) was prescient*. At the time of their writing, the U.S. was recovering from its first major resurgence* of measles* since vaccination began in the 1960s. More than 50,000 cases occurred across three years when epidemiological* models predicted that there should have been fewer than 9,000. The year after the Institute of Medicine's report was published, five healthy young people collapsed and died in the Southwestern U.S. from a hantavirus* passed to them by deer mice. In 1996 researchers in Chicago discovered that antibiotic-resistant *Staphylococcus** bacteria had leapfrogged* from their previous appearances in hospitals (g) everyday life, causing devastating illnesses in children who had no known risks for infection. Across health care, in urban life and in nature, decades of progress seemed to be (h).

"We forgot what rampant* infectious disease looked like," says Katherine Hirschfeld, an associate professor of anthropology at the University of Oklahoma, who studies public health in failing states. "Science built us a better world, and then we got cocky* and overconfident and decided we didn't have to invest in it anymore."

But (i) illnesses in the past − cholera* epidemics in which the rich fled the cities, outbreaks of tuberculosis* and plague* blamed on immigrants, HIV cases for which gay men were stigmatized* − infections of today do not arrive via easy scapegoats* (although jingoistic* politicians still try to create them). There is no type of place or person we can completely avoid; the globalization of trade, travel and population movement has made us all vulnerable. "We cannot divide the world anymore into countries that have dealt with infectious disease successfully and those that are still (j)," Hirschfeld says. "Countries have enclaves* of great wealth and enclaves of poverty. Poor people work for rich people, doing their landscaping, making things in their factories. You cannot wall off* risk."

(Adapted from McKenna, Maryn. "Return of the Germs" *Scientific American,* September 2020, pp. 52-53.)

(注)　stem: 生じる　　　　　　　　degenerative disease: 変性疾患
　　　advent: 出現　　　　　　　　puncture: 〜を傷つける
　　　complacent: 自己満足の　　　antibiotic: 抗生物質
　　　inattentive: 不注意な　　　　communicable: 伝染性の

catastrophically：悲劇的に　　　　　　　prescient：先見の明のある
resurgence：復活　　　　　　　　　　　　measles：はしか
epidemiological：疫学的な　　　　　　　hantavirus：ハンタウィルス
Staphylococcus：ブドウ球菌　　　　　　leapfrog：一足飛びに～に達する
rampant：大流行の　　　　　　　　　　　cocky：うぬぼれた
cholera：コレラ　　　　　　　　　　　　tuberculosis：結核
plague：ペスト，疫病
stigmatize：～に汚名を着せる，～を非難する
scapegoat：罪を負わされる者　　　　　　jingoistic：好戦的愛国主義の
enclave：居住区　　　　　　　　　　　　wall off：～をさえぎる

a　空所(a)に補うのに最も適当なものを，次の1～4の中から1つ選びなさい。
　　1　according to　　2　as if　　　　3　in spite of　　　4　such as

b　空所(b)に補うのに最も適当なものを，次の1～4の中から1つ選びなさい。
　　1　carried　　　　2　conquered　　3　developed　　　4　induced

c　空所(c)に補うのに最も適当なものを，次の1～4の中から1つ選びなさい。
　　1　colleagues　　2　infection　　3　protection　　　4　surgery

d　空所(d)に補うのに最も適当なものを，次の1～4の中から1つ選びなさい。
　　1　concerned　　2　dependent　　3　remote　　　　4　responsible

e　下線部 (e) が指すものとして最も適当なものを，次の1～4の中から1つ選びなさい。
　　1　cures or preventions　　　　　2　humans
　　3　investments　　　　　　　　　4　new diseases

f　空所(f)に補うのに最も適当なものを，次の1～4の中から1つ選びなさい。
　　1　drug　　　　　2　experiment　　3　travel　　　　4　warning

g　空所(g)に補うのに最も適当なものを，次の1～4の中から1つ選びなさい。
　　1　except　　　　2　into　　　　　3　out of　　　　4　without

h　空所(h)に補うのに最も適当なものを，次の1〜4の中から1つ選びなさい。
　　1　breaking down　　　　　　　　　2　handed down
　　3　getting along　　　　　　　　　 4　turning up

i　空所(i)に補うのに最も適当なものを，次の1〜4の中から1つ選びなさい。
　　1　again　　　　　2　as　　　　　3　if　　　　　4　unlike

j　空所(j)に補うのに最も適当なものを，次の1〜4の中から1つ選びなさい。
　　1　effective　　　　2　popular　　　　3　selling　　　　4　struggling

2　次のa〜eの各組の4語の中から，下線部の発音が他の3語と異なるものを，
　　それぞれ1〜4の中から1つずつ選びなさい。

a　1　b<u>o</u>th　　　　2　gh<u>o</u>st　　　　3　<u>o</u>nly　　　　4　t<u>o</u>mb
b　1　<u>e</u>qual　　　　2　<u>e</u>xtreme　　　　3　pr<u>e</u>face　　　　4　th<u>e</u>me
c　1　b<u>u</u>ild　　　　2　cr<u>ui</u>se　　　　3　fr<u>ui</u>t　　　　4　j<u>ui</u>ce
d　1　for<u>t</u>une　　　　2　par<u>t</u>ial　　　　3　pa<u>t</u>ient　　　　4　ra<u>t</u>io
e　1　brea<u>th</u>　　　　2　fea<u>th</u>er　　　　3　<u>th</u>eory　　　　4　<u>th</u>roat

3 次の各文の空所に補うのに最も適当なものを，それぞれ1～4の中から1つずつ
選びなさい。

a　Before surgery, doctors must make sure that their patients are fully
（　　　） the risks.

　1　inform of 　　　　　　　　　　　　2　informed
　3　informed of 　　　　　　　　　　　4　informing

b　He used dark shadows and light colors to （　　　） what he was
painting seem to come toward you and away from the painting.

　1　draw　　　　　　2　make　　　　　　3　try　　　　　　4　want

c　By the late 1700s, people in the colonies were getting pretty （　　　）
the way the king of England was running things. He told all the colonists
to give him lots of money.

　1　abundant in 　　　　　　　　　　　2　akin to
　3　fed up with 　　　　　　　　　　　4　short of

d　Annie:　　Hello?
　Gabby:　　Hi, Annie. This is Gabby. How are you?
　Annie:　　Gabby! Hi! I'm doing well. （　　　） I haven't talked to you
　　　　　　for ages.
　Gabby:　　I know. I've just been so busy with my kids.

　1　What makes you think so?　　　　2　What's going on?
　3　What was the name again?　　　　4　Where are you going?

e　Niki:　　　Did you have a good weekend, Pauline?
　Pauline:　Pretty good. I ran a marathon on Sunday.
　Niki:　　　Really? Well done! How often do you run?
　Pauline:　（　　　）

　1　In a few days.　　　　　　　　　2　For almost thirty minutes.
　3　Most days.　　　　　　　　　　　4　Someday.

4 次の各文が文意の通る英文になるように，括弧内の1〜6を並べ替えて，その
2番目と**5番目**に来るものの番号を答えなさい。

a　A theory is a logical explanation for （ 1 that　　2 through　　3 be
　　4 can　　5 something　　6 tested ） experiments.

b　Albert's oldest son, Hans Albert, （ 1 up　　2 a distinguished　　3 to
　　4 grew　　5 science professor　　6 become ） in California.

c　Wolfie did indeed overwork himself. But （ 1 suffered
　　2 a kidney disease　　3 may　　4 from　　5 he　　6 have also ）.

5 次の英文を読み，設問に答えなさい。なお，*印をつけた語には注があります。

　　Just about any meaningful human characteristic − especially talent − consists
of multiple dimensions.　The problem is that when trying to measure talent,
we frequently resort to* the average, reducing our jagged* talent to a single
dimension like the score on a standardized test or grades or a job performance
ranking. But when we succumb to* this kind of （　a-1　） thinking, we end up in
deep trouble. Take, for example, the New York Knicks*.

　　In 2003, Isiah Thomas*, a former NBA* star, took over as president of
basketball operations for the Knicks with a clear vision of how he wanted to
rebuild one of the world's most popular sports franchises*. He evaluated players
using a （　a-2　） philosophy of basketball talent: he acquired and retained
players based solely on the average number of points they scored per game.

　　Thomas figured that since a team's basketball success was based on scoring
more points than your opponent, if your players had the highest combined
scoring average, you would expect − on average − to win more games.　Thomas
was not alone in his infatuation with* top-ranked scoring.　Even today a player's
scoring average is usually the most important factor in determining salaries,
postseason awards, and playing time. But Thomas had made this single metric*
the most important factor for selecting *every* member of the team, and the Knicks

had the financial resources to make his priority* a reality. In effect, the Knicks were assembling a team using the same one-dimensional approach to talent that companies use when making academic rankings the primary criteria for hiring employees.

At great expense, the Knicks managed to assemble a team with the highest combined scoring average in the NBA . . . and then suffered through four straight losing seasons, losing 66 percent of their games. (b) These one-dimensional Knicks teams 〔　1　〕 were so bad 〔　2　〕 only two teams 〔　3　〕 had a worse record 〔　4　〕 during the same stretch*. The jaggedness principle* makes it easy to see why they failed so badly: because basketball talent is multidimensional. One mathematical analysis of basketball performance suggests that at least five dimensions have a clear effect on the outcome of a game: scoring, rebounds, steals, assists, and blocks. And most of these five dimensions are not strongly related to one another — players who are great at steals, for instance, are usually not so great at blocking. (　c　) Out of the tens of thousands of players who have come through the NBA since 1950 only five players have ever led their team on all five dimensions.

The most successful basketball teams are composed of players with complementary* profiles of basketball talent. (　d-1　), Thomas's Knicks teams were terrible at defense and, perhaps surprisingly, they were not even particularly great at offense (　d-2　) the talented scorers on the team, since each individual player was more intent on getting his own shots than facilitating* anyone else's. The Knicks — like Google, Deloitte, and Microsoft* — eventually realized that a one-dimensional approach to talent was not producing the results they wanted. After Thomas left in 2009, the Knicks returned to a multidimensional approach to evaluating talent and started winning again, culminating in* a return to the playoffs* in 2012.

(Adapted from Rose, Todd. *The End of Average: How to Succeed in a World that Values Sameness*, London: Penguin, 2017, pp. 84-85.)

(注)　resort to: ～に頼る　　　　　　　　jagged: ぎざぎざのある，むらのある
　　　succumb to: ～に屈する
　　　the New York Knicks: プロバスケットボールのチーム名，
　　　　　　　　　　　　　　ニューヨーク・ニックス

Isiah Thomas: アイザイア・トーマス
NBA: 全米プロバスケットボール協会
franchise: プロスポーツチーム
infatuation with: 〜に夢中になること
metric: 測定基準　　　　　　　　　　priority: 優先事項
stretch: 期間
the jaggedness principle: 複雑で多面的な能力は一次元的な尺度ではとらえ
　　　　　　　　　　　　　　　られないという原理
complementary: 相補的な　　　　　　facilitate: 〜を促進する
Google, Deloitte, and Microsoft: 3つとも企業の名称
culminate in: 結果的に〜になる
playoff: 王座決定戦，プレーオフ

a　英文の論旨に沿って，空所（ a-1 ）と（ a-2 ）に入れるのに最も適当な組み合わ
　せを，次の1〜4の中から1つ選びなさい。ただし，one-dimensionalは「一次元の，
　一面的な」，multidimensionalは「多次元の、多面的な」の意味です。
　1　（ a-1 ）one-dimensional　　　（ a-2 ）one-dimensional
　2　（ a-1 ）one-dimensional　　　（ a-2 ）multidimensional
　3　（ a-1 ）multidimensional　　　（ a-2 ）one-dimensional
　4　（ a-1 ）multidimensional　　　（ a-2 ）multidimensional

b　下線部（b）の1〜4の空所のいずれか1箇所に，下記の単語が入ります。入れ
　るべき箇所として最も適当なものを1〜4の中から1つ選びなさい。
　入れるべき単語：that

c　英文の論旨に沿って，空所（c）に入れるのに最も適当なものを，次の1〜4の
　中から1つ選びなさい。
　1　He has scored 12 goals so far this season.
　2　His coaching has added another dimension to my game.
　3　Indeed, it is exceptionally rare to find a true "five-tool player."
　4　You tried to get through, but there were too many people blocking
　　your way.

d　英文の論旨に沿って，空所（ d-1 ）と（ d-2 ）に入れるのに最も適当な組み合わせを，次の1〜4の中から1つ選びなさい。

1　（ d-1 ）In short　　　　　　　（ d-2 ）because
2　（ d-1 ）In short　　　　　　　（ d-2 ）despite
3　（ d-1 ）In contrast　　　　　　（ d-2 ）because
4　（ d-1 ）In contrast　　　　　　（ d-2 ）despite

e　本文で述べられている内容と一致するものとして，最も適当なものを次の1〜4の中から1つ選びなさい。

1　今日では，選手の1試合あたりの平均得点は，給与や賞や試合への出場時間に関係していない。
2　選手の1試合あたりの平均得点を最優先するトーマスの構想を実現するための財力をニックスは持っていた。
3　トーマスの率いるニックスは，選手の平均得点の合計がNBAで最高のチームとなり，4シーズン連続で優勝した。
4　トーマスが辞めてからは，ニックスはプレーオフに出ることができなかった。

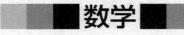

数学

(80分)

解答上の注意

1. 問題の文中 \boxed{*アイウ} などの * にはプラス, マイナスの符号が1つ対応し, ア, イ, あ, い, …などの文字にはそれぞれ0～9の数字が1つずつ対応する。

   例1 \boxed{*アイウ} に 235 と答えるときは, ＋235 としてマークしなさい。

ア	⊕	⊖	⓪	①	❷	③	④	⑤	⑥	⑦	⑧	⑨
イ			⓪	①	②	❸	④	⑤	⑥	⑦	⑧	⑨
ウ			⓪	①	②	③	④	❺	⑥	⑦	⑧	⑨

2. 答が0のときは, 以下の例に従ってマークしなさい。
   問題文中に \boxed{*エ} と \boxed{エ} の **2通りの場合**がある。

   例2.1 \boxed{*エ} に 0 と答えるときは, ＋0 としてマークしなさい。

エ	⊕	⊖	❶	①	②	③	④	⑤	⑥	⑦	⑧	⑨

   例2.2 \boxed{エ} に 0 と答えるときは, 0のみにマークしなさい。

エ	❶	①	②	③	④	⑤	⑥	⑦	⑧	⑨

3. 分数形で解答するときは, 既約分数(それ以上約分ができない分数)で答えなさい。整数を答えるときは, 分母に1をマークしなさい。

   例3 $\dfrac{\boxed{*オ}}{\boxed{カ}}$ に −5 と答えるときは, $\dfrac{-5}{1}$ であるから, 以下のようにマークしなさい。

オ	⊕	❶	⓪	①	②	③	④	❺	⑥	⑦	⑧	⑨
カ			⓪	❶	②	③	④	⑤	⑥	⑦	⑧	⑨

4. 根号を含む形で解答するときは，根号の中の自然数が最小となる形で答え

なさい。たとえば，$\boxed{キ}\sqrt{\boxed{ク}}$，$\dfrac{\sqrt{\boxed{ケ}}}{\boxed{コ}}$ に $4\sqrt{2}$，$\dfrac{\sqrt{2}}{2}$ と答えるところを，

$2\sqrt{8}$，$\dfrac{\sqrt{8}}{4}$ のように答えてはならない。

問題 1

(1)　a, b を 0 でない相異なる実数とする。2 次方程式 $x^2 + ax + b = 0$ が a, b を解に

もつとき，$a = \boxed{*ア}$，$b = \boxed{*イ}$ である。

(2)　円 $x^2 + y^2 + 2y = 0$ に点 $(\sqrt{3}, 0)$ から引いた接線のうち，傾きが正のものの方程

式は，$y = \sqrt{\boxed{ウ}}\, x + \boxed{*エ}$ である。

(3)　不等式

$$\frac{1}{\log_9 2} + \frac{1}{\log_7 2} < n$$

を満たす整数 n の最小値は $\boxed{オ}$ である。

(4)　$0 < a < 1$ のとき，不等式

$$a^{2x-2} - a^{x+3} - a^{x-4} + a \leq 0$$

の解は $\boxed{*カ} \leq x \leq \boxed{*キ}$ である。

問題 **2**

(1)　$0 \leqq x < y \leqq 2\pi$ として，連立方程式

$$\begin{cases} \tan x + \tan y = 2 & \cdots\cdots ① \\ 2\cos x \cos y = -1 & \cdots\cdots ② \end{cases}$$

を解こう。tan の定義に基づいて①の左辺を通分し，②を用いると，

$$\sin (x+y) = \boxed{\text{*ク}}$$

となる。ここから $x+y$ の値の候補がわかる。次に，②の左辺を和の形に書き直すと，

$$\cos (x-y) = \boxed{\text{*ケ}}$$

が得られ，$x-y$ の値がわかる。以上より，唯一の解

$$x = \frac{\boxed{\text{コ}}}{\boxed{\text{サ}}}\pi , \;\; y = \frac{\boxed{\text{シ}}}{\boxed{\text{ス}}}\pi$$

が求められる。

(2)　1 から 10 までの自然数の集合 $X = \{1, 2, \cdots, 10\}$ を考える。以下の問に答えよ。

　(i)　$\displaystyle\sum_{k=1}^{10} k^2 = \boxed{\text{セソタ}}$ である。

　(ii)　X の中の隣接する 2 数の積の和 $\displaystyle\sum_{k=1}^{9} k(k+1) = \boxed{\text{チツテ}}$ である。

　(iii)　(i), (ii) を踏まえて $(1+2+\cdots+10)^2$ の展開を考えることによって，X の中

　　　の隣接しない異なる 2 数の積の和 S を求めると，$S = \boxed{\text{トナニ}}$ となる。隣接しな

　　　い異なる 2 数とは，差の絶対値が 2 以上の 2 数のことである。S を作る際は，(ii) と

　　　同様に（小さい数）×（大きい数）の形の積だけをカウントするものとする。

問題 3

$0 \le x \le 1$ として，x の関数

$$f(x) = \int_0^1 |t^2 - xt| \, dt$$

を考える。以下の問に答えよ。

(1) $0 < x < 1$ のとき，t の関数 $g(t) = |t^2 - xt|$ の極大値は $\dfrac{\boxed{ヌ}}{\boxed{ネ}} x^2$ である。

(2)   (1) で考えた極大点において $g(t)$ のグラフに接線を引く。この接線が $g(t)$ のグラフと再び交わる点の t 座標のうち，最大のものは $\dfrac{\boxed{ノ} + \sqrt{\boxed{ハ}}}{\boxed{ヒ}} x$ である。

(3) $f(x) = \dfrac{\boxed{フ}}{\boxed{ヘ}} x^3 - \dfrac{\boxed{ホ}}{\boxed{マ}} x + \dfrac{\boxed{ミ}}{\boxed{ム}}$ である。

(4) $f(x)$ の最小値は $\dfrac{\boxed{メ} - \sqrt{\boxed{モ}}}{\boxed{ヤ}}$ であり，最大値は $\dfrac{\boxed{ユ}}{\boxed{ヨ}}$ である。

問題 4

7 枚のカードにそれぞれ 2, 3, 4, 5, 6, 7, 8 の数字が書き込まれている。このカードから 1 枚ず
つ 3 枚のカードを無作為に取り，取った順に左から並べて 3 桁の整数を作る。以下の問に答えよ。

(1)　できた整数が偶数になる場合の数は　ラリル　通りである。

(2)　できた整数が自然数の 2 乗になっている場合の数は　レ　通りである。

(3)　できた整数が 3 で割り切れる確率は　$\dfrac{ロワ}{ヲン}$　である。

問題 **5**

座標空間に，原点 O を中心とする半径 1 の球 S を考え，S 上に 2 点 A $\left(\dfrac{1}{\sqrt{2}}, 0, \dfrac{1}{\sqrt{2}}\right)$，

B $\left(0, \dfrac{1}{\sqrt{2}}, \dfrac{1}{\sqrt{2}}\right)$ をとる。以下の問に答えよ。ただし，以下で円周上の弧の長さとは，常に短い方を意味するものとする。

(1)　2 点 A, B を通って xy 平面に平行な平面で S を切ったときの切り口に現れる円を

C_1 とする。C_1 の半径は $\sqrt{\dfrac{\text{あ}}{\text{い}}}$ であり，C_1 上で測った弧 $\overset{\frown}{\text{AB}}$ の長さは $\dfrac{\sqrt{\text{う}}}{\text{え}}\pi$

である。

(2)　内積 $\overrightarrow{\text{OA}} \cdot \overrightarrow{\text{OB}}$ を計算することによって，$\angle \text{AOB} = \dfrac{\text{お}}{\text{か}}\pi$ と求められる。

(3)　3 点 O, A, B を通る平面で S を切ったときの切り口に現れる円を C_2 とする。

C_2 上で測った弧 $\overset{\frown}{\text{AB}}$ の長さは $\dfrac{\text{き}}{\text{く}}\pi$ である。

(4)　(1) の円 C_1 の中心を O′ とする。O′ から，3 点 O, A, B を通る平面に下ろした垂

線の長さは $\dfrac{\sqrt{\text{け}}}{\text{こ}}$ である。

化学

（70 分）

1　問1～問7に答えなさい。

問1　身のまわりの事柄に関する記述 a～e のうち，**化学反応が関係していないもの**を1つ選びなさい。

a　塩素系漂白剤を酸性の洗剤と混ぜると，有毒な気体が発生した。
b　炭酸水素ナトリウムとフマル酸やクエン酸などを混ぜて固めた入浴剤をお湯に溶かすと，泡が出た。
c　高温の天ぷら油に水滴を落とすと，油が激しく飛び散った。
d　ガス漏れに気づいたときに換気扇のスイッチを入れると，爆発を起こすことがある。
e　海苔の袋に乾燥剤として入っている酸化カルシウムを水でぬらすと，高温になった。

問2　記述 a～e のうち，正しいものを**2つ選びなさい。**

a　中性子をもたない原子が存在する。
b　Ca^{2+} は Ne と同じ電子配置をとる。
c　原子番号が同じで，質量数が異なる原子を互いに同素体という。
d　電気陰性度は，Si＜S＜O の順に大きくなる。
e　イオン化エネルギーは，F＜C＜Li の順に大きくなる。

問3　図1は体心立方格子の金属結晶の単位格子を示している。この単位格子の頂点 A, B, C, D を含む面に存在する原子の配置を表す図として正しいものを，a～e から1つ選びなさい。ただし，●は原子の中心の位置を示す。

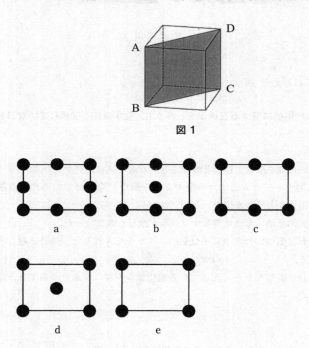

図1

問4　ケイ素，リン，硫黄に関する記述 a～e のうち，**誤っているものを2つ選びな**さい。

a　いずれも金属元素ではない。

b　酸化物はいずれも常温・常圧で固体である。

c　ケイ素の単体は，ダイヤモンドと同じ構造の共有結合の結晶を形成する。

d　黄リンは，空気中では自然発火するので水中に保存する。

e　硫黄の単体は，天然には存在しない。

問5　化合物 a ～ e のうち，両性酸化物を**2つ選びなさい。**

a　Al₂O₃　　　　　b　CaO　　　　　c　Cl₂O₇
d　Na₂O　　　　　e　ZnO

問6　実験操作とその操作により発生する気体の適切な捕集方法との組合せ a ～ e の
　　うち，**誤っているもの**を**2つ選びなさい。**

	実験操作	気体の捕集方法
a	鉄の単体に希硫酸を加える	水上置換
b	塩化ナトリウムに濃硫酸を加えて加熱する	下方置換
c	亜硫酸水素ナトリウムに希硫酸を加える	下方置換
d	銅の単体に濃硝酸を加える	水上置換
e	酸化マンガン(Ⅳ)に過酸化水素水を加える	上方置換

問7　図2はアンモニアソーダ法（ソルベー法）による炭酸ナトリウムの生成法を示し
　　ている。(1)と(2)に答えなさい。

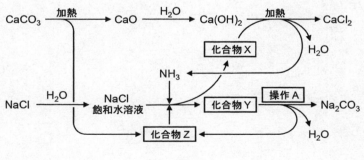

図2

(1)　化合物 X と Y の組合せ a 〜 h のうち, 適切なものを 1 つ選びなさい。

	化合物 X	化合物 Y
a	Cl_2	CO_2
b	Cl_2	NaOH
c	Cl_2	$NaHCO_3$
d	CO_2	NaOH
e	CO_2	$NaHCO_3$
f	NH_4Cl	CO_2
g	NH_4Cl	NaOH
h	NH_4Cl	$NaHCO_3$

(2)　操作 A として最も適切なものを, a 〜 e から 1 つ選びなさい。

a　水溶液にして電気分解する。

b　溶融塩電解を行う。

c　加熱する。

d　反応容器内を加圧する。

e　水溶液にして二酸化炭素を通じる。

2　問1〜問4に答えなさい。

問1　1.0×10^{-1} mol/L の酢酸水溶液の電離度が 0.016 のとき，酢酸の電離定数
　　K_a〔mol/L〕はいくらか。最も近い数値を a〜f から選びなさい。

　　a　1.6×10^{-6}　　　　b　2.6×10^{-6}　　　　c　6.3×10^{-6}
　　d　1.6×10^{-5}　　　　e　2.6×10^{-5}　　　　f　6.3×10^{-5}

問2　鉛蓄電池に関する記述 a〜f のうち，正しいものを**2つ選びなさい**。

　　a　正極活物質に鉛を，負極活物質に酸化鉛(Ⅳ)を用いる。
　　b　放電すると，電極板の表面は両極とも白色の硫酸鉛(Ⅱ)でおおわれてくる。
　　c　放電するとき，負極では還元反応が進行する。
　　d　放電により低下した起電力は，電解液に希硫酸を加えると放電前の状態に
　　　　回復する。
　　e　充電すると，電解液として用いている希硫酸の濃度は大きくなる。
　　f　充電するとき，鉛蓄電池の正極・負極に外部直流電源の負極・正極をそれ
　　　　ぞれ接続する。

問3　実験ⅠとⅡに関する記述を読み，(1)〜(3)に答えなさい。ただし，原子量はH = 1.0,
　　O = 16, Na = 23, S = 32 とする。

　　実験Ⅰ：濃硫酸を純水でうすめて 5.00×10^{-2} mol/L の希硫酸をつくった。
　　実験Ⅱ：濃度のわからない硫酸ナトリウム水溶液(A液)50.0 mL を，陰イオン
　　　　　　交換樹脂を詰めた円筒に通して完全にイオン交換し，さらに樹脂を純
　　　　　　水で十分に洗った。
　　　　　　こうして得られた流出液をすべて集め，5.00×10^{-2} mol/L の希硫酸
　　　　　　で中和滴定したところ，過不足なく中和するのに 30.0 mL を要した。

(1)　実験Ⅰにおける注意事項として**適当でないもの**を a〜d から1つ選びなさい。

　　a　保護メガネ(安全眼鏡)と白衣を着用する。
　　b　濃硫酸は，換気のよい場所で扱う。
　　c　濃硫酸を純水でうすめるときは，ビーカーに入れた濃硫酸に純水を注ぐ。

　　　d　希硫酸が手に付着したときは，直ちに大量の水で洗い流す。

(2)　下線の流出液に含まれる水酸化物イオンの物質量〔mol〕はいくらか。最も近い
　　　数値を a 〜 f から選びなさい。

　　　a　1.00×10^{-3}　　　　　b　1.50×10^{-3}　　　　　c　2.00×10^{-3}
　　　d　3.00×10^{-3}　　　　　e　6.00×10^{-3}　　　　　f　7.50×10^{-3}

(3)　A 液 50.0 mL に含まれる硫酸ナトリウムの質量〔g〕はいくらか。最も近い数値
　　　を a 〜 f から選びなさい。

　　　a　5.28×10^{-2}　　　　　b　7.14×10^{-2}　　　　　c　1.07×10^{-1}
　　　d　2.13×10^{-1}　　　　　e　3.84×10^{-1}　　　　　f　4.26×10^{-1}

問 4　(1) と (2) に答えなさい。ただし，塩化銀の式量は 143.5，25℃における塩化銀
　　　の溶解度積 K_{sp} は 1.8×10^{-10} $(\text{mol/L})^2$ とする。また，塩化銀の沈殿や溶解に
　　　よる水溶液の体積変化は無視できるものとする。

(1)　25℃において 1.0×10^{-2} mol/L の硝酸銀水溶液 10 mL に 2.8×10^{-3} mol/L
　　　の塩化ナトリウム水溶液 10 mL を加えた。沈殿する塩化銀の質量〔g〕はいく
　　　らか。最も近い数値を a 〜 f から選びなさい。

　　　a　1.0×10^{-4}　　　　　b　2.0×10^{-4}　　　　　c　4.0×10^{-4}
　　　d　1.0×10^{-3}　　　　　e　2.0×10^{-3}　　　　　f　4.0×10^{-3}

(2)　25℃において 1.0×10^{-2} mol/L の硝酸銀水溶液 100 mL に塩化銀を加えてよ
　　　く混ぜたところ，溶けきれずに塩化銀が残った。この水溶液に溶解している塩
　　　化銀の質量〔g〕の最大値はいくらか。最も近い数値を a 〜 f から選びなさい。

　　　a　1.9×10^{-8}　　　　　b　2.6×10^{-8}　　　　　c　1.9×10^{-7}
　　　d　2.6×10^{-7}　　　　　e　1.9×10^{-6}　　　　　f　2.6×10^{-6}

3　問 1 と問 2 に答えなさい。ただし，原子量は C = 12, N = 14, O = 16, Cl = 35.5,
　　Ca = 40 とする。また，気体はすべて理想気体としてふるまうものとし，標準
　　状態（0℃, 1.013×10^5 Pa）における気体のモル体積は 22.4 L/mol, 気体定数
　　$R = 8.31 \times 10^3$ Pa・L/(K・mol)とする。

問 1　炭酸カルシウム $CaCO_3$，炭化カルシウム CaC_2，塩化カルシウム $CaCl_2$ から
　　　なる混合物 X 7.06 g を容器に入れ，十分な量の水を加えたところ，X に含まれ
　　　る 3 種類の物質のうちの 1 つが完全に反応し，標準状態で 0.896 L の気体 A が
　　　発生した。続いて，容器に十分な量の 2.00 mol/L の塩酸を加えたところ，標
　　　準状態で 0.448 L の気体 B が発生した。(1) ～ (4) に答えなさい。ただし，容
　　　器内で発生した気体 A, B は水に溶けず，すべて気体として存在するものとする。

(1)　混合物 X 7.06 g に含まれる炭化カルシウムは何 g か。最も近い数値を a ～ f か
　　　ら選びなさい。

　　　a　1.28　　　　　　b　1.92　　　　　　c　2.56
　　　d　3.00　　　　　　e　4.00　　　　　　f　4.44

(2)　下線で発生した気体 A を完全燃焼させるために必要な酸素 O_2 は，標準状態で
　　　何 L か。最も近い数値を a ～ f から選びなさい。

　　　a　0.896　　　　　b　1.34　　　　　　c　1.79
　　　d　2.24　　　　　　e　2.84　　　　　　f　3.45

(3)　混合物 X 7.06 g に含まれる塩化カルシウムは何 g か。最も近い数値を a ～ f か
　　　ら選びなさい。

　　　a　0.750　　　　　b　1.00　　　　　　c　1.50
　　　d　2.00　　　　　　e　2.50　　　　　　f　3.00

(4)　容器内の物質との反応で必要となった 2.00 mol/L の塩酸は何 mL か。最も近
　　　い数値を a ～ f から選びなさい。

a　10.0　　　　　　　b　20.0　　　　　　　c　30.0

d　40.0　　　　　　　e　50.0　　　　　　　f　60.0

問2　図のように，コックによって連結された2つの真空の容器A, Bがあり，それ
　　　ぞれ，別の恒温槽A, Bに入っている。容器Aの容積は3.00 L, 容器Bの容積
　　　は4.50 Lである。ただし，コックの部分の容積は無視できるものとする。

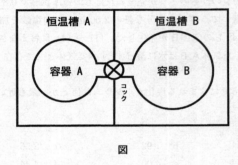

図

コックを閉じた状態で，容器Aに窒素 N_2 8.40 g, 容器Bに酸素 O_2 6.40 g を入
れ，恒温槽A, Bの温度をいずれも 27.0℃に保った。(1) ～ (3)に答えなさい。
ただし，コックを開いて窒素と酸素を混合したとき，化学反応は起こらないも
のとする。

(1)　下線部の状態の容器B内の圧力は何Paか。最も近い数値をa～fから選びな
　　　さい。

a　9.70×10^4　　　　　b　1.11×10^5　　　　　c　1.33×10^5

d　1.66×10^5　　　　　e　2.08×10^5　　　　　f　2.49×10^5

(2)　恒温槽A, Bの温度を 27.0℃に保った状態でコックを開け，容器Aおよび容器
　　　B内の気体が拡散し，互いに十分に混合するまで放置した。このとき，容器A
　　　および容器B内の圧力はいずれも P_1〔Pa〕であった。P_1 の数値として最も近い
　　　ものをa～fから選びなさい。

a	9.70×10^4	b	1.11×10^5	c	1.33×10^5
d	1.66×10^5	e	2.08×10^5	f	2.49×10^5

(3) (2) の操作の後,恒温槽 A の温度を 27.0 ℃ に保ちながら,恒温槽 B の温度を上げて 177 ℃ に保ち,コックを開けたままの状態で十分な時間放置した。このとき,容器 A および容器 B 内の圧力はいずれも P_2〔Pa〕になった。P_2 の数値として最も近いものを a ～ f から選びなさい。

a	1.46×10^5	b	1.66×10^5	c	1.85×10^5
d	2.08×10^5	e	2.49×10^5	f	3.74×10^5

4 問 1 ～ 問 6 に答えなさい。

問 1 分子量が 50 以上 70 未満と推定される炭化水素を完全燃焼させると,二酸化炭素 35.2 mg と水 14.4 mg を生じた。この炭化水素には,立体異性体も含めて何種類の構造が考えられるか。a ～ e から選びなさい。ただし,原子量は H = 1.0, C = 12, O = 16 とする。

a	3	b	4	c	5	d	6	e	7

問 2 炭化水素に関する記述 a ～ e のうち,正しいものを **2つ選びなさい**。

a アルカンは極性が大きいため,ベンゼンやジエチルエーテルによく溶ける。

b アルカンは,常温では塩素と反応しないが,光を当てると反応がおこり,水素原子が塩素原子に置換される。

c 炭素原子の数が n 個のシクロアルカン 1 mol を完全燃焼すると,n mol の二酸化炭素と $2n$ mol の水が生成する。

d アルケンの炭素原子間の二重結合は,その二重結合を軸として両側の炭素原子が自由に回転できる。

e ベンゼン環をもつ炭化水素は芳香族炭化水素である。

問3　有機化合物ア〜コに関する (1) と (2) に答えなさい。

CH_3COCH_3　　　CH_3CH_2COOH

ア　　　　　　　　　イ　　　　　　　　　ウ 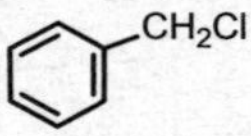　　　　　　　　　エ

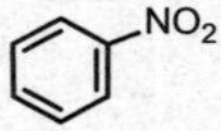

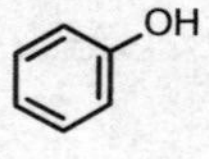

オ 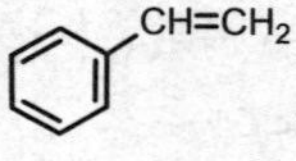　　　　　　　　　カ 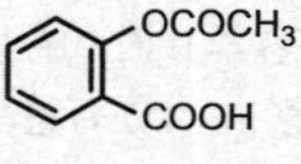　　　　　　　　　キ 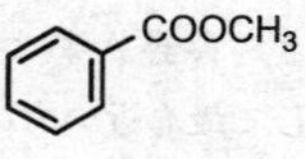　　　　　　　　　ク

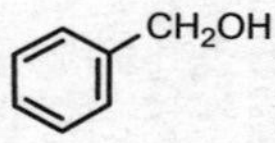

ケ 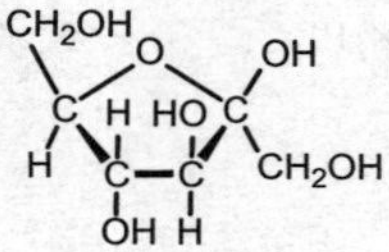　　　　　　　　　コ

(1)　常温で水によく溶けるものはいくつあるか。a〜eから選びなさい。

　　a 1　　　　　b 2　　　　　c 3　　　　　d 4　　　　　e 5

(2)　2種類の有機化合物とそれらを見分ける方法の組合せa〜eのうち，**適切でないものを2つ選びなさい。**

	有機化合物	見分ける方法
a	アとイ	アンモニア性硝酸銀水溶液を加えて穏やかに加熱すると銀が析出する。
b	ウとエ	銅線の先に付着させ炎に入れると青緑色の炎色反応が見られる。
c	オとカ	臭素を加えると臭素の赤褐色が消失する。
d	キとク	希塩酸で加水分解したのち，塩化鉄(Ⅲ)水溶液を加えると赤紫色に呈色する。
e	ケとコ	フェーリング液を加えて加熱すると赤色沈殿を生じる。

問4　エステル **X** を加水分解すると，酢酸と不斉炭素原子をもつ **Y** が得られた。**Y** はヨードホルム反応を示した。エステル **X** の構造式を a〜e から１つ選びなさい。

CH_3CH_2 と H_3C が二重結合（C=C）を形成し，一方に $-O-CO-CH_3$ 結合をもつ構造

a　　　　　　　　　　　**b**　　　　　　　　　　　**c**

d　　　　　　　　　　　**e**

問5　窒素原子を含む有機化合物に関する記述 a〜e のうち，**誤っているものを２つ選びなさい。**

a　アニリンを希塩酸に溶かし，5℃以下で亜硝酸ナトリウム水溶液を加えると，$-N^+\equiv N$ の構造をもつジアゾニウム塩が生じる。

b　アゾ染料には，アゾ基 $-N=N-$ が存在する。

c　タンパク質の水溶液に濃硝酸を加えて加熱すると，アミノ基 $-NH_2$ の窒素原子がニトロ化されるキサントプロテイン反応がおこり，その水溶液は橙黄色を示す。

d　陽イオン交換樹脂は，樹脂中のベンゼン環に $-N^+R_3$（R はアルキル基）の構造を導入したものである。

e　α-アミノ酸どうしが脱水縮合して生じるアミド結合 $-CO-NH-$ は，特にペプチド結合と呼ばれ，２つ以上のペプチド結合が存在するとビウレット反応を示す。

問 6 分子式が $C_9H_{10}O_2$ である芳香族化合物 A と B に関する記述を読み，(1) と (2) に答えなさい。

(1) 芳香族化合物 A は，炭酸水素ナトリウム水溶液に溶解した。A を過マンガン酸カリウムで酸化して得られた化合物 C をエチレングリコールと縮合重合させると，ポリエチレンテレフタラートが生成した。A には何種類の構造が考えられるか。a ～ e から選びなさい。

    a 1   b 2   c 3   d 4   e 5

(2) 芳香族化合物 B に希塩酸を加えて加熱すると，加水分解されて化合物 D と E が生じた。E を二クロム酸カリウム水溶液でおだやかに酸化すると中性の化合物 F が得られた。D と F はいずれも銀鏡反応を示した。また，E は濃硫酸と加熱すると脱水反応が起こり，分子式が C_8H_8 である化合物 G が得られた。B の構造式として適切なものを a ～ h から 1 つ選びなさい。

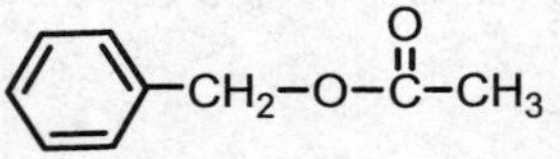

a

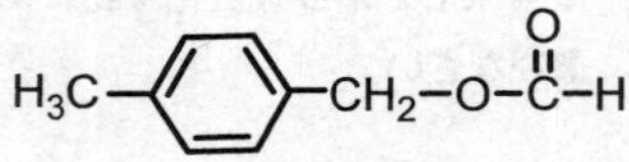

b

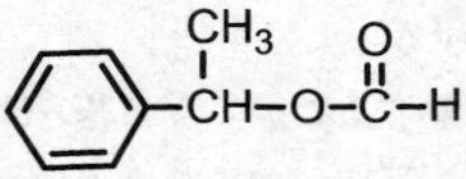

c

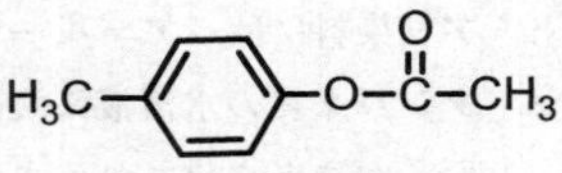

d

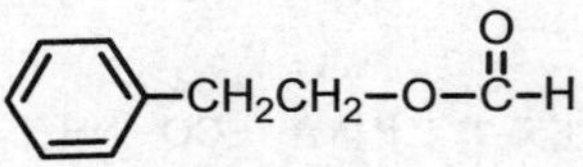

e

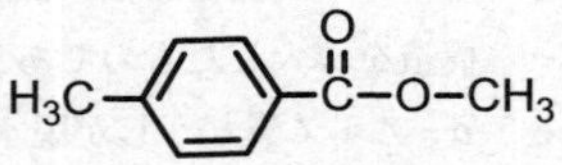

f

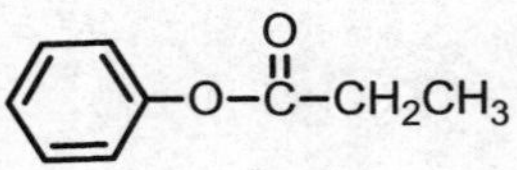

g

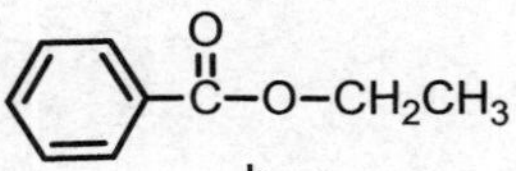

h

5　　問1と問2に答えなさい。

問1　グルコースを構成単糖とした二糖類や多糖類のグリコシド結合に関する記述
　　　a〜e のうち，**誤っているもの**を1つ選びなさい。ただし，グルコースは水溶
　　　液中で図1の平衡状態にある。また，C^1, C^2 などは，構造式中において番号で
　　　示した炭素原子を表している。

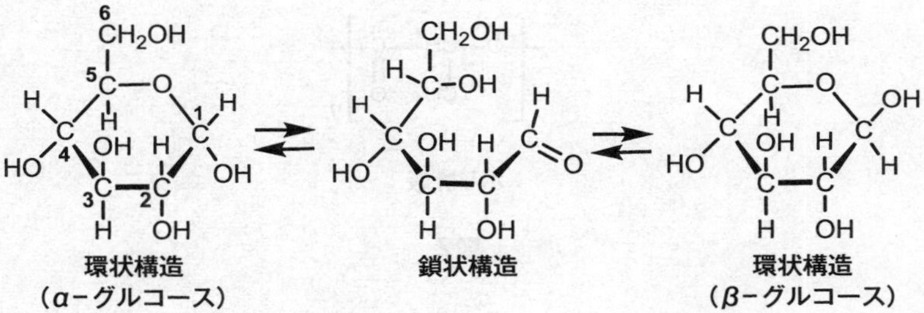

環状構造　　　　　　　　　鎖状構造　　　　　　　　環状構造
（α-グルコース）　　　　　　　　　　　　　　　　（β-グルコース）

図1

　a　マルトースは，2分子のグルコースが，一方の分子の C^1 に結合したヒド
　　　ロキシ基ともう一方の分子の C^4 に結合したヒドロキシ基との間で脱水縮
　　　合（α-1,4-グリコシド結合）した構造をもっている。

　b　セロビオースは，2分子のグルコースが，一方の分子の C^1 に結合したヒ
　　　ドロキシ基ともう一方の分子の C^4 に結合したヒドロキシ基との間で脱水
　　　縮合（β-1,4-グリコシド結合）した構造をもっている。

　c　セルロースは，多数のグルコースが，C^1 に結合したヒドロキシ基と C^4 に
　　　結合したヒドロキシ基との間で脱水縮合（β-1,4-グリコシド結合）してで
　　　きた鎖状構造をもっている。

　d　アミロースは，多数のグルコースが，C^1 に結合したヒドロキシ基と C^4 に
　　　結合したヒドロキシ基との間で脱水縮合（α-1,4-グリコシド結合）してで
　　　きた鎖状構造をもっている。

　e　アミロペクチンは，多数のグルコースが脱水縮合した構造をもち，C^1 に
　　　結合したヒドロキシ基と C^4 に結合したヒドロキシ基との間で脱水縮合
　　　（α-1,4-グリコシド結合）してできた鎖状の構造に加えて，C^1 に結合した
　　　ヒドロキシ基と C^2 に結合したヒドロキシ基との間で脱水縮合（α-1,2グリ
　　　コシド結合）してできた枝分かれ状の構造を含んでいる。

問2　生分解性高分子の一種であるポリ乳酸 7.2 g が自然界で微生物によって完全に二酸化炭素と水に分解されたとき，生成する二酸化炭素は標準状態（0℃，1.013×10^5 Pa）で何 L か。最も近い数値を a 〜 e から選びなさい。ただし，ポリ乳酸は図2に示す繰り返し単位のみからなるものとする。また，標準状態における気体のモル体積は 22.4 L/mol，原子量は H = 1.0，C = 12，O = 16 とする。

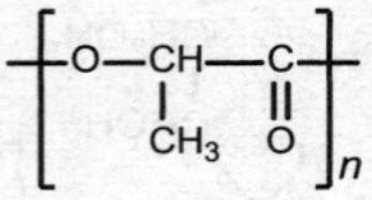

ポリ乳酸

図2

a　0.30　　　　b　0.72　　　　c　1.1　　　　d　2.2　　　　e　6.7

解答編

英語

1　**解答**　a—4　b—2　c—3　d—3　e—4　f—4
　　　　　　g—2　h—1　i—4　j—4

◆全　訳◆

≪グローバル化で不可避になった感染症の蔓延≫

　1988 年 10 月，Robert Gallo と Luc Montagnier の記述によれば「つい 10 年前に広く信じられていたところでは，感染症は先進国ではもはや大した脅威ではなかった。先進国の公衆衛生に残された課題は，非感染症，たとえば，がん・心臓病・変性疾患から生じるものと考えられていた。その自信を 1980 年代初頭に粉砕したのがエイズの出現だった」。

　Gallo と Montagnier は HIV ウイルスの共同発見者であり，別々の国の別々のチームで研究していた。論文を執筆した当時，地球上には 77,000 人以上のエイズ患者が知られていた（現在は 7500 万人近い）。研究者たちが指摘するように，この新たな病気に気づいたことで，感染症は制圧されたという自信の高まりは傷つけられた。2 人が論文を執筆した 4 年後，米国医学研究所（現在の全米科学・工学・医学アカデミーの一部）に集められた著名科学者 19 名が，「新興感染症」と命名したものに関し，淡々と事実を記した本 1 冊分の報告書の中で，この点を詳述した。彼らによれば，科学者や政治家は自己満足に陥り，抗生物質やワクチンが与える予防効果を過信して，人口増加・気候温暖化・海外旅行の拡張・入植地や巨大農園用の原野破壊が引き起こした伝染病の脅威に不注意になっていた。

　彼ら科学者グループは「我々は世界中のどこからも遠く離れておらず，誰からも切り離されていない」と警告し，病気の発見・報告，データ共有，研究所の能力，抗生物質とワクチンの緊急改善を勧告した。彼らによれば，このような投資をしなければ，新たな病気が人間に広がったら地球は常に後手に回り，そうした病気の拡大を止めるいかなる治療法や予防法の適用

も悲劇的に遅れるだろう。

　彼らの警告は先見の明があった。報告書執筆当時のアメリカは，1960 年代のワクチン接種開始以来初のはしかの大復活から立ち直りつつあった。疫学モデルの予測では患者は 9,000 人を下回るはずだったが，実際には 3 年間で 50,000 人以上発症していたのだ。医学研究所の報告書刊行の翌年，5 人の健康な若者がアメリカ南西部で，シロアシネズミから感染したハンタウイルスで倒れ，死亡した。1996 年にシカゴの研究者たちが発見したところでは，抗生物質に耐性のあるブドウ球菌が，以前は病院に出現していたのが，一足飛びに日常生活に達し，その結果，感染の危険があるとは知られていなかった子供たちに壊滅的な病気を引き起こしていた。医療全体を通じて，都市生活でも自然の中でも，数十年の進歩が崩壊しつつあるようだった。

　「我々は，感染症の大流行がいかなるものか忘れていました」と言うのは Katherine Hirschfeld である。彼女はオクラホマ大学の人類学准教授で，破綻国家の公衆衛生を研究している。「科学が我々によりよい世界を作った後に，我々はうぬぼれ，過信し，科学への投資はもはや不要と決めたのです」

　しかし，過去の病気とは異なり——コレラの大流行では富裕層が都市から脱出し，結核やペストの大流行では移民のせいにされ，HIV の場合は同性愛男性に汚名が着せられた——今日の感染症はかっこうのスケープゴートを通じては出現しない（もっとも，好戦的愛国主義の政治家は依然としてスケープゴートを作り出そうとしているが）。我々が完全に避けられる場所も人もいないのだ。つまり，貿易・旅行・人口移動のグローバル化で，我々は全員，被害を受けやすくなっているのである。「感染症対策に成功した国と，まだ苦労している国に世界を分けることはもうできません」と Hirschfeld は言う。「国には，富裕層居住区と貧困層居住区があります。貧困層は富裕層のために働いて，造園や工場での生産をしています。リスクをさえぎることはできません」

■━━━━◀解　説▶━━━━■

　a．空所の前が noninfectious conditions「非感染症」で，後が cancer, heart disease and degenerative diseases「がん，心臓病，変性疾患」。後者は前者の具体例だと考えられるので，例示の表現である 4 の such as

が正解。

b．第 1 段第 1 文中の引用部分（"As recently as …）の infectious disease was no longer much of a threat「感染症はもはや大した脅威ではなかった」を受けて，infectious diseases had been conquered「感染症は制圧された」とすれば文脈に合う。3 の developed や 4 の induced では意味が逆である。

c．antibiotics and vaccines「抗生物質やワクチン」が offer「提供する」ものなので，3 の protection「保護，防護，予防」が正解。1．「同僚」2．「感染」　4．「手術」

d．空所を含む文の後半に等位接続詞 and があるので，後半の no one from whom we are disconnected「誰からも切り離されていない」と対になるように，nowhere from which we are remote「どこからも遠く離れていない」とする。we are remote from …「…から遠く離れている」が前置詞つきの関係代名詞節として，from which we are remote になった形。1．「関係した，心配した」　2．「依存した」　4．「責任がある」

e．「…が拡大するのを止めるいかなる治療法や予防法」の…にあたる部分なので，4 の new diseases が正解。

g．from A into B「A から B へ」

i．unlike illnesses in the past ― [A: cholera epidemics …], [B: outbreaks of tuberculosis and plague …], [C: HIV cases …] ― infections of today do not …

「過去の感染症――[A: コレラ]，[B: 結核やペスト]，[C: HIV]――とは異なり，今日の感染症は…しない」とつながっている。unlike「～とは異なり，～のようではなく」は前置詞で，like「～のように」の反意語。

j．divide A into B and C「A を B と C に分ける」　B: countries that have dealt with … successfully「…の対処に成功した国」⟺C: those that are still struggling「まだ苦労している国」という関係（those＝countries）。

2 解答　a－4　b－3　c－1　d－1　e－2

3 　解答 　a－3　b－2　c－3　d－2　e－3

◀解　説▶

a ．inform *A* of *B*「*A* に *B* を知らせる」の受動態。informed consent「（医療で病状などを）知らされた上での同意，インフォームドコンセント」のもととなった動詞。

b ．make *A* *do*「*A* に～させる」　*A*＝what he was painting で，*do*＝seem to … である。

c ．be fed up with ～「～にうんざりする」　be の部分に were getting が使われ（get は第 2 文型で「～の状態になる」），副詞の pretty「かなり」が挿入されている。the way S V「S が V するやり方」

d ．What's going on?「最近，どう？」は近況を尋ねる表現。

e ．How often「どれくらい頻繁に」に対して Most days.「ほとんど毎日」と答えている。

4 　解答 　（2 番目・5 番目の順に）a－1・6　b－1・2
　　　　　　c－3・4

◀解　説▶

a ．(A theory is a logical explanation for) something <u>that</u> can be <u>tested</u> through (experiments.)

b ．(Albert's oldest son, Hans Albert,) grew <u>up</u> to become <u>a</u> <u>distinguished</u> science professor (in California.)

c ．(But) he <u>may</u> have also suffered <u>from</u> a kidney disease.

5 　解答 　a－1　b－2　c－3　d－4　e－2

◆全　訳◆

≪才能の多次元性≫

　有意義な人間の特徴のほとんどすべて（特に才能）は，多次元から成り立っている。困ったことに，才能の測定を試みるとき，我々は往々にして平均に頼って，むらのある才能を一次元に還元してしまう。たとえば，標準テストの点数，成績，仕事の業績順位である。しかし，我々がこの種の

一次元思考に屈すると，結果的にひどく困ることになる。ニューヨーク・ニックスを例にとりあげてみよう。

　2003年，NBAの元スター選手アイザイア＝トーマスが，ニックスのバスケットボール事業の会長職を引き継いだ。彼には，世界で最も人気があるスポーツのプロチームの一つであるニックスをどのようにして再建したいのかという明確なビジョンがあった。彼はバスケットボールの才能に関する一次元哲学を使い，選手を評価した。彼は1試合の平均得点数だけを根拠に，選手を獲得・残留させたのだ。

　トーマスの考えでは，バスケットボールチームの成功は敵チーム以上の得点を取ることに基づくので，選手全体が最高合計平均得点をもっていれば，平均して，より多くの試合に勝つと期待できる。トーマスだけが最高得点に夢中になったのではなかった。今日でさえ，選手の平均得点は通常，年俸・ポストシーズン賞・プレー時間の決定における最重要要素である。しかしトーマスは，この単一の測定基準を，チームの全選手を選ぶ最重要要素とした。そしてニックスには，彼の優先事項を現実にできる財力があった。ニックスは実質的に，企業が従業員の採用に学歴を主要基準にする際に使うのと同様な，才能に対する一次元手法を使ってチームを組んだ。

　多額の費用でニックスは，NBAで最高合計平均得点のチームをかろうじて組んだが，4シーズン連続負け越しで，勝率3割4分であった。こうしたニックスの一次元的チームはひどすぎて，同時期にそれより成績が悪かったのはたった2チームのみだった。複雑で多面的な能力は一次元的な尺度ではとらえられないという原理によって，チームがかくも低迷した理由がわかりやすくなる。その理由とは，バスケットボールの才能の多次元性だ。バスケットボールの成績の一つの数学的分析が示唆するところでは，少なくとも五次元が試合結果に明確に影響している。それは，得点，リバウンド，スティール，アシスト，ブロックだ。さらに，この五次元の大半は，互いに強くは関連していない。たとえば，スティールが優れた選手は，普通はブロックにはさほど優れていない。実際，本物の「万能選手」を見つけるのは非常にまれなことだ。1950年以降のNBAの歴代選手数万人の中で，五次元全部でチームのトップに立ったことのある選手はたった5人である。

　最も成功したバスケットボールチームは，バスケットボールの才能に関

して相補的な特徴のある選手から成り立っている。対照的に，トーマスのニックスチームは守備がひどく，そして，ひょっとしたら驚くかもしれないが，チームに得点力のある選手たちがいたにもかかわらず，攻撃すら，格段優れてはいなかった。なぜならば各選手が，他の選手のシュートを促進するよりも自分のシュートを決めることに夢中だったからだ。ニックスは，グーグル，デロイト，マイクロソフトと同様，ようやく気づいたのだ。才能に対する一次元手法は，望む結果を生み出さない，と。2009 年のトーマス退任後，ニックスは才能評価の多次元手法に回帰し，再び勝ち始め，結果的に 2012 年にプレーオフに復帰した。

■━━━━━◀解　説▶━━━━━■

a．a-1．this kind of（ a-1 ）thinking は直前文の reducing our jagged talent to a single dimension「むらのある才能を一次元に還元すること」を受けるので，one-dimensional「一次元の」が入る。

a-2．同文後半に based solely on…「…だけを根拠に」とあるので（solely＝only），やはり one-dimensional「一次元の」が入る。

b．so ～ that …「あまりにも～なので…だ」の構文。

c．直前・直後の文の five dimensions「五次元」（2 文前の scoring, rebounds, steals, assists, and blocks「得点，リバウンド，スティール，アシスト，ブロック」）を five-tool「5 ツール」と言い換えた 3 の「実際，本物の『万能（＝5 ツールをもった）選手』」を見つけるのは非常にまれなことだ」が正解。1．「彼は今シーズン，これまでに 12 ゴールを決めた」2．「彼のコーチングは私のゲームに新たな次元を付け加えた」 4．「あなたは間を抜けていこうとしたが，進路をさえぎる人が多すぎた」

d．d-1．前文の The most successful basketball teams「最も成功したバスケットボールチーム」と空所直後の Thomas's Knicks teams「トーマスのニックスチーム」（失敗例）が in contrast「対照的に」述べられている。in short は「要するに」の意。

d-2．直後には the talented scorers on the team という名詞句のみがあるので，接続詞の because ではなく，前置詞の despite「～にもかかわらず」（＝in spite of ～）が入る。

e．1．第 3 段第 3 文（Even today a …）に不一致。「関係していない」ではなく「関係している」。

2．第 3 段第 4 文（But Thomas had …）に一致。this single metric「この単一の測定基準」は scoring average「平均得点」を指す。make O C「O を C にする」 financial resources「財力」

3．第 4 段第 1 文（At great expense, …）に不一致。「優勝」とは程遠い成績だった。

4．最終段最終文（After Thomas left …）に不一致。「できなかった」ではなく「できた」。

数学

1 解答 　(1)＊ア．＋1　＊イ．－2　(2)ウ．3　＊エ．－3
　　　　　　(3)オ．6　(4)＊カ．－2　＊キ．＋5

◀解　説▶

≪小問 4 問≫

(1)　解と係数の関係により

$$\begin{cases} a+b=-a \\ ab=b \end{cases} \quad \therefore \quad \begin{cases} b=-2a \\ b(a-1)=0 \end{cases}$$

$b \neq 0$ より　　$a=1$　→＊ア

このとき　　$b=-2$　→＊イ

(2)　$x^2+(y+1)^2=1$ より，円の中心を
点 A とすると A$(0,\ -1)$，半径は 1
である。点 $(\sqrt{3},\ 0)$ を通り，傾きが
$m\ (m>0)$ の直線は

$$y=m(x-\sqrt{3})$$

すなわち

$$mx-y-\sqrt{3}\,m=0$$

である。これが円に接する条件は，点
A から直線に下ろした垂線の足を H とすると

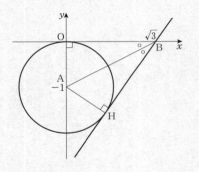

$$AH=\frac{|1-\sqrt{3}\,m|}{\sqrt{m^2+1}}=1$$

$$(1-\sqrt{3}\,m)^2=m^2+1 \qquad m(m-\sqrt{3})=0$$

$m>0$ より，$m=\sqrt{3}$ であり，直線の方程式は

$$y=\sqrt{3}(x-\sqrt{3})=\sqrt{3}x-3 \quad →ウ・＊エ$$

参考　上図において，AO＝AH＝1，AB＝2，BO＝BH＝$\sqrt{3}$ であり

　　　∠ABO＝∠ABH＝30°

求める直線の傾きは　　　$\tan\angle OBH=\tan60°=\sqrt{3}$

(3)　底を変換する公式により

$$\log_9 2 = \frac{\log_2 2}{\log_2 9} = \frac{1}{\log_2 9}, \quad \log_7 2 = \frac{\log_2 2}{\log_2 7} = \frac{1}{\log_2 7}$$

よって，与式は

$$\log_2 9 + \log_2 7 < n \qquad \log_2 63 < n$$

ここで，$32 < 63 < 64$ より，$5 < \log_2 63 < 6$ であり，最小の整数 n は　　6

→オ

(4)　与式は　　　$(a^x)^2 \cdot a^{-2} - a^x \cdot a^3 - a^x \cdot a^{-4} + a \leqq 0$

であるから　　　$a^x = X \quad (X > 0)$

とおくと

$$a^{-2} \cdot X^2 - a^3 X - a^{-4} X + a \leqq 0$$

$$a^2 X^2 - (a^7 + 1)X + a^5 \leqq 0$$

$$(a^2 X - 1)(X - a^5) \leqq 0$$

$$\left(X - \frac{1}{a^2} \right)(X - a^5) \leqq 0 \quad (\because \quad a \neq 0)$$

$0 < a < 1$ より，$a^5 < \dfrac{1}{a^2}$ であり

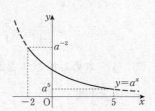

$$a^5 \leqq X \leqq \frac{1}{a^2} \qquad a^5 \leqq a^x \leqq a^{-2}$$

$\therefore \quad -2 \leqq x \leqq 5 \quad \rightarrow *$カ・$*$キ

2　**解答**　(1)$*$ク．-1　$*$ケ．-1　コ．1　サ．4　シ．5
ス．4

(2)(i)セソタ．385　(ii)チツテ．330　(iii)トナニ．990

◀解　説▶

≪小問 2 問≫

(1)　①より　　$\dfrac{\sin x}{\cos x} + \dfrac{\sin y}{\cos y} = 2$

両辺に $\cos x \cos y \, (\neq 0)$ をかけて

$$\sin x \cos y + \cos x \sin y = 2\cos x \cos y$$

加法定理と②を用いて　　$\sin(x + y) = -1 \quad \rightarrow *$ク

$$0 \leqq x < y \leqq 2\pi \quad \cdots\cdots ③$$

③より，$0 < x + y < 4\pi$ であり，$x + y$ の値の候補は

$$x+y=\frac{3}{2}\pi,\ \frac{7}{2}\pi \quad \cdots\cdots④$$

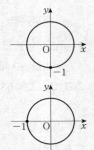

加法定理より

$$\cos(x+y)=\cos x\cos y-\sin x\sin y$$
$$\cos(x-y)=\cos x\cos y+\sin x\sin y$$

辺々加えると

$$\cos(x+y)+\cos(x-y)=2\cos x\cos y$$

④のどちらでも $\cos(x+y)=0$ であり，②も用いると

$$\cos(x-y)=-1 \quad →*ケ$$

③より，$-2\pi\leqq x-y<0$ であり　　$x-y=-\pi$

これと④より $x,\ y$ を求めると

$$(x,\ y)=\left(\frac{\pi}{4},\ \frac{5}{4}\pi\right),\ \left(\frac{5}{4}\pi,\ \frac{9}{4}\pi\right)$$

③をみたすのは

$$(x,\ y)=\left(\frac{1}{4}\pi,\ \frac{5}{4}\pi\right) \quad →コ～ス$$

(2) (ⅰ)　求める和を T とおくと，和の公式 $\sum_{k=1}^{n}k^2=\frac{1}{6}n(n+1)(2n+1)$ で $n=10$ として

$$T=\sum_{k=1}^{10}k^2=\frac{1}{6}\cdot10\cdot11\cdot21=5\cdot11\cdot7=385 \quad →セ～タ$$

(ⅱ)　求める和を U とおくと，(ⅰ)と同様にして

$$U=\sum_{k=1}^{9}k(k+1)=\sum_{k=1}^{9}(k^2+k)=\sum_{k=1}^{9}k^2+\sum_{k=1}^{9}k$$
$$=\frac{1}{6}\cdot9\cdot10\cdot19+\frac{1}{2}\cdot9\cdot10=5\cdot66=330 \quad →チ～テ$$

(ⅲ)　$(1+2+\cdots+10)^2=(1+2+\cdots+10)(1+2+\cdots+10)$ を展開すると，$1^2+2^2+\cdots+10^2$ と，異なる 2 数の積の和の 2 倍との和になるから

$$(1+2+\cdots+10)^2$$
$$=T+2(S+U)$$

この左辺は $\left(\sum_{k=1}^{10}k\right)^2=\left(\frac{1}{2}\cdot10\cdot11\right)^2$

$=5^2\cdot11^2$ だから，(ⅰ)，(ⅱ)を用いると

	1	2	3	$\cdots$	9	10
1	1^2	$1\cdot2$	$1\cdot3$	$\cdots$	$1\cdot9$	$1\cdot10$
2	$2\cdot1$	2^2	$2\cdot3$	$\cdots$	$2\cdot9$	$2\cdot10$
3	$3\cdot1$	$3\cdot2$	3^2	$\cdots$	$3\cdot9$	$3\cdot10$
$\vdots$	$\vdots$	$\vdots$	$\vdots$		$\vdots$	
9	$9\cdot1$	$9\cdot2$	$9\cdot3$	$\cdots$	9^2	$9\cdot10$
10	$10\cdot1$	$10\cdot2$	$10\cdot3$	$\cdots$	$10\cdot9$	10^2

$$5^2 \cdot 11^2 = 5 \cdot 11 \cdot 7 + 2(S + 5 \cdot 66)$$

よって　　$S = \dfrac{1}{2} \cdot 5 \cdot 11 \cdot 36 = 990$　→ト～ニ

3 解答

(1)ヌ. 1　ネ. 4　(2)ノ. 1　ハ. 2　ヒ. 2
(3)フ. 1　ヘ. 3　ホ. 1　マ. 2　ミ. 1　ム. 3
(4)メ. 2　モ. 2　ヤ. 6　ユ. 1　ヨ. 3

◀解　説▶

≪絶対値で表された関数，定積分で表された関数≫

(1)　$g(t) = |t(t-x)| = \begin{cases} t(t-x) & (t \leqq 0 \text{ または } x \leqq t) \\ -t(t-x) & (0 \leqq t \leqq x) \end{cases}$

$y = g(t)$ のグラフは右図のようになり，極
大値は

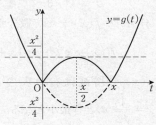

$$g\left(\frac{x}{2}\right) = \frac{1}{4}x^2 \quad →ヌ \cdot ネ$$

(2)　$y = t^2 - xt$ と $y = \dfrac{1}{4}x^2$ で y を消去する
と

$$t^2 - xt = \frac{1}{4}x^2 \qquad t^2 - xt - \frac{x^2}{4} = 0 \qquad \left(t - \frac{x}{2}\right)^2 = \frac{x^2}{2}$$

$$t - \frac{x}{2} = \pm \frac{x}{\sqrt{2}}$$

$$\therefore \quad t = \left(\frac{1}{2} \pm \frac{1}{\sqrt{2}}\right)x = \frac{1 \pm \sqrt{2}}{2}x$$

求めるのは，この 2 つの t のうち，最大のものであり　　$t = \dfrac{1 + \sqrt{2}}{2}x$

→ノ～ヒ

(3)　$f(x)$ は右図の網かけ部分の面積である。
右図のように面積 S，T を定めると

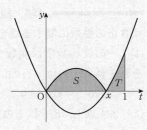

$$f(x) = S + T = (-S + T) + 2S$$

$$= \int_0^1 (t^2 - xt)dt$$

$$+ 2\left\{-\int_0^x t(t-x)dt\right\}$$

$$= \left[\frac{1}{3}t^3 - \frac{x}{2}t^2 \right]_0^1 + 2 \cdot \frac{1}{6}(x-0)^3$$

$$= \frac{1}{3} - \frac{x}{2} + \frac{1}{3}x^3 = \frac{1}{3}x^3 - \frac{1}{2}x + \frac{1}{3} \quad \rightarrow フ〜ム$$

参考　定積分の公式 $\displaystyle\int_\alpha^\beta (x-\alpha)(x-\beta)dx = -\frac{1}{6}(\beta-\alpha)^3$ を使うと少し楽

だが，次のように計算してもよい。

$$f(x) = \int_0^x (-t^2 + xt)dt + \int_x^1 (t^2 - xt)dt$$

$$= \left[-\frac{1}{3}t^3 + \frac{x}{2}t^2 \right]_0^x + \left[\frac{1}{3}t^3 - \frac{x}{2}t^2 \right]_x^1$$

$$= \left(-\frac{1}{3}x^3 + \frac{1}{2}x^3 \right) \times 2 + \left(\frac{1}{3} - \frac{x}{2} \right) = \frac{1}{3}x^3 - \frac{1}{2}x + \frac{1}{3}$$

(4)　(3)の $f(x)$ を x で微分すると

$$f'(x) = x^2 - \frac{1}{2} = \left(x + \frac{1}{\sqrt{2}} \right)\left(x - \frac{1}{\sqrt{2}} \right)$$

$f(x)$ の増減は右の表のようになり，

$x = \dfrac{1}{\sqrt{2}}$ のとき最小となる。

x	0	$\cdots$	$\dfrac{1}{\sqrt{2}}$	$\cdots$	1
$f'(x)$		$-$	0	$+$	
$f(x)$		$\searrow$		$\nearrow$	

$$f\left(\frac{1}{\sqrt{2}} \right) = \frac{1}{3}\left(\frac{1}{\sqrt{2}} \right)^3 - \frac{1}{2} \cdot \frac{1}{\sqrt{2}} + \frac{1}{3}$$

$$= \frac{2 - \sqrt{2}}{6} \quad \rightarrow メ〜ヤ$$

$f(0) = \dfrac{1}{3}$，$f(1) = \dfrac{1}{6}$ より，$x=0$ のとき最大で　　$f(0) = \dfrac{1}{3}$　→ユ・ヨ

4　解答　(1)ラリル．120　(2)レ．5　(3)ロワ．13　ヲン．35

◀解　説▶

≪3桁の整数に関する場合の数・確率≫

(1)　一の位の数字は偶数であり，「2，4，6，8」のいずれかである。
それぞれで十の位，百の位の数字は6・5通りあるから，すべてで

　　　　4・6・5＝120 通り　　→ラ〜ル

(2)　234 以上，876 以下の整数を考える。

$15^2 = 225$, $30^2 = 900$ であり, $n = 16$, 17, $\cdots$, 29 について n^2 を求めてみると, 次のようになる。

n	16	17	18	19	20	21	22	23	24	25	26	27	28	29
n^2	256	289	324	361	400	441	484	529	576	625	676	729	784	841

このうち, n^2 を 7 枚のカードで作れるものは, $n = 16$, 18, 24, 25, 28 の 5 通り。　→レ

(3)　各位の数字を a, b, c とすると, 3 桁の整数は次のように表せる。

$$100a + 10b + c = 99a + 9b + a + b + c = 3(33a + 3b) + (a + b + c)$$

$3(33a + 3b)$ は 3 で割り切れるから, $a + b + c$ が 3 で割り切れる確率を求める。

3 桁の整数の作り方は $7 \cdot 6 \cdot 5$ 通りあり, 同様に確からしいと考えられる。カードの数字を 3 で割った余りは次のようになる。

カードの数字	2	3	4	5	6	7	8
3 で割った余り	2	0	1	2	0	1	2

3 つの数字を 3 で割った余りは「3 つとも 2」「2 つだけ 2」「1 つだけ 2」「2 のものがない」ですべてである。このうち, 3 つの和が 3 で割り切れるのは, 余りの和が 3 で割り切れる場合であり, 「3 つとも 2」「1 つだけ 2, 他は 0 と 1」の場合である。このとき, 整数の作り方はそれぞれ $3!$, ${}_3\mathrm{C}_1 \cdot {}_2\mathrm{C}_1 \cdot {}_2\mathrm{C}_1 \cdot 3!$ 通りあるから, 求める確率は

$$\frac{3! + 3 \cdot 2 \cdot 2 \cdot 3!}{7 \cdot 6 \cdot 5} = \frac{13}{35} \quad \text{→ロ〜ン}$$

5　解答

(1)あ. 2　い. 2　う. 2　え. 4
(2)お. 1　か. 3
(3)き. 1　く. 3　(4)け. 6　こ. 6

◀解　説▶

≪座標空間における球面・平面≫

(1)　円 C_1 の中心は $\mathrm{O}'\left(0, 0, \dfrac{1}{\sqrt{2}}\right)$ であり, 半径は

$$\mathrm{O}'\mathrm{A} = \mathrm{O}'\mathrm{B} = \frac{1}{\sqrt{2}} = \frac{\sqrt{2}}{2} \quad \text{→あ・い}$$

$\angle \text{AO}'\text{B}=\dfrac{\pi}{2}$ より

$$\stackrel{\frown}{\text{AB}}=2\pi\cdot\dfrac{1}{\sqrt{2}}\cdot\dfrac{1}{4}=\dfrac{\sqrt{2}}{4}\pi$$

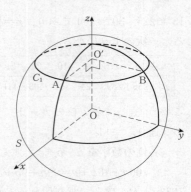

→う・え

(2) $\overrightarrow{\text{OA}}\cdot\overrightarrow{\text{OB}}=\dfrac{1}{2}$, $|\overrightarrow{\text{OA}}|=|\overrightarrow{\text{OB}}|=1$

より

$$\cos\angle\text{AOB}=\dfrac{\overrightarrow{\text{OA}}\cdot\overrightarrow{\text{OB}}}{|\overrightarrow{\text{OA}}||\overrightarrow{\text{OB}}|}=\dfrac{1}{2}$$

$$\therefore\quad \angle\text{AOB}=\dfrac{1}{3}\pi \quad →お・か$$

(3) 円 C_2 の半径は OA＝OB＝1 であり, (2)より, $\angle\text{AOB}=\dfrac{\pi}{3}$ だから

$$\stackrel{\frown}{\text{AB}}=2\pi\cdot1\cdot\dfrac{1}{6}=\dfrac{1}{3}\pi \quad →き・く$$

(4) 線分 AB の中点を M, 点 O′ から平面
OAB に下ろした垂線の足を H とする。
△OAB, △O′AB はともに二等辺三角形だか
ら, OM⊥AB かつ O′M⊥AB であり, 平面
OMO′⊥AB である。また, O′H⊥平面 OAB
だから, O′H⊥AB であり, 点 H は線分 OM
上にある。

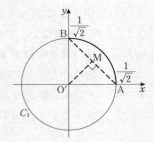

点 M の座標は $\left(\dfrac{1}{2\sqrt{2}},\ \dfrac{1}{2\sqrt{2}},\ \dfrac{1}{\sqrt{2}}\right)$ であり,

O′M＝$\dfrac{1}{2}$, OM＝$\dfrac{\sqrt{3}}{2}$, OO′⊥MO′ が成り立ち

$$△\text{OO}'\text{H}\backsim△\text{OMO}'$$

OO′：O′H＝OM：MO′ であり

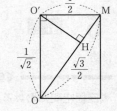

$$\dfrac{1}{\sqrt{2}}:\text{O}'\text{H}=\dfrac{\sqrt{3}}{2}:\dfrac{1}{2}$$

$$\therefore\quad \text{O}'\text{H}=\dfrac{1}{\sqrt{6}}=\dfrac{\sqrt{6}}{6} \quad →け・こ$$

参考 (2)より，△OAB は正三角形であり，

$O'O=O'A=O'B=\dfrac{1}{\sqrt{2}}$ だから，点 H は正三角

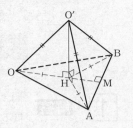

形 OAB の外心であり，重心でもある。

$$OH=\dfrac{2}{3}OM=\dfrac{1}{\sqrt{3}}$$

$$O'H=\sqrt{O'O^2-OH^2}=\sqrt{\dfrac{1}{2}-\dfrac{1}{3}}=\dfrac{1}{\sqrt{6}}$$

$$=\dfrac{\sqrt{6}}{6}$$

また，四面体 OO'AB の体積 V が

$$V=\dfrac{1}{3}\triangle OAB\times O'H=\dfrac{1}{3}\triangle O'AB\times OO'$$

となることより O'H を求める方法もある。

化学

| 1 | 解答 | 問1．c 問2．a・d 問3．d 問4．b・e |
| | | 問5．a・e 問6．d・e 問7．(1)—h (2)—c |

◀解　説▶

≪小問集合≫

問1．c．水が蒸発することで油を飛び散らせている，状態変化である。

問2．a．正文。${}_1^1H$ には中性子がない。

b．誤文。Ca^{2+} は，Ar と同じ電子配置である。

c．誤文。同素体ではなく同位体である。

e．誤文。F＞C＞Li の順に小さくなる。イオン化エネルギーは小さいほど，陽イオンになりやすい。

問3．体心立方格子なので，中心と頂点に原子がある。

問4．b．誤文。SiO_2 と P_4O_{10} は固体だが，SO_2 は気体である。

e．誤文。硫黄の単体は，天然に存在する。

問5．両性金属は，Al，Zn，Sn，Pb である。

問6．それぞれの発生する気体と捕集方法は以下のとおり。

a．H_2：水上置換

b．HCl：下方置換

c．SO_2：下方置換

d．NO_2：下方置換

e．O_2：水上置換

よって，dとeが誤っている。

問7．アンモニアソーダ法のすべての反応式は，次のとおり。

$$NaCl+NH_3+CO_2+H_2O \longrightarrow NaHCO_3+NH_4Cl$$

$$2NaHCO_3 \longrightarrow Na_2CO_3+CO_2+H_2O \quad （熱分解反応）$$

$$CaCO_3 \longrightarrow CaO+CO_2 \quad （熱分解反応）$$

$$CaO+H_2O \longrightarrow Ca(OH)_2$$

$$Ca(OH)_2+2NH_4Cl \longrightarrow CaCl_2+2H_2O+2NH_3$$

2　解答　問１．e　問２．b・e
　　　　　問３．(1)— c　(2)— d　(3)— d
問４．(1)— f　(2)— d

◀解　説▶

≪電離平衡，鉛蓄電池，陽イオン交換樹脂，溶解度積≫

問１．酢酸の電離の反応式より，電離前後での濃度は

$$CH_3COOH \rightleftharpoons CH_3COO^- + H^+$$

(電離前)	0.10	0	0	[mol/L]
(反応量)	-0.10×0.016	$+0.10 \times 0.016$	$+0.10 \times 0.016$	[mol/L]
(電離後)	0.0984	0.0016	0.0016	[mol/L]

よって

$$K_a = \frac{[CH_3COO^-][H^+]}{[CH_3COOH]} = \frac{0.0016 \times 0.0016}{0.0984}$$

$$= 2.60 \times 10^{-5} \fallingdotseq 2.6 \times 10^{-5} [mol/L]$$

問２．a．誤文。正極活物質と負極活物質が反対である。

c．誤文。負極では，Pb が Pb^{2+} に酸化される。

d．誤文。外部電源とつないで充電をしないと回復しない。

f．誤文。充電は，正極と正極，負極と負極を接続する。

問３．(1)　c．誤文。濃硫酸を薄めるときは，多量の水に濃硫酸をゆっくりと加える。

(2)　硫酸は２価なので

$$5.00 \times 10^{-2} \times \frac{30.0}{1000} \times 2 = 3.00 \times 10^{-3} [mol]$$

(3)　SO_4^{2-} を 1 mol 加えると，OH^- が 2 mol 流出するので

$$3.00 \times 10^{-3} \times \frac{1}{2} \times 142 = 2.13 \times 10^{-1} [g]$$

問４．(1)　Ag^+ の物質量は

$$1.0 \times 10^{-2} \times \frac{10}{1000} = 1.0 \times 10^{-4} [mol]$$

Cl^- の物質量は　　$2.8 \times 10^{-3} \times \frac{10}{1000} = 2.8 \times 10^{-5} [mol]$

Cl^- はほとんど AgCl として沈殿するので，その質量は

$$2.8 \times 10^{-5} \times 143.5 = 4.01 \times 10^{-3} \fallingdotseq 4.0 \times 10^{-3} [g]$$

(2)　AgCl の物質量を S[mol]，溶解量を x[mol] とおく。

Ag^+ は，$1.0\times10^{-2}\times\dfrac{100}{1000}=1.0\times10^{-3}$[mol] あるので

$$AgCl \rightleftharpoons \quad Ag^+ \quad +Cl^-$$

	S	1.0×10^{-3}	0	[mol]
（溶解前）	S	1.0×10^{-3}	0	[mol]
（溶解量）	$-x$	$+x$	$+x$	[mol]
（平衡後）	$S-x$	$1.0\times10^{-3}+x$	x	[mol]

よって，溶解度積より

$$K_{sp}=(1.0\times10^{-3}+x)\times\dfrac{1000}{100}\times x\times\dfrac{1000}{100}=1.8\times10^{-10}$$

x はとても小さいので，$1.0\times10^{-3}+x\fallingdotseq1.0\times10^{-3}$ と近似して

$$1.0\times10^{-3}\times\dfrac{1000}{100}\times x\times\dfrac{1000}{100}=1.8\times10^{-10}$$

$$\therefore\quad x=1.8\times10^{-9}\text{[mol]}$$

よって　　$1.8\times10^{-9}\times143.5=2.583\times10^{-7}\fallingdotseq2.6\times10^{-7}$[g]

③　解答

問 1 ．(1)— c　(2)— d　(3)— e　(4)— f
問 2 ．(1)— b　(2)— d　(3)— d

◀解　説▶

≪カルシウムの化合物の反応量，気体の状態方程式≫

問 1 ．(1)　炭化カルシウムと水の反応式は

$$CaC_2+2H_2O \longrightarrow C_2H_2+Ca(OH)_2$$

発生した気体 A はアセチレンである。炭化カルシウム（分子量 64）の質量を x[g] とすると，炭化カルシウムとアセチレンの物質量は等しいので

$$\dfrac{x}{64}=\dfrac{0.896}{22.4} \quad \therefore\quad x=2.56\text{[g]}$$

(2)　アセチレンの燃焼反応は

$$2C_2H_2+5O_2 \longrightarrow 4CO_2+2H_2O$$

酸素は，アセチレンの 2.5 倍の体積が必要なので

$$0.896\times2.5=2.24\text{[L]}$$

(3)　炭酸カルシウムは塩酸と反応して二酸化炭素を発生する。

$$CaCO_3+2HCl \longrightarrow CaCl_2+H_2O+CO_2$$

炭酸カルシウム（分子量 100）の質量を y[g] とすると，炭酸カルシウム

と二酸化炭素の物質量は等しいので

$$\frac{y}{100}=\frac{0.448}{22.4} \qquad \therefore \quad y=2.00\,[\text{g}]$$

よって，塩化カルシウムは

$$7.06-2.56-2.00=2.50\,[\text{g}]$$

(4)　塩酸は，炭酸カルシウムと，水と炭化カルシウムの反応で生じた水酸化カルシウムとの反応に使われる。

$$CaCO_3+2HCl \longrightarrow CaCl_2+CO_2+H_2O$$
$$Ca(OH)_2+2HCl \longrightarrow CaCl_2+2H_2O$$

よって，塩酸の体積を $v\,[\text{mL}]$ とすると

$$2.00\times\frac{v}{1000}\times1=\frac{2.00}{100}\times2+\frac{2.56}{64}\times2$$

$$\therefore \quad v=60.0\,[\text{mL}]$$

問 2 . (1)　容器 B 内の圧力を $P\,[\text{Pa}]$ とすると，気体の状態方程式より

$$P\times4.50=\frac{6.40}{32}\times8.31\times10^3\times300$$

$$P=1.108\times10^5\fallingdotseq1.11\times10^5\,[\text{Pa}]$$

(2)　窒素の物質量は，$\dfrac{8.40}{28}=0.30\,[\text{mol}]$，酸素の物質量は，$\dfrac{6.40}{32}=0.20$ [mol] である。

よって，全体の体積は 7.50 L，全体の物質量は 0.50 mol なので

$$P_1\times7.50=0.50\times8.31\times10^3\times300$$

$$P_1=1.662\times10^5\fallingdotseq1.66\times10^5\,[\text{Pa}]$$

(3)　容器 A 内の気体の物質量を $n_A\,[\text{mol}]$，容器 B 内の気体の物質量を $n_B\,[\text{mol}]$ とする。気体の状態方程式を用いて，容器 A と容器 B で，それぞれ式を作ると

$$P_2\times3.00=n_A\times8.31\times10^3\times300 \qquad \therefore \quad P_2=n_A\times8.31\times10^3\times100$$

$$P_2\times4.50=n_B\times8.31\times10^3\times450 \qquad \therefore \quad P_2=n_B\times8.31\times10^3\times100$$

圧力は等しいので

$$n_A\times8.31\times10^3\times100=n_B\times8.31\times10^3\times100$$

$$\therefore \quad n_A=n_B$$

よって　　$n_A=n_B=0.25\,[\text{mol}]$

これより

$$P_2 \times 3.00 = 0.25 \times 8.31 \times 10^3 \times 300$$

$$P_2 = 2.077 \times 10^5 \fallingdotseq 2.08 \times 10^5 \, [\text{Pa}]$$

4 解答

問 1．d　問 2．b・e

問 3．(1)— c　(2)— a・c

問 4．e　問 5．c・d　問 6．(1)— b　(2)— e

━━━━◀解　説▶━━━━

≪構造決定と異性体，元素分析，有機化合物の性質と見分け方≫

問 1．炭素の質量は　　$35.2 \times \dfrac{12}{44} = 9.6 \, [\text{mg}]$

水素の質量は　　$14.4 \times \dfrac{2}{18} = 1.6 \, [\text{mg}]$

$$\text{C} : \text{H} = \frac{9.6}{12} : \frac{1.6}{1.0} = 1 : 2$$

したがって，組成式は　　CH_2

分子量が 50 以上 70 未満なので，分子式は　　C_4H_8

よって，異性体は以下のとおりで，6 種類である。

$CH_2=CH-CH_2-CH_3$　　　$CH_2=C-CH_3$
　　　　　　　　　　　　　　　　　　　　　　CH_3

$\underset{H}{\overset{CH_3}{}}C=C\underset{H}{\overset{CH_3}{}}$　　　　$\underset{H}{\overset{CH_3}{}}C=C\underset{CH_3}{\overset{H}{}}$

CH_2-CH_2
CH_2-CH_2　　　　　$CH_3-CH\underset{CH_2}{\overset{CH_2}{}}$

問 2．a．誤文。アルカンの極性は小さいため，ベンゼンやジエチルエーテルによく溶ける。

c．誤文。シクロアルカンの一般式は，C_nH_{2n} なので，二酸化炭素は $n\,[\text{mol}]$，水も $n\,[\text{mol}]$ 生じる。

d．誤文。炭素間二重結合は自由に回転できない。

問 3．(1)　水によく溶けるのは，アのアセトン，イのプロピオン酸，コの β-フルクトース。

(2)　a．アセトンもプロピオン酸も銀鏡反応はしない。

ｃ．オのフェノールも，カのスチレンも臭素水と反応する。反応して，それぞれは以下のようになる。

問４．それぞれの加水分解後の生成物は次のとおり（*Ｃ は不斉炭素原子）。

a．$CH_3-CH_2-{}^*CH-C-H+CH_3COOH$
　　　　　　　 $\underset{CH_3}{|}\ \underset{O}{\|}$

b．$CH_3-CH-C-CH_3+CH_3COOH$
　　　　 $\underset{CH_3}{|}\ \underset{O}{\|}$

c．$CH_3-CH_2-C-CH_2-CH_3+CH_3COOH$
　　　　　　　　 $\underset{O}{\|}$

d．$CH_2=CH-{}^*CH-CH_2-CH_3+CH_3COOH$
　　　　　　　　 $\underset{OH}{|}$

e．$CH_3-CH_2-{}^*CH-C-CH_3+CH_3COOH$
　　　　　　　 $\underset{CH_3}{|}\ \underset{O}{\|}$

よって，条件に当てはまるのは，ｅ である。

問５．ｃ．誤文。キサントプロテイン反応の原因は，ベンゼン環のニトロ化である。

ｄ．誤文。陽イオン交換樹脂は，ベンゼン環に −SO₃H（スルホ基）の構造を導入したものである。

問６．化合物 Ａ はカルボン酸で，過マンガン酸カリウムで酸化すると，テレフタル酸になるので，次の２種類が考えられる。

⑵　化合物 Ｂ を加水分解すると化合物 Ｄ，化合物 Ｅ が生じる。Ｅ は酸化すると化合物 Ｆ になる。よって，Ｄ はカルボン酸，Ｅ はアルコールである。さらに，Ｄ と Ｆ はいずれも銀鏡反応を示すので，Ｄ はギ酸，Ｅ は第一級アルコールとなる。加水分解してギ酸が生じるのは，ｂ・ｃ・ｅ である。それぞれを加水分解し，アルコールを酸化，脱水すると以下のようになる。

b．H₃C—⟨ ⟩—CH₂—OH
$\xrightarrow{+O}$ H₃C—⟨ ⟩—C—H （‖O）
$\xrightarrow{-H_2O}$ 脱水できない

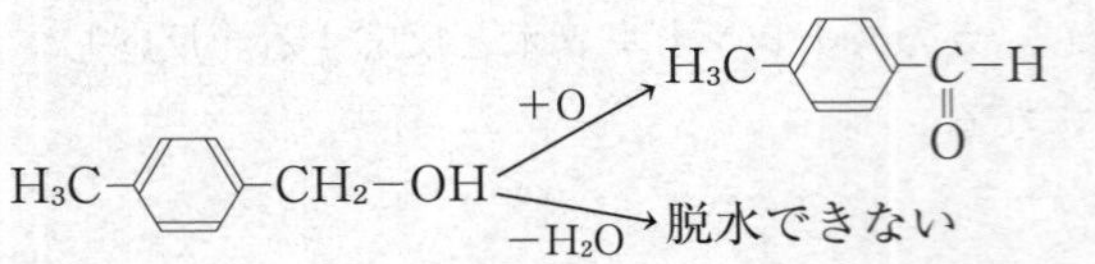

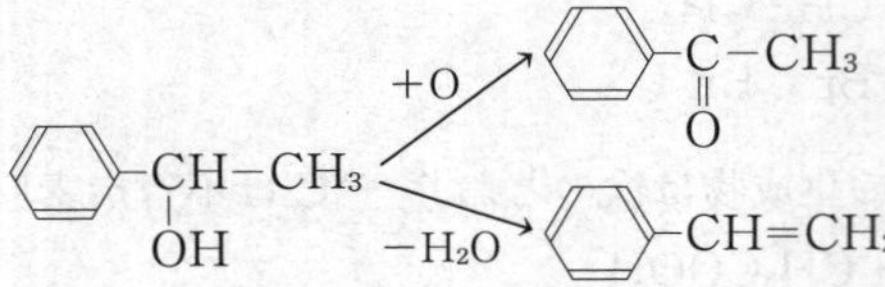

c．⟨ ⟩—CH—CH₃ （OH）
$\xrightarrow{+O}$ ⟨ ⟩—C—CH₃ （‖O）
$\xrightarrow{-H_2O}$ ⟨ ⟩—CH=CH₂

e．⟨ ⟩—CH₂—CH₂—OH
$\xrightarrow{+O}$ ⟨ ⟩—CH₂—C—H （‖O）
$\xrightarrow{-H_2O}$ ⟨ ⟩—CH=CH₂

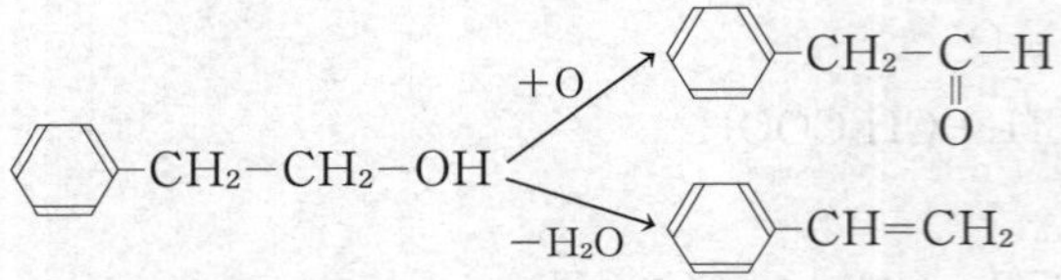

よって，条件に当てはまるのは，e である。

---

5 解答 問1．e　問2．e

━━━━━━◀解　説▶━━━━━━

≪糖類の性質と構造，ポリ乳酸≫

問1．e．誤文。アミロペクチンの枝分かれ部分の結合は，C^1 と C^6 に結合したヒドロキシ基を使っている。

問2．ポリ乳酸の分子量は $72n$ である。ポリ乳酸を分解して，二酸化炭素と水が生成する反応は

$$[C_3H_4O_2]_n \longrightarrow 3nCO_2 + 2nH_2O$$

よって，ポリ乳酸 1 mol から二酸化炭素は $3n$ [mol] 生成するので，その体積は

$$\frac{7.2}{72n} \times 3n \times 22.4 = 6.72 ≒ 6.7 [L]$$

■一般選抜（Ｓ方式）

問題編

▶試験科目・配点

教　科	科　　　　目	配　点
理　科	化学基礎・化学	200 点

▶備　考

　大学入学共通テストにおいて大学が指定する２教科・３科目（英語（リーディングとリスニング），数学Ⅰ・数学Ａ，数学Ⅱ・数学Ｂ）の成績と上記の個別試験の成績および出身学校長の調査書等により，入学志願者の能力・適性等を総合して合格者を決定する。

■■■■化学■■■■

（90分）

1 問1～問8に答えなさい。

問1 物質a～eのうち，常温・常圧で液体であるものを**すべて選びなさい**。

     a 臭素   b フッ素   c プロパン
     d ヘキサン   e ヨウ素

問2 分子やイオンa～eのうち，電子の総数がArと同じものを**2つ選びなさい**。

     a HCl b NH_4^+ c H_2O_2
     d N_2 e OH^-

問3 結晶に関する記述a～eのうち，**誤っているものを2つ選びなさい**。

     a 金属結晶は，結晶の中を自由電子が移動するため電気をよく導く。
     b 共有結合の結晶は，非金属元素の原子で構成されている。
     c 黒鉛は，共有結合の結晶であり電気を導かない。
     d ドライアイスは，分子結晶であり昇華しやすい。
     e 塩化ナトリウムは，イオン結晶であり固体の状態で電気を導く。

問4 物質a～eのうち，1.0 g中に含まれる酸素の質量が最も大きいものを1つ選びなさい。ただし，原子量はH = 1.0, C = 12, N = 14, O = 16, Mg = 24, Si = 28, S = 32とする。

     a 二酸化ケイ素   b 一酸化炭素   c 一酸化二窒素

　　d　二酸化硫黄　　　　　e　水酸化マグネシウム

問5　記述 a 〜 e のうち，**誤っているもの**を 1 つ選びなさい。

　　a　塩化水素は，アンモニアと反応して塩化アンモニウムの白煙を生じる。
　　b　フッ化水素は，フッ化カルシウムに熱水を加えると得られる。
　　c　白金電極を用いて希硫酸を電気分解すると，陰極から水素が発生する。
　　d　硫化水素は水に溶け，水溶液は弱い酸性を示す。
　　e　ナトリウムの単体は，常温の水と激しく反応して水素を発生し，水酸化物を生じる。

問6　記述 a 〜 e のうち，一酸化炭素にあてはまらないが，二酸化炭素にあてはまるものを**2つ選びなさい**。

　　a　無極性分子である。
　　b　無色で無臭の気体である。
　　c　還元性があり金属の製錬に利用される。
　　d　石灰水に通じると白濁する。
　　e　ギ酸に濃硫酸を加えて加熱すると得られる。

問7　錯イオンの形と色の組合せ a 〜 e のうち，正しいものを 1 つ選びなさい。

	錯イオン	形	色
a	$[Ag(NH_3)_2]^+$	直線形	深青色
b	$[Ag(NH_3)_2]^+$	折れ線形	無色
c	$[Cu(NH_3)_4]^{2+}$	正方形	深青色
d	$[Cu(NH_3)_4]^{2+}$	正四面体形	無色
e	$[Zn(NH_3)_4]^{2+}$	正四面体形	深青色

問8　水溶液 a 〜 e のうち，酸性条件下で硫化水素を通じても硫化物の沈殿を生じないが，塩基性条件下では硫化物の沈殿を生じるものを**2つ選びなさい**。

    a Ca^{2+} を含む水溶液

    b Cu^{2+} を含む水溶液

    c Fe^{2+} を含む水溶液

    d Pb^{2+} を含む水溶液

    e Zn^{2+} を含む水溶液

2　問 1 ～ 問 3 に答えなさい。

問 1　水溶液ア～エに関する (1) ～ (3) に答えなさい。ただし，酢酸の電離定数 K_a は 2.0×10^{-5} mol/L，アンモニアの電離定数 K_b は 2.0×10^{-5} mol/L，水のイオン積 K_w は 1.0×10^{-14} $(mol/L)^2$ とする。また，$\log_{10} 2 = 0.30$ とする。

  ア　酢酸 1.0×10^{-1} mol と酢酸ナトリウム 1.0×10^{-1} mol を溶かした全量 1.0 L の水溶液

  イ　酢酸ナトリウム 1.0×10^{-1} mol を溶かした全量 1.0 L の水溶液

  ウ　アンモニア 1.0×10^{-1} mol と塩化アンモニウム 1.0×10^{-1} mol を溶かした全量 1.0 L の水溶液

  エ　塩化アンモニウム 1.0×10^{-1} mol を溶かした全量 1.0 L の水溶液

(1)　水溶液ア～エのうち，pH が 7 よりも小さいものはどれか。正しいものの組合せを a ～ f から選びなさい。

  a　**ア，イ**　　　　　b　**ア，ウ**　　　　　c　**ア，エ**
  d　**イ，ウ**　　　　　e　**イ，エ**　　　　　f　**ウ，エ**

(2)　水溶液ア～エのうち，少量の酸や塩基を加えても pH の変化が起こりにくい水溶液（緩衝液）はどれか。正しいものの組合せを a ～ f から選びなさい。

  a　**ア，イ**　　　　　b　**ア，ウ**　　　　　c　**ア，エ**
  d　**イ，ウ**　　　　　e　**イ，エ**　　　　　f　**ウ，エ**

(3)　水溶液**ウ**の pH はいくらか。最も近い数値を a ～ f から選びなさい。

　　　a　4.3　　　　　　　b　4.7　　　　　　　c　5.3
　　　d　8.3　　　　　　　e　8.7　　　　　　　f　9.3

問2　実験Ⅰ～Ⅲに関する記述を読み，(1)～(4)に答えなさい。ただし，原子量は
　　H = 1.0，C = 12，O = 16，S = 32，Ba = 137 とする。また，標準状態（0℃，
　　1.013×10^5 Pa）における気体のモル体積は 22.4 L とする。

実験Ⅰ：質量パーセント濃度 98.0%，密度 1.80 g/cm³ の濃硫酸（A 液）を水でうすめて，
　　　　1.00×10^{-1} mol/L の希硫酸（B 液）をつくった。

実験Ⅱ：濃度のわからない炭酸ナトリウム水溶液（C 液）30.0 mL をコニカルビーカー
　　　　に入れ，指示薬としてメチルオレンジ溶液を加えてから B 液で中和滴定した
　　　　ところ，終点までに 18.0 mL を要した。

実験Ⅲ：4.00×10^{-2} mol/L の水酸化バリウム水溶液 100 mL に二酸化炭素を通じたと
　　　　ころ，水溶液中の水酸化バリウムの一部が反応し，炭酸バリウムの白色沈殿
　　　　が生じた。この沈殿をろ過して除き，ろ液の全量に指示薬としてブロモチモー
　　　　ルブルー溶液を加えてから B 液で中和滴定したところ，終点までに 20.0 mL
　　　　を要した。

(1)　B 液 500 mL をつくるのに必要な A 液は何 mL か。最も近い数値を a ～ f から
　　選びなさい。

　　　a　1.39　　　　　　　b　2.50　　　　　　　c　2.78
　　　d　5.00　　　　　　　e　5.56　　　　　　　f　10.0

(2)　C 液のモル濃度〔mol/L〕はいくらか。最も近い数値を a ～ f から選びなさい。

　　　a　1.20×10^{-2}　　　b　1.67×10^{-2}　　　c　6.00×10^{-2}
　　　d　1.20×10^{-1}　　　e　1.67×10^{-1}　　　f　6.00×10^{-1}

(3)　実験Ⅲで生じた炭酸バリウムの白色沈殿は何 g か。最も近い数値を a ～ f から
　　選びなさい。

　　　a　1.97×10^{-3}　　　b　2.33×10^{-3}　　　c　3.94×10^{-3}
　　　d　1.97×10^{-1}　　　e　2.33×10^{-1}　　　f　3.94×10^{-1}

(4)　実験Ⅲで水酸化バリウムと反応した二酸化炭素は，標準状態で何 mL か。最も近い数値を a ～ f から選びなさい。

a　1.12	b　2.24	c　4.48
d　11.2	e　22.4	f　44.8

問3　反応式ア～カに関する(1)と(2)に答えなさい。

ア　$2KI + \underline{H_2O_2} + H_2SO_4 \longrightarrow I_2 + 2H_2O + K_2SO_4$

イ　$2KMnO_4 + 5\underline{H_2O_2} + 3H_2SO_4 \longrightarrow 2MnSO_4 + 5O_2 + 8H_2O + K_2SO_4$

ウ　$\underline{SO_2} + 2H_2S \longrightarrow 3S + 2H_2O$

エ　$\underline{SO_2} + 2H_2O + I_2 \longrightarrow H_2SO_4 + 2HI$

オ　$Cl_2 + 2\underline{KI} \longrightarrow I_2 + 2KCl$

カ　$\underline{I_2} + 2Na_2S_2O_3 \longrightarrow 2NaI + Na_2S_4O_6$

(1)　反応式ア～カのうち，下線の物質が酸化剤としてはたらいているものはどれか。正しいものの組合せを a ～ f から選びなさい。

a　ア，ウ，オ	b　ア，ウ，カ	c　ア，エ，カ
d　イ，ウ，オ	e　イ，エ，オ	f　イ，エ，カ

(2)　反応式アとカの反応を利用して，次の実験を行った。

実験：濃度のわからない過酸化水素水 10.0 mL を入れたコニカルビーカーに，希硫酸と過剰のヨウ化カリウム水溶液を加えて，ヨウ素を生成させた。この水溶液を，1.00×10^{-1} mol/L のチオ硫酸ナトリウム $Na_2S_2O_3$ 水溶液で滴定したところ，終点までに 30.0 mL を要した。なお，この滴定の終点は，水溶液が終点近くで淡黄色になったとき，指示薬としてデンプン水溶液を加え，生じた青色が脱色したときとした。

この過酸化水素水のモル濃度〔mol/L〕はいくらか。最も近い数値を a ～ f から選びなさい。

a　1.50×10^{-2}　　　b　3.00×10^{-2}　　　c　6.00×10^{-2}

d　1.50×10^{-1}　　　e　3.00×10^{-1}　　　f　6.00×10^{-1}

3 　問1 〜 問6に答えなさい。

問1　図1の蒸留装置を使って蒸留操作をするときの注意点 a 〜 e のうち，**誤っている**
ものを1つ選びなさい。

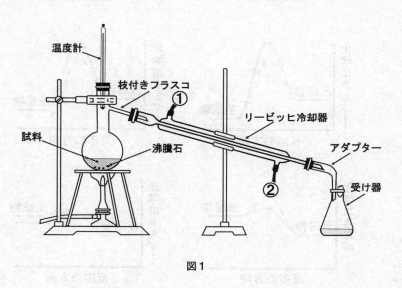

図1

a　試料の液量は，枝付きフラスコの容量の半分以下にする。

b　温度計の球部は，枝付きフラスコの枝の位置に合わせる。

c　突沸を防ぐため，沸騰石を入れる。

d　リービッヒ冷却器の冷却水は，①から②の方向へ流す。

e　受け器はゴム栓などで密栓しない。

問2　吸熱反応において，触媒があるとき（━━━）と，ないとき（━ ━ ━）の反応の
　　　方向とエネルギー変化を正しく表しているグラフをa～hから選びなさい。

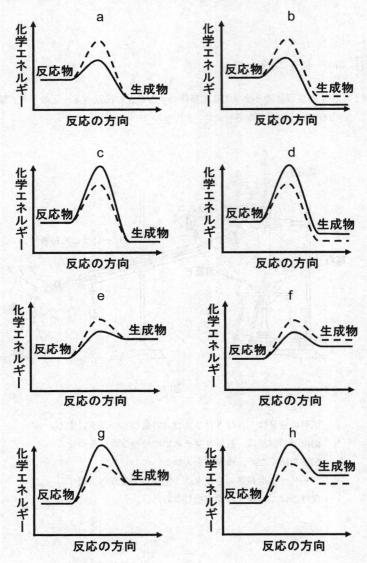

問3　容積の変えられる密閉容器に 1.0 L の水とヘンリーの法則が成り立つ気体 A を
　　入れて実験 I と II を行った。

　　実験 I ：容器内の温度を T〔K〕に保ち，気体 A の分圧を P_A〔Pa〕に保った(図2
　　　　　ア)。このとき，水に溶けている気体 A の物質量は n〔mol〕であり，水
　　　　　に溶けている気体 A を取り出して，温度 T〔K〕，圧力 P_A〔Pa〕とした
　　　　　ときに気体 A が占める体積は V〔L〕であった。

　　実験 II ：図2アの状態から，容器内を T〔K〕に保ったまま，容器の容積を変え
　　　　　て容器内の気体 A の分圧が $0.75 P_A$〔Pa〕になるように保った(図2イ)。

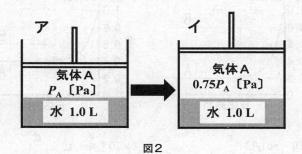

図2

　　実験 II において，水に溶けている気体 A の物質量を X〔mol〕とし，水に溶けて
　　いる気体 A を取り出して，温度 T〔K〕，圧力 $0.75 P_A$〔Pa〕としたときに気体 A
　　が占める体積を Y〔L〕とする。X と Y について正しく表している組合せを a ～ f
　　から選びなさい。

	X	Y
a	$0.75n$	$0.25V$
b	$0.75n$	$0.75V$
c	$0.75n$	V
d	n	$0.25V$
e	n	$0.75V$
f	n	V

問4　ある一定の温度のもとで，化合物Aを水に溶かすと化合物Bへと変化する。この反応は反応式A $\rightleftarrows$ Bで表される可逆反応であり，十分な時間が経過すると平衡状態になる。この反応における正反応（A $\longrightarrow$ B）の反応速度定数（速度定数）を k_1，逆反応（B $\longrightarrow$ A）の反応速度定数（速度定数）を k_2 としたとき，ある温度では $\dfrac{k_1}{k_2} = 1.5$ であった。

化合物Aと化合物Bの濃度の変化を正しく示しているグラフをa〜eから選びなさい。ただし，反応開始時の化合物Aの濃度は 1.0×10^{-3} mol/L であり，化合物Bは存在しなかったものとする。

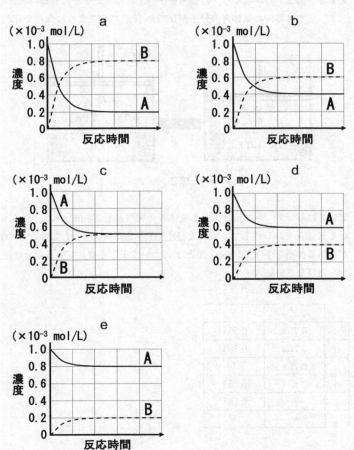

問5　水と混じりあわず，また，水と反応しない有機化合物 Z と水を真空の密閉容器に入れて，ある一定の温度のもとで放置したところ，Z と水は気液平衡の状態になった。このとき Z と水の蒸気圧は，それぞれ 2.03×10^4 Pa, 8.12×10^4 Pa であった。Z と水の混合気体を回収後，冷却して液体とし，質量を測定すると，Z は 15.0 g, 水は 7.20 g であった。Z の分子量に最も近い数値を a ～ e から選びなさい。ただし，水の分子量は 18 とし，気体はすべて理想気体としてふるまうものとする。

　　a　25.0　　　　　　　b　50.0　　　　　　　c　100
　　d　150　　　　　　　 e　200

問6　不揮発性の溶質を水に溶かして，水溶液の凝固点を測定したところ，−1.8℃であった。この水溶液の沸点上昇度は何 K か。最も近い数値を a ～ e から選びなさい。ただし，水のモル凝固点降下は 1.85 K·kg/mol, モル沸点上昇は 0.52 K·kg/mol, 凝固点は 0℃とする。

　　a　0.17　　　　　　　b　0.25　　　　　　　c　0.51
　　d　1.0　　　　　　　 e　1.5

4 問 1 ～ 問 7 に答えなさい。ただし,原子量は H = 1.0, C = 12, N = 14, O = 16, S = 32 とする。

問 1　分子式 $C_4H_6O_2$ でエステル結合をもつ環式化合物には,何種類の構造異性体があるか。a ～ e から選びなさい。ただし,立体異性体は考えないものとする。

　　　　a 3　　　　　　b 4　　　　　c 5　　　　　d 6　　　　　e 7

問 2　アルカンとシクロアルカンに関する記述 a ～ e のうち,**誤っているものを 2 つ選びなさい。**

　　a　分枝状構造のアルカンの沸点は,同じ炭素数の直鎖状構造のアルカンの沸点より高い。
　　b　アルカンの分子間にはたらく引力は,主にファンデルワールス力である。
　　c　直鎖状のアルカンの炭素原子間の結合は自由に回転できるが,シクロアルカンの炭素原子間の結合は自由に回転できない。
　　d　シクロヘキサンの環をつくる炭素の結合角 C–C–C は,いずれも 120° である。
　　e　シクロプロパンの炭素原子間の結合にはひずみがあるため,環を開く反応が起こりやすい。

問 3　芳香族化合物に関する記述 a ～ e のうち,正しいものを **2 つ選びなさい。**

　　a　アニリンは弱い塩基性を示し,さらし粉水溶液に滴下すると液は赤紫色を呈する。
　　b　ニトロベンゼンは水より重い油状の液体で,酸性の水溶液には不溶であるが塩基性の水溶液に溶ける。
　　c　安息香酸は昇華性のある無色の結晶で,冷水によく溶けて弱酸性を示す。
　　d　塩化ベンゼンジアゾニウムの水溶液を加熱すると,窒素とフェノールを生じる。
　　e　*o*-, *m*-, *p*-キシレンは,いずれも過マンガン酸カリウムで酸化したのち加熱すると無水フタル酸を生じる。

問4 カルボン酸とその関連化合物に関する記述a〜eのうち, **誤っているものを2つ選びなさい。**

    a カルボン酸の沸点は, 同程度の分子量をもつアルコールよりも高い。

    b カルボン酸のナトリウム塩は水に溶けやすいが, カルシウム塩は水に溶けにくい。

    c ギ酸は脂肪酸の中で最も強い酸性を示す。

    d 酢酸と無水酢酸はいずれも水に溶けやすい。

    e 1 mol の油脂を完全に加水分解すると, 1 mol のグリセリンと 2 mol の脂肪酸が得られる。

問5 化合物とその構造異性体の数の組合せa〜eのうち, **誤っているものを1つ選びなさい。**ただし, 立体異性体は考えないものとする。

$$\underset{A}{\underset{\text{CH}_3}{\overset{\overset{\displaystyle H}{|}}{\text{HO–C–COOH}}}} \qquad \underset{B}{\underset{\text{H H}}{\overset{\text{H H}}{\text{HO–C–C–COOH}}}} \qquad \underset{C}{\underset{\text{H CH}_3}{\overset{\text{H H}}{\text{HO–C–C–OH}}}} \qquad \underset{D}{\underset{\text{H}}{\overset{\overset{\displaystyle H}{|}}{\text{HOOC–C–COOH}}}}$$

	化合物	構造異性体の数
a	1分子のAと1分子のBの脱水縮合により生じるエステル結合を1つもつ鎖状化合物	2種類
b	2分子のAと2分子のBの脱水縮合により生じるエステル結合を3つもつ鎖状化合物	6種類
c	2分子のAと2分子のBの脱水縮合により生じるエステル結合を4つもつ環状化合物	4種類
d	各1分子のA, C, Dの脱水縮合により生じるエステル結合を3つもつ環状化合物	2種類
e	各1分子のA, B, C, Dの脱水縮合により生じるエステル結合を4つもつ環状化合物	6種類

問6 図はナトリウムフェノキシドから医薬品X(分子式 $C_9H_8O_4$)を合成する反応経路を示している。(1)〜(3)に答えなさい。

図

(1)　化合物 A の構造式として適切なものを a ～ e から 1 つ選びなさい。

(2)　医薬品 X の構造式として適切なものを a ～ e から 1 つ選びなさい。

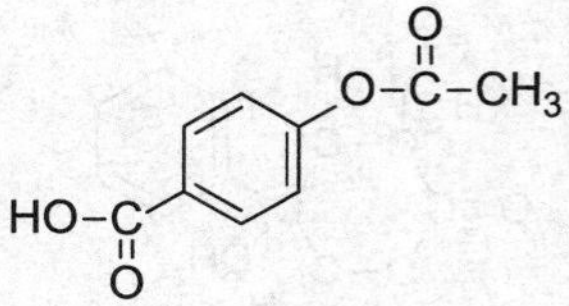

d 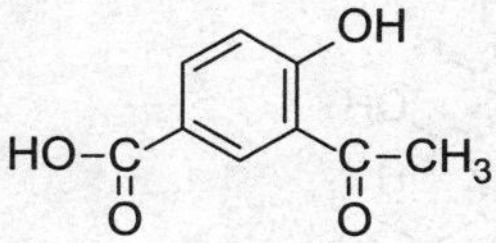　　　　　　　　　　e

(3)　記述 a ～ e のうち，正しいものを 1 つ選びなさい。

　　a　ナトリウムフェノキシドは，フェノールを炭酸水素ナトリウム水溶液に溶解すると得られる。
　　b　1 mol の化合物 B と 1 mol の無水酢酸が反応すると，1 mol の医薬品 X と 1 mol の酢酸が生成する。
　　c　医薬品 X は，塩化鉄（Ⅲ）水溶液によって赤紫色を呈する。
　　d　医薬品 X は，ヨードホルム反応を示す。
　　e　医薬品 X は，化学療法薬として用いられる。

問7　有機化合物 A の分子内脱水反応を行ったところ，有機化合物 B と C が生成した。B と C はいずれも不斉炭素原子をもたない。B を加水分解すると，不斉炭素原子をもつ化合物 D が得られた。A の構造式として適切なものを a ～ h から 1 つ選びなさい。ただし，立体異性体については考えないものとする。

a

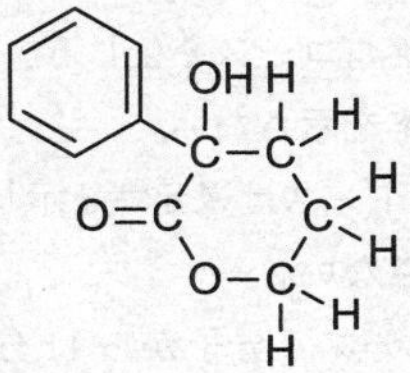

b

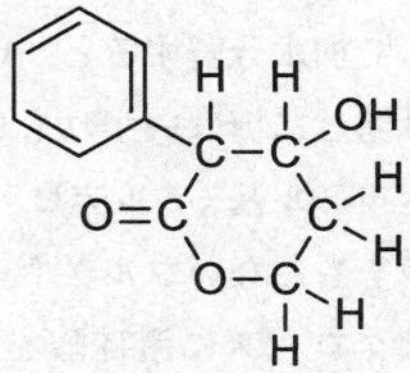

c

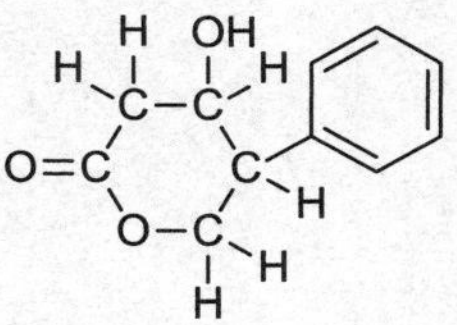

d

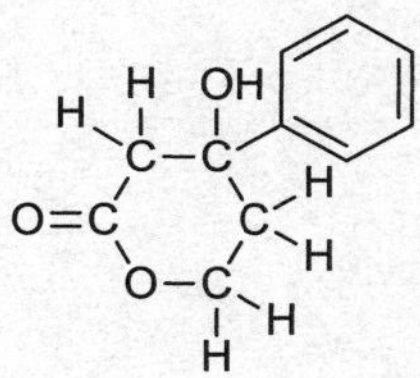

e

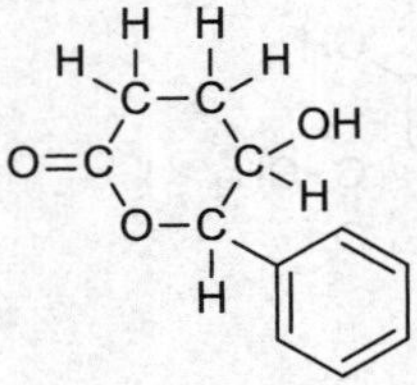

f

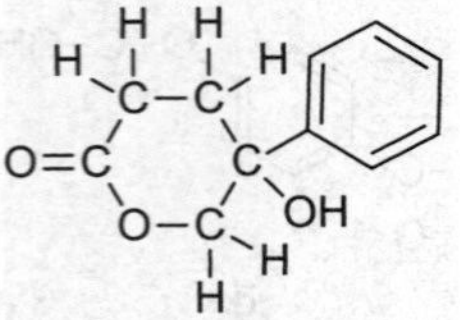

g

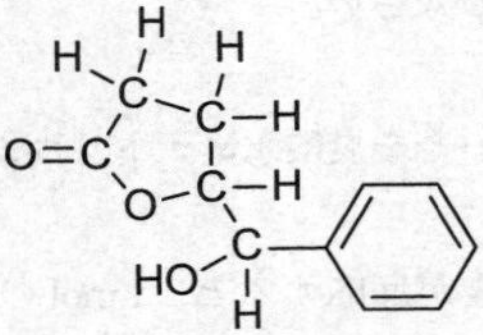

h

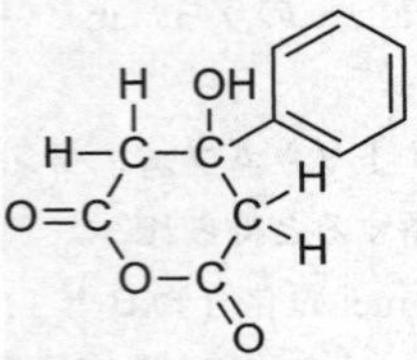

5 問 1 〜 問 3 に答えなさい。ただし，原子量は H = 1.0, C = 12, N = 14, O = 16 とする。

問 1　単糖と二糖に関する記述 a 〜 f のうち，**誤っているもの**を **2 つ**選びなさい。

a　加水分解によってそれ以上簡単な糖を生じないものを単糖といい，1 分子の糖から加水分解により 2 分子の単糖を生じるものを二糖という。

b　DNA と RNA の構成糖は，いずれもペントース(五炭糖)のリボースである。

c　マルトース，セロビオース，トレハロース 1 分子をそれぞれ希硫酸と加熱して加水分解すると，いずれも 2 分子のグルコースを生じる。

d　単糖と二糖はいずれもヨウ素デンプン反応を示さない。

e　ホルミル基 (アルデヒド基) をもつガラクトースは還元性を示し，ホルミル基をもたないフルクトースは還元性を示さない。

f　スクロースに濃硫酸を加えると，スクロース 1 分子から 11 分子の水が脱離し，炭化する。

問2　3種類のアミノ酸からなる鎖状のトリペプチドAを元素分析したところ，成分元素の質量百分率として窒素を 12.7％含んでいた。Aにナトリウムを加えて加熱・融解したのち，生成物を水に溶かして酢酸鉛（Ⅱ）水溶液を加えると黒色沈殿を生じた。また，Aを加水分解して得られたアミノ酸を pH 6 の水溶液中で電気泳動すると，そのうちの1つは陰極側に移動した。Aを構成するアミノ酸を a〜f から**3つ選びなさい**。

　　a　グリシン(分子量 75)
　　b　アラニン(分子量 89)
　　c　リシン(分子量 146)
　　d　グルタミン酸(分子量 147)
　　e　メチオニン(分子量 149)
　　f　チロシン(分子量 181)

問3　平均分子量 6.78×10^4 のナイロン 66　1分子には，アミド結合がいくつ含まれるか。最も近い数値を a〜f から選びなさい。ただし，アジピン酸の分子量は 146，ヘキサメチレンジアミンの分子量は 116 とする。

　　a　259　　　　　　　　b　278　　　　　　　　c　300
　　d　518　　　　　　　　e　556　　　　　　　　f　600

解答編

化学

1 **解答** 問1．a・d 問2．a・c 問3．c・e 問4．b
問5．b 問6．a・d 問7．c 問8．c・e

◀解 説▶

≪小問集合≫

問1．臭素とヘキサンは常温・常圧で液体である。

問2．Ar の総電子数は 18 である。HCl は $1+17=18$，H_2O_2 は $2+16=18$ である。

問3．c．誤文。黒鉛は電気を通す。

e．誤文。イオン結晶は，液体になるか水溶液になると電気を通す。

問4．酸素の物質量が最も大きいものを選ぶ。それぞれに含まれる酸素の物質量は

a：$\dfrac{1.0}{60} \times 2 = \dfrac{1.0}{30}$〔mol〕　b：$\dfrac{1.0}{28} \times 1 = \dfrac{1.0}{28}$〔mol〕

c：$\dfrac{1.0}{44} \times 1 = \dfrac{1.0}{44}$〔mol〕　d：$\dfrac{1.0}{64} \times 2 = \dfrac{1.0}{32}$〔mol〕

e：$\dfrac{1.0}{58} \times 2 = \dfrac{1.0}{29}$〔mol〕

よって，分母の最も小さい b の CO が，最も酸素の物質量が大きく，質量も大きい。

問5．b．誤文。フッ化水素は，フッ化カルシウムに濃硫酸を加え，加熱すると発生する。

問6．b．ともに無色・無臭の気体である。

c．還元性があるのは CO である。

e．ギ酸を脱水して発生するのは CO である。

問8．イオン化列で，K〜Al は沈殿しない。Zn〜Ni は塩基性条件なら

沈殿する。Sn～Ag は，酸性状態でも沈殿する。

2 解答

問1．(1)— c　　(2)— b　　(3)— f

問2．(1)— c　　(2)— c　　(3)— f　　(4)— f

問3．(1)— b　　(2)— d

◀解　説▶

≪電離平衡とpH，中和滴定，酸化剤と還元剤，酸化還元滴定≫

問1．ア．緩衝液になっているので，酢酸の濃度を C_a[mol/L]，酢酸ナトリウムの濃度を C_s[mol/L] とすると

$$[H^+]=\frac{C_a}{C_s}\times K_a=\frac{0.10}{0.10}\times2.0\times10^{-5}\text{[mol/L]}$$

∴　pH$=5-\log_{10}2=4.7$

イ．酢酸ナトリウムの [OH$^-$] は

$$[OH^-]=\sqrt{C_s\times\frac{K_w}{K_a}}=\sqrt{0.10\times\frac{1.0\times10^{-14}}{2.0\times10^{-5}}}=\sqrt{\frac{1}{2}}\times10^{-5}$$

∴　pOH$=5-\frac{1}{2}\log_{10}\frac{1}{2}=5.15$

よって　　pH$=14-5.15=8.85$

ウ．緩衝液になっているので，アンモニアの濃度を C_b[mol/L]，塩化アンモニウムの濃度を C_s[mol/L] とすると

$$[OH^-]=\frac{C_b}{C_s}\times K_b=\frac{0.10}{0.10}\times2.0\times10^{-5}\text{[mol/L]}$$

∴　pOH$=5-\log_{10}2=4.7$

よって　　pH$=14-4.7=9.3$

エ．塩化アンモニウムの [H$^+$] は

$$[H^+]=\sqrt{C_s\times\frac{K_w}{K_b}}=\sqrt{0.10\times\frac{1.0\times10^{-14}}{2.0\times10^{-5}}}=\sqrt{\frac{1}{2}}\times10^{-5}$$

∴　pH$=5-\frac{1}{2}\log_{10}\frac{1}{2}=5.15$

問2．(1)　濃硫酸のモル濃度は

$$1.80\times1000\times\frac{98.0}{100}\times\frac{1}{98}=18\text{[mol/L]}$$

これを薄めて希硫酸をつくる。薄めても溶質の物質量は変わらないので，

必要な濃硫酸の体積を x[mL] とすると

$$18 \times \frac{x}{1000} = 0.100 \times \frac{500}{1000} \qquad \therefore \quad x = 2.777 \fallingdotseq 2.78 [\text{mL}]$$

(2) メチルオレンジを指示薬としているので

$$\text{Na}_2\text{CO}_3 + \text{H}_2\text{SO}_4 \longrightarrow \text{Na}_2\text{SO}_4 + \text{CO}_2 + \text{H}_2\text{O}$$

まで反応する。

C 液のモル濃度を C[mol/L] とすると，中和の公式より

$$C \times \frac{30.0}{1000} \times 2 = 0.100 \times \frac{18.0}{1000} \times 2 \qquad \therefore \quad C = 6.00 \times 10^{-2} [\text{mol/L}]$$

(3) 二酸化炭素の物質量を n[mol] とすると，水酸化バリウムを二酸化炭素と硫酸で中和したので

$$4.00 \times 10^{-2} \times \frac{100}{1000} \times 2 = n \times 2 + 0.100 \times \frac{20.0}{1000} \times 2$$

$$\therefore \quad n = 2.00 \times 10^{-3} [\text{mol}]$$

炭酸バリウムが沈殿する反応は

$$\text{Ba(OH)}_2 + \text{CO}_2 \longrightarrow \text{BaCO}_3 + \text{H}_2\text{O}$$

これより，炭酸バリウムと二酸化炭素の物質量は等しい。

よって $2.00 \times 10^{-3} \times 197 = 3.94 \times 10^{-1} [\text{g}]$

(4) $2.00 \times 10^{-3} \times 22.4 \times 10^3 = 44.8 [\text{mL}]$

問 3．(2) 過酸化水素水とチオ硫酸ナトリウムが，直接反応したと考えて計算する。過酸化水素水のモル濃度を y[mol/L] とすると

$$y \times \frac{10.0}{1000} \times 2 = 0.100 \times \frac{30.0}{1000} \times 1 \qquad \therefore \quad y = 1.50 \times 10^{-1} [\text{mol/L}]$$

3 解答 問 1．d 問 2．e 問 3．c 問 4．b 問 5．d
問 6．c

◀解　説▶

≪蒸留装置，活性化エネルギー，ヘンリーの法則，化学平衡のグラフ，蒸気圧，凝固点降下と沸点上昇≫

問 1．冷却器の水は，下から上に流さないと水がたまらない。

問 2．吸熱反応なので，グラフの形は e 〜 h。最終的なエネルギーの位置は同じになるが，触媒がある方が活性化エネルギーが小さいので，e を選ぶ。

問3．実験Ⅰより　　　$P_A V = nRT$　……①

ヘンリーの法則に従い，実験Ⅱの水に溶けている気体 A の物質量 X〔mol〕は

　　　$X = 0.75n$〔mol〕

よって，実験Ⅱの気体の状態方程式は

　　　$0.75P_A Y = 0.75nRT$

　∴　$P_A Y = nRT$　……②

①と②より　　　$V = Y$

これらより，c を選ぶ。

問4．平衡状態において，正反応の反応速度と逆反応の反応速度は等しいので

　　　$k_1[\text{A}] = k_2[\text{B}]$

よって，$\dfrac{k_1}{k_2} = \dfrac{[\text{B}]}{[\text{A}]}$ なので，グラフより，平衡後の値が $\dfrac{[\text{B}]}{[\text{A}]} = 1.5$ になるものを探す。

b は，$[\text{A}] = 0.4 \times 10^{-3}\,\text{mol/L}$，$[\text{B}] = 0.6 \times 10^{-3}\,\text{mol/L}$ なので，$\dfrac{0.6}{0.4} = 1.5$ である。

問5．物質量の比＝圧力の比なので

　　　$Z : H_2O = 2.03 \times 10^4 : 8.12 \times 10^4 = 1 : 4$

よって，有機化合物 Z の分子量を M とすると

　　　$\dfrac{15.0}{M} : \dfrac{7.20}{18} = 1 : 4$　　∴　$M = 150$

問6．凝固点降下度 $\varDelta t$ は，$\varDelta t = k_f \times m$ なので

　　　$1.8 = 1.85 \times m$　　∴　$m = \dfrac{1.8}{1.85}$

沸点上昇度 $\varDelta t$ は，$\varDelta t = k_b \times m$ なので

　　　$\varDelta t = 0.52 \times \dfrac{1.8}{1.85} = 0.505 ≒ 0.51$〔K〕

4 **解答** 問1．d　問2．a・d　問3．a・d　問4．d・e
問5．c　問6．(1)─c　(2)─b　(3)─b　問7．f

■━━━━◀解　説▶━━━━■

≪C₄H₆O₂ の異性体，有機化合物の性質，エステルの異性体，アセチルサ
リチル酸の製法，構造決定≫

問 1．分子式 $C_4H_6O_2$ でエステル結合をもつ環式化合物は以下の 6 通り。

$$H-\overset{\underset{\|}{O}}{C}-O-CH\!\!<\!\!\overset{CH_2}{\underset{CH_2}{}}\qquad \overset{CH_3}{\underset{CH_3}{}}\!\!>\!C\!\!<\!\!\overset{O}{\underset{C=O}{}}$$

$$CH_3-CH\!\!<\!\!\overset{\overset{\displaystyle O}{\|}}{\underset{CH_2}{}}\!\!>\!\!O\qquad CH_3-CH_2-CH\!\!<\!\!\overset{O}{\underset{C=O}{}}$$

$$CH_3-CH\!\!<\!\!\overset{CH_2}{\underset{O}{}}\!\!>\!C=O\qquad \overset{CH_2}{\underset{CH_2}{}}\!\!<\!\!\overset{CH_2-O}{\underset{CH_2}{}}\!\!>\!C=O$$

問 2．a．誤文。分枝状構造より直鎖状構造の方が分子間力が大きく，沸
点が高い。

d．誤文。シクロヘキサンは正六角形ではないので，結合角は 120° では
ない。

問 3．b．誤文。ニトロベンゼンは中性の液体なので，酸にも塩基にも溶
けない。

c．誤文。安息香酸は冷水には溶けにくい。

d．正文。この反応式は，以下の通り。

$$\underset{\text{(}N_2Cl\text{ benzene)}}{\bigcirc}+H_2O \longrightarrow \underset{\text{(}OH\text{ benzene)}}{\bigcirc}+HCl+N_2$$

e．誤文。無水フタル酸になるのは，酸化するとフタル酸になる *o*-キシ
レンだけである。

問 4．d．誤文。無水酢酸は水に溶けにくい。

e．誤文。脂肪酸は 3 mol 得られる。

問 5．a．A と B の脱水縮合によってできる鎖状化合物は，A－B，
B－A の 2 種類である。

b．2 分子の A と 2 分子の B の脱水縮合によってできる鎖状化合物は，

A－A－B－B，A－B－A－B，A－B－B－A，B－B－A－A，
B－A－B－A，B－A－A－Bの6種類である。

c．2分子のAと2分子のBの脱水縮合によってできる環状化合物は，
以下の2種類である。よって，これが誤り。

```
A－A    A－B
|   |    |   |
B－B    B－A
```

d．Cは，左から結合する場合と右から結合する場合で違う化合物がで
きる。それをCとC′とする。よって，1分子のA，C，Dの脱水縮合に
よってできる環状化合物は，以下の2種類である。

e．1分子のA，B，C，Dの脱水縮合によってできる環状化合物は，以
下の6種類である。

```
A－B    A－B    A－C    A－C′   A－C    A－C′
|   |    |   |    |   |    |   |    |   |    |   |
D－C    D－C′   D－B    D－B    B－D    B－D
```

問6．(1)・(2)　化合物Aはサリチル酸ナトリウム，化合物Bはサリチル
酸。医薬品Xはアセチルサリチル酸。

(3)　a．誤文。フェノールは炭酸よりも弱い酸なので，炭酸水素ナトリウ
ム水溶液に溶解しない。

c．誤文。アセチルサリチル酸にはフェノール性ヒドロキシ基がないので，
塩化鉄(Ⅲ)水溶液と反応しない。

e．誤文。アセチルサリチル酸は化学療法薬ではなく，対症療法薬である。

問7．分子内脱水で，2種類の化合物ができないa・gを除外。次に，2
種類の化合物のうち，1つに不斉炭素原子があるb・c・eも除外。d・
hそれぞれからできる2種類の化合物を加水分解してできる物質は，すべ
て不斉炭素原子がない。

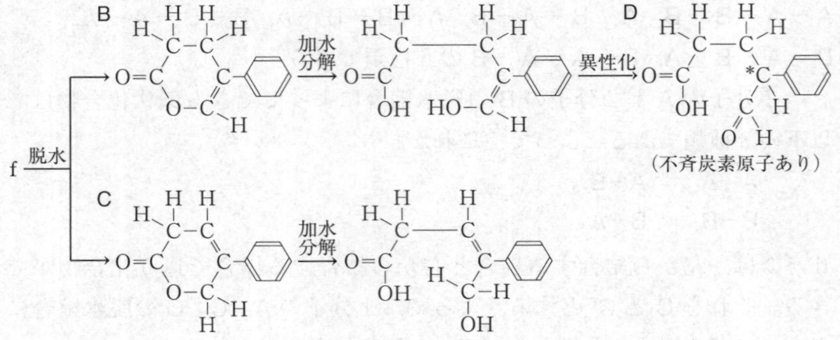

B　　　　　　　　　加水分解　　　　　　　　　異性化　　　　　D

（不斉炭素原子あり）

f　脱水

C

加水分解

5 | **解答** 問1．b・e　問2．c・e・f　問3．f

◀解　説▶

≪糖類の構造と性質，トリペプチドの構造，ナイロン66のアミド結合≫

問1．b．誤文。DNA の構成糖はデオキシリボースである。

e．誤文。フルクトースは，ホルミル基（アルデヒド基）をもたないが，還元性はある。

問2．酢酸鉛(Ⅱ)で黒色沈殿を生じるのは，硫黄を含むアミノ酸。よって，メチオニン。pH6の水溶液で陽イオンになるのは，等電点がpH6より大きい塩基性アミノ酸である。よって，リシン。

トリペプチドAの分子量を M とする。Aには，窒素原子が4個含まれる（リシンには2個窒素原子があるため）。

窒素の割合は

$$\frac{14\times 4}{M}=\frac{12.7}{100} \qquad \therefore \quad M=440$$

よって，3個目のアミノ酸の分子量は

$$440-(146+149-18\times 2)=181$$

以上より，3個目のアミノ酸はチロシンである。

問3．ナイロン66の分子量は，$226n$ である。したがって，重合度 n は

$$226n=6.78\times 10^4 \qquad \therefore \quad n=300$$

アミド結合の数は，$2n-1$ なので

$$2\times 300-1=599$$

よって，f を選ぶ。

■ 学校推薦型選抜（一般公募制）

問題編

▶試験科目

	教　科	科　　　目	配　点
適性能力検査	外国語	英語（英語の基礎力を問うもの）	80 点
	理　科	化学（化学基礎・化学の理解度を問うもの）	120 点

▶備　考

- 適性能力検査，面接（最大 4 人のグループ面接），推薦書および調査書を総合的に評価し，合格者を決定する（面接および書類審査の配点は合計 40 点）。
- 「化学基礎・化学」は「高分子化合物の性質と利用」の範囲は除く。
- 新型コロナウイルス感染症の影響による学業の遅れに伴う試験範囲の変更について
  高等学校第 3 学年で履修することの多い「化学」について，「発展的な学習内容」を出題する場合には，設問中に補足説明を記載する。

英語

(50 分)

1　　　次の英文を読み，設問に答えなさい。なお，*印のついた語句には注があります。

During the past decade there has been a dramatic expansion in the number and range of genetic tests designed to predict future health. (　a　) ten years ago tests were only available for a few inherited conditions, now tests exist to diagnose cystic fibrosis*, Huntington's disease*, and several other gene-based diseases. Physicians are even projecting that they may be able to diagnose genetic predispositions* for complex conditions (　b　) cancer, cardiovascular disease* and mental disorders.

As tests become simpler to administer and their use expands, a growing number of individuals will be labeled on the basis of predictive genetic information. This kind of information, (　c　) it is eventually proved correct, will encourage some sectors of our society to classify individuals on the basis of their genetic status and to discriminate among them based on perceptions of long-term health risks and predictions about future abilities and disabilities. The use of predictive genetic diagnoses creates a new category of individuals — the "healthy ill" — who are not ill now but have (　d　) to expect they may develop* a specific disease sometime in the future.

While the new diagnostics* will provide identification of genetic factors that may be responsible for evoking certain diseases or disabilities, it is not at all obvious how rapidly and (　e　) this information will lead to treatments or cures for the diseases in question. (f)Diagnoses unaccompanied by cures are of questionable value. This is especially true when the diagnosis can be made long before the person in question begins to notice any symptoms of disability or disease, as is often the case. Many genetic tests predict — often with limited accuracy — that a disease may become manifest at an undetermined time in the future. And although the severity of many genetic diseases varies widely among those individuals who develop the disease, the diagnoses usually cannot (　g　) how disabling a specific person's disease will be. To this extent, the situation is similar to the experience of people diagnosed to be infected with the human immunodeficiency virus (HIV), who know that they will probably develop one or more

AIDS-associated diseases, but not when or which ones.

　　This kind of "predictive medicine" raises novel problems for affected individuals and they, together with their physicians and counselors, will have to learn how to approach (h)them. Meanwhile the exaggerated emphasis on genetic diagnoses is not without its dangers because it draws attention away from the social measures that are needed in order to ameliorate* most diseases, including equitable* access to health care. Once socially stigmatized* behaviors, (　b　) alcoholism or other forms of addiction or mental illness, become included under the umbrella of "genetic diseases," economic and social resources are likely to be diverted into finding biomedical "cures" while social measures will be short-changed*.

　　Individuals labeled as a result of predictive genetic tests (　i　) the threat of genetic discrimination. They and their families are already experiencing discrimination in life and health insurance and employment because genetic information is being generated much more quickly than our legal and social service systems can respond. As our abilities to label individuals on the basis of genetic information increase, particularly through the efforts of the Human Genome Initiative*, there will be an even more urgent need to (　j　) these problems.

(Adapted from Sheldon Krimsky & Jeremy Gruber, *Biotechnology in Our Lives*, New York, Skyhorse Publishing, 2013, pp.10-11.)

(注)

cystic fibrosis: 嚢胞性線維症	Huntington's disease: ハンチントン病
predisposition: 傾向	cardiovascular disease: 心臓血管疾患
develop: 発症する	diagnostics: 診断法
ameliorate: 改善する	equitable: 公正な
stigmatize: 汚名を着せる	short-change: ごまかす
Human Genome Initiative: ヒトゲノム構想	

問 1

a　空所 (　a　) に入れるのに最も適当なものを 1 つ選び，その番号を記入しなさい。

　　1　Because　　　　2　Since　　　　3　Unless　　　　4　Whereas

b　空所 (　b　) に入れるのに最も適当なものを 1 つ選び，その番号を記入しなさ

い。なお，空所 (　b 　) は 2 箇所あるが，共通のものが入る。

　　1　instead of　　　　2　such as　　　　3　thanks to　　　　4　with all

c　空所 (　c 　) に入れるのに最も適当なものを 1 つ選び，その番号を記入しなさ
　　い。

　　1　as well as　　　　2　so that　　　　3　whether or not　　4　why not

d　空所 (　d 　) に入れるのに最も適当なものを 1 つ選び，その番号を記入しなさ
　　い。

　　1　nothing　　　　　2　reason　　　　3　responsibility　　4　yet

e　空所 (　e 　) に入れるのに最も適当なものを 1 つ選び，その番号を記入しなさ
　　い。

　　1　no matter how　　　　　　　　　2　to what extent

　　3　without whom　　　　　　　　　4　with which

f　下線部 (f) の意味として最も適当なものを 1 つ選び，その番号を記入しなさい。

　　1　Because cures for the diseases are accompanied by diagnoses, they are
　　　　valueless.

　　2　Diagnoses of the diseases are not accompanied by cures since they are valuable.

　　3　Diagnoses of diseases are not very valuable if there are no cures for them.

　　4　Though diagnoses are not accompanied by cures, they are very valuable.

g　空所 (　g 　) に入れるのに最も適当なものを 1 つ選び，その番号を記入しなさ
　　い。

　　1　addict　　　　　2　contradict　　　3　predict　　　　4　verdict

h　下線部 (h) が指すものとして最も適当なものを 1 つ選び，その番号を記入しな
　　さい。

　　1　affected individuals　　　　　2　novel problems

　　3　predictive medicine　　　　　4　their physicians and counselors

i　空所 (　i 　) に入れるのに最も適当なものを 1 つ選び，その番号を記入しなさ
　　い。

　　1　face　　　　　　2　hand　　　　　3　head　　　　　4　knee

　　j　空所（ j ）に入れるのに最も適当なものを 1 つ選び，その番号を記入しなさ
　　　い。

　　　　1　address　　　　　2　cause　　　　　3　ignore　　　　　4　worsen

問 2　本文の内容と一致するものを 1 つ選び，その番号を記入しなさい。

　　　1　遺伝子検査が簡単に行えるようになり，その用途が拡大するにつれて，将
　　　　来を予測する遺伝子情報に基づいてレッテルを張られる人の数は減ってい
　　　　くだろう。

　　　2　新しい診断法のおかげで，ある種の疾病や障害を引き起こす原因になりう
　　　　る遺伝的な要因を特定することができるようになるだろう。

　　　3　多くの遺伝子検査によって，ある病気がいつ発症するのかを正確に予測す
　　　　ることができるようになっている。

　　　4　遺伝子検査によってある種の病気にかかりやすいことが判明した人のみな
　　　　らずその家族も，生命保険や健康保険，そして雇用の面で優遇されている。

2　次の a～e の各組の 4 語の中から，下線部の発音が他の 3 語と異なるものを 1 つ
　ずつ選び，その番号を記入しなさい。

a　1　d<u>u</u>st　　　　　2　ill<u>u</u>minate　　　　3　j<u>u</u>stify　　　　4　m<u>u</u>ltiple

b　1　m<u>i</u>racle　　　　2　or<u>i</u>ginate　　　　3　surv<u>i</u>ve　　　　4　tr<u>i</u>vial

c　1　appr<u>oa</u>chable　　2　br<u>oa</u>den　　　　3　b<u>oa</u>st　　　　4　c<u>oa</u>st

d　1　es<u>th</u>etic　　　　2　fai<u>th</u>ful　　　　3　hypo<u>th</u>esis　　　4　trustwor<u>thy</u>

e　1　scrambl<u>ed</u> egg　　　　　　　2　bak<u>ed</u> potato

　　3　fri<u>ed</u> chicken　　　　　　　4　boil<u>ed</u> water

3　次の a～e の各英文の空所に入れるのに最も適当なものを，それぞれ 1～4 の中
　から 1 つずつ選び，その番号を記入しなさい。

a　Often (　　　　　) "the Father of Medicine," Hippocrates practiced medicine on the
　　Greek island of Cos.

　　　1　being referred　　　　　　　　　2　having referred to
　　　3　referred to as　　　　　　　　　4　referring to

b　When European explorers first came into contact with the native peoples of North
　　America, they had no idea (　　　　　) the rich cultures they had encountered.

　　　1　as of　　　　　2　of　　　　　　　3　that　　　　　4　what

c　Oscar Wilde was an Irish novelist and is famous for (　　　　　) several remarkable
　　short stories.

　　　1　being written　　　　　　　　　2　having written
　　　3　the writings　　　　　　　　　　4　write

d　A: I think it's about time (　　　　　) the use of all these credit cards. We waste
　　　　money with them.
　　B: Yes, you're right.

　　　1　for us to be reconsidered　　　　2　our reconsidering
　　　3　we have reconsidered　　　　　4　we reconsidered

e　A: I don't want to worry you unnecessarily, but there are a few things you must keep
　　　　in mind to (　　　　　) your stay in Nairobi safe and pleasant.
　　B: Can I ask you what they are?

　　　1　allow　　　　　2　cancel　　　　　3　extend　　　　　4　make

4 次の a〜c が文意の通る英文になるように，カッコ内の 1〜6 を並べ替えて，その 2 番目と 5 番目にくるものの番号を記入しなさい。

a　Look at the students! This is the (1 anything　2 first　3 I've ever　4 like
　5 seen　6 time) this.

b　I felt I would be able (1 and　2 concentrate better　3 I　4 if　5 lived
　6 to) worked in the country.

c　Language is the most important (1 communicate　2 each　3 humans
　4 other　5 way　6 with), and it can be spoken and written.

化学

(60 分)

1 問 1 ～ 問 8 に記号で答えなさい。

問 1 元素 **C, O, P, S** に関する記述 a ～ e のうち，正しいものを **2 つ選びなさい。**

a いずれも同周期元素である。
b いずれも典型元素の非金属元素である。
c 単体は常温・常圧でいずれも固体である。
d いずれの単体にも，同素体が存在する。
e 各元素の原子の最外殻電子の数は，いずれも異なる。

問 2 分子 a ～ e のうち，形が三角錐形である極性分子を **1 つ選びなさい。**

a アンモニア b 水 c 四塩化炭素
d 二酸化炭素 e メタン

問 3 リンに関する記述 a ～ e のうち，**誤っているものを 2 つ選びなさい。**

a リンは生体を構成する元素の 1 つである。
b リンは窒素と同族元素である。
c リン酸は 2 価の酸である。
d 十酸化四リンは，多量の水と反応させるとリン酸になる。
e 十酸化四リンは，アンモニアの乾燥剤として用いられる。

問 4 試薬の保存法に関する記述 a ～ e のうち，**誤っているものを 1 つ選びなさい。**

a 臭化銀は褐色のビンに保存する。
b 濃硝酸は褐色のビンに保存する。
c フッ化水素酸はポリエチレン容器に保存する。
d 黄リンは水中に保存する。
e リチウムの単体はエタノール中に保存する。

問5 酸化物 a ～ e のうち，水に溶けて最も強い酸を生じるものを1つ選びなさい。

a NO_2 b Al_2O_3 c SiO_2

d SO_2 e Na_2O

問6 第2周期から第5周期のハロゲンに関する記述 a ～ e のうち，**誤っているものを2つ選びなさい。**

a 価電子の数は7個である。

b 塩素のオキソ酸では，塩素原子の酸化数が大きいほど，酸性は弱くなる。

c 単体は二原子分子である。

d 単体の酸化力は，フッ素＜塩素＜臭素＜ヨウ素 の順に強くなる。

e フッ化水素の水溶液は弱い酸性を示し，それ以外のハロゲン化水素の水溶液は強い酸性を示す。

問7 金属イオンを含む水溶液に関する記述 a ～ e のうち，**誤っているものを2つ選びなさい。**

a 硝酸鉛(Ⅱ)水溶液に希塩酸を加えると白色の沈殿が生じ，続いて加熱するとその沈殿は溶けて無色の溶液となる。

b 硫酸銅(Ⅱ)水溶液にアンモニア水を加えていくと，はじめに青白色の沈殿が生じ，さらにアンモニア水を加えると，その沈殿は溶けて深青色の溶液となる。

c 硝酸銀水溶液に水酸化ナトリウム水溶液を加えると，白色の沈殿が生じる。

d 塩化鉄(Ⅲ)水溶液にチオシアン酸カリウム KSCN 水溶液を加えると，黒色の沈殿が生じる。

e 硫酸亜鉛水溶液に塩基性条件下で硫化水素を通じると，白色の沈殿が生じる。

問8 アルミニウムの単体 x 〔g〕を塩酸に完全に溶かしたところ，水素が発生し，その体積は標準状態（0℃，1.013×10^5 Pa）で y〔L〕であった。アルミニウムの原子量を表す式を a ～ e から選びなさい。 ただし，標準状態における気体のモル体積は 22.4 L/mol とする。

a $\dfrac{33.6y}{x}$ b $\dfrac{44.8y}{3x}$ c $\dfrac{22.4x}{y}$

d $\dfrac{33.6x}{y}$ e $\dfrac{44.8x}{3y}$

2 　問 1 ～ 問 4 に記号で答えなさい。ただし，原子量は H = 1.0, N = 14, Cl = 35.5 とする。

問 1 　質量パーセント濃度 36.5 %，密度 1.19 g/cm^3 の塩酸（A 液）を水でうすめて，質量
　　　パーセント濃度 20.0 %，密度 1.10 g/cm^3 の塩酸（B 液）をつくった。(1) と (2) に
　　　答えなさい。

　(1)　B 液 50.0 mL をつくるのに必要な A 液は何 mL か。最も近い数値を a ～ f から選び
　　　なさい。

　　　a　15.2　　　　　　　b　17.8　　　　　　　c　20.3
　　　d　25.3　　　　　　　e　29.6　　　　　　　f　31.7

　(2)　B 液のモル濃度〔mol/L〕はいくらか。最も近い数値を a ～ f から選びなさい。

　　　a　5.48　　　　　　　b　5.63　　　　　　　c　6.03
　　　d　6.20　　　　　　　e　11.9　　　　　　　f　12.2

問 2 　(1) と (2) に答えなさい。ただし，アンモニアの電離定数 K_b は 2.0×10^{-5} mol/L，水
　　　のイオン積 K_w は 1.0×10^{-14} (mol/L)^2，$\log_{10} 2.0 = 0.30$ とする。また，水溶液の温度は
　　　一定に保たれているものとする。

　(1)　8.00×10^{-1} mol/L アンモニア水の pH はいくらか。最も近い数値を a ～ f から選び
　　　なさい。

　　　a　10.4　　　　　　　b　11.0　　　　　　　c　11.6
　　　d　12.4　　　　　　　e　13.0　　　　　　　f　13.6

　(2)　8.00×10^{-1} mol/L アンモニア水 1000 mL に 21.4 g の塩化アンモニウムの固体を加え
　　　て溶かした。この水溶液の pH はいくらか。最も近い数値を a ～ f から選びなさい。
　　　ただし，塩化アンモニウムの固体を加えたことによる水溶液の体積変化は無視でき
　　　るものとする。

　　　a　7.6　　　　　　　　b　8.0　　　　　　　　c　8.4
　　　d　9.0　　　　　　　　e　9.6　　　　　　　　f　10.2

問3　クロム酸銀 Ag_2CrO_4 の飽和水溶液中での溶解平衡と溶解度積 K_{sp} は，①および②式で表される。

$$Ag_2CrO_4 \text{（固）} \rightleftarrows 2Ag^+ + CrO_4^{2-} \qquad \cdots ①$$
$$K_{sp} = [Ag^+]^2 [CrO_4^{2-}] \qquad \cdots ②$$

ある温度において，クロム酸銀 Ag_2CrO_4 の飽和水溶液 500 mL には，Ag_2CrO_4 が 1.66×10^{-2} g 溶けている。この温度における Ag_2CrO_4 の溶解度積 K_{sp} $[(mol/L)^3]$ はいくらか。最も近い数値を a ～ f から選びなさい。ただし，Ag_2CrO_4 の式量は 332 とする。

a　1.30×10^{-13}　　　　b　2.50×10^{-13}　　　c　5.00×10^{-13}

d　1.00×10^{-12}　　　　e　2.00×10^{-12}　　　f　4.00×10^{-12}

問4　図の電解装置を用いて，塩化ナトリウム NaCl 水溶液の電気分解を 5.00 A の電流で一定時間行ったところ，陽極では気体**ア**が，陰極では気体**イ**が発生し，さらに陰極側で 3.00×10^{-2} mol の水酸化ナトリウム NaOH を生じた。 (1) と (2) に答えなさい。

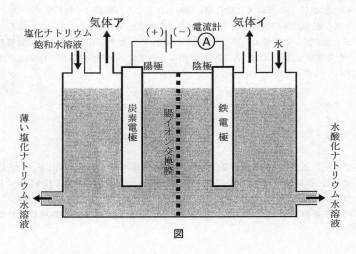

図

(1)　電気分解に要した時間は何秒か。最も近い数値を a ～ f から選びなさい。ただし，ファラデー定数は 9.65×10^4 C/mol とし，電気エネルギーはすべて電気分解に使われたものとする。

a　290　　　　　　　　b　386　　　　　　　c　579

d　1160　　　　　　　e　1740　　　　　　f　2320

(2) 気体ア，気体イ，標準状態（0 ℃，1.013×10^5 Pa）における気体アと気体イの合計体積〔L〕の組合せとして，正しいものを a〜f から選びなさい。ただし，標準状態における気体のモル体積は 22.4 L/mol とし，発生した気体は水に溶けないものとする。

	気体ア	気体イ	気体アと気体イの合計体積〔L〕
a	Cl_2	H_2	0.672
b	H_2	Cl_2	0.672
c	Cl_2	O_2	0.672
d	H_2	Cl_2	1.34
e	Cl_2	H_2	1.34
f	H_2	O_2	1.34

3 問 1 〜 問 4 に記号で答えなさい。

問 1　酸素 O_2 と窒素 N_2 を 1：4 の物質量比で混合した気体 X がある。27 ℃，1.013×10^5 Pa のもとで 10 L の気体 X に紫外線を照射したところ，酸素の一部がオゾン O_3 に変化して，混合気体の体積は 27 ℃，1.013×10^5 Pa のもとで 9.6 L となった。このとき生成したオゾンの体積は，27 ℃，1.013×10^5 Pa のもとで何 L か。最も近い数値を a〜e から選びなさい。ただし，紫外線照射によってオゾンの生成以外の化学反応は起こらないものとする。

a　0.40　　　　　　　b　0.80　　　　　　　c　1.2

d　1.6　　　　　　　e　2.0

問 2　プロパンとブタンからなる混合気体 Y の燃焼に関する (1) 〜 (3) に答えなさい。ただし，標準状態（0 ℃，1.013×10^5 Pa）における気体のモル体積は 22.4 L/mol とし，気体は理想気体としてふるまうものとする。また，プロパンの分子量を 44，ブタンの分子量を 58 とし，プロパンの燃焼熱を 2219 kJ/mol，ブタンの燃焼熱を 2873 kJ/mol とする。

(1) Y の平均分子量は 55.2 であった。Y を構成するプロパンとブタンの物質量の比（プロパン：ブタン）はどれか。a〜e から選びなさい。

a　8：1　　　　　　　b　4：1　　　　　　　c　1：1

d　1：4　　　　　　　e　1：8

(2) 標準状態で 22.4 L の Y を完全燃焼させた。この燃焼で消費した酸素は標準状態で何 L か。最も近い数値を a〜e から選びなさい。

a　119　　　　　　　b　129　　　　　　c　139
d　149　　　　　　　e　159

(3) (2) の燃焼で発生した熱量は何 kJ か。最も近い数値を a〜e から選びなさい。

a　2220　　　　　　b　2390　　　　　c　2450
d　2740　　　　　　e　2800

問 3　化学反応式 A + B → C で表される化学反応について，反応物 A と B の濃度を変えて，反応初期の生成物 C の生成速度 v を求めたところ，下表のようになった。

実験	A の濃度〔mol/L〕	B の濃度〔mol/L〕	v〔mol/(L・s)〕
1	0.10	0.10	4.0×10^{-4}
2	0.10	0.20	8.0×10^{-4}
3	0.30	0.10	3.6×10^{-3}

この反応の反応速度式が $v = k\,[A]^x\,[B]^y$ の形で表されるとき，反応速度定数 k はいくらになるか。正しいものを a〜f から選びなさい。なお，[A], [B] はそれぞれ A と B の濃度〔mol/L〕を表す。

a　1.2×10^{-1}　　L/(mol・s)
b　4.0×10^{-1}　　L/(mol・s)
c　1.2×10^{-1}　　L²/(mol²・s)
d　4.0×10^{-1}　　L²/(mol²・s)
e　1.2×10^{-1}　　L³/(mol³・s)
f　4.0×10^{-1}　　L³/(mol³・s)

問 4　気体 A, B, C の間では，式①で表される可逆反応がおこり，平衡状態となる。

$$a\mathrm{A} \;+\; b\mathrm{B} \;\rightleftarrows\; c\mathrm{C} \quad (a,\ b,\ c\ は係数) \quad \cdots ①$$

この反応の正反応は発熱反応であり，係数 a, b, c の間で，$(a+b) > c$ が成り立つとき，平衡状態における気体 C の体積百分率（%）と温度，圧力の関係を正しく表しているグラフを a〜f から選びなさい。ただし，圧力（全圧）は P_1 または

P_2 に保たれているものとし，$P_1 < P_2$ とする。また，グラフ中の温度 T_1, T_2 は，$T_1 < T_2$ である。

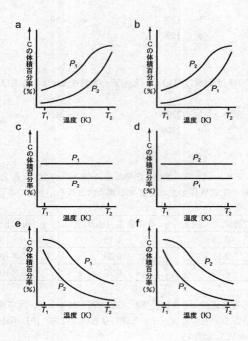

4　問 1 〜 問 8 に記号で答えなさい。

問 1　分子式が C_6H_{14} のアルカンには，何種類の構造異性体があるか。a 〜 f から選びなさい。

a	3	b	4	c	5
d	6	e	7	f	8

問 2　炭素，水素，酸素のみからなる有機化合物の試料 24.0 mg を完全燃焼させたところ，二酸化炭素 35.2 mg，水 14.4 mg を生じた。この有機化合物の組成式を a 〜 f から選びなさい。ただし，原子量は H = 1.0，C = 12，O = 16 とする。

a	CH_2O	b	CH_4O	c	CH_4O_2
d	C_2H_2O	e	C_2H_4O	f	C_3H_4O

問 3　炭化カルシウム CaC_2 に水を加えると化合物アが得られ，アに水を付加させると化合物イが得られた。また，ア 1 mol に水素 1 mol を付加すると化合物ウが得られ，ウに水を付加させるとエが得られた。化合物ア 〜 エに関する記述 a 〜 f のうち，誤っているものを 2 つ選びなさい。

a　アに臭素を付加すると，1, 2 −ジブロモエタンを生じる。
b　イをフェーリング液とともに加熱すると，酸化銅(Ⅰ) が析出する。
c　ウの酸化により，イを得ることができる。
d　エの酸化により，イを得ることができる。
e　エを濃硫酸とともに 170 ℃に加熱することにより，ウを得ることができる。
f　1 mol のエにナトリウムの単体を作用させると，1 mol の水素が発生する。

問 4　アセトンに関する記述 a 〜 f のうち，誤っているものを 2 つ選びなさい。

a　無色で芳香のある液体である。
b　水，エタノールと任意の割合で混じり合う。
c　水溶液は塩基性を示す。
d　酢酸カルシウムの熱分解（乾留）により得られる。
e　ヨウ素と水酸化ナトリウム水溶液を加えて反応させると，特有の臭気をもつ黄色沈殿を生じる。
f　アンモニア性硝酸銀水溶液を加えて穏やかに加熱すると，銀が析出する。

問5　アニリンに関する記述 a〜f のうち，誤っているものを２つ選びなさい。

　　a　特有な臭気をもつ無色の液体である。
　　b　有機溶媒には溶けにくいが，水には溶けやすい。
　　c　さらし粉水溶液によって酸化され，赤紫色を呈する。
　　d　硫酸酸性の二クロム酸カリウム水溶液で酸化すると，水に難溶の黒色物質を生じる。
　　e　無水酢酸を作用させるとアセトアニリドが生成する。
　　f　アニリンの希塩酸溶液を氷冷しながら，亜硝酸ナトリウム水溶液を加えた後，その水溶液を温めるとベンゼンと窒素が生成する。

問6　化合物 a 〜 d を酸性が強いものから弱いものの順に並べなさい。

　　a　フェノール　　　　　　b　安息香酸　　　　　c　ベンゼンスルホン酸
　　d　炭酸（$CO_2 + H_2O$）

問7　油脂およびセッケンに関する記述 a〜f のうち，誤っているものを２つ選びなさい。

　　a　油脂は，水に溶けにくく有機溶媒に溶けやすい。
　　b　構成する脂肪酸として不飽和脂肪酸を多く含む油脂は，触媒を用いて水素を付加させると，融点が高くなる。
　　c　油脂に十分な量の水酸化ナトリウム水溶液を加えて加熱すると，グリセリンと脂肪酸ナトリウムが生成する。
　　d　セッケンの水溶液は弱酸性を示す。
　　e　セッケンは，水溶液中で，ある濃度以上になると，脂肪酸イオンが多数集まってミセルを形成する。
　　f　セッケンの水溶液にカルシウムイオンを含む水溶液を加えると，洗浄力が強くなる。

問8　化合物 A を完全に加水分解すると，化合物 B と酢酸が生成した。B を過マンガン酸カリウムで酸化すると，*p*-キシレンを酸化して得られるものと同一のジカルボン酸が生成した。A の構造として最も適切なものを a〜h から２つ選びなさい。

　　a   b

CH_3-⟨benzene⟩$-\overset{\displaystyle O}{\overset{\|}{C}}-O-CH_2-CH_2-CH_3$　　　CH_3-⟨benzene⟩$-\overset{\displaystyle O}{\overset{\|}{C}}-CH_2-\overset{\displaystyle O}{\overset{\|}{C}}-OH$

c

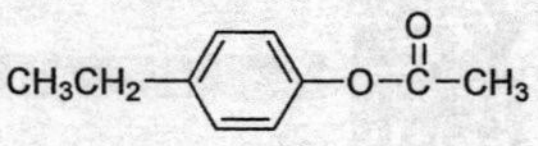

CH₃CH₂—⟨benzene ring⟩—O—C(=O)—CH₃

d

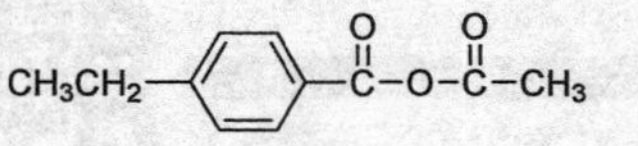

CH₃CH₂—⟨benzene ring⟩—C(=O)—O—C(=O)—CH₃

e

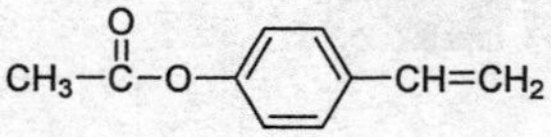

CH₃—C(=O)—O—⟨benzene ring⟩—CH=CH₂

f

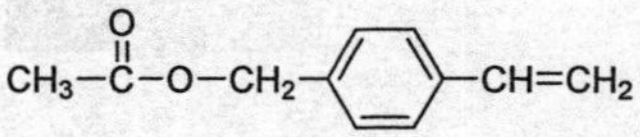

CH₃—C(=O)—O—CH₂—⟨benzene ring⟩—CH=CH₂

g

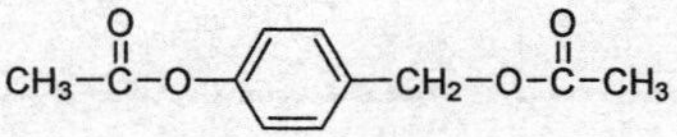

CH₃—C(=O)—O—⟨benzene ring⟩—CH₂—O—C(=O)—CH₃

h

CH₃—C(=O)—O—⟨benzene ring⟩—C(=O)—O—C(=O)—CH₃

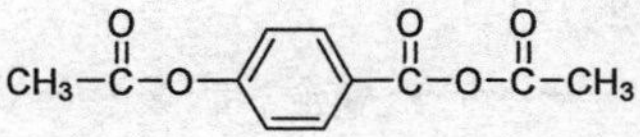

解答編

■英語■

1　解答

問1．a―4　b―2　c―3　d―2　e―2
　　　f―3　g―3　h―2　i―1　j―1
問2．2

━━━━◆全　訳◆━━━━

≪予測的遺伝子検査で進む遺伝子差別≫

　過去10年間で，将来の健康状態を予測するために考案された遺伝子検査の数と種類が激増している。10年前には検査は少数の遺伝性疾患でしか利用できなかったが，現在では，嚢胞性線維症，ハンチントン病，その他いくつかの遺伝性疾患を診断する検査が存在している。さらに，医師たちの予測によれば，ガン，心臓血管疾患，精神疾患などの複雑な疾患の遺伝的傾向の診断も可能になるかもしれない。

　検査が単純化し，利用が拡大するにつれて，ますます多くの人々が予測的遺伝子情報に基づいてラベリングされるだろう。最終的に正しいと判明してもしなくても，この種の情報によって，社会の一部の部門は，人々を遺伝子の状態に基づいて分類し，長期的な健康リスク認知そして将来の能力や障害の予測に基づいて人々を弁別するようになるだろう。予測的遺伝子診断の利用によって，「健康な病人」という新種の人々が生まれている。こうした人々は，現在は病気ではないが，将来のどこかの時点で特定の疾患を発症する可能性がある，と予測するだけの理由がある。

　こうした新たな診断法によって，ある種の疾患や障害を発生させる原因となりうる遺伝的要因が特定されるが，この種の情報が当該疾患の治療や治癒にどれだけ早く，そして，どの程度つながるのかは全く自明ではない。治癒が伴わない診断の価値は疑問である。これが特に言えるのは，当該人物が障害や疾患の何らかの兆候に気づき始めるはるか以前に診断がなされてしまう場合だが，こうしたことが往々にしてある。多くの遺伝子検査が

予測するのは（正確さには限界があることが多いが），何らかの疾患が将来の不確定時点において顕在化しうるということだ。さらに，多くの遺伝子疾患の重篤度は疾患発症者の間で大きく異なるが，特定個人の疾患によってどの程度の障害が生じるかは，診断では通常，予測できない。すなわち，この状況はヒト免疫不全ウイルス（エイズウイルス）に感染していると診断された人々の体験に似ている。エイズ関連疾患の１つかそれ以上を将来おそらく発症することはわかっているが，いつ，どの疾患が発症するかはわからないのだ。

　この種の「予測医学」は罹患者に新たな問題をもたらしており，罹患者は医師やカウンセラーと一緒になって，こうした問題への取り組み方を学ばなくてはならないだろう。その一方で，遺伝子診断を強調しすぎることには危険がある。なぜならば，大半の疾患を改善するために必要な社会的対策（医療を公正に利用できる権利を含む）から関心をそらしてしまうからだ。アルコール依存症，他種の依存症，精神疾患などの以前は社会的に汚名を着せられていた症状が「遺伝子疾患」というくくりの下に包括されると，経済的・社会的資源は生物医学的「治療法」の発見に向けられる可能性が高くなる反面，社会的対策はごまかされることになるだろう。

　予測的遺伝子検査の結果，ラベリングされた人々は，遺伝子差別の脅威に直面している。こうした人々やその家族は，生命保険・健康保険や雇用において既に差別にあっている。なぜならば，法的・社会的サービス制度が対応できるよりもはるかに急速に遺伝子情報は生成されているからだ。特にヒトゲノム構想の成果を通じて，遺伝子情報に基づき人々をラベリングする我々の能力が増すにつれて，こういった問題に取り組む必要性がますます緊急性を増していくだろう。

■■■■■■■■■◀解　説▶■■■■■■■■■

問１．a．ten years ago と now の関係なので，対比を表す接続詞の whereas（＝while）が入る。

c．whether（or not）ＳＶ「ＳがＶしてもしなくても」　全体で譲歩の副詞節として働く。

e．to what extent ＳＶ「どの程度ＳがＶするのか」（＝how much ＳＶ）　全体で名詞節として働く。

f．Diagnoses unaccompanied by cures「治癒が伴わない診断」の言い

換えは 2・3・4 は正しく，are of questionable value「価値は疑問である」の言い換えは 1・3 が正しい。ちなみに，〈of＋抽象名詞〉で形容詞の意味になる。(例) of value＝valuable, of use＝useful, of importance＝important

ｉ. face the threat of ～「～の脅威に直面する」

ｊ. address problems「問題に取り組む」(≒tackle〔deal with〕problems)

問 2．1．第 2 段第 1 文(As tests become …)に「レッテルを張られる人は増えていく」とあるので，不一致。

2．第 3 段第 1 文(While the new …)の前半部分に一致。

3．第 3 段第 4 文(Many genetic tests …)によると，遺伝子検査が予測できることは，ある病気が将来の不確定な時期(an undetermined time)に現れるかもしれないということで，正確な時期がわかるとは述べていないので，不一致。

4．最終段第 2 文(They and their …)で，既に差別されている旨が述べられているので，不一致。

2 解答 a－2　b－3　c－2　d－4　e－2

3 解答 a－3　b－2　c－2　d－4　e－4

◀解　説▶

ａ. refer to *A* as *B*「*A* を *B* と呼ぶ」が受動態になった分詞構文。

ｂ. have no idea of ～「～がわからない」 *cf.* have no idea that S V「S が V することがわからない」

ｃ.「オスカー＝ワイルドはアイルランドの作家で，素晴らしい短編数編を書いたことで有名だ」 having *done* で *doing* よりも 1 つ前の時制を表す。

ｄ. it's (about / high) time S＋V の過去形「S が V すべきときだ」 it's (about) time for S to V の形もありうるが，1 は for us to reconsider でなくてはならない。

e．make Ｏ Ｃ「ＯをＣにする」の第 5 文型。

4 **解答**　（2 番目・5 番目の順に）　a － 6・1　 b － 2・5
　　　　　　　c － 3・2

◀解　説▶

a．(… This is the) first <u>time</u> I've ever seen <u>anything</u> like (this.)

b．(… I would be able) to <u>concentrate better</u> if I <u>lived</u> and (worked in the country.)

c．(Language is the most important) way <u>humans</u> communicate with <u>each</u> other(, and …)

化学

◀解　説▶

≪無機物質の性質と反応，分子の構造，化学反応の量的関係≫

問1．a．誤文。C，O は第2周期，P，S は第3周期の元素である。

c．誤文。C，P，S の単体は固体，O の単体は気体である。

e．誤文。各元素の最外殻電子数は，C が4，O が6，P が5，S が6であり，O と S は等しい。

問2．それぞれの分子の形は，アンモニアが三角錐形，水が折れ線形，四塩化炭素とメタンが正四面体形，二酸化炭素が直線形である。

問3．c．誤文。リン酸（H_3PO_4）は3価の酸である。

e．誤文。十酸化四リンは酸性酸化物であり，塩基性のアンモニアと反応するため，アンモニアの乾燥剤としては用いることができない。

問4．e．誤文。リチウムの単体は，空気中の酸素や水と反応するので，石油（灯油）中に保存する。リチウムの単体は，エタノールとも反応する。

問5．酸化物 a～e の水との反応は次のようになる。

a．$3NO_2 + H_2O \longrightarrow 2HNO_3 + NO$

b・c．水に溶けにくく，水と反応しない。

d．$SO_2 + H_2O \longrightarrow H_2SO_3$

e．$Na_2O + H_2O \longrightarrow 2NaOH$

HNO_3 は強酸，H_2SO_3 は弱酸，NaOH は強塩基であるため，最も強い酸は HNO_3 である。

問6．b．誤文。塩素のオキソ酸では，塩素原子の酸化数が大きいほど，酸性は強くなる。

$$\underset{+7}{H\underline{Cl}O_4} > \underset{+5}{H\underline{Cl}O_3} > \underset{+3}{H\underline{Cl}O_2} > \underset{+1}{H\underline{Cl}O}$$

d．誤文。単体の酸化力は，フッ素＞塩素＞臭素＞ヨウ素の順に弱くなる。

問7．c．誤文。白色ではなく，暗褐色の酸化銀の沈殿を生じる。

d．誤文。黒色の沈殿が生じるのではなく，血赤色の溶液となる。

問8．アルミニウムと塩酸の反応は次のようになる。

$$2Al + 6HCl \longrightarrow 2AlCl_3 + 3H_2$$

この化学反応式から，アルミニウム 2 mol から水素 3 mol が生成することがわかる。アルミニウムの原子量を A とすると

$$2 : 3 = \frac{x}{A} : \frac{y}{22.4}$$

$$\therefore \quad A = \frac{3x \times 22.4}{2y} = \frac{33.6x}{y}$$

---

2 **解答**　問1．(1)—d　(2)—c　問2．(1)—c　(2)—e
　　　　　　　問3．f　問4．(1)—c　(2)—a

◀解　説▶

≪濃度，電離平衡，溶解平衡，電気分解≫

問1．(1)　うすめる前後で，溶解している塩化水素の質量は等しいから，必要な **A** 液を x[mL] とすると

$$x \times 1.19 \times \frac{36.5}{100} = 50.0 \times 1.10 \times \frac{20.0}{100}$$

$$\therefore \quad x = 25.32 \fallingdotseq 25.3 \text{[mL]}$$

(2)　**B** 液 1 L に含まれる塩化水素の物質量は次のようになる。HCl = 36.5 より

$$\frac{1000 \times 1.10 \times \dfrac{20.0}{100}}{36.5} = 6.027 \fallingdotseq 6.03 \text{[mol]}$$

よって，モル濃度は，6.03 mol/L となる。

問2．(1)　アンモニア水の濃度を c[mol/L] とすると，アンモニア水に含まれる水酸化物イオンの濃度は

$$[OH^-] = \sqrt{cK_b} = \sqrt{8.00 \times 10^{-1} \times 2.0 \times 10^{-5}}$$
$$= 4.0 \times 10^{-3} \text{[mol/L]}$$

$K_w = [H^+][OH^-] = 1.0 \times 10^{-14} (\text{mol/L})^2$ だから

$$[H^+] = \frac{K_w}{[OH^-]} = \frac{1.0 \times 10^{-14}}{4.0 \times 10^{-3}} = \frac{1}{4} \times 10^{-11} \text{[mol/L]}$$

$$pH = -\log_{10}[H^+] = -\log_{10}\left(\frac{1}{4} \times 10^{-11}\right)$$

$$= -\log_{10}(2^{-2} \times 10^{-11}) = -(-2\log_{10}2 - 11)$$

$$= -(-2 \times 0.30 - 11) = 11.6$$

(2)　NH_4Cl の分子量は 53.5 だから

$$[NH_4Cl] = \frac{21.4}{53.5} = 4.00 \times 10^{-1}[mol/L]$$

アンモニアと塩化アンモニウムの電離は次のように表すことができる。

$$NH_3 + H_2O \rightleftharpoons NH_4^+ + OH^-$$

$$NH_4Cl \longrightarrow NH_4^+ + Cl^-$$

アンモニアは電離度が小さいのでほとんどが NH_3 分子として存在し，塩化アンモニウムはほぼ完全に電離し，NH_4^+ として存在しているので，$[NH_3] = 8.00 \times 10^{-1}[mol/L]$，$[NH_4^+] = 4.00 \times 10^{-1}[mol/L]$ と考えることができる。両者をアンモニアの電離定数 K_b を表す式に代入して

$$K_b = \frac{[NH_4^+][OH^-]}{[NH_3]} = \frac{4.00 \times 10^{-1} \times [OH^-]}{8.00 \times 10^{-1}}$$

$$= 2.0 \times 10^{-5}[mol/L]$$

$$\therefore \quad [OH^-] = 4.0 \times 10^{-5}[mol/L]$$

$K_w = [H^+][OH^-] = 1.0 \times 10^{-14}(mol/L)^2$ だから

$$[H^+] = \frac{K_w}{[OH^-]} = \frac{1.0 \times 10^{-14}}{4.0 \times 10^{-5}} = \frac{1}{4} \times 10^{-9}[mol/L]$$

$$pH = -\log_{10}[H^+] = -\log_{10}\left(\frac{1}{4} \times 10^{-9}\right)$$

$$= -\log_{10}(2^{-2} \times 10^{-9}) = -(-2\log_{10}2 - 9)$$

$$= -(-2 \times 0.30 - 9) = 9.6$$

問 3 ．Ag_2CrO_4 1.66×10^{-2} g の物質量は

$$\frac{1.66 \times 10^{-2}}{332} = 5.00 \times 10^{-5}[mol]$$

Ag_2CrO_4 は①式のように電離するから，Ag_2CrO_4 飽和水溶液中に存在するイオンの濃度は

$$[Ag^+] = \frac{5.00 \times 10^{-5}}{\frac{500}{1000}} \times 2 = 2.00 \times 10^{-4}[mol/L]$$

$$[CrO_4{}^{2-}] = \dfrac{5.00 \times 10^{-5}}{\dfrac{500}{1000}} = 1.00 \times 10^{-4}[mol/L]$$

これらを②式に代入して

$$K_{sp} = [Ag^+]^2[CrO_4{}^{2-}] = (2.00 \times 10^{-4})^2 \times 1.00 \times 10^{-4}$$
$$= 4.00 \times 10^{-12}[(mol/L)^3]$$

問 4．(1)　陰極における反応は

$$2H_2O + 2e^- \longrightarrow H_2 + 2OH^-$$

両辺に $2Na^+$ を加えて

$$2H_2O + 2e^- + 2Na^+ \longrightarrow H_2 + 2NaOH \quad \cdots\cdots(i)$$

(i)式より，2 mol の電子が流れたときに 2 mol の水酸化ナトリウムが生成することがわかる。電気分解に要した時間を x 秒とすると

$$2 : 2 = \dfrac{5.00 \times x}{9.65 \times 10^4} : 3.00 \times 10^{-2}$$

∴　$x = 579$ 秒

(2)　陰極では，(i)式より，2 mol の電子が流れたときに水素（気体イ）が 1 mol 発生することがわかるから，発生する気体イの標準状態における体積を y[L] とすると

$$2 : 1 = \dfrac{5.00 \times 579}{9.65 \times 10^4} : \dfrac{y}{22.4}$$

∴　$y = 0.336$[L]

陽極における反応は

$$2Cl^- \longrightarrow Cl_2 + 2e^- \quad \cdots\cdots(ii)$$

(ii)式より，2 mol の電子が流れたときに塩素（気体ア）が 1 mol 発生することがわかるから，発生する気体アの標準状態における体積を z[L] とすると

$$2 : 1 = \dfrac{5.00 \times 579}{9.65 \times 10^4} : \dfrac{z}{22.4}$$

∴　$z = 0.336$[L]

したがって，気体アと気体イの合計体積は

$$0.336 + 0.336 = 0.672[L]$$

[3] **解答**　問 1．b　問 2．(1)— d　(2)— c　(3)— d
　　　　　　　問 3．d　問 4．f

◀解　説▶

≪化学反応の量的関係，化学反応と熱，反応速度，化学平衡≫

問 1．酸素からオゾンが生成する反応は次のようになる。

$$3O_2 \longrightarrow 2O_3$$

この化学反応式から，定温，定圧のもとで，3 L の酸素から 2 L のオゾンが生成し，3−2＝1〔L〕体積が減少することがわかる。生成したオゾンの体積を x〔L〕とすると

$$2 : 1 = x : (10 - 9.6)$$

∴　$x = 0.80$〔L〕

問 2．(1)　プロパンとブタンの物質量の比を $1 : x$ とすると

$$\frac{44 \times 1 + 58 \times x}{1 + x} = 55.2$$

∴　$x = 4$

(2)・(3)　標準状態の混合気体 Y 22.4 L に含まれるプロパンとブタンの物質量は，(1)の結果から次のようになる。

$$プロパン : \frac{22.4}{22.4} \times \frac{1}{1 + 4} = 0.20〔mol〕$$

$$ブタン : \frac{22.4}{22.4} \times \frac{4}{1 + 4} = 0.80〔mol〕$$

プロパンの燃焼を表す熱化学方程式は，次のようになる。

$$C_3H_8(気) + 5O_2(気) = 3CO_2(気) + 4H_2O(液) + 2219\,kJ$$

この熱化学方程式から，1 mol のプロパンが燃焼したときに 5 mol の酸素が消費され，2219 kJ の熱が発生することがわかる。プロパン 0.20 mol を燃焼させたときに消費される酸素を A〔L〕，発生する熱を B〔kJ〕とすると

$$1 : 5 : 2219 = 0.20 : \frac{A}{22.4} : B$$

∴　$A = 22.4$〔L〕，$B = 443.8$〔kJ〕

ブタンの燃焼を表す熱化学方程式は，次のようになる。

$$C_4H_{10}(気) + \frac{13}{2}O_2(気) = 4CO_2(気) + 5H_2O(液) + 2873\,kJ$$

この熱化学方程式から，1 mol のブタンが燃焼したときに $\dfrac{13}{2}$ mol の酸素が消費され，2873 kJ の熱が発生することがわかる。ブタン 0.80 mol を燃焼させたときに消費される酸素を C〔L〕，発生する熱を D〔kJ〕とすると

$$1:\dfrac{13}{2}:2873=0.80:\dfrac{C}{22.4}:D$$

$$\therefore\quad C=116.48\text{〔L〕},\ D=2298.4\text{〔kJ〕}$$

よって，燃焼で消費した酸素は合わせて

$$22.4+116.48=138.88\fallingdotseq139\text{〔L〕}$$

また，発生した熱量は合わせて

$$443.8+2298.4=2742.2\fallingdotseq2740\text{〔kJ〕}$$

問 3．まず，$v=k[\text{A}]^x[\text{B}]^y$ の x と y について考える。実験 1 と実験 2 を比較すると，B の濃度（[B]）が 2 倍になったときに v が 2 倍になっているので，v は [B] に比例していると考え，$y=1$ となる。実験 1 と実験 3 を比較すると，A の濃度（[A]）が 3 倍になったときに，v が 9（3^2）倍になっているので，v は [A] の 2 乗に比例していると考え，$x=2$ となる。次に k の値を求める。

$$v=k[\text{A}]^2[\text{B}]$$

を変形して，実験 1 の値を代入すると

$$k=\dfrac{v\text{〔mol/(L·s)〕}}{[\text{A}]^2[\text{B}]\text{〔(mol/L)}^3\text{〕}}$$

$$=\dfrac{4.0\times10^{-4}\text{〔mol/(L·s)〕}}{0.10^2\times0.10\text{〔(mol/L)}^3\text{〕}}$$

$$=4.0\times10^{-1}\text{〔L}^2/(\text{mol}^2\text{·s})\text{〕}$$

問 4．正反応は発熱反応であるから，温度を上げると，ルシャトリエの原理により平衡は左へ移動し，C の体積百分率は減少する。よって，正しいグラフは e または f に絞られる。係数については，$(a+b)>c$ だから，圧力を上げると，ルシャトリエの原理により平衡は右に移動し，C の体積百分率は増加する。よって，グラフ e と f では，圧力の高い P_2 の場合の方が圧力の低い P_1 の場合より C の体積百分率の大きい f が正解となる。

4 **解答** 問1. c 問2. a 問3. a・f 問4. c・f
問5. b・f 問6. c>b>d>a

問7. d・f 問8. d・f

━━━━━◀解 説▶━━━━━

≪異性体，有機化合物の元素分析，有機化合物の性質と反応≫

問1. C_6H_{14} のアルカンの構造異性体は次の5種類となる（H原子は省略）。

C-C-C-C-C-C C-C-C-C
            | |
            C C

C-C-C-C-C C-C-C-C-C
      | |
      C   C

    C
    |
C-C-C-C
    |
    C

問2. 試料 24.0 mg に含まれている元素の質量は

$$C : 35.2 \times \frac{C}{CO_2} = 35.2 \times \frac{12}{44} = 9.6 \,[mg]$$

$$H : 14.4 \times \frac{2H}{H_2O} = 14.4 \times \frac{2.0}{18} = 1.6 \,[mg]$$

$$O : 24.0 - 9.6 - 1.6 = 12.8 \,[mg]$$

これらの元素の物質量の比は

$$C : H : O = \frac{9.6}{12} : \frac{1.6}{1.0} : \frac{12.8}{16}$$
$$= 0.80 : 1.6 : 0.80$$
$$= 1 : 2 : 1$$

よって，組成式は CH_2O

問3. 化合物ア～エは次の物質である。

ア：アセチレン　イ：アセトアルデヒド　ウ：エチレン　エ：エタノール

a. 誤文。アセチレンに臭素を付加すると，1,1,2,2-テトラブロモエタンを生じる。

f. 誤文。エタノールとナトリウムの反応は次のようになり，2 mol のエタノールから 1 mol の水素が発生する。

$$2C_2H_5OH + 2Na \longrightarrow 2C_2H_5ONa + H_2$$

問 4．c．誤文。水溶液は中性を示す。

ｆ．誤文。アセトンにはアルデヒド基がなく，還元性を持たない。

問 5．b．誤文。アニリンは有機溶媒によく溶け，水にはわずかに溶ける。

ｆ．誤文。アニリンの希塩酸溶液を氷冷しながら，亜硝酸ナトリウム水溶液を加えることで生じた塩化ベンゼンジアゾニウムを温めると，フェノールと窒素が生成する。

問 7．d．誤文。セッケンの水溶液は弱塩基性を示す。

ｆ．誤文。セッケンの水溶液にカルシウムイオンを含む水溶液を加えると，難溶性の塩を生じ，洗浄力が低下する。

問 8．加水分解して酢酸を生じるためには，アセチル基 $\left(CH_3-\overset{\displaystyle \|}{\underset{\displaystyle O}{C}}-\right)$ をも

っている必要があるため，化合物 A は c〜h に絞られる。*p*-キシレンを酸化して得られるジカルボン酸はテレフタル酸である。加水分解の結果得られる化合物 B を過マンガン酸カリウムで酸化してテレフタル酸を得るためには，化合物 A のベンゼン環の *p*-位の 2 つの炭素原子に直接炭素原子が結合している必要がある。c〜h のうち，これを満たすのは，d，f となる。

■一般選抜（Ｂ方式）

問題編

▶試験科目・配点

教　科	科　　　　　　　目	配　点
外国語	コミュニケーション英語Ⅰ・Ⅱ・Ⅲ，英語表現Ⅰ・Ⅱ	100 点
数　学	数学Ⅰ・Ⅱ・Ａ・Ｂ	100 点
理　科	化学基礎・化学	150 点

▶備　考

- 「数学Ⅰ」は「データの分析」は除く。
- 「数学Ａ」は「整数の性質」に関しては，ユークリッドの互除法と n 進法を除く。
- 「数学Ｂ」は「数列」「ベクトル」から出題する。
- 新型コロナウイルス感染症の影響による学業の遅れに伴う試験範囲の変更について
  高等学校第 3 学年で履修することの多い「化学」について，「発展的な学習内容」を出題する場合には，設問中に補足説明を記載する。

英語

（60 分）

1　次の英文を読み，設問に答えなさい。なお，*印をつけた語には注があります。

　　That day, plastic surgeon* Bohdan Pomahač was sitting in the back of a private jet taxiing* on the runway* at Boston's Logan Airport, waiting to take off. He was leading a transplant* team, making ready to retrieve* a donor* organ. The plane was one of several regularly chartered by the hospital's transplant service. Hearts, lungs, livers, kidneys*, and other organs were ferried* urgently across the United States (a)in this way. But this mission was different. That evening Pomahač was going out to retrieve an organ as a prelude* to a procedure that the United States had never before seen: the transplant of a complete face.

　　Pomahač had waited a long time for this opportunity and had fought hard just to gain permission to attempt the operation. At the time, only one other full face transplant had ever been carried out – by a team in Spain a year earlier. Pomahač was nevertheless convinced that this procedure offered the only real hope for people who had suffered catastrophic* facial injuries. (b) not everyone was of the same mind. He petitioned* the institutional review board (IRB)* at Brigham and Women's Hospital repeatedly. The board, tasked with making sure that both the science and ethics of the proposed procedure were sound, was supportive but took some time to be convinced. The difficulty was that, unlike other transplant surgery, the transfer of a face did not ameliorate* life-threatening illness. The review board had to (c) the very real risks of the procedure against its perceived aesthetic* benefits.

　　It wasn't just the surgery that might present a threat. To be able to accept a transplant from another individual, the recipient's* immune* system must be heavily suppressed to stop the newly grafted* organ (d) coming under attack. For ordinary organ transplants, the tissue type of the donor organ must be matched as closely as possible to that of the recipient. Part of the body's formidable* defense against infection is its ability to (e) foreign proteins* and tissues from its own – a function fulfilled by the white blood cells patrolling in our circulatory* system.

Once recognized as "other," foreign bodies are attacked by battalions* of immune cells. These cells damage, destroy, and later engulf*. (f) this defense, the simplest of infections would prove lethal*. But if you want a patient to receive an organ transplanted from another individual, these defenses work against you. The newly grafted organ is detected, attacked, and eventually (g) by the body.

During World War II, plastic surgeons were aware that skin grafts* taken from donors related to the recipient survived longer than (h) those taken from unrelated individuals. Precisely why this should be the case was unknown, but it gave cause for thought. Archie McIndoe* himself had observed that grafts could be exchanged between identical twins* without fear of rejection. Today donor and recipient are matched as closely as possible with respect to specific marker proteins expressed by their cells. The closer your genetic code*, the (i) likely these proteins are to match. These proteins are like flags on the mast of a ship at war, announcing its sovereignty* and distinguishing it from the naval vessels* of a hostile* foreign power. For the cells of the human body, exhibiting the wrong surface-marker proteins is akin to flying hostile flags and provokes (j) .

(Adapted from Fong, Kevin. *Extreme Medicine: How Exploration Transformed Medicine in the Twentieth Century,* New York: Penguin, 2015, pp.54-56.)

(注)　plastic surgeon: 形成外科医　　　taxi:（離着陸の時に）移動する
　　　runway: 滑走路　　　　　　　　transplant: 移植
　　　retrieve: 回収する　　　　　　　donor:（臓器などの）提供者，ドナー
　　　kidney: 腎臓　　　　　　　　　　ferry: 輸送する
　　　prelude: 前奏曲，序幕　　　　　catastrophic: 壊滅的な，悲劇的な
　　　petition: 〜に請願する
　　　institutional review board（IRB）: 施設内倫理委員会
　　　ameliorate: 改善する　　　　　　aesthetic: 審美的な
　　　recipient: 被移植者，レシピエント　immune: 免疫の
　　　grafted: 移植された　　　　　　　formidable: 強力な
　　　protein: タンパク質　　　　　　circulatory: 血液循環の
　　　battalion: 大部隊　　　　　　　engulf: 貪食する，飲み込む
　　　lethal: 致死の　　　　　　　　　skin graft: 皮膚移植，移植された皮膚

Archie McIndoe: 形成外科医の名前　identical twins: 一卵性双生児
genetic code: 遺伝暗号, 遺伝情報　sovereignty: 主権, 主権国
naval vessel: 軍艦　　　　　　　　hostile: 敵の

a　下線部(a)の内容として最も適当なものを, 次の1〜4の中から1つ選びなさい。
　1　輸血のために　　　　　　　　2　チャーター便の飛行機で
　3　薬物治療のために　　　　　　4　ボランティアの医師によって

b　空所(b)に補うのに最も適当なものを, 次の1〜4の中から1つ選びなさい。
　1　But　　　　　2　Or　　　　　3　So　　　　　4　Whether

c　空所(c)に補うのに最も適当なものを, 次の1〜4の中から1つ選びなさい。
　1　enjoy　　　　2　ignore　　　　3　increase　　　　4　weigh

d　空所(d)に補うのに最も適当なものを, 次の1〜4の中から1つ選びなさい。
　1　as　　　　　2　for　　　　　3　from　　　　　4　of

e　空所(e)に補うのに最も適当なものを, 次の1〜4の中から1つ選びなさい。
　1　absorb　　　　2　bring　　　　3　defend　　　　4　distinguish

f　空所(f)に補うのに最も適当なものを, 次の1〜4の中から1つ選びなさい。
　1　Despite　　　　2　Due to　　　　3　In addition to　　　4　Without

g　空所(g)に補うのに最も適当なものを, 次の1〜4の中から1つ選びなさい。
　1　invented　　　2　rejected　　　3　tasted　　　　4　transplanted

h　下線部 (h) が指すものとして最も適当なものを, 次の1〜4の中から1つ選びなさい。
　1　donors　　　　　　　　　　　2　plastic surgeons
　3　skin grafts　　　　　　　　　4　unrelated individuals

i　空所(i)に補うのに最も適当なものを, 次の1〜4の中から1つ選びなさい。
　1　less　　　　　2　little　　　　3　more　　　　　4　much

j　空所(j)に補うのに最も適当なものを, 次の1〜4の中から1つ選びなさい。

	1 attack	2 grief	3 health	4 laughter

2　次のa～eの各組の4語の中から，下線部の発音が他の3語と異なるものを，それぞれ1～4の中から1つずつ選びなさい。

a	1 dialect	2 discipline	3 literally	4 prison
b	1 freight	2 height	3 vein	4 weight
c	1 dear	2 hear	3 pear	4 rear
d	1 anchor	2 chamber	3 chaos	4 scheme
e	1 scale	2 scarcely	3 scissors	4 scold

3　次の各文の空所に補うのに最も適当なものを，それぞれ1～4の中から1つずつ選びなさい。

a　The things we encounter in dreams are symbols. They stand (　　　) the wishes that lurk in our unconscious minds.

1 by　　　　　　2 for　　　　　　3 out　　　　　　4 up

b　While he was writing *A Theory of Justice*, the Vietnam War was raging, and across the United States large-scale anti-war protests − not all of them peaceful − were taking (　　　).

1 a picture　　　　　　　　　　2 his temperature
3 medicine　　　　　　　　　　4 place

c　Other people before Charles Darwin, including his grandfather Erasmus Darwin, had suggested that animals and plants had evolved. (　　　) Charles Darwin added was the theory of adaptation by natural selection, the process that leads the best-adapted to survive to pass on their characteristics.

1 What　　　　2 When　　　　3 Which　　　　4 Who

d　A：Are you in a hurry in the morning?

　　B : No, because I get up at six! (　　　)

　　1 We'll be late for the party.　　　2 I hurried to catch the bus.
　　3 I have time for everything.　　　4 I must take a taxi.

　e John : Do you want to go out with me Friday night?
　　　Mary : Sorry, I don't think so.
　　　John : Well, what are you doing then?
　　　Mary : (　　　)

　　1 I worked all day last Friday.
　　2 She wants to be a doctor in the future.
　　3 I go to church on Sundays.
　　4 None of your business?

4 次の各文が文意の通る英文になるように，括弧内の 1 ～ 6 を並べ替えて，その
　　2番目と**5番目**に来るものの番号を答えなさい。

　a His father was a musician, too. He (1 pay　　　2 to his　　　3 to
　　4 attention　　　5 wanted　　　6 everyone) talented son.

　b Now I have been married for ten years. I know what it is like to love
　　and be loved. No woman has (1 to　　　2 ever been　　　3 husband
　　4 her　　　5 than　　　6 closer) I am to Edward.

　c Van Gogh always (1 best　　　2 whatever　　　3 his　　　4 he
　　5 tried　　　6 at) did, so he went to different art schools to learn
　　everything he could about drawing and painting.

〔図出典について〕
d : New English File: Beginner: Student's Book by Clive Oxenden and Christina Latham-Koenig, Oxford University Press
e : Common American Phrases in Everyday Contexts by Richard A. Spears, McGraw-Hill Education
〔4〕出典について〕
a : Who Was Wolfgang Amadeus Mozart? by Yona Zeldis McDonough, Grosset & Dunlap
b : Oxford Bookworms Library: Stage 6: Jane Eyre by Clare West and Charlotte Brontë, Oxford University Press

5 次の英文を読み，設問に答えなさい。なお，*印をつけた語には注があります。

We find simple ideas very attractive. We enjoy that moment of insight, we enjoy feeling we really understand or know something. And it is easy to take off down a slippery slope, from one attention-grabbing* simple idea to a feeling that this idea beautifully explains, or is the beautiful solution for, lots of other things. The world becomes simple. (a) [1] All problems have a single cause — something we must always be completely against. [2] Or all problems have a single solution — something we must always be for. [3] It is better to look at the world in lots of different ways. [4] Everything is simple. There's just one small issue. We completely misunderstand the world. I call this preference for single causes and single solutions the single perspective instinct*.

For example, the simple and beautiful idea of the free market can lead to the simplistic* idea that all problems have a single cause — government interference* — which we must always oppose; and that the solution to all problems is to liberate* market forces by reducing taxes and removing regulations, which we must always support.

Alternatively*, the simple and beautiful idea of equality* can lead to the simplistic idea that all problems are caused by inequality*, which we should always oppose; and that the solution to all problems is redistribution* of resources*, which we should always support.

(b) It saves a lot of time to think like this. [1] You can have opinions and answers without having to learn about a problem from scratch* and you can get on with* using your brain for other tasks. [2] Being always in favor of or always against any particular idea makes you blind to information that doesn't fit your perspective. [3] This is usually a bad approach if you like to understand reality. [4]

Instead, constantly test your favorite ideas for weaknesses. Be humble about the extent of your expertise*. Be curious about new information that doesn't fit, and information from other fields. And rather than talking only to people who agree with you, or collecting examples that fit your ideas, see people who contradict* you, disagree with you, and put forward different ideas as a great resource for understanding the world. I have been wrong about the world so many times. Sometimes, coming up against* reality is what helps me see my mistakes, but often it is talking to, and trying to understand, someone with different ideas.

If this means you don't have time to form so many opinions, so what? Wouldn't you rather have few opinions that are right than many that are wrong?

I have found two main reasons why people often focus on a single perspective when it comes to understanding the world. The obvious one is political ideology*, and I will come to that later in this chapter. The other is professional.

I love subject experts, and as we all must do, (　c　). When I know, for example, that all population experts agree that population will stop growing somewhere between 10 billion and 12 billion, then I trust that data. When I know, for example, that historians, paleodemographers*, and archeologists* have all concluded that until 1800, women had on average five or more children but only two survived, I trust that data. When I know that economists disagree about what causes economic growth, that is extremely useful too, because it tells me I must be careful: probably there is not enough useful data yet, or perhaps there is no simple explanation.

I love experts, but they have their limitations. First, and most obviously, (　d　). That can be difficult for experts (and we are all experts in something) to admit. We like to feel knowledgeable and we like to feel useful. We like to feel that our special skills make us generally better.

But . . .

Highly numerate* people (like the super-brainy* audience at the Amazing Meeting, an annual gathering of people who love scientific reasoning) score just as badly on our fact questions* as everyone else.

(Adapted from Rosling, Hans. *Factfulness*, London: Sceptre, 2019, pp.186-188.)

(注)　attention-grabbing: 注意を引く　　　instinct: 本能
　　　simplistic: 過度に単純化した，短絡的な
　　　interference: 干渉，介入　　　　　　liberate: 解放する
　　　alternatively: あるいは　　　　　　equality: 平等
　　　inequality: 不平等　　　　　　　　redistribution: 再分配
　　　resource: 資源　　　　　　　　　　from scratch: 最初から
　　　get on with: 続ける　　　　　　　expertise: 専門的知識
　　　contradict: 〜に反論する　　　　　come up against: 〜に直面する
　　　ideology: イデオロギー（政党などの集団に顕著にみられる思考様式）
　　　paleodemographer: 先史人口学者　　archeologist: 考古学者

numerate: 数理的思考に強い　　　　super-brainy: 極めて頭のいい
fact questions:（貧困や人口，保健などの）事実に関する質問

a　下線部（a）の1〜4の文の中には，文脈のまとまりをよくするために取り除いたほうがよいものが1つあります。取り除く文として最も適当なものを1〜4の中から1つ選びなさい。

b　下線部（b）の1〜4の空所のいずれか1箇所に，下記の英文が入ります。入れるべき箇所として最も適当なものを1〜4の中から1つ選びなさい。

入れるべき英文：But it's not so useful if you like to understand the world.

c　英文の論旨に沿って，空所（c）に入れるのに最も適当なものを，次の1〜4の中から1つ選びなさい。

1　he is an expert at deceiving others

2　I can trust you not to tell anyone

3　I didn't want to depend too much on my parents

4　I rely heavily on them to understand the world

d　英文の論旨に沿って，空所（d）に入れるのに最も適当なものを，次の1〜4の中から1つ選びなさい。

1　most of the people on the course were professional women

2　this discovery has opened up a whole new field of research

3　experts are experts only within their own field

4　we'll need an expert opinion

e　本文で述べられている内容と一致するものとして，最も適当なものを次の1〜4の中から1つ選びなさい。

1　平等という考え方が，すべての問題は不平等から生まれるとする短絡的な考え方につながることもある。

2　自分に反論する人や，自分と意見の異なる人に会うより，自分に賛同する人とだけ話をする方が，世界を理解する良い方法である。

3　1800年まで女性は平均して5人以上の子供を出産していたが2人しか生き延びなかったという歴史学者の説に関して，考古学者は異議を唱えている。

4　数理的思考に非常に強い人は，事実に関する質問のすべてに正しく答えることができる。

数学

（80分）

解答上の注意

1. 問題の文中 $\boxed{\ast\text{アイウ}}$ などの＊にはプラス，マイナスの符号が1つ対応し，ア，イ，あ，い，…などの文字にはそれぞれ 0 ～ 9 の数字が1つずつ対応する。

　　例1 $\boxed{\ast\text{アイウ}}$ に 235 と答えるときは，＋235 としてマークしなさい。

ア	⊕	⊖	⓪	①	❷	③	④	⑤	⑥	⑦	⑧	⑨
イ			⓪	①	②	❸	④	⑤	⑥	⑦	⑧	⑨
ウ			⓪	①	②	③	④	❺	⑥	⑦	⑧	⑨

2. 答が 0 のときは，以下の例に従ってマークしなさい。

　　問題文中に $\boxed{\ast\text{エ}}$ と $\boxed{\text{エ}}$ の2通りの場合がある。

　　例2.1 $\boxed{\ast\text{エ}}$ に 0 と答えるときは，＋0 としてマークしなさい。

エ	⊕	⊖	❶	①	②	③	④	⑤	⑥	⑦	⑧	⑨

　　例2.2 $\boxed{\text{エ}}$ に 0 と答えるときは，0 のみにマークしなさい。

エ	❶	①	②	③	④	⑤	⑥	⑦	⑧	⑨

3. 分数形で解答するときは，既約分数（それ以上約分ができない分数）で答えなさい。整数を答えるときは，分母に 1 をマークしなさい。

　　例3 $\dfrac{\boxed{\ast\text{オ}}}{\boxed{\text{カ}}}$ に -5 と答えるときは，$\dfrac{-5}{1}$ であるから，以下のようにマークしなさい。

オ	⊕	❸	⓪	①	②	③	④	❺	⑥	⑦	⑧	⑨
カ			⓪	❶	②	③	④	⑤	⑥	⑦	⑧	⑨

4. 根号を含む形で解答するときは，根号の中の自然数が最小となる形で答えなさい。たとえば，$\boxed{\text{キ}}\sqrt{\boxed{\text{ク}}}$，$\dfrac{\sqrt{\boxed{\text{ケ}}}}{\boxed{\text{コ}}}$ に $4\sqrt{2}$，$\dfrac{\sqrt{2}}{2}$ と答えるところを，

$2\sqrt{8}$, $\dfrac{\sqrt{8}}{4}$ のように答えてはならない。

問題1

(1)　連立方程式

$$\begin{cases} \log_3(x+y) = 3 \\ \log_3 y - \log_3 x = \dfrac{1}{\log_{25} 9} \end{cases}$$

の解は $x = \dfrac{\boxed{\text{ア}}}{\boxed{\text{イ}}}$, $y = \dfrac{\boxed{\text{ウエ}}}{\boxed{\text{オ}}}$ である。

(2)　初項と公差がともに正の実数であるようなどんな等差数列 $\{a_n\}$ に対しても，

$$\frac{1}{\sqrt{a_1}+\sqrt{a_2}} + \frac{1}{\sqrt{a_2}+\sqrt{a_3}} + \cdots + \frac{1}{\sqrt{a_{29}}+\sqrt{a_{30}}} = \frac{\boxed{\text{カキ}}}{\sqrt{a_1}+\sqrt{a_{30}}}$$

が成り立つ。

(3)　$0 \leqq x < \dfrac{\pi}{2}$, $\dfrac{\pi}{2} < x \leqq \pi$ を定義域とする関数 $f(x)$ が

$$f(x) = 8\cos 2x + 9\tan^2 x$$

で与えられているとき，$f(x)$ の最小値は $\boxed{\text{*ク}}$ であり，その最小値を与える x の値のうち，最大のものは $\dfrac{\boxed{\text{ケ}}}{\boxed{\text{コ}}}\pi$ である。

(4)　1 と異なる正の実数 x に対して，

$$\log_2 x,\ \log_m x,\ \log_8 x$$

がこの順に等差数列をなすなら，$m = \boxed{\text{サ}}\sqrt{\boxed{\text{シ}}}$ である。

問題 2

(1)　O を原点とする座標空間に 3 点 A$(-1, 2, 2)$，B$(1, 4, 2)$，C$(0, 4, 3)$ と，もう 1 点

P があり，x, y を実数として，

$$\overrightarrow{OP} = \overrightarrow{OA} + x\,\overrightarrow{AB} + y\,\overrightarrow{AC}$$

を満たしている。$\overrightarrow{OP}$ と $\overrightarrow{AB}$ が直交しているとき，x, y は，

$$\boxed{\text{ス}}\,x + \boxed{\text{セ}}\,y = -1$$

という関係を満たす。また，$\overrightarrow{OP}$ の長さ $|\overrightarrow{OP}|$ が最小になるのは，

$x = \dfrac{\boxed{*\text{ソ}}}{\boxed{\text{タ}}}$，$y = \dfrac{\boxed{*\text{チ}}}{\boxed{\text{ツ}}}$ のときであり，$|\overrightarrow{OP}|$ の最小値は $\dfrac{\sqrt{\boxed{\text{テ}}}}{\boxed{\text{ト}}}$ である。

(2)　ふたつの関数 $f(x) = \dfrac{1}{3}x^3 - x$ と $g(x) = x^2 + ax + b$ のグラフが $x = 2$ で接し

ているとき，$a = \boxed{*\text{ナ}}$，$b = \dfrac{\boxed{*\text{ニ}}}{\boxed{\text{ヌ}}}$ である。また，このとき，ふたつのグラフ

の共有点の x 座標のうち，$x = 2$ 以外のものは $\boxed{*\text{ネ}}$ である。

問題 3

A を座標平面上の原点，B を $(1, 0)$ に置き，C が第 1 象限にあるような正三角形 ABC がある。三角形 ABC の内部（辺上を含む）の点 $P(x, y)$ より底辺 AB に至る距離が，辺 BC，CA に至るそれぞれの距離の相乗平均となるような点 P の軌跡を求めたい。点 P から辺 BC，CA，AB に下した垂線と各辺との交点をそれぞれ D，E，F として，以下の問に答えよ。

(1) 直線 BC の方程式は $y = -\sqrt{\boxed{ノ}}\, x + \sqrt{\boxed{ハ}}$ である。

(2) PD の長さは

$$\frac{-\sqrt{\boxed{ヒ}}\, x - y + \sqrt{\boxed{フ}}}{\boxed{ヘ}}$$

である。

(3) 点 P の軌跡は中心 $\left(\dfrac{\boxed{ホ}}{\boxed{マ}},\ -\sqrt{\dfrac{\boxed{ミ}}{\boxed{ム}}}\right)$，半径 $\sqrt{\dfrac{\boxed{メ}}{\boxed{モ}}}$ の円の $y \geqq 0$ の部分である。

(4) (3) の円の中心を O とするとき，四角形 AOBC の内角としての $\angle AOB$ は $\dfrac{\boxed{ヤ}}{\boxed{ユ}}\pi$ である。

問題 4

a を実数の定数として，曲線 $C : y = x^3 - ax$ を考える。C 上の 2 点 P, Q が

$$\text{「Q の } x \text{ 座標は P の } x \text{ 座標より 1 だけ大きい」}$$

という条件を保ったまま C 上を動くとき，以下の問に答えよ。

(1) 直線 PQ の傾きが 0 となるような点 P, Q が存在するための a の値の範囲は
$a \geq \dfrac{\boxed{\text{ヨ}}}{\boxed{\text{ラ}}}$ である。

(2) 本問以降では $a = 3$ とする。直線 PQ の傾きの最小値は $\dfrac{\boxed{*\text{リル}}}{\boxed{\text{レ}}}$ である。

(3) 直線 PQ と C との P, Q 以外の共有点を R とする。P の x 座標を p とするとき，R が P と Q の間（P, Q を含まない）に位置するための p の取り得る値の範囲は

$$\dfrac{\boxed{*\text{ロ}}}{\boxed{\text{ワ}}} < p < \dfrac{\boxed{*\text{ヲ}}}{\boxed{\text{ン}}}$$

である。

(4) $p = \dfrac{\boxed{*\text{ヲ}}}{\boxed{\text{ン}}}$ のとき，直線 PQ と C とで囲まれる部分の面積は $\dfrac{\boxed{\text{あ}}}{\boxed{\text{いう}}}$ である。

問題 **5**

　袋の中に白玉が 15 個入っており，そこに黒玉を 1 つ入れる。黒玉 1 つは 1 時間かけて白玉 1 つを黒玉 1 つに変える反応を起こす。黒く変わった玉も，1 時間かけて同様に白玉 1 つを黒玉 1 つに変える反応を起こす。袋の中の白玉が全て黒玉に変わると反応が止まる。たとえば，白玉が 4 個入っている袋に黒玉を 1 つ入れると，1 時間後には黒玉が 2 つ，その 1 時間後には黒玉が 4 つになり，さらに 1 時間後には全てが黒玉に変わり，反応が止まる。以下の問に答えよ。

(1)　　黒玉を 1 つ入れた後，袋の中が全て黒玉に変わるまでには　え　時間かかる。

(2)　　黒玉を 1 つ入れてから 1 時間後に袋から玉を 1 つ取り出す。取り出した玉が黒玉である確率は $\dfrac{\text{お}}{\text{か}}$ である。

(3)　　黒玉を 1 つ入れてから 1 時間後に袋から玉を 1 つ取り出す。取り出した玉が白玉ならそれを袋の中に戻し，取り出した玉が黒玉ならそれを袋の中に戻さない。ただし，玉の出し入れにかかる時間は無視する。さらに 1 時間後に袋の中から玉を 1 つ取り出す。取り出した玉が黒玉である確率は $\dfrac{\text{きくけ}}{\text{こさし}}$ である。

(4)　　黒玉を 1 つ入れてから 2 時間後に袋から玉を 1 つ取り出す。(3) の下線部と同様の操作を行い，さらに 1 時間後に袋の中から玉を 1 つ取り出す。取り出した玉が黒玉である確率は $\dfrac{\text{すせ}}{\text{そた}}$ である。

化学

（70 分）

1　問 1〜問 8 に答えなさい。

問 1　周期表と元素に関する記述 a〜e のうち，正しいものを 2 つ選びなさい。

　　　a　同一周期の元素では，原子番号の大きい原子ほど陽イオンになりやすい。
　　　b　典型元素はすべて非金属元素である。
　　　c　同族の典型元素は同数の価電子をもつ。
　　　d　3〜11 族の元素は遷移元素である。
　　　e　すべての希ガス（貴ガス）元素の原子の最外殻電子数は 8 個である。

問 2　同位体に関する記述 a〜e のうち，**誤っているもの**を 2 つ選びなさい。

　　　a　同位体の化学的性質はほぼ同じである。
　　　b　互いに同位体である原子は，電子の数が異なる。
　　　c　互いに同位体である原子は，中性子の数が同じである。
　　　d　原子量は，元素を構成する各同位体の相対質量に存在比をかけて求めた平均値である。
　　　e　同位体の中には放射線を放って他の原子に変化するものがある。

問 3　イオンに関する記述 a〜e のうち，**誤っているもの**を 2 つ選びなさい。

　　　a　原子がイオンになるときに放出したり受け取ったりした電子の数をイオンの価数という。
　　　b　イオン結晶は固体の状態で電気を通す。
　　　c　オキソニウムイオン H_3O^+ の形は正四面体形である。
　　　d　塩化物イオンの半径は，塩素原子の半径よりも大きい。
　　　e　カリウム原子の半径は，カリウムイオンの半径よりも大きい。

問4　分子 a ～ e のうち，分子を構成する原子間の結合が二重結合のみからなるものを1つ選びなさい。

a　窒素　　　　　　　b　ベンゼン　　　　　　c　水
d　二酸化炭素　　　　e　エチレン

問5　化合物 a ～ e のうち，その水溶液が塩基性を示すものを**すべて選びなさい**。

a　NH_4Cl　　　　　　b　$NaHCO_3$　　　　　c　$NaNO_3$
d　CH_3COONa　　　e　$KHSO_4$

問6　記述 a ～ e のうち，マグネシウムとカルシウムの両方にあてはまるものを**2つ選びなさい**。

a　2価の陽イオンとなる。
b　炎色反応を示す。
c　単体は常温で水と反応する。
d　硫酸塩は水に溶けにくい。
e　炭酸塩は水に溶けにくい。

問7　単体 a ～ e のうち，塩酸を加えると水素を発生して溶けるものをすべて選びなさい。

a　銀　　　　　　　　b　銅　　　　　　　　c　鉄
d　金　　　　　　　　e　亜鉛

問8　日常の生活に関わる物質の記述 a ～ e のうち，正しいものを**2つ選びなさい**。

a　チタンは，軽くて硬く耐食性に優れているため，メガネのフレームなどに利用される。
b　ステンレス鋼は，鉄とアルミニウムの合金であり，さびにくいため流し台などに用いられる。

c 炭酸ナトリウムは，水を加えると固まる性質を持ち，医療用ギプスや建築材料などに利用される。

d 硫酸バリウムは，水に溶けにくく X 線を透過させにくい性質をもつため，胃や腸の X 線検査の造影剤に用いられる。

e ポリエチレンは，単結合と二重結合を交互にもつ高分子化合物であり，包装材や容器などに用いられる。

2 問 1 ～問 4 に答えなさい。

問 1 実用電池 a ～ f のうち，二次電池に分類されるものを **2 つ選びなさい**。

a 酸化銀電池 　　　　　 b マンガン乾電池 　　　　 c ニッケル・カドミウム電池
d 鉛蓄電池 　　　　　　 e リチウム電池 　　　　　 f アルカリマンガン乾電池

問 2 硫酸カリウムアルミニウム $AlK(SO_4)_2$ の水溶液（A 液）に十分な量の塩化バリウム水溶液を加えたところ，A 液中のすべての硫酸イオンが硫酸バリウム $BaSO_4$ として沈殿した。沈殿した $BaSO_4$ の質量が 6.99 g であったとき，A 液に含まれる $AlK(SO_4)_2$ の質量〔g〕はいくらか。最も近い数値を a ～ f から選びなさい。ただし，$AlK(SO_4)_2$ の式量は 258，$BaSO_4$ の式量は 233 とする。

a 3.16 　　　　　　　 b 3.87 　　　　　　　 c 6.31
d 7.74 　　　　　　　 e 12.6 　　　　　　　 f 15.5

問 3 実験 I と II に関する記述を読み，(1)～(3)に答えなさい。

実験 I : 1.00 mol/L の塩酸 10 mL を_ア_ホールピペットで量りとり，_イ_メスフラスコに入れた。これに純粋な水を加えて 500 mL とし，2.00×10^{-2} mol/L の塩酸をつくった。

実験 II : 濃度のわからない水酸化バリウム水溶液（B 液）25.0 mL をホールピペットで量りとり，_ウ_コニカルビーカーに入れ，さらにメチルオレンジを指示薬として加えた。これに_エ_ビュレットから 2.00×10^{-2} mol/L の塩酸を滴

下し, 振り混ぜる操作を繰り返した。2.00×10^{-2} mol/L の塩酸を 15.0 mL
滴下したところで, 水溶液の色が黄色から赤色に変化した。さらに,
_オビュレットから 2.00×10^{-2} mol/L の塩酸を 10.0 mL 滴下し, 振り混ぜた。

(1)　この実験で用いるガラス器具が純粋な水でぬれていたとき, そのガラス器具の
使い方として正しい記述を a ～ d から 1 つ選びなさい。

　　a　下線アのホールピペットは, 純粋な水でぬれているまま用いてよい。

　　b　下線イのメスフラスコは, 1.00 mol/L の塩酸でよくすすいでから用いる。

　　c　下線ウのコニカルビーカーは, B 液でよくすすいでから用いる。

　　d　下線エのビュレットは, 2.00×10^{-2} mol/L の塩酸でよくすすいでから
　　　用いる。

(2)　B 液のモル濃度 [mol/L] はいくらか。最も近い数値を a ～ f から選びなさい。

　　a　1.25×10^{-3}　　　　　b　2.00×10^{-3}　　　　　c　2.50×10^{-3}

　　d　3.00×10^{-3}　　　　　e　4.00×10^{-3}　　　　　f　6.00×10^{-3}

(3)　下線オの操作の後に得られた水溶液の pH はいくらか。最も近い数値を a ～ f
から選びなさい。ただし, 水溶液の体積は 50.0 mL になったものとする。また,
$\log_{10} 2.0 = 0.30$ とし, 水溶液中の塩化水素は完全に電離しているものとする。

　　a　2.0　　　　　　　　b　2.2　　　　　　　　c　2.4

　　d　2.6　　　　　　　　e　2.8　　　　　　　　f　3.0

問4　水溶液の電気分解に関する (1) と (2) に答えなさい。ただし, それぞれの水溶液
には, 電気分解を行うのに十分な量の溶質が溶けていたものとする。

(1)　次の文の空欄　ア　と　イ　にあてはまる語と数値の組合せ a ～ f のうち, 正
しいものを選びなさい。ただし, 原子量は Ag = 108 とする。また, ファラデー
定数 F は 9.65×10^4 C/mol とし, 電気エネルギーはすべて電気分解に使われ
たものとする。

　　$AgNO_3$ 水溶液を入れた電解槽に 2 枚の銀電極を浸して, 2.00 A の一定電流を
386 秒間通じて電気分解を行ったところ,　ア　極の銀電極表面に Ag が　イ　g
析出した。

	ア	イ
a	陽	0.216
b	陽	0.432
c	陽	0.864
d	陰	0.216
e	陰	0.432
f	陰	0.864

(2) 電気分解 a 〜 e のうち，両極で気体が発生するものを **2つ選びなさい**。

a $Cu(NO_3)_2$ 水溶液を入れた電解槽に，2枚の白金電極を浸して電気分解を行った。

b H_2SO_4 水溶液を入れた電解槽に，2枚の白金電極を浸して電気分解を行った。

c KI 水溶液を入れた電解槽に，2枚の白金電極を浸して電気分解を行った。

d NaOH 水溶液を入れた電解槽に，2枚の白金電極を浸して電気分解を行った。

e $CuCl_2$ 水溶液を入れた電解槽に，陽極として炭素電極を，陰極として白金電極を浸して電気分解を行った。

3　問１〜問４に答えなさい。

問１　次の文の　ア　にあてはまる数値として最も近いものを a 〜 f から選びなさい。

　　　結晶を構成する粒子を，それぞれ気体状の原子，分子あるいはイオンに分けて，ばらばらにするのに必要なエネルギーを格子エネルギーという。しかし，LiCl のようなイオン結晶は加熱してもイオンを完全に気体にすることは難しいので，その値を実験で直接求めることはできない。そのため**図１**に示したいくつかの変化から，ヘスの法則を用いて間接的に格子エネルギーの値を求める。Cl（気）の電子親和力を 349 kJ/mol，Cl_2（気）の結合エネルギーを 244 kJ/mol，Li（固）の昇華熱を 159 kJ/mol，Li（気）のイオン化エネルギーを 520 kJ/mol，LiCl（固）の生成熱を 402 kJ/mol とすると，LiCl（固）の格子エネルギーは　ア　kJ/mol と計算される。

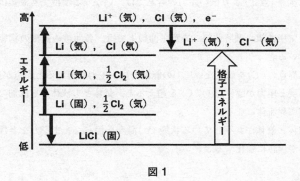

図 1

| a | 512 | b | 634 | c | 854 |
| d | 976 | e | 1552 | f | 1674 |

問２　純物質の状態は，温度と圧力で決まる。物質がさまざまな温度と圧力のもとでどのような状態をとるかを示した図を状態図と呼び，**図２**は水の状態図，**図３**は二酸化炭素の状態図である。水と二酸化炭素の性質に関する記述 a 〜 f のうち，水と二酸化炭素のどちらか一方にしかあてはまらないものを**２つ選びなさ**い。

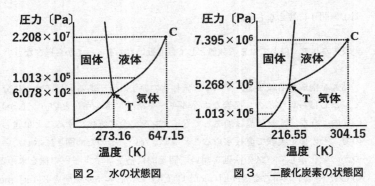

図２　水の状態図　　　　図３　二酸化炭素の状態図

a　1.013×10^5 Pa のもとで固体の状態にあるものを，圧力を保ったまま温度を上げると，固体→液体→気体の順に変化する。

b　三重点（点Ｔ）より低い圧力のもとでは，いかなる温度でも液体は存在しない。

c　蒸気圧曲線，融解曲線，昇華圧曲線上では，各曲線の両側の状態が共存している。

d　臨界点（点Ｃ）を超えない圧力の範囲では，圧力を上げると沸点が高くなる。

e　温度と圧力が臨界点（点Ｃ）を超えると，気体とも液体とも区別のつかない超臨界流体になる。

f　固体と液体が共存している状態で，温度を保ったまま圧力を上げると，液体が固体に変化する。

問３　不揮発性の１価の弱酸の希薄な水溶液の凝固点降下度は ΔT〔K〕であった。この弱酸水溶液の濃度を c〔mol/kg〕，水のモル凝固点降下を K_f〔K・kg/mol〕としたとき，この弱酸の電離度 α を示す式として正しいもの a～f から選びなさい。

a　$\dfrac{\Delta T}{cK_f} + 1$　　　　b　$\dfrac{\Delta T}{cK_f}$　　　　c　$\dfrac{\Delta T}{cK_f} - 1$

d　$\dfrac{cK_f}{\Delta T} + 1$　　　　e　$\dfrac{cK_f}{\Delta T}$　　　　f　$\dfrac{cK_f}{\Delta T} - 1$

問４　次の文を読み，(1) ～ (3)に答えなさい。

圧力の単位〔Pa〕は，単位面積あたりにかかる力として定義され，1 Pa は

1 m^2 あたり 1 N (ニュートン) の力がかかっているときの圧力に相当する (1 Pa = 1 N/m^2)。また、1 N は、質量 1 kg の物体に 1 m/s^2 の加速度を生じさせる力の大きさであり、1 N = 1 m kg/s^2 と表される。地上では、物体に 9.8 m/s^2 の加速度 (重力加速度) を生じさせる力 (重力) が働いており、質量 Z 〔kg〕の物体に働く重力は、Z 〔kg〕× 9.8 m/s^2 = 9.8 Z 〔N〕である。

(1)　一定温度のもとで、**図4**に示した U 字管に水 (密度 1.0 g/cm^3) を入れ、左側の管の液面に一定の力を加えたところ、図に示したように左側と右側の管の液面の高さに差が生じた。このとき、H 〔m〕の高さの水柱に働く重力〔N〕を示す式として正しいものを a ～ f から選びなさい。ただし、U 字管の内側の断面積を S 〔m^2〕とする。

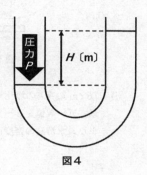

図4

a　$(9.8 \times 10^{-3})SH$　　　b　$(9.8 \times 10^{-2})SH$　　　c　$(9.8 \times 10^{-1})SH$

d　$(9.8 \times 10)SH$　　　　e　$(9.8 \times 10^{2})SH$　　　　f　$(9.8 \times 10^{3})SH$

(2)　**図4**の圧力 P は、高さ H 〔m〕の水柱に働く重力による圧力とつり合っている。圧力 P 〔Pa〕を示す式として正しいものを a ～ f から選びなさい。

a　$(9.8 \times 10)H$　　　　b　$(9.8 \times 10^{2})H$　　　c　$(9.8 \times 10^{3})H$

d　$(9.8 \times 10^{4})H$　　　e　$(9.8 \times 10^{5})H$　　　f　$(9.8 \times 10^{6})H$

(3)　半透膜を固定した U 字管の左側に水を、右側に塩化カルシウムの希薄な水溶液を、液面の高さが等しくなるように入れ、27℃で長時間放置したところ、水分子だけが半透膜を通って右の水溶液側に浸透し、**図5**に示したように左右の液面の高さに 7.6 cm の差が生じた。(i)と(ii)に答えなさい。

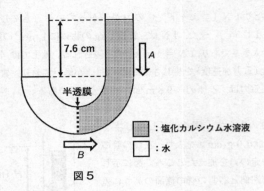

図 5

(i) 7.6 cm の高さの塩化カルシウム水溶液柱に働く重力による圧力 A は何 Pa か。最も近い数値を a ～ f から選びなさい。ただし，長時間放置後の塩化カルシウム水溶液の密度は 1.0 g/cm³ とする。

a 7.4   b 7.4×10 c 7.4×10^2
d 7.4×10^3 e 7.4×10^4 f 7.4×10^5

(ii) **図 5** に示した状態では，水が半透膜を通って浸透しようとする圧力 B 〔Pa〕は 7.6 cm の高さの塩化カルシウム水溶液柱に働く重力による圧力 A 〔Pa〕とつり合っている。このとき，塩化カルシウム水溶液のモル濃度〔mol/L〕はいくらか。最も近い数値を a ～ f から選びなさい。ただし，U 字管の右側の塩化カルシウム水溶液中の塩化カルシウムはすべて電離しており，この水溶液の浸透圧（＝圧力 B）は，電離によって生じるすべての溶質粒子（イオン）のモル濃度と絶対温度に比例しているものとする。また，気体定数 R は 8.3×10^3 Pa・L/(mol・K) とする。

a 1.0×10^{-4} b 1.5×10^{-4} c 3.0×10^{-4}
d 1.5×10^{-3} e 3.0×10^{-3} f 6.0×10^{-3}

4 　問 1 ～問 7 に答えなさい。ただし，原子量は H ＝ 1.0，C ＝ 12，N ＝ 14，O ＝ 16 とする。

問 1 　環式構造およびエーテル結合をもつ分子式 C_4H_8O の化合物には，何種類の構造異性体があるか。a ～ e から選びなさい。ただし，立体異性体は考えないものとする。

　　　　a　4　　　　　b　5　　　　　c　6　　　　　d　7　　　　　e　8

問 2 　化合物 A は炭素，水素，酸素だけからなる分子量 100 未満の化合物であり，炭素－炭素二重結合をもたない。A はヨードホルム反応を示した。A を元素分析したところ，成分元素の質量百分率は，炭素 69.7 ％，水素 11.7 ％，酸素 18.6 ％であった。A には何種類の構造が考えられるか。a ～ e から選びなさい。ただし，立体異性体は考えないものとする。

　　　　a　1　　　　　b　2　　　　　c　3　　　　　d　4　　　　　e　5

問 3 　臭素を付加させると不斉炭素原子をもつ化合物を生じるものを，a ～ e から **2 つ選びなさい**。

　　　a　臭化ビニル　　　　　b　プロピン　　　　c　2-メチルプロペン
　　　d　シス -2- ブテン　　　e　シクロペンテン

問 4 　ペンタン，ジエチルエーテル，1-ブタノールに関する記述 a ～ e のうち，**誤っているものを 2 つ選びなさい**。

　　　a　いずれも常温（25℃）・常圧で液体である。
　　　b　沸点は 1-ブタノールが最も高い。
　　　c　単体のナトリウムと反応して水素を発生するのは，1-ブタノールだけである。
　　　d　ペンタンとジエチルエーテルは水と混じらないが，1-ブタノールは水と任意の割合で混じる。
　　　e　1 mol の分子を完全に燃焼させるとき，生成する水分子の数が最も少ないのはペンタンである。

問5 5種類の化合物(アニリン, グリシン, *o*-クレゾール, サリチル酸, ナフタレン)
の混合物を**図1**に従って分離した。記述 a ~ e のうち, **誤っているものを2つ
選びなさい。**

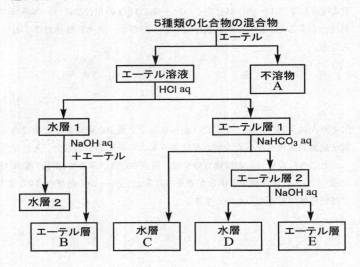

図1

a 5種類の化合物の混合物にエーテルを加えたとき, 不溶物 A として分離さ
れるのはアニリンである。

b エーテル層Bに最も多く移行する化合物の分子量を整数で表すと, 奇数に
なる。

c 水層Cに最も多く移行する化合物は, 塩化鉄(Ⅲ)水溶液により呈色する。

d 水層Dに最も多く移行する化合物にニンヒドリン水溶液を加えて温める
と, 紫色に呈色する。

e エーテル層Eに最も多く移行する化合物は, 昇華性を示す。

問6 **図2**は *p*-ニトロフェノールからアセトアミノフェンを合成する反応経路を示
している。(1) ~ (3)に答えなさい。

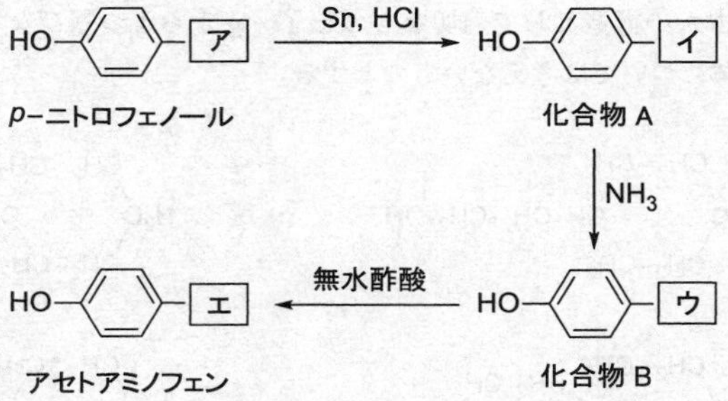

HO─◯─ ア 　→(Sn, HCl)→　 HO─◯─ イ
p−ニトロフェノール 　　　　　　　　　　化合物 A

（↓ NH₃）

HO─◯─ エ 　←(無水酢酸)←　 HO─◯─ ウ
アセトアミノフェン 　　　　　　　　　　化合物 B

図 2

(1) 化合物 A の構造式の ┃ イ ┃ にあてはまる置換基として正しいものを，a〜e から1つ選びなさい。

　　a　Cl 　　　　　　　b　SnCl 　　　　　　c　OSnCl
　　d　NO₂ 　　　　　　e　NH₃Cl

(2) アセトアミノフェンの構造式の ┃ エ ┃ にあてはまる置換基として正しいものを，a〜e から1つ選びなさい。

　　a　COCH₃ 　　　　　b　OCOOCH₃ 　　　c　OCOCH₃
　　d　NHCOOCH₃ 　　　e　NHCOCH₃

(3) 記述 a〜e のうち，誤っているものを2つ選びなさい。

　　a　*p*−ニトロフェノールは，フェノールを混酸と反応させて合成することができる。
　　b　*p*−ニトロフェノールから化合物 A を合成する反応では，Sn は酸化される。
　　c　水をほとんど含まない高純度の酢酸を無水酢酸という。
　　d　アセトアミノフェンは，酸性物質である。
　　e　アセトアミノフェンは，化学療法薬として用いられる。

問7　化合物 A を脱水すると，化合物 B と C のみが得られた。化合物 B に水を付加させると，化合物 A と D が得られた。化合物 D を穏やかに酸化すると化合物 E が得られた。フェーリング液に化合物 E を加えて加熱すると，赤色沈殿を生じ

た。化合物 A の構造として適切なものを a 〜 g から１つ選びなさい。ただし，立体異性体については考えないものとする。

a
$$H_2C \overset{CH_2-CH_2}{\underset{CH_2-CH_2}{\diamond}} CH-CH_2-CH_2-OH$$

b
$$H_2C \overset{CH_2-CH_2}{\underset{CH_2-CH_2}{\diamond}} \overset{OH}{CH-CH_3}$$

c
$$H_2C \overset{CH_2-CH_2}{\underset{CH_2-CH_2}{\diamond}} \overset{CH_2-CH_3}{\underset{OH}{C}}$$

d
$$H_2C \overset{CH_2-CH_2}{\underset{CH_2-CH_2}{\diamond}} \overset{CH-CH_2-CH_3}{\underset{OH}{}}$$

e
$$H_2C \overset{CH_2-CH_2}{\underset{CH_2-CH}{\diamond}} \overset{CH-CH_2-OH}{\underset{CH_3}{}}$$

f
$$H_2C \overset{CH_2-CH_2}{\underset{CH_2-CH}{\diamond}} \overset{CH_3}{\underset{CH_3}{C-OH}}$$

g
$$H_2C \overset{OH}{\underset{CH_2-CH}{\overset{CH_2-CH}{\diamond}}} \overset{CH-CH_3}{\underset{CH_3}{}}$$

5　問1と問2に答えなさい。

問1　セルロースに関する記述 a ～ f のうち，**誤っているものを2つ選びなさい。**

　　a　β-グルコース分子が縮合した多糖類で，水に溶けやすい。
　　b　還元性を示さない。
　　c　酵素セルラーゼで加水分解して得られるセロビオースは，ヘミアセタール構造をもつ。
　　d　ヨウ素デンプン反応で赤紫色を示す。
　　e　セルロースに濃硝酸と濃硫酸の混合物を反応させて合成されるトリニトロセルロースは，硝酸エステルである。
　　f　シュバイツァー（シュワイツァー）試薬に溶かした溶液を希硫酸中で細孔から押し出すと，銅アンモニアレーヨンが得られる。

問2　タンパク質に関する記述 a ～ f のうち，**誤っているものを2つ選びなさい。**

　　a　タンパク質は，多数の α-アミノ酸が縮合したポリペプチド構造をもつ高分子化合物である。
　　b　単純タンパク質の元素組成のうち，最も質量百分率の高い元素は炭素である。
　　c　タンパク質を構成するアミノ酸の配列順序をタンパク質の一次構造という。
　　d　タンパク質は，SH 基をもつ構成アミノ酸どうしがジスルフィド結合をつくるときに α-ヘリックス構造をとる。
　　e　β-シート構造は，水素結合により安定化されている。
　　f　キサントプロテイン反応は，タンパク質の構成アミノ酸にメチオニンなど，硫黄原子をもつアミノ酸が含まれると陽性になる。

解答編

英語

1 **解答** a-2　b-1　c-4　d-3　e-4　f-4
g-2　h-3　i-3　j-1

◆━━━━━◆全　訳◆━━━━━◆

≪顔面の全面移植の試み≫

　その日，形成外科医の Bohdan Pomahač は，ボストンにあるローガン空港の滑走路を移動中の自家用ジェット機の後方に座って，離陸を待っていた。彼は移植チームを統括しており，ドナー（提供者）の臓器を回収する準備中だ。この飛行機は，病院の移植課が定期的にチャーターしている数機中の一機だ。心臓，肺，肝臓，腎臓などの臓器がこうしてアメリカ中を緊急輸送されていた。しかし今回の任務は違った。この夜，アメリカがそれまでに一度も見たことのない手術，すなわち顔の全面移植の序章として，Pomahač は臓器の回収に向かったのだ。

　Pomahač はこのチャンスをずっと待っており，手術を試みる許可を得るためだけに懸命に戦ってきた。当時，他に実施されていた顔面の全面移植は，1 年前のスペインのチームによるわずか 1 件だけであった。にもかかわらず，この手術が壊滅的な顔面負傷を被った人々に唯一の現実的な希望を与えると Pomahač は確信していた。しかし，全員が同じ思いではなかった。彼はブリガム・アンド・ウィメンズ病院の施設内倫理委員会（IRB）に幾度となく請願を出した。委員会は，提案された手術の科学と倫理が健全だと確認する任務上，支持はしてくれたが，説得されるまで時間がかかった。問題なのは，他の移植手術とは異なり，顔面移植は生命に関わる病気は改善しないことだった。倫理委員会は，手術の現実的リスク自体と，想定されている審美的な利点を比較検討する必要があった。

　脅威となり得るのは，手術だけではなかった。他人から移植を受けるようになるためには，新たに移植された臓器が攻撃にさらされないように，

レシピエント（被移植者）の免疫系を強く抑制する必要がある。普通の臓器移植の場合，ドナーの臓器の組織の種類は，レシピエントの臓器の組織の種類と可能な限り厳密に一致させられる必要がある。感染に対して身体がもつ強力な防衛機能の一部は，異質なタンパク質や組織を，自分自身のものと区別する能力，つまり，血液循環系の中を巡回中の白血球細胞が果たす機能だ。

　一度「他者」として認識されると，異物は免疫細胞の大部隊に攻撃される。こうした細胞は，傷つけたり，壊したり，その後に貪食したりする。この防衛機能がなければ，最も単純な感染ですら致死的になるだろう。だが，患者が他人から移植された臓器を受け入れることを望むならば，こういった防衛機能は不利に働く。新たに移植された臓器は，身体によって発見され，攻撃され，ついには，拒絶される。

　第二次世界大戦中に，レシピエントと血縁のあるドナーから移植された皮膚は，血縁のない人から移植された皮膚よりも長持ちする，と形成外科医たちは気づいた。これがそうであるべき正確な理由は不明だったが，これは思考の糧となった。移植された皮膚は拒絶反応の恐れなく一卵性双生児間で交換可能である，と Archie McIndoe は自分自身で気づいた。今日，ドナーとレシピエントは，細胞が発現させる特異マーカータンパク質に関して，可能な限り厳密に一致させられている。遺伝情報が近ければそれだけ，これらのタンパク質が一致する可能性も高い。これらのタンパク質は，戦時中の船の帆柱における旗に似ており，自分の主権を宣言して，自分を敵の外国勢力の軍艦から区別しているのだ。人体の細胞にとって，誤った表面マーカータンパク質を示すことは，敵の旗をはためかせることに似ており，攻撃を誘発するのだ。

■■■■■■■■ ◀解　説▶ ■■■■■■■■

ａ．直前文の内容を受ける 2 が正解。他は本文に記述がない。

ｃ．weigh *A* against *B*「*A* と *B* を比較検討する」　weigh の主な意味は「〜の重さになる」であるが，特に何かを決定するために比較しながら慎重に考慮する「比較検討する」という意味があるので覚えておきたい。ここでは，手術を行う上での危険性と治癒した後の美的利点をどうするのかを考えれば，1 〜 3 の選択肢は消去できるだろう。

ｄ．stop *A* from *doing*「*A* が〜するのを防ぐ，*A* に〜させない」（≒

keep〔prevent〕*A* from *doing*）

e．distinguish *A* from *B*「*A* を *B* から区別する」（≒tell〔isolate ／ separate〕*A* from *B*）

f．Without ～, S would *do*「～がなければ，S は…するだろう」という仮定法過去の構文（＝If it were not for ～, S would *do*）。空所直後の this defense とは，「他者」と判断した細胞を免疫細胞の大部隊が攻撃して身体を守ることを指している。免疫細胞のおかげで，健康が保たれているわけである。よって，この免疫細胞という防御システムと，些細な感染が致死的になる関係を考えると，4．Without を入れて「この防御機能がなければ」とするのが適切である。

h．skin grafts taken from donors … と(h)those taken from unrelated individuals を比較している。

2 解答 a―1 b―2 c―3 d―2 e―3

3 解答 a―2 b―4 c―1 d―3 e―4

◀解　説▶

a．stand for ～「～を表す」（＝represent）

b．take place「発生する」（＝happen ／ occur）

c．what Charles Darwin added「ダーウィンがつけ加えたこと」（what ＝the thing which）

d．6時に起きたので「何をするにも時間がある」。

e．(That's) None of your business.「あなたとは関係のないことだ，余計なお世話だ」

4 解答 （2番目・5番目の順に）a―6・4　b―6・3 c―3・2

◀解　説▶

a．(He) wanted everyone to pay attention to his (talented son.)

b．(No woman has) ever been closer to her husband than (I am to

Edward.)

c．(Van Gogh always) tried <u>his</u> best at <u>whatever</u> he (did, so he
went to …)

5　**解答**　a－3　b－2　c－4　d－3　e－1

◆━━━━━━━━━━◆全　訳◆━━━━━━━━━━◆

≪世界を理解するのにふさわしい方法とは≫

　単純な考え方は非常に魅力的に思える。思いついた瞬間は楽しいし，何
かを本当に理解してわかったと感じるのも楽しい。さらに，ここから坂道
を滑り落ちるのはたやすい。つまり，注意を引く一つの単純な考え方だっ
たはずが，この考え方が他の多くの物事の素敵な説明や素敵な解決策にな
ると感じるようになるのだ。こうして，世界が単純になる。すべての問題
には単一の原因があって，その原因に我々は常に徹底して抗わなくてはな
らないとか，すべての問題には単一の解決策があって，その解決策に我々
は常に賛成しなくてはならないとか，すべてが単純である。ここにはちょ
っとした小さな問題点がある。我々が完全に世界を誤解してしまうことだ。
こうした単一の原因，単一の解決策への嗜好を，私は単一観点の本能と呼
んでいる。

　例えば，自由市場という単純で素敵な考え方が，すべての問題には単一
の原因──つまり政府の干渉（介入）──があり，これに我々は常に抗わ
なくてはならない，そして，すべての問題の解決策は減税と規制緩和によ
る市場原理の解放であり，これを我々は常に支持しなくてはならない，と
いう過度に単純化した考え方につながることがある。

　あるいは，平等という単純で素敵な考え方が，すべての問題の原因は不
平等であり，これに我々は常に抗わなくてはならない，そして，すべての
問題の解決策は資源の再分配であり，これを我々は常に支持しなくてはな
らない，という過度に単純化した考え方につながることがある。

　こんなふうに考えると，時間が大いに節約できる。問題に関して最初か
ら学習する必要なく，多くの意見や答えがもてるし，脳を他の作業に使い
続けられる。しかし，世界を理解したいならば，そんなふうにすることは
あまり役立たない。特定の何らかの考え方に常に賛成したり，常に反対し

たりすることは，その観点に当てはまらない情報に対してあなたを盲目にする。これは，現実を理解したいならば，普通はまずいやり方だ。

その代わりに，自分が好む考え方の弱点を常に検証すべきなのだ。自分の専門的知識の程度に対して謙虚であるべきで，当てはまらない新情報や，他分野からの情報に関して好奇心をもつべきなのだ。さらに，自分と意見の合う人とだけ話したり，自分の考え方に合う事例を集めたりするのではなく，自分に反論し，異なる意見を述べ，異なる考え方を提示してくる人を，世界を理解するための偉大な資源だと考えるべきなのだ。私は今までに膨大な回数，世界を誤解してきた。自分の間違いに気づかせてくれるのは，現実に直面することの場合もあったが，異なる考え方の持ち主と話して，その人を理解しようとすることの場合のほうが多い。

もし，こうすることで，あまり多くの意見を作る時間がもてないからといって，それが何だというのだ？　正しい意見を少数もっているほうが，間違った意見を多数もっているよりもマシではないか？

世界を理解するということになると，人々が往々にして単一の視点に集中する 2 つの主な理由を私は発見している。明らかなものは政治的イデオロギーで，これは本章後半で扱う。もう 1 つは専門性だ。

私はそれぞれの分野の専門家を敬愛しているし，我々全員がそうしなくてはいけないように，世界を理解するために専門家に強く依存している。例えば，あらゆる人口専門家が，人口の成長が 100 億～120 億のどこかで停止することで一致していると知れば，私はそのデータを信頼する。例えば，あらゆる歴史家や先史人口学者や考古学者が 1800 年までは女性が出産する子供は平均 5 人以上だったが，そのうち生き延びたのは 2 人だったという結論に達していると知れば，私はそのデータを信頼する。経済学者が何が経済成長を引き起こすかに関して一致していないと私が知れば，それもまた極めて役立つ。というのも，それは私が注意する必要があると教えているからだ。すなわち，おそらくはまだ有益なデータがない，あるいは，もしかしたら単一の説明がないのだ。

私は専門家を敬愛しているが，専門家には限界がある。第 1 に，かつ非常に明らかなことに，専門家は自身の専門分野の中でのみ専門家である。これを専門家は認めたくないかもしれない（そして我々は全員，何かの分野の専門家である）。我々は知識があると感じたいし，自分が有益だと感

じるのが好きなのだ。自分の特別な能力が我々を全般的に改善していると
感じるのが我々は好きなのだ。

　でも…。

　（科学的推論を愛する人々の年次会議のアメージングミーティングにい
る極めて頭のいい参加者のような）とても数理的思考に強い人たちでも，
その他全員と同じくらい，（貧困や人口，保健などの）事実に関する質問
ではひどい点数しか取れないのである。

━━━━━◀解　説▶━━━━━

　ａ．第１段第３文（And it is …）の one attention-grabbing simple idea
「注意を引く一つの単純な考え方」の説明として，〔１〕a single cause,
〔２〕a single solution, 〔４〕Everything is simple. が続くが，〔３〕「世界
を多くの異なる方法で見るほうがよい」のみ内容が外れている。

　ｂ．〔　２　〕の前までは simple idea「単純な考え方」の利点が書かれて
いるが，〔　２　〕で But it's not so useful「しかし，そんなふうにする
ことはあまり役立たない」と逆接に転じ，次の２文も makes you blind
to ～「～に対してあなたを盲目にする」，This is usually a bad approach
「これは普通はまずいやり方だ」とやはり否定的な内容が続く。

　ｃ．直前の subject experts「それぞれの分野の専門家」を them で受け
た４が正解。１の he や２の you は不適切であり，３も my parents が出
てくる理由がない。

　ｄ．直後の文 That can be difficult for experts … to admit.「これを専門
家は認めたくないかもしれない」とつながるのは，３の「専門家は自身の
専門分野の中でのみ専門家である」。

　ｅ．１．第３段（Alternatively, the simple …）に一致。

　２．第５段第４文（And rather than …）では，世界を理解するためには，
自分の考えに一致する人とだけ話すよりも，むしろ自分とは意見を異にす
る人とつき合うほうがよい旨を述べているので，選択肢の内容とは逆にな
るので一致しない。

　３．第８段第３文（When I know, …）には，選択肢の内容に関して，歴
史学者も先史人口学者も考古学者もみな結論づけているとあり，考古学者
が異議を唱えているわけではないので不一致。

　４．最終段（Highly numerate people …）では，他の人と同じくらい得

点が悪いとあり，すべてに正しく答えることができるわけではないので不一致。

数学

1 　**解答**　(1)ア．9　イ．2　ウエ．45　オ．2　(2)カキ．29
(3)＊ク．＋7　ケ．5　コ．6　(4)サ．2　シ．2

◀解　説▶

≪小問 4 問≫

(1) 真数は正であるから，$x+y>0$，$x>0$，$y>0$，つまり $x>0$，$y>0$ である。

$\log_3(x+y)=3$ より

$$x+y=27 \quad \cdots\cdots ①$$

$\log_3 y - \log_3 x = \dfrac{1}{\log_{25}9}$ より

$$\log_3\frac{y}{x}=\frac{\log_3 5^2}{\log_3 3^2}=\frac{2\log_3 5}{2}=\log_3 5$$

つまり　　$y=5x \quad \cdots\cdots ②$

①，②より

$$x=\frac{9}{2},\ y=\frac{45}{2} \quad \rightarrow ア\sim オ$$

これは $x>0$，$y>0$ を満たす。

(2) 数列 $\{a_n\}$ の初項を a，公差を d とすると

$$a_n=a+(n-1)d$$

と書ける。

$$\frac{1}{\sqrt{a_k}+\sqrt{a_{k+1}}}=\frac{\sqrt{a_k}-\sqrt{a_{k+1}}}{a_k-a_{k+1}}=\frac{\sqrt{a_k}-\sqrt{a_{k+1}}}{\{a+(k-1)d\}-(a+kd)}$$

$$=\frac{1}{d}(\sqrt{a_{k+1}}-\sqrt{a_k})$$

であるから

$$\sum_{k=1}^{29}\frac{1}{\sqrt{a_k}+\sqrt{a_{k+1}}}=\frac{1}{d}\sum_{k=1}^{29}(\sqrt{a_{k+1}}-\sqrt{a_k})$$

$$=\frac{1}{d}\{(\sqrt{a_2}-\sqrt{a_1})+(\sqrt{a_3}-\sqrt{a_2})$$

$$+\cdots+(\sqrt{a_{29}}-\sqrt{a_{28}})+(\sqrt{a_{30}}-\sqrt{a_{29}})\}$$

$$=\frac{1}{d}(\sqrt{a_{30}}-\sqrt{a_1})=\frac{1}{d}\cdot\frac{a_{30}-a_1}{\sqrt{a_{30}}+\sqrt{a_1}}$$

$$=\frac{1}{d}\cdot\frac{(a+29d)-a}{\sqrt{a_{30}}+\sqrt{a_1}}=\frac{29}{\sqrt{a_1}+\sqrt{a_{30}}}\quad\rightarrow\text{カキ}$$

(3)　　$f(x)=8(2\cos^2x-1)+9\left(\dfrac{1}{\cos^2x}-1\right)$

$$=16\cos^2x+\frac{9}{\cos^2x}-17$$

と書ける。$0\leqq x<\dfrac{\pi}{2}$, $\dfrac{\pi}{2}<x\leqq\pi$ で $16\cos^2x>0$, $\dfrac{9}{\cos^2x}>0$ だから，相加平均・相乗平均の大小関係より

$$16\cos^2x+\frac{9}{\cos^2x}\geqq2\sqrt{16\cos^2x\cdot\frac{9}{\cos^2x}}=24$$

よって

$$f(x)=16\cos^2x+\frac{9}{\cos^2x}-17\geqq7$$

等号成立は

$$16\cos^2x=\frac{9}{\cos^2x}$$

$$\therefore\quad \cos x=\pm\frac{\sqrt{3}}{2}$$

のとき。$0\leqq x<\dfrac{\pi}{2}$, $\dfrac{\pi}{2}<x\leqq\pi$ であるから

$$x=\frac{\pi}{6},\ \frac{5}{6}\pi$$

以上より，$f(x)$ の最小値は $+7$，最小値を与える x の値のうち最大のものは $x=\dfrac{5}{6}\pi$ である。　→＊ク〜コ

(4)　底の条件より　　　$m>0$, $m\neq1$

底を 2 で統一すると

$$\log_m x=\frac{\log_2x}{\log_2m},\ \log_8x=\frac{1}{3}\log_2x$$

$\log_2x$, $\log_m x$, $\log_8x$ がこの順に等差数列をなすとき

$$2\log_m x = \log_2 x + \log_8 x$$

が成り立つ。つまり

$$2 \cdot \frac{\log_2 x}{\log_2 m} = \log_2 x + \frac{1}{3}\log_2 x = \frac{4}{3}\log_2 x$$

$$2\log_2 x\left(\frac{1}{\log_2 m} - \frac{2}{3}\right) = 0$$

x は 1 と異なる正の実数であるから，$\log_2 x \neq 0$ より

$$\frac{1}{\log_2 m} = \frac{2}{3}$$

$$\log_2 m = \frac{3}{2}$$

$$\therefore \quad m = 2^{\frac{3}{2}} = 2\sqrt{2} \quad \rightarrow \text{サ・シ}$$

これは $m > 0$，$m \neq 1$ を満たす。

2 解答

(1)ス．4　セ．3　＊ソ．+3　タ．2　＊チ．−7
　ツ．3　テ．3　ト．3
(2)＊ナ．−1　＊ニ．−4　ヌ．3　＊ネ．−1

◀解　説▶

≪小問 2 問≫

(1) $\overrightarrow{AB} = (2,\ 2,\ 0)$，$\overrightarrow{AC} = (1,\ 2,\ 1)$ より

$$\overrightarrow{OP} = (-1 + 2x + y,\ 2 + 2x + 2y,\ 2 + y)$$

$\overrightarrow{OP} \perp \overrightarrow{AB}$ のとき $\overrightarrow{OP} \cdot \overrightarrow{AB} = 0$ だから

$$2(-1 + 2x + y) + 2(2 + 2x + 2y) + 0(2 + y) = 0$$

$$\therefore \quad 4x + 3y = -1 \quad \rightarrow \text{ス・セ}$$

次に

$$|\overrightarrow{OP}|^2 = (-1 + 2x + y)^2 + (2 + 2x + 2y)^2 + (2 + y)^2$$
$$= 8x^2 + 4(3y + 1)x + 6y^2 + 10y + 9$$
$$= 8\left(x + \frac{3y + 1}{4}\right)^2 + \frac{3}{2}\left(y + \frac{7}{3}\right)^2 + \frac{1}{3}$$

であるから，$|\overrightarrow{OP}|^2$ は

$$x + \frac{3y + 1}{4} = 0 \quad かつ \quad y + \frac{7}{3} = 0$$

$$\therefore \quad x=\frac{3}{2},\ y=-\frac{7}{3}$$

のとき最小値 $\frac{1}{3}$ をとる。$|\overrightarrow{\mathrm{OP}}|\geqq 0$ より $|\overrightarrow{\mathrm{OP}}|^2$ が最小のとき $|\overrightarrow{\mathrm{OP}}|$ も最小

となる。

よって，$x=\frac{3}{2},\ y=-\frac{7}{3}$ のとき $|\overrightarrow{\mathrm{OP}}|$ の最小値は $\frac{\sqrt{3}}{3}$ である。

→＊ソ～ト

(2)　$f(x)=\frac{1}{3}x^3-x,\ g(x)=x^2+ax+b$ より

$$f'(x)=x^2-1,\ g'(x)=2x+a$$

$x=2$ で接するので

$$f(2)=g(2),\ f'(2)=g'(2)$$

が成り立つ。$f(2)=g(2)$ より

$$\frac{2}{3}=4+2a+b$$

$$\therefore \quad b=-2a-\frac{10}{3}\quad \cdots\cdots①$$

$f'(2)=g'(2)$ より

$$3=4+a$$

$$\therefore \quad a=-1\quad \cdots\cdots②\quad →＊ナ$$

②を①に代入すると　　$b=-\frac{4}{3}$　→＊ニ・ヌ

$f(x)=\frac{1}{3}x^3-x,\ g(x)=x^2-x-\frac{4}{3}$ より，グラフの共有点の x 座標は

$$\frac{1}{3}x^3-x=x^2-x-\frac{4}{3}$$

$$x^3-3x^2+4=0$$

$$(x-2)^2(x+1)=0$$

$$\therefore \quad x=-1,\ 2$$

$x=2$ 以外のものは　　$x=-1$　→＊ネ

3 解答

(1)ノ．3　ハ．3　(2)ヒ．3　フ．3　ヘ．2
(3)ホ．1　マ．2　ミ．3　ム．6　メ．3　モ．3
(4)ヤ．2　ユ．3

◀解　説▶

≪点と直線の距離，軌跡≫

(1)　△ABC は正三角形であり，点 C は第

1 象限にあるので，その座標は $\left(\dfrac{1}{2},\ \dfrac{\sqrt{3}}{2}\right)$

である。よって，直線 BC の方程式は

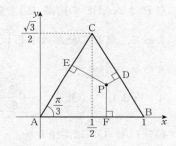

$$y-0=\frac{0-\dfrac{\sqrt{3}}{2}}{1-\dfrac{1}{2}}(x-1)$$

$\therefore\ y=-\sqrt{3}\,x+\sqrt{3}$　→ノ・ハ

(2)　線分 PD の長さは，点 P と直線 BC の距離であるから

$$PD=\frac{|\sqrt{3}\,x+y-\sqrt{3}\,|}{\sqrt{(\sqrt{3}\,)^2+1^2}}$$

点 P$(x,\ y)$ は $y\leqq-\sqrt{3}\,x+\sqrt{3}$，つまり $\sqrt{3}\,x+y-\sqrt{3}\leqq0$ を満たすので

$$PD=\frac{-\sqrt{3}\,x-y+\sqrt{3}}{2}$$　→ヒ～ヘ

(3)　直線 AC の方程式は $y=\sqrt{3}\,x$ なので

$$PE=\frac{|\sqrt{3}\,x-y|}{\sqrt{(\sqrt{3}\,)^2+(-1)^2}}$$

点 P$(x,\ y)$ は $y\leqq\sqrt{3}\,x$，つまり $\sqrt{3}\,x-y\geqq0$ を満たすので

$$PE=\frac{\sqrt{3}\,x-y}{2}$$

また

$$PF=y$$

PF が PD，PE の相乗平均となるので

$$PF=\sqrt{PD\cdot PE}\quad\cdots\cdots①$$

①の両辺は 0 以上なので，$PF^2=PD\cdot PE$ と同値であるから

$$y^2=\left(\frac{-\sqrt{3}\,x-y+\sqrt{3}}{2}\right)\left(\frac{\sqrt{3}\,x-y}{2}\right)$$

整理すると

$$x^2 - x + y^2 + \frac{1}{\sqrt{3}}y = 0 \qquad \therefore \quad \left(x - \frac{1}{2}\right)^2 + \left(y + \frac{\sqrt{3}}{6}\right)^2 = \frac{1}{3}$$

この方程式は中心 $\left(\frac{1}{2}, -\frac{\sqrt{3}}{6}\right)$，半径 $\frac{1}{\sqrt{3}}$ の円を表し，点 A，B を通る。

点 P は △ABC の内部（辺上を含む）の点より　　$y \geqq 0$

よって，点 P の軌跡は中心 $\left(\frac{1}{2}, -\frac{\sqrt{3}}{6}\right)$，半径 $\frac{\sqrt{3}}{3}$ の円の $y \geqq 0$ の部分

である。　→ホ〜モ

(4)　(3)より　　$O\left(\frac{1}{2}, -\frac{\sqrt{3}}{6}\right)$

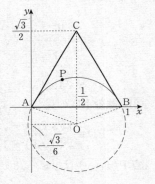

線分 OA，OB は半径より　　$OA = OB = \frac{1}{\sqrt{3}}$

△OAB において，余弦定理より

$$\cos \angle AOB = \frac{\frac{1}{3} + \frac{1}{3} - 1}{2 \cdot \frac{1}{\sqrt{3}} \cdot \frac{1}{\sqrt{3}}} = -\frac{1}{2}$$

$0 < \angle AOB < \pi$ より

$$\angle AOB = \frac{2}{3}\pi \quad →ヤ・ユ$$

4　解答

(1)ヨ．1　ラ．4　　(2)＊リル．−11　レ．4

(3)＊ロ．−2　ワ．3　＊ヲ．−1　ン．3

(4)あ．1　いう．12

◀解　説▶

≪直線と曲線の共有点，直線と曲線で囲まれた部分の面積≫

(1)　点 P の x 座標を p とすると，点 Q の x 座標は $p+1$ より，2 点 P，Q はそれぞれ

$$P(p, \ p^3 - ap), \quad Q(p+1, \ p^3 + 3p^2 + (3-a)p + 1 - a)$$

よって，直線 PQ の傾きは

$$\frac{p^3 + 3p^2 + (3-a)p + 1 - a - (p^3 - ap)}{(p+1) - p} = 3p^2 + 3p + 1 - a$$

したがって，直線 PQ の傾きが 0 となるような点 P，Q が存在するためには，2 次方程式 $3p^2+3p+1-a=0$ が実数解をもてばよい。

つまり，この 2 次方程式の判別式を D とすると，$D\geqq0$ であればよい。

$$D=3^2-4\cdot3(1-a)=12a-3\geqq0$$

つまり　$a\geqq\dfrac{1}{4}$　→ヨ・ラ

(2)　$a=3$ のとき，直線 PQ の傾きは $3p^2+3p-2$，これを $f(p)$ とすると

$$f(p)=3p^2+3p-2=3\left(p+\dfrac{1}{2}\right)^2-\dfrac{11}{4}$$

よって，$p=-\dfrac{1}{2}$ のとき，直線 PQ の傾きの最小値は

$-\dfrac{11}{4}$　→＊リル・レ

(3)　直線 PQ の方程式は

$$y-(p^3-3p)=(3p^2+3p-2)(x-p)$$

$\therefore\ y=(3p^2+3p-2)x-2p^3-3p^2-p$　……①

直線 PQ と曲線 C との共有点の x 座標は

$$x^3-3x=(3p^2+3p-2)x-2p^3-3p^2-p$$
$$x^3-(3p^2+3p+1)x+2p^3+3p^2+p=0$$
$$(x-p)\{x-(p+1)\}(x+2p+1)=0$$

$\therefore\ x=p,\ p+1,\ -2p-1$　……②

よって，点 R の x 座標は $-2p-1$ である。これが点 P と点 Q の間にあるためには

$$p<-2p-1<p+1$$

これを解いて　$-\dfrac{2}{3}<p<-\dfrac{1}{3}$　→＊ロ〜ン

(4)　$p=-\dfrac{1}{3}$ のとき，(3)の①より，直線 PQ の方程式は

$$y=-\dfrac{8}{3}x+\dfrac{2}{27}$$

曲線 C と直線 PQ の共有点の x 座標は，(3)の②より

$$-\dfrac{1}{3},\ p+1=\dfrac{2}{3},\ -2p-1=-\dfrac{1}{3}$$

だから　　$x=-\dfrac{1}{3}$（重解），$\dfrac{2}{3}$

$$(x^3-3x)-\left(-\dfrac{8}{3}x+\dfrac{2}{27}\right)=\left(x+\dfrac{1}{3}\right)^2\left(x-\dfrac{2}{3}\right)$$

だから，$-\dfrac{1}{3}<x<\dfrac{2}{3}$ のとき $\left(x+\dfrac{1}{3}\right)^2\left(x-\dfrac{2}{3}\right)<0$ より

$$x^3-3x<-\dfrac{8}{3}x+\dfrac{2}{27}$$

よって，求める面積は

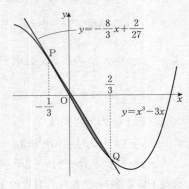

$$\int_{-\frac{1}{3}}^{\frac{2}{3}}\left\{\left(-\dfrac{8}{3}x+\dfrac{2}{27}\right)-(x^3-3x)\right\}dx$$

$$=-\int_{-\frac{1}{3}}^{\frac{2}{3}}\left(x+\dfrac{1}{3}\right)^2\left(x-\dfrac{2}{3}\right)dx$$

$$=\dfrac{1}{12}\left\{\dfrac{2}{3}-\left(-\dfrac{1}{3}\right)\right\}^4$$

$$=\dfrac{1}{12}\quad\to あ～う$$

注意　上記定積分の計算において，公式

$$\int_{\alpha}^{\beta}(x-\alpha)^2(x-\beta)dx=-\dfrac{1}{12}(\beta-\alpha)^4$$ を利用した。

5 解答

(1)え．4　(2)お．1　か．8

(3)きくけ．113　こさし．480　(4)すせ．19　そた．40

◀解　説▶

≪条件付き確率≫

(1)　(白 15，黒 1) $\xrightarrow{\text{1 時間}}$ (白 14，黒 2) $\xrightarrow{\text{1 時間}}$ (白 12，黒 4)

$\xrightarrow{\text{1 時間}}$ (白 8，黒 8) $\xrightarrow{\text{1 時間}}$ (白 0，黒 16)

上記のように変わるので，袋の中がすべて黒玉に変わるまで 4 時間かかる。

$\to$ え

(2)　求める確率は，(白 14，黒 2)から黒玉を取り出すから

$$\dfrac{{}_2C_1}{{}_{16}C_1}=\dfrac{1}{8}\quad\to お・か$$

(3)　(i)　1 時間後に白玉を取り出し，さらに 1 時間後に黒玉を取り出すとき，袋の中の玉の遷移は

$$(白\ 14,\ 黒\ 2) \xrightarrow[戻す]{白取る} (白\ 14,\ 黒\ 2) \xrightarrow{1時間} (白\ 12,\ 黒\ 4)$$

（1時間後）

となる。その確率は

$$\frac{{}_{14}C_1}{{}_{16}C_1} \times \frac{{}_4C_1}{{}_{16}C_1} = \frac{7}{32}$$

(ii)　1 時間後に黒玉を取り出し，さらに 1 時間後にも黒玉を取り出すとき，袋の中の玉の遷移は

$$(白\ 14,\ 黒\ 2) \xrightarrow[戻さない]{黒取る} (白\ 14,\ 黒\ 1) \xrightarrow{1時間} (白\ 13,\ 黒\ 2)$$

（1時間後）

となる。その確率は

$$\frac{{}_2C_1}{{}_{16}C_1} \times \frac{{}_2C_1}{{}_{15}C_1} = \frac{1}{60}$$

(i)，(ii)は互いに排反であるから，求める確率は

$$\frac{7}{32} + \frac{1}{60} = \frac{113}{480} \quad \rightarrow き～し$$

(4)　(i)　2 時間後に白玉を取り出し，さらに 1 時間後に黒玉を取り出すとき，袋の中の玉の遷移は

$$(白\ 12,\ 黒\ 4) \xrightarrow[戻す]{白取る} (白\ 12,\ 黒\ 4) \xrightarrow{1時間} (白\ 8,\ 黒\ 8)$$

（2時間後）

となる。その確率は

$$\frac{{}_{12}C_1}{{}_{16}C_1} \times \frac{{}_8C_1}{{}_{16}C_1} = \frac{3}{8}$$

(ii)　2 時間後に黒玉を取り出し，さらに 1 時間後にも黒玉を取り出すとき，袋の中の玉の遷移は

$$(白\ 12,\ 黒\ 4) \xrightarrow[戻さない]{黒取る} (白\ 12,\ 黒\ 3) \xrightarrow{1時間} (白\ 9,\ 黒\ 6)$$

（2時間後）

となる。その確率は

$$\frac{{}_4C_1}{{}_{16}C_1} \times \frac{{}_6C_1}{{}_{15}C_1} = \frac{1}{10}$$

(i)，(ii)は互いに排反であるから，求める確率は

$$\frac{3}{8} + \frac{1}{10} = \frac{19}{40} \quad \rightarrow す～た$$

化学

1　解答

問 1．c・d　問 2．b・c　問 3．b・c　問 4．d
問 5．b・d　問 6．a・e　問 7．c・e
問 8．a・d

◀解　説▶

≪小問 8 問≫

問 1．a．誤文。同一周期の元素では，原子番号の小さい原子ほど陽イオンになりやすい。

b．誤文。典型元素には，ナトリウムやカリウムなどの金属元素と水素や酸素などの非金属元素がある。

e．誤文。希ガス元素のうち，He 原子の最外殻電子は 2 個，その他は 8 個である。

問 2．b・c．誤文。互いに同位体である原子は，電子の数が等しく，中性子の数が異なる。

問 3．b．誤文。イオン結晶は固体状態では電気を通さず，水に溶けたり融解した際に電気を通す。

c．誤文。オキソニウムイオンの形は三角錐形である。

問 4．それぞれの分子の構造式は次のようになり，二重結合のみで結合しているのは，d．二酸化炭素である。

a．N≡N　b.

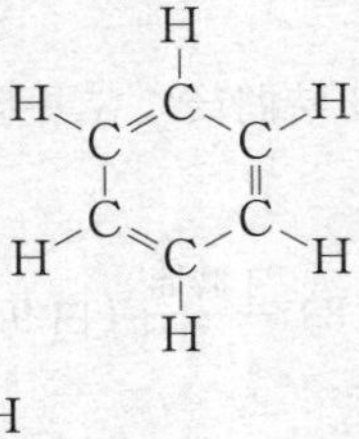

```
        H
        |
        C
    H   ‖   H
     \ C   C /
      ‖     |
     / C   C \
    H   |   ‖   H
        C
        |
        H
```

　　c．H–O–H　d．O=C=O

e．H–C=C–H
　　　|　　|
　　　H　H

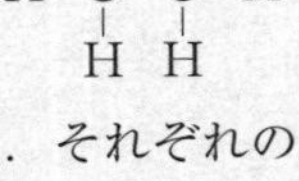

問 5．それぞれの水溶液の液性は次のようになる。

a．酸性　b．塩基性　c．中性　d．塩基性　e．酸性

問 6．b．カルシウムは橙赤色の炎色反応を示すが，マグネシウムは炎色

反応を示さない。

ｃ．カルシウムの単体は常温で水と反応するが，マグネシウムの単体は常温の水とは反応しない。

ｄ．硫酸カルシウムは水に溶けにくいが，硫酸マグネシウムは水によく溶ける。

問 7．水素よりイオン化傾向の大きい鉄と亜鉛は，塩酸に水素を発生して溶けるが，水素よりイオン化傾向の小さい金，銀，銅は塩酸に溶けない。

問 8．ｂ．誤文。ステンレス鋼は，鉄，クロム，ニッケル等の合金である。

ｃ．誤文。水を加えると固まる性質をもち，医療用ギプスや建築材料に利用されているのは，炭酸ナトリウムではなく，硫酸カルシウム半水和物である。

ｅ．誤文。ポリエチレンは，単結合のみからなる高分子化合物である。

 解答　問 1．ｃ・ｄ　問 2．ｂ
　　　　　　　　　問 3．(1)— d　(2)— f　(3)— c

問 4．(1)— f　(2)— b・d

◀解　説▶

≪電池，化学反応の量的関係，中和滴定，pH，電気分解≫

問 2．硫酸カリウムアルミニウム水溶液に塩化バリウム水溶液を加えたときの反応は，次のようになる。

$$AlK(SO_4)_2 + 2BaCl_2 \longrightarrow AlCl_3 + KCl + 2BaSO_4\downarrow$$

この化学反応式から，1 mol の硫酸カリウムアルミニウムから 2 mol の硫酸バリウムの沈殿が生じることがわかる。求める硫酸カリウムアルミニウムの質量を x〔g〕とすると

$$1 : 2 = \frac{x}{258} : \frac{6.99}{233} \quad \therefore \quad x = 3.87〔g〕$$

問 3．(1)　ａ．誤文。1.00 mol/L の塩酸が水でうすまってしまい，正確にはかりとることができない。

ｂ．誤文。メスフラスコの中に，1.00 mol/L の塩酸 10 mL としてはかりとった溶質より多くの溶質（塩化水素）が入ってしまう。

ｃ．誤文。コニカルビーカーの中に，濃度未知の水酸化バリウム水溶液 25.0 mL としてはかりとった溶質より多くの溶質（水酸化バリウム）が入

ってしまう。

(2) 中和点では

（酸から生じる H^+ の物質量）＝（塩基から生じる OH^- の物質量）

だから，**B** 液のモル濃度を $x[\text{mol/L}]$ とすると

$$2.00\times10^{-2}\times\frac{15.0}{1000}=2\times x\times\frac{25.0}{1000}$$

$\therefore\quad x=6.00\times10^{-3}[\text{mol/L}]$

(3) 中和後に，$2.00\times10^{-2}\,\text{mol/L}$ の塩酸を $10.0\,\text{mL}$ 加えているから，このときの塩酸の濃度は

$$[\text{HCl}]=\frac{2.00\times10^{-2}\times\dfrac{10.0}{1000}}{\dfrac{50.0}{1000}}=4.00\times10^{-3}[\text{mol/L}]$$

よって

$$[\text{H}^+]=4.00\times10^{-3}[\text{mol/L}]$$
$$\text{pH}=-\log_{10}[\text{H}^+]=-\log_{10}(4.00\times10^{-3})$$
$$=-(\log_{10}2.0^2+\log_{10}10^{-3})=-(2\log_{10}2.0-3)$$
$$=-(2\times0.30-3)=2.4$$

問 4．(1)　$AgNO_3$ 水溶液を 2 枚の銀電極を用いて電気分解した際の両極の反応は次のようになる。

　陽極：$Ag\longrightarrow Ag^++e^-$

　陰極：$Ag^++e^-\longrightarrow Ag$

したがって，Ag が析出するのは陰極であり，陰極の反応式より，1 mol の電子が流れたときに，1 mol の Ag が析出することがわかる。析出する Ag の質量を $x[\text{g}]$ とすると

$$1:1=\frac{2.00\times386}{9.65\times10^4}:\frac{x}{108}$$

$\therefore\quad x=0.864[\text{g}]$

(2) 電気分解 a〜e における両極の反応は次のようになる。

a．陽極：$2H_2O\longrightarrow O_2\uparrow+4H^++4e^-$

　　陰極：$Cu^{2+}+2e^-\longrightarrow Cu$

b．陽極：$2H_2O\longrightarrow O_2\uparrow+4H^++4e^-$

陰極：$2H^+ + 2e^- \longrightarrow H_2\uparrow$

c．陽極：$2I^- \longrightarrow I_2 + 2e^-$

　　陰極：$2H_2O + 2e^- \longrightarrow H_2\uparrow + 2OH^-$

d．陽極：$4OH^- \longrightarrow O_2\uparrow + 2H_2O + 4e^-$

　　陰極：$2H_2O + 2e^- \longrightarrow H_2\uparrow + 2OH^-$

e．陽極：$2Cl^- \longrightarrow Cl_2\uparrow + 2e^-$

　　陰極：$Cu^{2+} + 2e^- \longrightarrow Cu$

したがって，両極で気体が発生するのは，bとdとなる。

3 　解答

問1．c　問2．a・f　問3．c
問4．(1)— f　(2)— c　(3)(i)— c　(ii)— a

◀解　説▶

≪ヘスの法則，物質の状態変化，凝固点降下，浸透圧≫

問1．問題文中の電子親和力等を熱化学方程式で表し，図1に熱量等を記入すると，次のようになる。

$$Cl(気) + e^- = Cl^-(気) + 349\,kJ \qquad \cdots\cdots ①$$

$$Cl_2(気) = 2Cl(気) - 244\,kJ \qquad \cdots\cdots ②$$

$$Li(固) = Li(気) - 159\,kJ \qquad \cdots\cdots ③$$

$$Li(気) = Li^+(気) + e^- - 520\,kJ \qquad \cdots\cdots ④$$

$$Li(固) + \frac{1}{2}Cl_2(気) = LiCl(固) + 402\,kJ \qquad \cdots\cdots ⑤$$

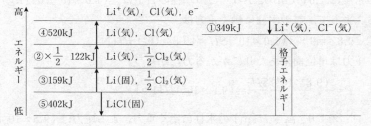

$① + ② \times \dfrac{1}{2} + ③ + ④ - ⑤$ より

$$LiCl(固) = Li^+(気) + Cl^-(気) - 854\,kJ$$

よって，LiCl（固）の格子エネルギーは　　854 kJ/mol

問 2．a．1.013×10^5 Pa のもとで固体の状態にあるものを，圧力を保ったまま温度を上げると，図 2 より水は固体→液体→気体と変化し，図 3 より二酸化炭素は固体→気体へ変化する。

f．固体と液体が共存している状態で，温度を保ったまま圧力を上げると，図 2 より水は融解曲線が右下がりであるため液体は液体のまま変化しないが，図 3 より二酸化炭素は融解曲線が右上がりであるため液体が固体に変化する。

問 3．c〔mol/kg〕の弱酸（HA）の電離の前後における濃度の関係は次のようになる。

$$HA \rightleftharpoons H^+ + A^-$$

電離前	c	0	0	〔mol/kg〕
変化量	$-c\alpha$	$+c\alpha$	$+c\alpha$	〔mol/kg〕
電離後	$c-c\alpha$	$c\alpha$	$c\alpha$	〔mol/kg〕

よって，電離後に弱酸に含まれる物質の濃度は

$$c-c\alpha+c\alpha+c\alpha=c(1+\alpha) \text{〔mol/kg〕}$$

したがって，$\Delta t = Km$ より

$$\Delta T = K_f \cdot c(1+\alpha)$$

$$1+\alpha = \frac{\Delta T}{cK_f}$$

$$\therefore \quad \alpha = \frac{\Delta T}{cK_f} - 1$$

問 4．(1)　断面積 S〔m²〕で高さ H〔m〕の水柱の体積は SH〔m³〕であり，水の密度は 1.0 g/cm³ だから，この水柱の質量は，$(1.0 \times 10^3)SH$〔kg〕となる。よって，この水柱に働く重力は

$$9.8Z = 9.8 \times (1.0 \times 10^3)SH = (9.8 \times 10^3)SH \text{〔N〕}$$

(2)　圧力は単位面積あたりにかかる力だから

$$P = \frac{(9.8 \times 10^3)SH}{S} = (9.8 \times 10^3)H \text{〔Pa〕}$$

(3)　(i)　(2)より，高さ H〔m〕の水柱に働く重力による圧力は $(9.8 \times 10^3)H$〔Pa〕だから，圧力 A は

$$A = (9.8 \times 10^3) \times 7.6 \times 10^{-2} = 7.44 \times 10^2 \fallingdotseq 7.4 \times 10^2 \text{〔Pa〕}$$

(ii)　塩化カルシウムの電離は次のようになる。

$$CaCl_2 \longrightarrow Ca^{2+} + 2Cl^-$$

$\pi V = nRT$ を変形して $\pi = \dfrac{n}{V}RT$ より，塩化カルシウムの濃度を x〔mol/L〕とすると

$$7.44 \times 10^2 = 3 \times x \times 8.3 \times 10^3 \times (27 + 273)$$

$$\therefore \quad x = 0.995 \times 10^{-4} \fallingdotseq 1.0 \times 10^{-4} \text{〔mol/L〕}$$

4 **解答** 問1．d 問2．c 問3．d・e 問4．d・e
問5．a・d 問6．(1)— e (2)— e (3)— c・e
問7．b

◀解 説▶

≪異性体，有機化合物の構造決定，有機化合物の性質と反応≫

問1．分子式 C_4H_8O で環式構造をもつエーテルは，次の7種類となる（H 原子は省略）。

```
C-C              C-C          C-C-C          C
|  \O            |  |         |  |           |
C-C              O-C-C        O-C           C-C-O-C
```
```
C-C              C            C  C
|  \             |  \         |  |
O-C-C            O-C-C-C      O-C-C
```

問2．化合物 A に含まれる元素の物質量の比は

$$C : H : O = \frac{69.7}{12} : \frac{11.7}{1.0} : \frac{18.6}{16}$$
$$= 5.80 : 11.7 : 1.16$$
$$\fallingdotseq 5 : 10 : 1$$

よって，組成式は $C_5H_{10}O$ となる。この組成式の式量は 86 であり，化合物 A の分子量は 100 未満だから，化合物 A の分子式は組成式と同じ $C_5H_{10}O$ となる。化合物 A はヨードホルム反応を示すので，$CH_3-\underset{\underset{O}{\parallel}}{C}-R$

または $CH_3-\underset{\underset{OH}{|}}{CH}-R$ の構造をもつ。炭素—炭素二重結合をもたない化合物 A の構造として考えられるのは，次の3種類となる。

$$CH_3-\underset{\underset{O}{\parallel}}{C}-CH_2-CH_2-CH_3 \qquad CH_3-\underset{\underset{O}{\parallel}}{C}-\underset{\underset{CH_3}{|}}{CH}-CH_3$$

$$CH_3-\overset{\underset{|}{OH}}{CH}-\overset{\underset{|}{CH_2}}{CH}-CH_2$$

問3．a～eの化合物に臭素を付加させたときの反応は，次のようになる（不斉炭素原子を＊で示す）。

a．$CH_2{=}CH{-}Br+Br_2 \longrightarrow \overset{}{\underset{\underset{Br}{|}}{CH_2}}{-}\overset{}{\underset{\underset{Br}{|}}{CH}}{-}Br$

b．$CH_3{-}C{\equiv}CH+2Br_2 \longrightarrow CH_3{-}\overset{\overset{Br}{|}}{\underset{\underset{Br}{|}}{C}}{-}\overset{\overset{Br}{|}}{\underset{\underset{Br}{|}}{CH}}$

c．$CH_3{-}\overset{\overset{CH_3}{|}}{C}{=}CH_2+Br_2 \longrightarrow CH_3{-}\overset{\overset{CH_3}{|}}{\underset{\underset{Br}{|}}{C}}{-}\overset{}{\underset{\underset{Br}{|}}{CH_2}}$

d．$\overset{CH_3}{\underset{H}{}}{>}C{=}C{<}\overset{CH_3}{\underset{H}{}}+Br_2 \longrightarrow \overset{\overset{CH_3}{|}}{\underset{\underset{Br}{|}}{C^*H}}{-}\overset{\overset{CH_3}{|}}{\underset{\underset{Br}{|}}{C^*H}}$

e．$\overset{CH_2{-}CH}{\underset{CH_2{-}CH}{}}{\Big\|}+Br_2 \longrightarrow \overset{CH_2{-}C^*H{-}Br}{\underset{CH_2{-}C^*H{-}Br}{}}$

したがって，臭素を付加させたときに不斉炭素原子をもつ化合物を生じるものは，dとeになる。

問4．d．誤文。1-ブタノールは水には少量しか溶けない。

e．誤文。3種類の物質の燃焼は次のように表すことができる。

$$C_5H_{12}+8O_2 \longrightarrow 5CO_2+6H_2O$$
$$C_2H_5OC_2H_5+6O_2 \longrightarrow 4CO_2+5H_2O$$
$$C_4H_9OH+6O_2 \longrightarrow 4CO_2+5H_2O$$

1 mol の分子を完全燃焼させるときに，それぞれの物質から生成する水分子の物質量は上の化学反応式から，次のようになる。

ペンタン：6 mol　ジエチルエーテル：5 mol　1-ブタノール：5 mol

よって，生成する水分子の数が最も多いのがペンタンである。

問5．A～Eに含まれる物質は次のようになる。

A：グリシン　B：アニリン（$C_6H_5{-}NH_2$：分子量93）

C：サリチル酸ナトリウム　D：o-クレゾールのナトリウム塩

E：ナフタレン

a．誤文。不溶物 **A** として分離されるのは，アミノ酸であるグリシン。

d．誤文。ニンヒドリンはアミノ基と出合うと紫色に呈色するが，*o*-ク
レゾールのナトリウム塩にはアミノ基が存在せず，呈色しない。

問6．(1)・(2)　*p*-ニトロフェノールからのアセトアミノフェンの合成は
次のようになる。

(3)　c．誤文。水をほとんど含まない高純度の酢酸は氷酢酸である。

e．誤文。アセトアミノフェンは，解熱鎮痛剤として用いられている。

問7．化合物 A は脱水したときに2種類の化合物 B，C が生じることか
ら，1種類の物質しか生じない a，e と3種類の物質が生じる f は不可と
なる。残った b，c，d，g のうち，化合物 E がフェーリング液を還元
するアルデヒド基をもつものは，ヒドロキシ基の結合している炭素原子に
メチル基が結合している b となる。

5 **解答** 問1．a・d 問2．d・f

◀解 説▶

≪多糖類の性質と反応，タンパク質の性質と反応≫

問1．a．誤文。セルロースは水に溶けにくい。

d．誤文。セルロースはヨウ素デンプン反応を示さない。

問2．d．誤文。タンパク質は，ペプチド結合の $>$N–H 基と別のペプチド結合の $>$C=O 基が分子内で水素結合することにより α-ヘリックス構造が安定に保たれている。

f．誤文。キサントプロテイン反応は，タンパク質の構成アミノ酸にフェニルアラニンなど芳香環をもつアミノ酸が含まれると陽性になる。

■一般選抜（S方式）

問題編

▶試験科目・配点

教　科	科　　　目	配　点
理　科	化学基礎・化学	200 点

▶備　考

　大学入学共通テストにおいて大学が指定する2教科・3科目（英語（リスニングを含む），数学Ⅰ・数学A，数学Ⅱ・数学B）の成績と上記の個別試験によって合否を判定する。

- 新型コロナウイルス感染症の影響による学業の遅れに伴う試験範囲の変更について
  高等学校第3学年で履修することの多い「化学」について，「発展的な学習内容」を出題する場合には，設問中に補足説明を記載する。

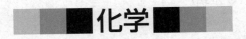

（90 分）

1　問 1 ～ 問 8 に答えなさい。

問 1　分子またはイオン a ～ e のうち，3 組の共有電子対と 1 組の非共有電子対をも
つものを 1 つ選びなさい。

a　アセチレン C_2H_2　　　　　b　二酸化炭素 CO_2　　　　　c　窒素 N_2
d　アンモニウムイオン $NH_4{}^+$　　e　オキソニウムイオン H_3O^+

問 2　次の周期表の概略図中に示した①～④領域の元素に関する記述 a ～ e のうち，
誤っているものを 2 つ選びなさい。

族\周期	1	2	3～12	13	14	15	16	17	18
1	H								He
2				B					
3	①	②				③			④
4				Ga	Ge	As	Se		

a　①領域の元素の原子の中で，第 1 イオン化エネルギーが最も大きい原子は
Li である。

b　②領域の元素からなる単体は，いずれも常温で水と反応して水素を発生す
る。

c　③領域の元素のオキソ酸として存在できるもののうち，強酸となるオキソ
酸を構成できる元素は S と N のみである。

d　③領域の元素の原子からなる水素化合物において，強酸となる化合物を構
成できる最も電気陰性度の大きい原子は Cl である。

e　④領域の元素からなる単原子分子は，いずれも気体として存在する。

問3　操作a～eのうち，酸化還元反応が進行するものを**2つ**選びなさい。

    a　塩素を水酸化カルシウムに吸収させる。
    b　炭化カルシウム(カーバイド)に水を加える。
    c　塩化アンモニウムと水酸化カルシウムの混合物を加熱する。
    d　過酸化水素水に少量の酸化マンガン(IV)を加える。
    e　石灰石を強熱して熱分解させる。

問4　塩化ナトリウム水溶液中で電離した Na^+ と Cl^- が水分子により水和されたよう
　　すを表したモデル図として最も適切なものを，a～eから1つ選びなさい。

問5　水素結合に関する記述a～eのうち，**誤っているもの**を**2つ**選びなさい。

    a　氷の正四面体形の結晶中では，1個の H_2O 分子は3個の H_2O 分子と水素
    　　結合を形成している。
    b　HBr が HCl よりも沸点が高い理由は，HCl よりも HBr の方が分子間で強い
    　　水素結合が働いているからである。
    c　水とエタノールを混ぜると，両物質がよく溶け合う現象は，互いの分子間

に水素結合が生じるためである。

d　水素結合は，電気陰性度の大きいフッ素，酸素，窒素原子間に水素原子が
　　介在し，静電気的な引力によって生じる力である。

e　無極性溶媒中では，酢酸は 2 分子が水素結合により引き合い，二量体を形
　　成している。

問 6　金属の単体と酸または塩基との反応に関する記述 a〜e のうち，**誤っているも
のを 1 つ選びなさい。**

a　アルミニウムは濃硝酸と反応して不動態となるため，ほとんど溶けない。

b　鉛は希硫酸と反応し，水素を発生して溶ける。

c　スズは塩酸と反応し，水素を発生して溶ける。

d　スズは強塩基である水酸化ナトリウム水溶液と反応し，水素を発生して溶
　　ける。

e　銀は濃硝酸と反応し，二酸化窒素を発生して溶ける。

問 7　金属イオンに関する記述 a〜e のうち，**正しいものを 2 つ選びなさい。**

a　Zn^{2+} を含む水溶液に少量の水酸化ナトリウム水溶液を加えると，$Zn(OH)_2$
　　の白色沈殿を生じる。この沈殿に対して，さらに水酸化ナトリウム水溶液
　　を過剰に加えても沈殿は溶けない。

b　Pb^{2+} を含む水溶液に少量の水酸化ナトリウム水溶液を加えると，$Pb(OH)_2$
　　の白色沈殿を生じる。この沈殿に対して，さらに水酸化ナトリウム水溶液
　　を過剰に加えると，$[Pb(OH)_4]^{2-}$ などの錯イオンとなって沈殿は溶ける。

c　Al^{3+} を含む水溶液に少量の水酸化ナトリウム水溶液を加えると，$Al(OH)_3$
　　の白色沈殿を生じる。この沈殿に対して，さらに水酸化ナトリウム水溶液
　　を過剰に加えても沈殿は溶けない。

d　Cu^{2+} を含む水溶液に少量のアンモニア水を加えると，$Cu(OH)_2$ の青白色沈
　　殿を生じる。この沈殿に対して，さらにアンモニア水を過剰に加えても沈
　　殿は溶けない。

e　Ag^+ を含む水溶液に少量のアンモニア水を加えると，Ag_2O の褐色沈殿を
　　生じる。この沈殿に対して，さらにアンモニア水を過剰に加えると，錯イ
　　オン $[Ag(NH_3)_2]^+$ となって沈殿は溶ける。

問 8　ヘリウム 4.0 g と窒素 14 g からなる混合気体がある。この混合気体の平均分

子量はいくらか。最も近い数値を a 〜 e から選びなさい。ただし，原子量は
He = 4.0, N = 14 とする。

a　9.0　　　　　　　　b　12　　　　　　　　c　16
d　18　　　　　　　　e　20

2　問1〜問3に答えなさい。

問1　次の文を読み，(1)と(2)に答えなさい。ただし，25℃における酢酸の電離定数 K_a
　　　は 2.5×10^{-5} mol/L，水のイオン積 K_w は 1.0×10^{-14} (mol/L)^2，$\log_{10} 2.0 = 0.30$
　　　とする。

　　　　酢酸ナトリウム CH_3COONa を水に溶かすと，式①のようにほぼ完全に電離
　　　する。電離した酢酸イオン CH_3COO^- の一部は水と反応し，式②のような平衡
　　　状態となり，水溶液は弱い塩基性を示す。

$$CH_3COONa \longrightarrow CH_3COO^- + Na^+ \qquad ①$$
$$CH_3COO^- + H_2O \rightleftharpoons CH_3COOH + OH^- \qquad ②$$

　　　　水溶液中の水の濃度 $[H_2O]$ を一定とすると，式②の平衡定数 K_h は式③で与
　　　えられ，K_h は加水分解定数と呼ばれる。

$$K_h = \frac{[CH_3COOH][OH^-]}{[CH_3COO^-]} \qquad ③$$

　　　　式③の分母と分子にそれぞれ $[H^+]$ を掛けて整理すると，式④が得られる。

$$K_h = \frac{[CH_3COOH][OH^-][H^+]}{[CH_3COO^-][H^+]} = \frac{K_w}{K_a} \qquad ④$$

　　　　酢酸ナトリウム水溶液のモル濃度を c〔mol/L〕とすると，この水溶液中の酢酸
　　　イオンのモル濃度は c〔mol/L〕と近似できるため，K_h は式⑤のように表される。

$$K_h = \frac{K_w}{K_a} = \frac{[CH_3COOH][OH^-]}{[CH_3COO^-]} = \frac{[OH^-]^2}{c} \qquad ⑤$$

(1)　25℃における 1.0 mol/L の酢酸ナトリウム水溶液中の水酸化物イオン OH^- の
　　　モル濃度〔mol/L〕はいくらか。最も近い数値を a 〜 f から選びなさい。

a	1.0×10^{-5}	b	1.5×10^{-5}	c	2.0×10^{-5}
d	2.5×10^{-5}	e	4.0×10^{-5}	f	5.0×10^{-5}

(2)　(1)の水溶液の pH はいくらか。最も近い数値を a～f から選びなさい。

a	8.7	b	9.0	c	9.3
d	9.6	e	9.9	f	10.2

問 2　次の文を読み，(1)～(3)に答えなさい。

　ア水酸化ナトリウム NaOH と炭酸ナトリウム Na_2CO_3 の混合水溶液に指示薬として
フェノールフタレインを加え，c〔mol/L〕の塩酸で滴定したとき，V_1〔mL〕
滴下したところでフェノールフタレインが変色した（第 1 中和点）。次に，イこ
の滴定後の水溶液に指示薬としてメチルオレンジを加え，さらに c〔mol/L〕の
塩酸を V_2〔mL〕滴下したところでメチルオレンジが変色した（第 2 中和点）。
なお，第 1 中和点までに式①と式②の反応がおこり，第 1 中和点から第 2 中和
点までに式③の中和反応がおこるものとする。

$$NaOH + HCl \longrightarrow NaCl + H_2O \qquad ①$$
$$Na_2CO_3 + HCl \longrightarrow NaCl + NaHCO_3 \qquad ②$$
$$NaHCO_3 + HCl \longrightarrow NaCl + H_2O + CO_2 \qquad ③$$

(1)　下線部アの混合水溶液中の Na_2CO_3 の物質量〔mol〕を表す式として正しいもの
を a～f から選びなさい。

a	cV_2	b	$\dfrac{cV_2}{500}$	c	$\dfrac{cV_2}{1000}$
d	$c(V_1 - 2V_2)$	e	$\dfrac{c(V_1 - 2V_2)}{500}$	f	$\dfrac{c(V_1 - 2V_2)}{1000}$

(2)　下線部アの混合水溶液中の NaOH の物質量〔mol〕を表す式として正しいものを
a～f から選びなさい。

a	$\dfrac{cV_1}{500}$	b	$\dfrac{c(V_1 - V_2)}{500}$	c	$\dfrac{c(2V_2 - V_1)}{500}$

d　$\dfrac{cV_1}{1000}$　　　　　e　$\dfrac{c(V_1 - V_2)}{1000}$　　　　f　$\dfrac{c(2V_2 - V_1)}{1000}$

(3)　下線部**イ**の操作において，第 2 中和点の前後でおこる水溶液の色の変化を正しく表しているものを a〜e から選びなさい。

　　a　赤色から無色に変化した。
　　b　無色から赤色に変化した。
　　c　無色から黄色に変化した。
　　d　黄色から赤色に変化した。
　　e　赤色から黄色に変化した。

問3　実験に関する (1)〜(3) に答えなさい。ただし，原子量は Na = 23，K = 39，Cu = 64，Ag = 108 とする。また，標準状態（0℃，1.013×10^5 Pa）における気体のモル体積は 22.4 L/mol とし，電気エネルギーはすべて電気分解に使われたものとする。

実験：電解槽 A および B に，1.00 mol/L の水酸化ナトリウム水溶液，1.00 mol/L の硝酸銀水溶液，1.00 mol/L の硫酸銅（Ⅱ）水溶液，1.00 mol/L のヨウ化カリウム水溶液のいずれかを一種類ずつ入れて，図のように電解槽 A および B を直列につないだ。平均 5.00 A の電流を一定時間通じて電気分解したところ，白金電極Ⅰ，ⅡおよびⅢでは気体が発生し，白金電極Ⅳでは金属が析出した。白金電極Ⅰで発生した気体の体積は，標準状態で 2.80×10^{-2} L であり，白金電極Ⅳで析出した金属の質量は 0.54 g であった。

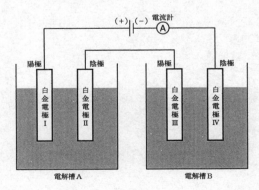

図

(1) 電解槽 A に入れた水溶液はどれか。適切なものを a ～ d から 1 つ選びなさい。

   a　1.00 mol/L の水酸化ナトリウム水溶液

   b　1.00 mol/L の硝酸銀水溶液

   c　1.00 mol/L の硫酸銅（Ⅱ）水溶液

   d　1.00 mol/L のヨウ化カリウム水溶液

(2) 白金電極Ⅱで発生した気体の体積は標準状態で何 L か。最も近い数値を a ～ f から選びなさい。ただし，発生した気体は電解槽中の水溶液には溶けないものとする。

   a　1.40×10^{-2} 　　　b　2.80×10^{-2} 　　　c　5.60×10^{-2}

   d　1.12×10^{-1} 　　　e　2.24×10^{-1} 　　　f　4.48×10^{-1}

(3) 電解槽 B に入れた水溶液はどれか。適切なものを a ～ d から 1 つ選びなさい。

   a　1.00 mol/L の水酸化ナトリウム水溶液

   b　1.00 mol/L の硝酸銀水溶液

   c　1.00 mol/L の硫酸銅（Ⅱ）水溶液

   d　1.00 mol/L のヨウ化カリウム水溶液

3 　問 1 ～問 3 に答えなさい。ただし，気体は理想気体としてふるまうものとし，
　　気体定数 $R = 8.3 \times 10^3$ Pa·L/(K·mol)とする。

問 1 　5.0×10^{-2} mol の四酸化二窒素 N_2O_4 を容積 1.0 L の容器に入れ，温度を 67 ℃に
　　保ったところ，化学反応式　$N_2O_4 \rightleftarrows 2NO_2$ で表される平衡状態となった。
　　このとき，容器内の全圧は 2.3×10^5 Pa となった。(1)と(2)に答えなさい。

(1)　67 ℃で平衡状態となったとき，容器内に存在する NO_2 の物質量は何 mol か。
　　最も近い数値を a ～ e から選びなさい。

　　a　1.3×10^{-3} 　　　　　　b　6.3×10^{-3} 　　　　　　c　1.9×10^{-2}
　　d　3.2×10^{-2} 　　　　　　e　6.3×10^{-2}

(2)　平衡に達したときの平衡定数 K_c は，$K_c = \dfrac{[NO_2]^2}{[N_2O_4]}$ 〔mol/L〕と表される。

　　K_c の数値として最も近いものを a ～ e から選びなさい。

　　a　5.5×10^{-2} 　　　　　　b　8.1×10^{-2} 　　　　　　c　2.1×10^{-1}
　　d　1.2 　　　　　　　　　　e　6.8

問 2 　図1のように，同じ容積のフラスコ A とフラスコ B をコックのついたガラス管で
　　連結し，A，B のどちらにも 27 ℃で 1.00×10^5 Pa の窒素 N_2 を満たしてコック
　　を閉じ，A を氷冷してフラスコ内部の温度を 0 ℃に保ち，B を熱水に浸してフ
　　ラスコ内部の温度を 100 ℃に保った。

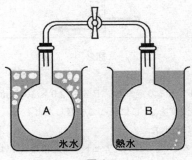

図1

(1)と(2)に答えなさい。ただし，連結に用いたガラス管内およびコックの内側
の部分の体積は無視できるものとする。

(1)　コックを閉じた状態で 0 ℃に冷やしたフラスコ A 内，ならびに 100 ℃に温めた
　　フラスコ B 内の圧力は，それぞれ何 Pa か。最も近い数値を a～f から選びなさい。

　　　a　6.25×10^4　　　　　b　8.00×10^4　　　　c　9.10×10^4
　　　d　1.01×10^5　　　　　e　1.24×10^5　　　　f　1.50×10^5

(2)　フラスコ A，フラスコ B，それぞれの内部の温度を 0 ℃，100 ℃に保った状態
　　でコックを開いて，しばらく放置したところ，両フラスコ内の圧力は P〔Pa〕
　　となった。P の数値として最も近いものを a～e から選びなさい。

　　　a　1.02×10^5　　　　b　1.05×10^5　　　　c　1.08×10^5
　　　d　1.11×10^5　　　　e　1.14×10^5

問 3　**図2**のように，内部を滑らかに移動する仕切りによってへだてられ，A 室と B 室
　　に区分された容器がある。A 室内の空間の容積と B 室内の空間の容積は合わせ
　　て 2.0 L で，コックの開閉により，A 室，B 室それぞれに試料が導入できるよ
　　うになっている（A 室，B 室のコックに接続した管内の体積は無視できるもの
　　と考える）。

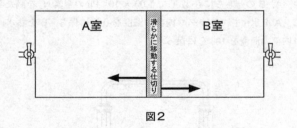

図2

A 室に 1.0×10^{-2} mol の窒素 N_2，B 室に 3.0×10^{-2} mol の液体のアセトンを
入れ，容器内の温度を 27 ℃に保って放置したところ，アセトンの一部が気化
して，気液平衡に達した。
(1)～(3)に答えなさい。ただし，アセトンの飽和蒸気圧は，27 ℃で 3.3×10^4 Pa，
47 ℃で 7.5×10^4 Pa とする。また，A 室，B 室，それぞれの空間には，窒素 N_2
あるいはアセトン以外の物質は存在しないものとし，液体のアセトンの体積は

無視できるものとする。

(1)　容器内を 27 ℃に保って放置したとき，A 室内に占める窒素 N_2 の体積は何 L か。
最も近い数値を a 〜 e から選びなさい。

　　　a　0.38　　　　　　　b　0.75　　　　　　　c　0.90
　　　d　1.5　　　　　　　 e　1.8

(2)　容器内を 27 ℃に保って放置したとき，B 室内に存在する液体のアセトンは
何 mol か。最も近い数値を a 〜 e から選びなさい。

　　　a　9.0×10^{-3}　　　b　1.3×10^{-2}　　　c　1.7×10^{-2}
　　　d　2.1×10^{-2}　　　e　2.5×10^{-2}

(3)　容器内を 47 ℃に保って放置したところ，B 室内のアセトンはすべて気化した。
このとき，A 室内の圧力は何 Pa か。最も近い数値を a 〜 e から選びなさい。

　　　a　1.1×10^{4}　　　b　1.9×10^{4}　　　c　3.8×10^{4}
　　　d　5.3×10^{4}　　　e　7.6×10^{4}

4 問 1 ～問 5 に答えなさい。

問 1 分子式が $C_5H_{12}O$ の化合物には，| ア | 種類の構造異性体がある。これらのうち，| イ | 種類の化合物はナトリウムの単体と反応して水素を生成する。化合物 A は | イ | 種類の化合物のうちの 1 つで，適切な酸化剤を用いておだやかに酸化すると化合物 B が生成する。B は不斉炭素原子をもち，フェーリング液を還元する。

(1) ～ (3) に答えなさい。

(1) | イ | にあてはまる数値を a ～ f から選びなさい。

    a 6   b 7   c 8
    d 9   e 10   f 11

(2) | ア | にあてはまる数値を a ～ f から選びなさい。

    a 12   b 13   c 14
    d 15   e 16   f 17

(3) 化合物 A として適切なものを a ～ f から選びなさい。

    a 1-ペンタノール   b 2-ペンタノール
    c 2-メチル-1-ブタノール   d 3-メチル-1-ブタノール
    e 3-メチル-2-ブタノール   f 2,2-ジメチル-1-プロパノール

問 2 アルカンと塩素の混合気体に光を照射すると，アルカン分子中の水素原子が塩素原子に置き換わった化合物が生成する。例えば，メタンと塩素の混合気体に光を照射すると，メタンの一塩素置換生成物であるクロロメタンが生成する。ブタンと塩素の混合気体に同様な反応を行うと，ブタンの一塩素置換生成物である 1-クロロブタンと 2-クロロブタンが生成する。ブタンの 10 個の水素原子のうち，置換されて 1-クロロブタンを与える水素原子を H_a，置換されて 2-クロロブタンを与える水素原子を H_b とする。H_a と H_b の水素原子 1 個当たりの置換されやすさが，H_b は H_a の 3 倍だとすると 1-クロロブタンと 2-クロロブタンの物質量の比（1-クロロブタン：2-クロロブタン）はいくらか。a ～ f から選びなさい。

a	2：1	b	3：2	c	1：1
d	2：3	e	1：2	f	1：3

問3　有機化合物に成分元素として含まれる硫黄を検出するための操作として適切な
　　　ものをa～eから1つ選びなさい。

　　　a　試料を加熱した銅線につけて，その銅線を炎の中に入れて炎色反応を観察
　　　　　する。

　　　b　試料を完全燃焼したときに発生する気体を水酸化カルシウム水溶液に通じ
　　　　　る。

　　　c　試料を完全燃焼したときに発生する化合物を冷却し，生じた液体を硫酸銅（Ⅱ）
　　　　　無水物に触れさせる。

　　　d　試料を水酸化ナトリウムと混合して加熱し，発生した気体を濃塩酸に近づ
　　　　　ける。

　　　e　試料をナトリウムの単体とともに加熱・融解する。得られた生成物を水に
　　　　　溶解し，酢酸で酸性にした後，酢酸鉛（Ⅱ）水溶液を加える。

問4　カルボン酸に関する記述a～eのうち，**誤っているもの**を1つ選びなさい。

　　　a　カルボン酸の沸点や融点は，同程度の分子量をもつアルコールよりも高い。

　　　b　酢酸はギ酸よりも強い酸性を示す。

　　　c　酢酸を十酸化四リンなどの脱水剤と加熱すると，酢酸2分子から1分子の
　　　　　水がとれて縮合し，無水酢酸が得られる。

　　　d　安息香酸は，水には溶けにくいが水酸化ナトリウム水溶液には塩を生じて
　　　　　よく溶ける。

　　　e　乳酸は，ヒドロキシ酸で不斉炭素原子をもっている。

問5　4-アミノ安息香酸エチル（医薬品名：アミノ安息香酸エチル）はベンゾカインとも
　　　呼ばれる局所麻酔薬で歯科用に用いられている。次の4-アミノ安息香酸エチル
　　　の合成に関する記述を読み，(1)と(2)に答えなさい。

　　　　トルエンに**操作1**を常温で行うとおもな生成物として化合物AとBが得られ
　　　る。さらにAとBに**操作1**を高温で行うと化合物Cが得られる。Cは黄褐
　　　色の結晶で爆薬として用いられる。分離精製した化合物Aに**操作2**を行うと
　　　化合物Dが得られ，Dに**操作3**を行うと両性化合物Eが得られる。Eに**操作4**

を行うと 4-アミノ安息香酸エチルが得られる。

4-アミノ安息香酸エチル

(1) **操作 1 ～ 4**にあてはまる操作を a ～ j からそれぞれ選びなさい。ただし，それ
ぞれの操作は反応終了後，適切な後処理を施してあるものとする。

   a   濃硝酸と濃硫酸の混合物を作用させる。

   b   水酸化ナトリウムを加えてアルカリ融解を行う。

   c   濃硫酸を加えて加熱する。

   d   高温・高圧のもとで二酸化炭素を反応させる。

   e   塩化鉄（Ⅲ）水溶液を加える。

   f   過マンガン酸カリウム水溶液を加えて加熱する。

   g   エタノール溶液にして，少量の濃硫酸を作用させる。

   h   無水酢酸と濃硫酸を作用させる。

   i   スズと濃塩酸を加えて加熱する。

   j   希塩酸溶液にして，氷冷しながら亜硝酸ナトリウム水溶液を加える。

(2) 化合物 A ～ E にあてはまる構造式を a ～ j からそれぞれ選びなさい。

$$CH_3CONH—\!\!\!\!\!⟨\ ⟩\!\!\!\!\!—COOH \qquad O_2N—\!\!\!\!\!⟨\ ⟩\!\!\!\!\!—COOH \qquad O_2N—\!\!\!\!\!⟨\ ⟩\!\!\!\!\!—COOCH_2CH_3$$

　　　　　　　h　　　　　　　　　　　i　　　　　　　　　　　j

5　問1〜問3に答えなさい。

問1　アミノ酸とタンパク質に関する記述 a 〜 e のうち，**誤っているものを2つ選び**
　　なさい。

　　a　α−アミノ酸は，酸性のカルボキシ基と塩基性のアミノ基をもつので，そ
　　　　の水溶液はすべて中性である。
　　b　グリシン以外の α−アミノ酸は，すべて不斉炭素原子があり，天然に存在
　　　　するもののほとんどは，L体（L型）である。
　　c　α−アミノ酸の結晶は，おもに電離していない分子からできており，水に
　　　　は溶けにくく，有機溶媒に溶けるものが多い。
　　d　2つ以上のペプチド結合をもつトリペプチド以上のペプチドの水溶液に，
　　　　水酸化ナトリウム水溶液を加えて塩基性にした後，少量の硫酸銅（Ⅱ）水溶液
　　　　を加えると赤紫色になる。
　　e　タンパク質に重金属や強酸を作用させるとタンパク質の変性がおこる。こ
　　　　れは，タンパク質の高次構造を保っている水素結合などが切れ，本来の立
　　　　体構造が変化するためである。

問2　合成高分子化合物に関する記述 a 〜 e のうち，**誤っているものを2つ選びなさい。**

　　a　ポリエチレンは，加熱すると軟化し，冷却すると再び硬化する性質をもつ。
　　b　ポリエチレンテレフタラートは，強度が大きいので，合成樹脂として，ペッ
　　　　トボトルなどに用いられる。
　　c　ポリ（*p*−フェニレンテレフタルアミド）は代表的なアラミド繊維で，ナイロ
　　　　ン6のメチレン鎖の部分をベンゼン環に置き換えた構造をもつ。
　　d　スチレン−ブタジエンゴム（SBR）は，強度が大きいので自動車のタイヤな
　　　　どに用いられる。
　　e　スチレンと *p*−ジビニルベンゼンの共重合体に，スルホ基などの酸性の官能
　　　　基を導入したものを陰イオン交換樹脂という。

問3　アジピン酸とヘキサメチレンジアミンの縮合重合により，平均分子量が 3.6×10^4 のナイロン 66 が 452 g 得られた。このとき生成する水の質量は何 g か。最も近い数値を a ～ f から選びなさい。ただし，原子量は H = 1.0, C = 12, N = 14, O = 16 とする。

a　9.0　　　　　　　　b　18　　　　　　　　c　36

d　72　　　　　　　　e　108　　　　　　　　f　144

解答編

化学

$\boxed{1}$　**解答**　問1．e　問2．b・c　問3．a・d　問4．d
　　　　　　　問5．a・b　問6．b　問7．b・e　問8．b

◀解　説▶

≪化学結合，元素の周期表，酸化還元反応，金属の反応，混合気体≫

問1．a〜eについて共有電子対を（‥），非共有電子対を（ˣˣ）で表すと次のようになる。

a．H:C::C:H　b．ˣÖ::C::Öˣ　c．˙N::N˙

d．$\left[\begin{matrix} \text{H} \\ \text{H:N:H} \\ \text{H} \end{matrix}\right]^{+}$　e．$\left[\text{H:O:H} \atop \text{H}\right]^{+}$

よって，あてはまるのはeとなる。

問2．b．誤文。2族元素のうち，Mgは常温の水とは反応しない。

c．誤文。SとNに加えて，Cl（過塩素酸の構成元素）も含まれる。

問3．a，dが次のように酸化数が変化しており，酸化還元反応となる。

a．$\underset{0}{Ca(OH)_2 + Cl_2} \longrightarrow \underset{-1\ \ +1}{CaCl(OCl) \cdot H_2O}$

d．$\underset{-1}{2H_2O_2} \xrightarrow{MnO_2} \underset{-2}{2H_2O} + \underset{0}{O_2}$

問4．水和時には，Na^+ は H_2O 分子の負の電荷を帯びた O 原子と，Cl^- は H_2O 分子の正の電荷を帯びた H 原子と静電気的な引力によって結びついている。

問5．a．誤文。氷の正四面体形の結晶中では，1個の H_2O 分子は4個の H_2O 分子と水素結合を形成している。

b．誤文。水素結合は電気陰性度の大きい F，O，N 原子と水素原子が引き合うために生じる結合であり，HCl と HBr には水素結合は働いていな

い。

問 6 ．b ．誤文。鉛は希硫酸には，難溶性の硫酸鉛（Ⅱ）の被膜をつくるため，溶けにくい。

問 7 ．a ．誤文。$Zn(OH)_2$ の白色沈殿に対して，さらに水酸化ナトリウム水溶液を過剰に加えると，錯イオン $[Zn(OH)_4]^{2-}$ となって沈殿は溶ける。

c ．誤文。$Al(OH)_3$ の白色沈殿に対して，さらに水酸化ナトリウム水溶液を過剰に加えると，錯イオン $[Al(OH)_4]^-$ となって沈殿は溶ける。

d ．誤文。$Cu(OH)_2$ の青白色沈殿に対して，さらにアンモニア水を過剰に加えると，錯イオン $[Cu(NH_3)_4]^{2+}$ となって沈殿は溶ける。

問 8 ．成分気体の物質量は，$N_2=28$ より

$$He : \frac{4.0}{4.0}=1.0[mol] \qquad N_2 : \frac{14}{28}=0.50[mol]$$

よって，混合気体の平均分子量は

$$\frac{4.0\times1.0+28\times0.50}{1.0+0.50}=12$$

2 解答

問 1 ．(1)— c 　(2)— c 　問 2 ．(1)— c 　(2)— e 　(3)— d
問 3 ．(1)— a 　(2)— c 　(3)— b

◀解　説▶

≪電離平衡，pH，中和滴定，電気分解≫

問 1 ．(1) 式 ⑤ に つ い て，$K_a=2.5\times10^{-5}[mol/L]$，$K_w=1.0\times10^{-14}$ $(mol/L)^2$ だから

$$\frac{K_w}{K_a}=\frac{[OH^-]^2}{c}$$

$$\frac{1.0\times10^{-14}}{2.5\times10^{-5}}=\frac{[OH^-]^2}{1.0}$$

$$[OH^-]^2=4.0\times10^{-10}$$

∴ $[OH^-]=2.0\times10^{-5}[mol/L]$

(2) $K_w=[H^+][OH^-]=1.0\times10^{-14}(mol/L)^2$ だから

$$[H^+]\times2.0\times10^{-5}=1.0\times10^{-14}$$

$$\therefore \quad [H^+] = \frac{1}{2} \times 10^{-9} [mol/L]$$

$$pH = -\log_{10}[H^+] = -\log_{10}\left(\frac{1}{2} \times 10^{-9}\right)$$

$$= -(\log_{10}2^{-1} + \log_{10}10^{-9})$$

$$= -(-0.30 - 9) = 9.3$$

問 2 . (1)　式③から，1 mol の $NaHCO_3$ と 1 mol の HCl が反応することがわかる。この反応に使用された HCl は $\dfrac{cV_2}{1000}$ [mol] だから，この反応で使用された $NaHCO_3$ も $\dfrac{cV_2}{1000}$ [mol] となる。式②から，1 mol の Na_2CO_3 から 1 mol の $NaHCO_3$ が生成することがわかるから，混合水溶液中の Na_2CO_3 の物質量も $\dfrac{cV_2}{1000}$ [mol] となる。

(2)　中和点においては，酸から生じる H^+ の物質量と塩基から生じる OH^- の物質量が等しいから，混合水溶液中の NaOH の物質量を x [mol] とすると

$$\frac{cV_1}{1000} = x + \frac{cV_2}{1000}$$

$$\therefore \quad x = \frac{c(V_1 - V_2)}{1000} [mol]$$

(3)　第 2 中和点の前後では，pH は中性側（メチルオレンジ：黄色）から酸性側（メチルオレンジ：赤色）へ変化する。

問 3 . (1)　a ～ d の水溶液を電気分解したときの，両極での反応は次のようになる。

a．陽極：$4OH^- \longrightarrow 2H_2O + O_2 + 4e^-$

　　陰極：$2H_2O + 2e^- \longrightarrow H_2 + 2OH^-$

b．陽極：$2H_2O \longrightarrow O_2 + 4H^+ + 4e^-$

　　陰極：$Ag^+ + e^- \longrightarrow Ag$

c．陽極：$2H_2O \longrightarrow O_2 + 4H^+ + 4e^-$

　　陰極：$Cu^{2+} + 2e^- \longrightarrow Cu$

d．陽極：$2I^- \longrightarrow I_2 + 2e^-$

　　陰極：$2H_2O + 2e^- \longrightarrow H_2 + 2OH^-$

電解槽 A では両極で気体が発生しており,これと合致するのは a となる。

(2) (1) a の陽極の半反応式より,4 mol の電子が流れたときに,1 mol の酸素が発生することがわかる。2.80×10^{-2} L の酸素が発生したときに流れた電子を x〔mol〕とすると

$$4 : 1 = x : \frac{2.80 \times 10^{-2}}{22.4}$$

∴ $x = 5.00 \times 10^{-3}$〔mol〕

(1) a の陰極の半反応式より,2 mol の電子が流れたときに,1 mol の水素が発生することがわかる。5.00×10^{-3} mol の電子が流れたときに発生する水素の体積を y〔L〕とすると

$$2 : 1 = 5.00 \times 10^{-3} : \frac{y}{22.4}$$

∴ $y = 5.60 \times 10^{-2}$〔L〕

(3) (1)の半反応式から,金属が析出するのは,b または c となる。5.00×10^{-3} mol の電子が流れたときに金属が 0.54 g 析出するのはどちらかを求める。

(1) b の陰極の半反応式より,1 mol の電子が流れたときに,1 mol の銀が析出することがわかる。析出する銀の質量を z〔g〕とすると

$$1 : 1 = 5.00 \times 10^{-3} : \frac{z}{108} \quad ∴ \quad z = 0.54 \text{〔g〕}$$

(1) c の陰極の半反応式より,2 mol の電子が流れたときに,1 mol の銅が析出することがわかる。析出する銅の質量を w〔g〕とすると

$$2 : 1 = 5.00 \times 10^{-3} : \frac{w}{64} \quad ∴ \quad w = 0.16 \text{〔g〕}$$

よって,解答は b となる。

3 解答 問1.(1)— e (2)— c
問2.(1)A — c   B — e   (2)— b
問3.(1)— b (2)— b (3)— d

◀解 説▶

≪化学平衡,気体の性質≫

問1.(1) 平衡状態になった後に容器内に存在する物質の物質量は,気体

の状態方程式 $PV = nRT$ より

$$2.3 \times 10^5 \times 1.0 = n \times 8.3 \times 10^3 \times (67 + 273)$$

$$\therefore \quad n = 8.150 \times 10^{-2} \fallingdotseq 8.15 \times 10^{-2} \text{〔mol〕}$$

67℃ で平衡状態となったときに容器に存在する NO_2 の物質量を $2x$〔mol〕とすると，平衡の前後における物質量の関係は，次のようになる。

$$N_2O_4 \quad \rightleftharpoons \quad 2NO_2$$

平衡前　5.0×10^{-2}	0	〔mol〕
変化量　　$-x$	$+2x$	〔mol〕
平衡後　$5.0 \times 10^{-2} - x$	$2x$	〔mol〕

よって

$$5.0 \times 10^{-2} - x + 2x = 8.15 \times 10^{-2}$$

$$\therefore \quad x = 3.15 \times 10^{-2} \text{〔mol〕}$$

したがって，容器内に存在する NO_2 の物質量は

$$2x = 2 \times 3.15 \times 10^{-2} = 6.3 \times 10^{-2} \text{〔mol〕}$$

(2)　平衡に達したときに容器内に存在する N_2O_4 の物質量は

$$5.0 \times 10^{-2} - x = 5.0 \times 10^{-2} - 3.15 \times 10^{-2}$$
$$= 1.85 \times 10^{-2} \text{〔mol〕}$$

よって

$$K_c = \frac{[NO_2]^2}{[N_2O_4]} = \frac{\left(\dfrac{6.3 \times 10^{-2}}{1.0} \right)^2}{\dfrac{1.85 \times 10^{-2}}{1.0}}$$

$$= 2.14 \times 10^{-1} \fallingdotseq 2.1 \times 10^{-1} \text{〔mol/L〕}$$

問 2．(1)　フラスコ A 内の圧力を P_A〔Pa〕，フラスコ B 内の圧力を P_B〔Pa〕，フラスコの容積を V〔L〕とすると，ボイル・シャルルの法則 $\dfrac{P_1 V_1}{T_1} = \dfrac{P_2 V_2}{T_2}$ より

$$\frac{1.00 \times 10^5 \times V}{27 + 273} = \frac{P_A \times V}{273}$$

$$\therefore \quad P_A = 9.10 \times 10^4 \text{〔Pa〕}$$

$$\frac{1.00 \times 10^5 \times V}{27 + 273} = \frac{P_B \times V}{100 + 273}$$

$$\therefore \quad P_B=1.243\times10^5\fallingdotseq1.24\times10^5\,[\text{Pa}]$$

(2) コックを閉じた状態でフラスコ A，B 内に存在する N_2 の物質量を $n\,[\text{mol}]$，コックを開いた後，フラスコ A，B 内に存在する N_2 の物質量をそれぞれ $n_A\,[\text{mol}]$，$n_B\,[\text{mol}]$ とすると，気体の状態方程式 $PV=nRT$ より

$$1.00\times10^5\times V=n\times R\times(27+273)$$

$$\therefore \quad n=\frac{1.00\times10^5 V}{300R}\,[\text{mol}]$$

$$P\times V=n_A\times R\times273$$

$$\therefore \quad n_A=\frac{PV}{273R}\,[\text{mol}]$$

$$P\times V=n_B\times R\times(100+273)$$

$$\therefore \quad n_B=\frac{PV}{373R}\,[\text{mol}]$$

コックを開く前後で，2 つのフラスコ内の N_2 の物質量は変わらないから

$$2n=n_A+n_B$$

$$2\times\frac{1.00\times10^5 V}{300R}=\frac{PV}{273R}+\frac{PV}{373R}$$

$$\frac{646P}{273\times373}=\frac{2.00\times10^5}{300}$$

$$\therefore \quad P=1.050\times10^5\fallingdotseq1.05\times10^5\,[\text{Pa}]$$

問 3．(1)　B 室内はアセトンが 27℃ で気液平衡に達しているので，その室内の圧力は $3.3\times10^4\,\text{Pa}$ である。A，B 両室の圧力は等しいから，窒素の体積 V は気体の状態方程式 $PV=nRT$ より

$$3.3\times10^4\times V=1.0\times10^{-2}\times8.3\times10^3\times(27+273)$$

$$\therefore \quad V=0.754\fallingdotseq0.75\,[\text{L}]$$

(2)　B 室の容積は

$$2.0-0.75=1.25\,[\text{L}]$$

B 室内に存在する気体のアセトンの物質量 n は，気体の状態方程式 $PV=nRT$ より

$$3.3\times10^4\times1.25=n\times8.3\times10^3\times(27+273)$$

$$\therefore \quad n=1.65\times10^{-2}\fallingdotseq1.7\times10^{-2}\,[\text{mol}]$$

よって，B 室内に存在する液体のアセトンの物質量は

$$3.0\times10^{-2}-1.7\times10^{-2}=1.3\times10^{-2}\,[\text{mol}]$$

(3) A，B 両室は同温・同圧であり，気体の体積は物質量に比例するから，A 室内にある N_2 が占める体積は

$$2.0\times\frac{1.0\times10^{-2}}{1.0\times10^{-2}+3.0\times10^{-2}}=0.50\,[\text{L}]$$

よって，求める圧力 P は，気体の状態方程式 $PV=nRT$ より

$$P\times0.50=1.0\times10^{-2}\times8.3\times10^{3}\times(47+273)$$

$$\therefore\ P=5.31\times10^{4}\fallingdotseq5.3\times10^{4}\,[\text{Pa}]$$

$\boxed{4}$　解答

問 1．(1)— c　(2)— c　(3)— c
問 2．e　問 3．e　問 4．b

問 5．(1)操作 1．a　操作 2．f　操作 3．i　操作 4．g
(2)A—c　B—a　C—d　D—i　E—f

◀解　説▶

≪異性体，有機化合物の成分元素の検出，有機化合物の性質と反応≫

問 1．(1)　分子式が $C_5H_{12}O$ の化合物のうち，ナトリウムの単体と反応するアルコールの異性体は次の 8 種類となる（炭素原子に直接結合している水素原子は省略）。

① C–C–C–C–C–OH　② C–C–C–C–C
　　　　　　　　　　　　　　　　OH

③ C–C–C–C–C　④ C–C–C–C–OH　⑤ C–C–C–C
　　OH　　　　　　　C　　　　　　　C　OH

⑥ C–C–C–C　⑦ C–C–C–C　⑧ C–C–C–OH
　　OH　　　　　OH　　　　　　C

(2)　分子式が $C_5H_{12}O$ の化合物のうち，ナトリウムの単体と反応しないエーテルの異性体は次の 6 種類となる。

C–C–C–C–O–C　　C–C–C–O–C　　C–C–C–O–C
　　　　　　　　　　　　C　　　　　　　　C

$$
\begin{array}{c}
\quad\;\; C \\
C-\!\!\underset{\displaystyle C}{\overset{\displaystyle |}{\underset{|}{C}}}\!\!-O-C
\end{array}
\qquad
C-C-C-O-C-C
\qquad
\begin{array}{c}
\quad\; C \\
C-\overset{\displaystyle |}{C}-O-C-C
\end{array}
$$

したがって，$C_5H_{12}O$ の異性体は合わせて

　　$8+6=14$ 種類

(3) アルコールの 8 種類の異性体（(1)の①〜⑧）のうち，おだやかに酸化したときにフェーリング液を還元するアルデヒドに変化するのは，第一級アルコールである，①，④，⑦，⑧となる。そのうち，変化後のアルデヒドが不斉炭素原子（＊）をもつのは，④となる。

$$
\underset{\text{化合物 A（④　2-メチル-1-ブタノール）}}{CH_3-CH_2-\overset{\displaystyle CH_3}{\overset{|}{C^*}}H-CH_2-OH}
\;\xrightarrow{\text{酸化}}\;
\underset{\text{化合物 B}}{CH_3-CH_2-\overset{\displaystyle CH_3}{\overset{|}{C^*}}H-CHO}
$$

問2．ブタンにおける H_a 原子と H_b 原子はそれぞれ次の 6 個，4 個となる。

$$
\underset{\displaystyle H_a\;\;H_b\;\;H_b\;\;H_a}{\overset{\displaystyle H_a\;\;H_b\;\;H_b\;\;H_a}{H_a-\overset{|}{\underset{|}{C}}-\overset{|}{\underset{|}{C}}-\overset{|}{\underset{|}{C}}-\overset{|}{\underset{|}{C}}-H_a}}
$$

置換されやすさが H_b は H_a の 3 倍だから，生成する物質量の比は

　　1-クロロブタン：2-クロロブタン＝6：4×3＝1：2

問3．a．不適。塩素の検出方法である。

b．不適。炭素の検出方法である。

c．不適。水素の検出方法である。

d．不適。窒素の検出方法である。

e．適切。黒色の硫化鉛（Ⅱ）の沈殿を得ることで，成分元素として含まれる硫黄を検出することができる。

問4．b．誤文。ギ酸は飽和脂肪酸の中で最も強い酸である。

問5．操作1．トルエンを濃硝酸と濃硫酸の混合物でニトロ化すると，

p-位，o-位がニトロ化されて，A $\left(O_2N-\!\!\bigcirc\!\!-CH_3\right)$，B $\left(\begin{array}{c}\bigcirc-CH_3\\NO_2\end{array}\right)$

を生じ，さらに高温でニトロ化すると，C $\left(\begin{array}{c}NO_2\\O_2N-\!\!\bigcirc\!\!-CH_3\\NO_2\end{array}\right)$ を生じる。

操作 2．この後，4-アミノ安息香酸エチルを合成するために，A のニト
ロ基（−NO$_2$）をアミノ基（−NH$_2$）に還元し，メチル基（−CH$_3$）をカ
ルボキシ基（−COOH）に酸化することを考えるが，アミノ基（−NH$_2$）
がベンゼン環に結合した化合物は，非常に酸化されやすいので，先に過マ
ンガン酸カリウム水溶液を加えて加熱し，メチル基をカルボキシ基に酸化
して，D $\left(\text{O}_2\text{N}-\bigcirc-\text{COOH}\right)$ を生成させる。

操作 3．スズと濃塩酸を加えて加熱することで，D のニトロ基をアミノ
基に還元して，両性化合物である E $\left(\text{H}_2\text{N}-\bigcirc-\text{COOH}\right)$ を得る。

操作 4．エタノールと E を，濃硫酸によって脱水縮合させ，エステルで
ある 4-アミノ安息香酸エチルを生成させる。

5　**解答**　問 1．a・c　問 2．c・e　問 3．d

◀解　説▶

≪アミノ酸とタンパク質の性質，合成高分子化合物の性質と製法≫

問 1．a．誤文。α-アミノ酸の等電点は 3 〜10 であり，その液性は酸性
〜塩基性である。

c．誤文。α-アミノ酸はイオン結晶（分子内塩）であり，有機溶媒より
も水に溶けやすいものが多い。

問 2．c．誤文。ポリ(p-フェニレンテレフタルアミド)は，ナイロン 66
のメチレン鎖の部分をベンゼン環に置き換えた構造をもつ。

e．誤文。共重合体に，スルホ基などの酸性の官能基を導入したものは，
陽イオン交換樹脂である。

問 3．アジピン酸とヘキサメチレンジアミンの縮合重合反応は，次のよう
になる。

$$n\underset{\text{O}}{\text{HO-C}}\text{-(CH}_2)_4\text{-}\underset{\text{O}}{\text{C}}\text{-OH}+n\underset{\text{H}}{\text{H-N}}\text{-(CH}_2)_6\text{-}\underset{\text{H}}{\text{N}}\text{-H}$$

$$\longrightarrow \left[\underset{\text{O}}{\text{C}}\text{-(CH}_2)_4\text{-}\underset{\text{O}}{\text{C}}\text{-}\underset{\text{H}}{\text{N}}\text{-(CH}_2)_6\text{-}\underset{\text{H}}{\text{N}}\right]_n+2n\text{H}_2\text{O}$$

よって，n〔mol〕のナイロン 66 単位が生成するときに 2n〔mol〕の水が生

成することがわかる。生成する水の質量を $x[g]$ とすると，
$C_{12}H_{22}O_2N_2=226$，$H_2O=18$ より

$$n : 2n = \frac{452}{226} : \frac{x}{18} \quad \therefore \quad x=72[g]$$

/////////////////// · **memo** · ///////////////////

教学社 刊行一覧

2025年版　大学赤本シリーズ

国公立大学（都道府県順）

**374大学556点
全都道府県を網羅**

全国の書店で取り扱っています。店頭にない場合は、お取り寄せができます。

1 北海道大学（文系−前期日程）
2 北海道大学（理系−前期日程） 医
3 北海道大学（後期日程）
4 旭川医科大学（医学部〈医学科〉） 医
5 小樽商科大学
6 帯広畜産大学
7 北海道教育大学
8 室蘭工業大学／北見工業大学
9 釧路公立大学
10 公立千歳科学技術大学
11 公立はこだて未来大学 総推
12 札幌医科大学（医学部） 医
13 弘前大学 医
14 岩手大学
15 岩手県立大学・盛岡短期大学部・宮古短期大学部
16 東北大学（文系−前期日程）
17 東北大学（理系−前期日程） 医
18 東北大学（後期日程）
19 宮城教育大学
20 宮城大学
21 秋田大学 医
22 秋田県立大学
23 国際教養大学 総推
24 山形大学 医
25 福島大学
26 会津大学
27 福島県立医科大学（医・保健科学部） 医
28 茨城大学（文系）
29 茨城大学（理系）
30 筑波大学（推薦入試） 医 総推
31 筑波大学（文系−前期日程）
32 筑波大学（理系−前期日程） 医
33 筑波大学（後期日程）
34 宇都宮大学
35 群馬大学 医
36 群馬県立女子大学
37 高崎経済大学
38 前橋工科大学
39 埼玉大学（文系）
40 埼玉大学（理系）
41 千葉大学（文系−前期日程）
42 千葉大学（理系−前期日程） 医
43 千葉大学（後期日程） 医
44 東京大学（文科） DL
45 東京大学（理科） DL 医
46 お茶の水女子大学
47 電気通信大学
48 東京外国語大学 DL
49 東京海洋大学
50 東京科学大学（旧 東京工業大学）
51 東京科学大学（旧 東京医科歯科大学） 医
52 東京学芸大学
53 東京藝術大学
54 東京農工大学
55 一橋大学（前期日程）
56 一橋大学（後期日程）
57 東京都立大学（文系）
58 東京都立大学（理系）
59 横浜国立大学（文系）
60 横浜国立大学（理系）
61 横浜市立大学（国際教養・国際商・理・データサイエンス・医〈看護〉学部）

62 横浜市立大学（医学部〈医学科〉） 医
63 新潟大学（人文・教育〈文系〉・法・経済科・医〈看護〉・創生学部）
64 新潟大学（教育〈理系〉・理・医〈看護を除く〉・歯・工・農学部） 医
65 新潟県立大学
66 富山大学（文系）
67 富山大学（理系） 医
68 富山県立大学
69 金沢大学（文系）
70 金沢大学（理系） 医
71 福井大学（教育・医〈看護〉・工・国際地域学部）
72 福井大学（医学部〈医学科〉） 医
73 福井県立大学
74 山梨大学（教育・医〈看護〉・工・生命環境学部）
75 山梨大学（医学部〈医学科〉） 医
76 都留文科大学
77 信州大学（文系−前期日程）
78 信州大学（理系−前期日程） 医
79 信州大学（後期日程）
80 公立諏訪東京理科大学 総推
81 岐阜大学（前期日程） 医
82 岐阜大学（後期日程）
83 岐阜薬科大学
84 静岡大学（前期日程）
85 静岡大学（後期日程）
86 浜松医科大学（医学部〈医学科〉） 医
87 静岡県立大学
88 静岡文化芸術大学
89 名古屋大学（文系）
90 名古屋大学（理系） 医
91 愛知教育大学
92 名古屋工業大学
93 愛知県立大学
94 名古屋市立大学（経済・人文社会・芸術工・看護・総合生命理・データサイエンス学部）
95 名古屋市立大学（医学部〈医学科〉） 医
96 名古屋市立大学（薬学部）
97 三重大学（人文・教育・医〈看護〉学部）
98 三重大学（医〈医〉・工・生物資源学部） 医
99 滋賀大学
100 滋賀医科大学（医学部〈医学科〉） 医
101 滋賀県立大学
102 京都大学（文系）
103 京都大学（理系） 医
104 京都教育大学
105 京都工芸繊維大学
106 京都府立大学
107 京都府立医科大学（医学部〈医学科〉） 医
108 大阪大学（文系） DL
109 大阪大学（理系） 医
110 大阪教育大学
111 大阪公立大学（現代システム科学域〈文系〉・文・法・経済・商・看護・生活科〈居住環境・人間福祉〉学部−前期日程）
112 大阪公立大学（現代システム科学域〈理系〉・理・工・農・獣医・医・生活科〈食栄養〉学部−前期日程） 医
113 大阪公立大学（中期日程）
114 大阪公立大学（後期日程）
115 神戸大学（文系−前期日程）
116 神戸大学（理系−前期日程） 医

117 神戸大学（後期日程）
118 神戸市外国語大学 DL
119 兵庫県立大学（国際商経・社会情報科・看護学部）
120 兵庫県立大学（工・理・環境人間学部）
121 奈良教育大学／奈良県立大学
122 奈良女子大学
123 奈良県立医科大学（医学部〈医学科〉） 医
124 和歌山大学
125 和歌山県立医科大学（医・薬学部） 医
126 鳥取大学 医
127 公立鳥取環境大学
128 島根大学 医
129 岡山大学（文系）
130 岡山大学（理系） 医
131 岡山県立大学
132 広島大学（文系−前期日程）
133 広島大学（理系−前期日程） 医
134 広島大学（後期日程） 医
135 尾道市立大学 総推
136 県立広島大学
137 広島市立大学
138 福山市立大学 総推
139 山口大学（人文・教育〈文系〉・経済・医〈看護〉・国際総合科学部）
140 山口大学（教育〈理系〉・理・医〈看護を除く〉・工・農・共同獣医学部） 医
141 山陽小野田市立山口東京理科大学 総推
142 下関市立大学／山口県立大学
143 周南公立大学 新 総推
144 徳島大学 医
145 香川大学 医
146 愛媛大学 医
147 高知大学 医
148 高知工科大学
149 九州大学（文系−前期日程）
150 九州大学（理系−前期日程） 医
151 九州大学（後期日程）
152 九州工業大学
153 福岡教育大学
154 北九州市立大学
155 九州歯科大学
156 福岡県立大学／福岡女子大学
157 佐賀大学 医
158 長崎大学（多文化社会・教育〈文系〉・経済・医〈保健〉・環境科〈文系〉学部）
159 長崎大学（教育〈理系〉・医〈医〉・歯・薬・情報データ科・工・環境科〈理系〉・水産学部） 医
160 長崎県立大学 総推
161 熊本大学（文・教育・法・医〈看護〉学部・情報融合学環〈文系型〉）
162 熊本大学（理・医〈看護を除く〉・薬・工学部・情報融合学環〈理系型〉） 医
163 熊本県立大学
164 大分大学（教育・経済・医〈看護〉・理工・福祉健康科学部）
165 大分大学（医学部〈医・先進医療科学科〉） 医
166 宮崎大学（教育・医〈看護〉・工・農・地域資源創成学部）
167 宮崎大学（医学部〈医学科〉） 医
168 鹿児島大学（文系）
169 鹿児島大学（理系） 医
170 琉球大学 医

国公立大学 その他

※ No.171～174の収載大学は赤本ウェブサイト(http://akahon.net/)でご確認ください。

私立大学①

医 医学部医学科を含む
総推 総合型選抜または学校推薦型選抜を含む
DL リスニング音声配信　新 2024年 新刊・復刊

掲載している入試の種類や試験科目,
収載年数などはそれぞれ異なります。
詳細については,それぞれの本の目次
や赤本ウェブサイトでご確認ください。

akahon.net

赤本 | 検索

いつも受験生のそばに──赤本

大学入試シリーズ＋α
入試対策も共通テスト対策も赤本で

2025 年版　大学赤本シリーズ　No. 346

東京薬科大学(薬学部)

編　集　教学社編集部
発行者　上原　寿明
発行所　教学社
　　　　〒606-0031
　　　　京都市左京区岩倉南桑原町56
2024 年 7 月 30 日　第 1 刷発行　　　電話　075-721-6500
ISBN978-4-325-26405-7　　　　　　　振替　01020-1-15695
定価は裏表紙に表示しています　　　印　刷　中央精版印刷